西方人笔下的乾隆帝

马戛尔尼朝见乾隆帝

◀ 嘉庆帝朝服像

▼ 道光喜溢秋庭图

晚清帝国大臣群像

晚清英国画家李通和笔下的水彩北京（上）
英国人笔下晚清时期的舟山（下）

广州十三行场景图

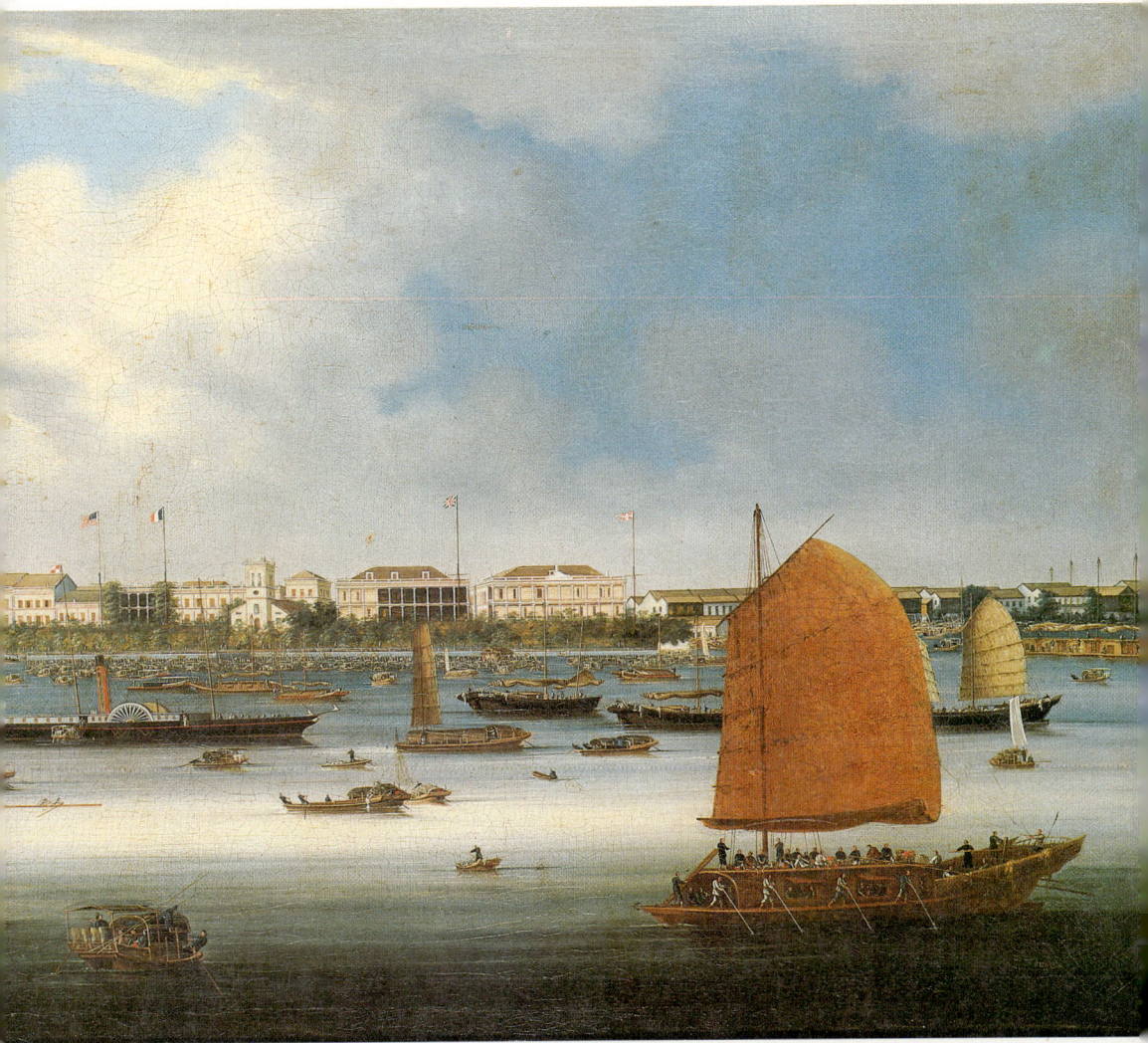

◀ 林则徐（1785-1850）

▼ 虎门销烟

维多利亚女王（1819–1901），在她治下英国进入"日不落帝国"时期

英国外交大臣巴麦尊（1784-1865）

19 世纪英国议会，议员们坐在下议院（上）

东印度公司大厦（下）

第一次鸦片战争虎门之战

《南京条约》签约现场

魏源与《海国图志》

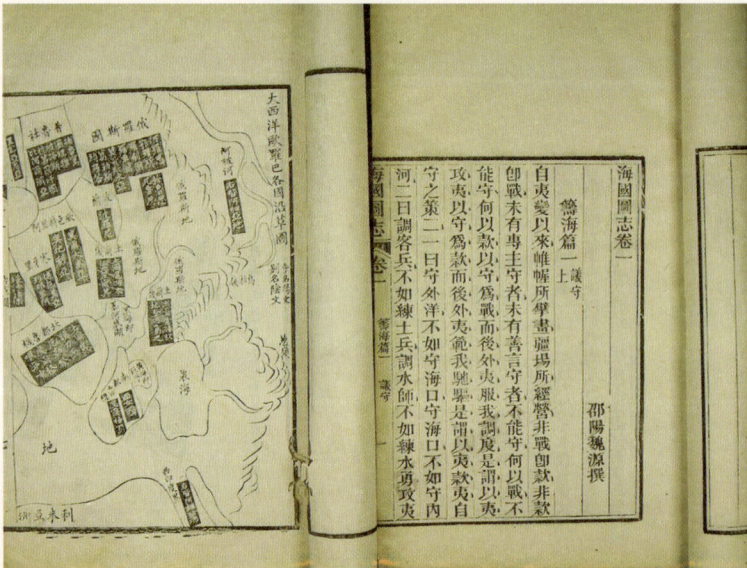

李鸿章（上）

德国报纸上的曾国藩（下）

甲午海战（上）
《马关条约》的签约现场（下）

宗承灏 著

被砍断的龙旗

晚清军政启示录1

中国出版集团 现代出版社

图书在版编目（CIP）数据

晚清军政启示录 . 1，被砍断的龙旗 / 宗承灏著 . --
北京：现代出版社，2019.1
ISBN 978-7-5143-7423-0

Ⅰ.①晚… Ⅱ.①宗… Ⅲ.①军事史—研究—中国—
清后期 Ⅳ.①E295.2

中国版本图书馆 CIP 数据核字（2018）第 229842 号

晚清军政启示录（第 1 部）

作 者：宗承灏
责任编辑：张 霆 杨 静
出版发行：现代出版社
通信地址：北京市安定门外安华里 504 号
邮政编码：100011
电 话：010-64267325 64245264（传真）
网 址：www.1980xd.com
电子信箱：xiandai@vip.sina.com
印 刷：三河市南阳印刷有限公司

开 本：710mm×1000mm 1/16
印 张：23 **字 数：**310 千字
版 次：2019 年 1 月第 1 版 **印 次：**2019 年 1 月第 1 次印刷
书 号：ISBN 978-7-5143-7423-0
定 价：55.00 元

目录 /Contents

1

序　幕

我的叙述该从哪里说起？ 1895 年 4 月，一艘庞大的邮轮缓缓驶出天津塘沽港，而此行的目的地是日本的马关，船上搭乘的是以李鸿章为首席谈判代表的中方和谈代表团。马关，又称下关，是日本本州的尽头。这里本是地图上一个不起眼的小地方，而此时却成为大清国和日本，乃至西方列强关注的焦点。

这个时节，正是日本人赏樱花的美好时节，沁人肺腑的芳香弥漫了整个岛国。这么多年来，这个飘摇于海洋中的岛屿国家难得发生振奋人心之事，他们终日仰人鼻息，委曲求全；而现在，他们终于以一场大胜让举国上下为之沸腾。

日本报纸甚至将这场战争的胜利比作 2000 多年前越王勾践对吴王夫差"卧薪尝胆"的复仇，极尽渲染之能事。对于中国的文化和历史，这个岛国近千年来一直羡慕着并亦步亦趋地追随，熟悉程度甚至超过对自己的了解。在中国人的眼中，这片叫作扶桑的海洋尽头的地方，与那些蛮荒之所并无区别。

这里满大街多的是浪人，也盛产一些小偷。他们表面看起来谦逊而恭敬，但净爱干一些偷偷摸摸的事情，他们偷走的不仅仅是物质，也偷走中国的文化，甚至是文字。从中国历史上对于他们的称谓就可以看出，"倭寇"，这样的名词明显地流露出蔑视的味道。讽刺的是，即使是在清国陷入欧洲列强的危难之后，大清国的上上下下对这个为虎作伥的岛国也没有正眼相对。

太平洋的海水依然平静得无风无浪，可对于此时的李鸿章来说，那寥廓无边的太平洋深处，是深不可测的耻辱。那些湮灭于时间长河里的昼与夜，见证了人类的文明与野蛮。而李鸿章此行的目的，是要与那"蕞尔小国"签订城下之盟。刚刚结束的甲午战争，对这位七十三岁的老者，对大清朝廷中的改革力量，乃至对这个在同光中兴之后重新燃起复兴希望的王朝，都是一场毁灭性的打击。

长夜漫漫，遥望烟雨空蒙中的故国方向，李鸿章将自己满腹苍凉的心境化为一首诗：

> 劳劳车马未离鞍，
>
> 临事方知一死难。
>
> 三百年来伤国步，
>
> 八千里路吊民残。
>
> 秋风宝剑孤臣泪，
>
> 落日征旗大将坛。
>
> 寰海尘氛纷未已，
>
> 诸君莫作等闲看。

正式谈判之前，李鸿章与日本全权大臣伊藤博文私下有过一场会晤。毕竟政治是现实的，而且大多是以成败论英雄。在这次会晤中，双方有过一段意味深长的对话。李鸿章说："中日两国是一衣带水的邻邦，而且使用同一种文字。怎么会成为敌人呢？我们应建立永久的和平与协调，不使我们亚洲的黄种人受到欧洲白种人的侵略。"

伊藤说："不知中堂大人是否还记得，早在十年前，我就给过中堂大人一番忠告，贵国需要改革，不然我国早晚会赶超上来。怎么到现在，贵国还没有一点变化或改革？"

李鸿章道："改革内政，我非不欲做，但我们国家太大，君臣朝野人心不齐，不像贵国上下一心。如果我们两人易地以处，结果会如何？"

伊藤博文思忖片刻，说道："如果你是我，在日本一定会干得比我强；如果我是你，在中国不一定干得比你好。"

李鸿章勉强挤出一丝苦涩的笑容，与十年前相比，他失去的不仅仅是时间，还有一个大国政治家应持有的那份从容与骄傲。他身上凝聚的精气神正一点点地在时间里散失，留下的是无尽的悔意与懊恼。他将自己老迈不堪的躯体裹在那件略显宽松的朝服里，如同给自己套上了一副甩不掉、砸不烂的沉重枷锁。改革路径的深度与差异，使两个差不多同时起跑的国家迎来了不同的局面——明治维新高奏凯歌，而洋务运动却陷入时代的泥沼，裹足不前。

李鸿章觉得自己与那些混迹于市井的小商小贩并没有多大区别，干的也无非是讨价还价的营生。从一张谈判桌，走向另一张谈判桌，而他手里根本就没有底牌可用。他连为自己国家争取最基本利益的资格都没有，明知道要去做一单赔本的买卖，可他还是要硬着头皮上路。

他突然发现，自己脚下所踩的是一座冰山，即便一步一个脚印地踩踏实了，也难以阻止前方道路的缓慢消融和一场早晚要来的毁灭性结局。面对比自己小 17 岁的伊藤博文，李鸿章甚至觉得，自己倚老卖老的做派显得过于滑稽和可笑。

梁启超说："伊有优于李者一事焉，则曾游学欧洲，知政治之本原是也。"伊藤博文长期担任日本总理大臣，有着较为高明的政治手段，懂得如何运用妥协之术，来减少改革的成本。李鸿章真的羡慕他，对方能够驾驶着日本社会这艘航船乘风破浪，而他自己却只能随着千疮百孔的巨轮风雨飘摇。他不得不承认，对方的知识结构和理解力显然要比自己更为开阔和新颖，倒映在他们眼里的世界或许有着不同的色彩。伊藤博文对于西方的政治体制的架构和理论有着深入的了解，对于本国的国情也同样有着更为深入的思考。

世事流云，人生飞絮，李鸿章与伊藤博文在十年前曾经有过一面之缘，那是 1885 年在天津会谈朝鲜问题的现场。一个是中国的首辅大臣，一个是日本的第一任首相，他们的地位相当，所处的时代和大环境也是相同的。面对同样的"千年未有之变局"，在中日近代化大比拼的这条赛道上，洋务运动与明治维新几乎是同时起跑，可最后撞线的结局却大相径庭。十年前与今时不可同日而言，那时的李鸿章又怎会将伊藤博文这个小字辈放在眼里。

伊藤博文在李鸿章面前表现得异常谦恭，就像是一个在课堂上聆听老师教诲的学生。或许是伊藤刻意表现出来的低调与内敛，让李鸿章失去了应有的警惕，于不自觉中上了对方的套。在朝鲜的宗主国问题上，李鸿章居然承认日本对于朝鲜的优先监管权，并签订下《中日天津条约》。

也是在那次会面后，李鸿章专程向总理衙门提交一份秘密报告《密陈伊藤有治国之才》，可见他对这个来自日本国的政治新秀的赏识。他指出伊藤博文"实有治国之才"，并预测"大约十年之外，日本富强，必有可观"。

距离二人第一次会面，刚好过去十年时间，时局也刚好应验了李鸿章当初的预判。对于这个孜孜不倦推进古老帝国改革的老人，伊藤博文发自心底地崇敬。风云激荡的十年，让双方的地位和情况发生了重大转变。一张谈判桌，分开了截然不同的两种命运，一为刀俎，一为鱼肉。

李鸿章是战败国的代表，也是一个风烛残年的老人；而伊藤博文是战胜国的总理大臣，正值一个政治家的黄金时期。李鸿章是为赔款乞和而来，一个 73 岁的老人，已远没有当年那份大国自居者的傲慢，有的只是满心的屈辱和悲愤。生逢大清国最黑暗、最动荡的年代，李鸿章的每一次出场无不是在帝国"存亡危急"之时，帝国要他承担的无不是"人情所最难堪"之事，他没有选择的余地，更没有闪转腾挪的空间。

甲午战争就像是李鸿章与伊藤博文彼此倡导本国近代化的一块试金石，伊藤博文大获全胜，而一败涂地的李鸿章却身陷各种各样的矛盾泥淖中无法自拔。这场战争不仅输光了他的全部家当，也让他心中的帝国中兴之梦在惨淡的现实面前彻底破灭。

有人信奉，历史从来都是英雄创造的，而普通民众只不过是戏台上的配角。他们认为，大清国的失败是因为李鸿章等人决策、指挥失误所致，而日本国的成功，则是伊藤博文、陆奥宗光等人的侥幸而为。历史不能如此轻率地下结论，更不能将一个时代的成败归咎于个人英雄主义的只手擎天，这似乎太不负责任。

不主战的是李鸿章，被逼出战，战之不胜，最后站出来背黑锅的还是他。大清国投入这场战争的主力，几乎全部是他的淮军嫡系。那段时间，溃败的消息像是一个又一个炸响在他耳边的晴天霹雳。他比谁都要痛苦，比谁都要委屈，也比谁都要愤懑。他的朋友吴汝纶曾经回忆说："平壤之败，李相国痛哭流涕，彻夜不寐……及旅顺失守，愤不欲生。"甲午战争结束，李鸿章就像一个身败名裂的赌徒，将自己所有的家当和名声输得干干净净。

梁启超曾言：若以中国之失政而尽归于李鸿章一人，李鸿章一人不足惜，而彼执政误国之枢臣，反得有所诿以辞斧钺，而我四万万人放弃国民之责任者，亦且不复自知其罪也。西报有论者，曰日本非与中国战，实与李鸿章一人战耳。其言虽稍过，然亦近之。

很显然，梁启超不同意将甲午战败的责任全部推到李鸿章一个人身上，那样太不公平。就中方而言，中日两国间的这场战争，简直就是李鸿章以一人之力敌一国。伊藤博文在不同的场合表达过同一个意思，他说，李鸿章是中国唯一有能耐与列强一争长短的人。伊藤博文算是一个思想领时代先锋、视野开天地之阔的东方政治家，他与中国旧知识系统培养出来的李鸿章不在同一个认知平面。

历史行进的步伐经常会受到一些偶然事件的左右，它不以人的意志为转移。这使洋务运动更像是"脚踩西瓜皮"，滑到哪里是哪里。李鸿章在追随曾国藩那一代精神领袖的时候，确实发自内心相信中国文明的永恒，也坚定地认为中国文明并不会因为暂时落伍而失去光泽。在他们这一代知识分子看来，中西之间的差异并不是先进与落后之别，而是一方已经准备好先上路，另一方只是随后拍马赶到。时间的先后，并不是一件要命的事。

真正的战争，永远发生在战争开始之前。当无所适从的大清国半推半就地撩开西洋的神秘面纱时，日本国上上下下已经喊响了全面"脱亚入欧"的口号，继而掀起一浪高过一浪的"文明开化"的时代狂潮。柏杨先生打过一个形象的比喻，他说，大清朝就像一个被晚期癌症击败的老拳师，在观察强大对手的优点时，不归功于对手的强壮如牛，反而归功于对手有一副漂亮的拳击手套，认为自己只要也有这么一副漂亮手套，就可发生同等威力。

对于破门而入的外来文化，李鸿章并没有表现出排斥。相反，他所持的态度更像是一种主动迎合。虽然士大夫的主流意识仍然牢牢地控制着他的精神视角，但是此时的他已经有了更多的选择空间，西方文化成了这摊死水的搅动棒。在大清国的高级官僚中，李鸿章应该算是睁眼看世界的先驱者。在繁忙的事务当中，李鸿章一直坚持着对西方文化的了解和学习，对于像他这样的高级官僚，能够做到这一点是很不容易的。

这一期间，李鸿章有意识地阅读了大量的西方著作，以便做到知己知彼。对于西方社会的变革，他有着自己的独到见解和思考。他深有感触地说："阿氏（亚里士多德）以前人之说为无可疑，即据之以推新理，故其学不及贝氏（培根）。"褒扬培根，贬抑亚里士多德，无非是他反对泥古，渴望从实际出发研究新事物，成为一代新风的求变心理的折射。

置身于这个风云巨变的大时代，李鸿章无法平心静气地面对两种文明的碰撞。虽然他坚信中华文化的尊者地位，但是面对西洋文明的巨大威力，他始终无法做一个袖手旁观的第三者。

李鸿章在奏折中大声疾呼：在目前形势下，对外，我们必须与洋人和睦相处；对内，我们必须改革我们的制度。如果我们继续保守而不求任何改变，全体国民将日益退步和衰弱。当今所有外国都在实行一个接一个的改革，每天都在进步，犹如升腾的蒸汽机。唯我中国竟如此小心地维护传统制度，即使中国亡了，保守派也不会感到痛惜。天啊，人啊！我们怎样才能明白其中缘由呢？……西方人特别倚仗他们的枪、炮和蒸汽船的优越和效能，才得以蹂躏中国。……生在今日却依然说"抵制蛮夷"和"把他们赶出我们的国土"，简直是肤浅而荒谬的空话。……没有武器和技术，我们怎能哪怕过一天安宁日子？自强的方法就是学习他们能做的事和接受他们依靠的东西。

他在给友人的信中言辞恳切地写道："书生们空谈误国，实在可叹，外国猖獗到了这个地步，不急切地求得国家富强，中国将何以自立啊！"

此为叙，亦为自序。

他们的征途是星辰大海

——过时的朝贡体系与时髦的帝国语境

1. 海洋世界的崛起和海权意识的觉醒

鲜红的夕阳、神秘的骷髅旗、沾满血迹的战刀以及成堆的晃得让人睁不开眼的黄金。在那辽阔无垠的海洋世界深处，海盗的故事总是闪烁着诱人的光芒。

1579 年，英国海盗弗朗西斯·德雷克的旗舰"金鹿"号沿着南美洲西海岸往北航行，一直航行到北纬 48 度的加拿大西海岸。当这帮狂放肆意的海盗发现他们的战船无法穿越北冰洋，只好掉转船头沿着太平洋向西航行。经过菲律宾群岛，穿过马六甲海峡，横越印度洋，绕好望角再次横越大西洋。

第二年，德雷克完成了这次环绕地球的航行，又一次成功地回到英国。

一个海盗的征途就这样成了一个民族的星辰大海，海盗德雷克也就此实现了自己人生的华丽转型。在辽阔的海洋世界里，所向披靡的海盗意味着自由，尽管海洋深处有着看不见的险情和牵绊，依然无法阻挡人们对自由的向往。德雷克用别人的血和财富喂饱了自己，而他所率领的私人舰队也有如神助，在一场风暴的眷顾下，居然在大西洋海域打败了西班牙横行一时的"无敌舰队"，这真是一个伟大的奇迹。

自此以后，英国逐渐取代西班牙成为新的海上霸主。英国人有一首叫作"德雷克的鼓"的民谣是专门献给他们的英雄——德雷克的。歌词大意是说，如果英国蒙难，只要德雷克的鼓又响了，他就一定会回来为英国解难。

对于德雷克的海盗事业，英国女王伊丽莎白一世显然有着不同的看法。

这是一个最普通不过的清晨，那个终身未嫁而被世人称为"童贞女王"的伊丽莎白一世以最隆重的方式亲自登临海盗的舰船。她带去王室最亲切的慰问，并授予德雷克骑士称号。中国史学界由此认为，海盗德雷克的航行是"在政府的支持下，打击西班牙的海上霸权与贸易独占，争取分享世界市场"。

德雷克的海上船队并不是一支反政府武装，如果在海上呼啸来去，只是为了做一个自由的海盗，他和他的船队有一天也必将成为别人的海上猎物，被人捆绑着去装点其他海盗胜利的宴会。能够得到皇室的资助，得到女王的亲自接见，他们在海洋世界里就不是一支船队在前进，而是一个叫作英吉利的国家在乘风破浪。

开辟航道是一个海洋民族的寻根之旅，而在被海洋分隔的一块块大陆之间，贪婪的人类循着财富的气息，构建起一条条隐秘的通道。"海路运输意味着自由贸易的开始，意味着生活猛然变得好过。它对海洋国家的经济是个促进。早在 13 世纪，英国粮食陆路运输每经 80 公里，价格就会提高 15%，而从波尔多运往哈尔或爱尔兰的加斯科尼葡萄酒，虽然隔着万水千山，价格不过增加 10%。"20 世纪初，法国经济学家萨伊在他的课堂上如是说，美国大西洋沿岸城市的居民"宁肯用从千里之外运来的英国煤取暖，也不用近在十里之内生产的木炭。陆上走十里的运费比海上行千里还贵"。

富庶的东方始终是西方世界的终极目标，他们千方百计地想要抵达那里。但是面对西班牙的海上霸权，他们也只能暂时安顿各自的冲动和欲望。而一些不安分的国家选择了避开西班牙势力范围进行新航路的探索，他们试图开辟一条从北大西洋至东方的西北通道或东北通道，绕过北美大陆抵达传说中的东方世界。

德雷克的出现让整个英国国民为之振奋，他们中出现了许多冒险家向女王申请特许状，有的要以私人方式开拓海外贸易，有的要像德雷克船长那样，在女王的支持下到大西洋上去劫掠西班牙的船队，有的则要求到北美地区从事殖民开拓。英国人的冒险精神在这一刻被集中唤醒，随之而来的，将是一个帝国的强势崛起。

顺势而为的女王很快就签署下一份特许状，宣布殖民者享有英国自由公民的所有特权。并宣布，英国人将告别盲目扩展和冒险，迎来它的殖民地时代，为已然成形的日不落帝国开疆辟土。支持海上事业，成为欧洲各国王室积累财富最有效的路径，准确地说是财富的攫取和掠夺。在庞大的船队身后，西方人将中国人发明的火药塞进热乎乎的枪膛，他们用枪弹书写属于自己的新历史，而整个世界的进程也将被彻底改写。

英国女王伊丽莎白一世曾经在1583年和1596年给明朝的万历皇帝写过两封信，两封要求允许英国人自由出入中国贸易的"情书"。其中第一封写道："我西方诸国君王从相互贸易中所获得之利益，陛下及所有臣属陛下之人均可获得。此利益在于输出吾人富有之物及输入吾人所需之物。吾人以为，我等天生为相互需要者，吾人必须互相帮助。"

第二封信依然诚恳，她说："以其所有，易其所无，各得其所，何乐不为？"

利益的往来既不需要婉约，也不需要迂回。女王要以相对较低的交易成本（包括税收）通商的意图跃然纸上。万事俱备，想不到的是送信的使臣途中遇到不测未能将信送到万历皇帝的手中。这位都铎王朝的最后一位君主，即位时英格兰已处于内部因宗教分裂而混乱的状态，但她不但完美地保持了英格兰的统一，而且经过半个世纪的统治，使其成为欧洲最强大和富有的国家。

18世界中叶，随着英国征服印度，西方历时四百余年的冒险与扩张，进入最后摘果子的阶段。伊斯兰世界全线溃败，世界文明版图进入一个新的阶段。印度成为一个公司经营的殖民地，成为维多利亚女皇皇冠上的一颗璀璨的明珠。

在西方人苦苦寻觅着神秘的东方航线的同时，东方人也在不舍昼夜地探寻着通向"西天"的海上通道。中国人坐在风水相宜的精致庭院里，望着将落未落的太阳在西天肆意涂抹着炫目的红晕，他们会在某个时刻，自然地联想到生命的终结与人性的执着。西方，中国人对西方世界有着哲学意味的思考，认为它是对一个老去生命的叩别，又是对一个新生命的再造和酝酿。中国人的神，诸如伏羲、女娲、黄帝、西王母等，都曾经居住在西土的昆仑山上。《山海经·海内西经》中就说，"海内昆仑之虚，在西北，帝之下都。昆仑之虚方八百里，高万仞……百神之所在"。

从公元138年张骞出使西域，中国人开始用他们不知疲倦的脚步，一路向西而行。而这条海上丝绸之路，在郑和下西洋之前，已经存在了一千年。阿拉伯旅行家马斯欧·迪曾说："5世纪上半叶，在两河流域，从幼发拉底河向上游出发到古巴比伦西南的城市希拉，经常会发现有中国的船只停泊在希拉城的房屋前面。"对于中国人而言，东方是大地绵延而去的空间方位，而西方则是不可捉摸的时间方向。

中西两大文明系统在中世纪不谋而合地相向而行，他们都将对方视为最终的目的地，认为最美好的风景都存在于别人的土地上。当人类的足迹踏遍内陆的每一寸土地之后，他们将目光投向海洋。从某种意义上说，海洋拓展了人类探索世界的延长线。让中国的航行者困惑的是，这条延长线是无限延长，抵达的是无穷尽的远方，还是它有一个可以到达的终点。

15世纪初开始已经相信地圆说的欧洲人不断从海洋出发，他们认为既然地球是圆的，那么一路向西也同样可以找到通往东方的道路。随着西方大航海时代的来临，越来越多的西方商人乘船来到了中国的沿海地区，开始贸易，也就此展开疯狂的掠夺。16世纪，西班牙人和葡萄牙人占据着与中国进行贸易的主流。到了17世纪，新兴的荷兰取代了西班牙、葡萄牙成为海上霸主，在亚洲，他们占据了台湾和雅加达进行贸易。到了18世纪，东方和西方像是漂流在海洋中的两大板块，不可避免地迎面相撞。英国人这时候已经取代了荷兰，张开了更为贪婪的大嘴。

英国女王两次致信中国皇帝，试图打开中英贸易这道紧闭的窄门，但由于船难及其他原因都没有送到中国皇帝手上。尽管如此，英国人的脚步还是多次踏上东方的土地。这个来自西方的海洋民族最先占领的是印度，整个南亚次大陆很快被东印度公司征服，实现了史无前例的大统一。

林语堂先生曾说，英国人占领印度，靠的不是刺刀，而是下午茶。因为英国人的生活方式领先印度，所以能够征服和占领印度。日本占领不了中国，是因为他们没有下午茶这样先进优雅的生活方式，他们曾经先进的部分都是从中国学的。

东印度公司将印度纳入殖民版图的同时，也将下一个目标锁定中国。公司从成立之日起便不遗余力地试图同中国通商，并在南洋、日本等地与中国商人间接贸易。这种贸易通常是以掠夺和抢劫为主的海盗式贸易，从中获取丰厚利润，也进而激起英国人殖民这个古老帝国的疯狂念头。

1637 年，中国和英国的商船在大时代的撮合之下，有了第一次亲密接触。这次接触既像是为两百年后的鸦片战争提供一个不够完整的彩排，又像是为新时代的到来开启一份意味深长的由头。著名的威德尔船长用他的炮击和掠夺以及先兵后礼的谦卑和贿赂敲开了没落中的明朝大门。他们在归还了从广州购买的一些货物后被严禁再踏上中国国土，"红夷今日误入，姑从宽从，日后不许再来"。

中英的第一次面对面的沟通，就这样以一种不愉快的方式宣告终结。因为这场交往从一开始就陷入一厢情愿的单相思的模式，最后也只能接受不了了之的命运。更让人觉得诡异的是，这种不平等的交流居然会成为一种传统被继承下来。在此之后的双边互动中，英方始终是那个脸皮厚、心眼活络、手段多样、软硬兼施的主动一方，而清国则摆出一副半推半就、欲说还休的被动姿态。

以英国为代表的欧洲贸易公司陆续在广州开业，他们的船舶常常往来于欧洲与中国。中国人如果想要前往欧洲，也可以在澳门之外多一些自由贸易的机会。有时候，迫于需要，欧洲船舶也会雇用华人水手，这些人也可以随船去往欧洲。

甚至很多年后，在那场分水岭似的战争结束之后，被重重宫闱阻碍了视线的光绪皇帝还在向他的大臣不断地发问：谁能告诉我，那个英吉利，到底在什么地方？这个出生于 1870 年的少年皇帝——光绪，这时候只有 12 岁。

2. 从海洋到陆地的必然选择

宣德五年（1431）1 月 12 日，郑和开始了他最后一次，同时也是中国历史上的最后一次远航。他从福建长乐出发的时候，地方官员和百姓给予他英雄般的欢呼。年过花甲的郑和依然情绪饱满地站在船头，在他的身上仿佛看不到岁月对一个人精神的折损。一次次的横越大洋之旅，见识了庸常之人活十辈子也见不到的人间奇景，穿越了庸常之人活十辈子也无法穿越的生死幻象，他还能安然无恙地站在这里，本身就已经是一个传奇。

如同前六次一样，这支庞大的船队又一次平安归来，并带回了大量的阿拉伯草药。随船前来的苏门答腊国、锡兰国、古里国、柯枝国、忽鲁谟斯国、佐法尔国、阿丹国及其他阿拉伯国家的使臣，他们从北京紫禁城的午门鱼贯而入，在奉天殿，他们向明宣宗朱瞻基进献贡品。这一幕与前六次也并无不同，不同的是在这盛大的典礼上缺少了一个人的身影，郑和的身影。据说郑和于各支分船队在古里集合的时候，病逝于古里。

有人说，是明成祖朱棣成就了郑和的不朽功绩，若不是他打着与世界交流的幌子，做着寻找明惠帝朱允炆的私活，哪里会有这样一段光辉岁月；而我却认为，是郑和赋予了中国航海史和外交史这样一段精彩的篇章。关于郑和下西洋的动机，直到今天还有学者在争论不休。这支耗资巨大的船队，并不是一支豪华的侦缉队。更何况一个生死不明的朱允炆，又怎能对世界历史施加如此巨大的影响。大明朝的航海史诗，随着朱棣和郑和的先后离世，也由此画上了并不圆满的句号。

黄仁宇先生将明朝称为"一个内向和非竞争性的国家"。小农出身的开国皇帝朱元璋，他所追求和向往的无非是一个静态社会的超稳定状态。在他的理想国里，人民生活在一个贫富无差别、男耕女织的小农社会，"男力耕于外，女力织于内，遂至家给人足"，每个人都要习惯于眼前的稳定生活，一生不离故土，老死不相往来，如乡野之草，顺应自然的生灭之道。他传示子孙，宣称明军"永不征伐"的国家凡15个，这15个以朝鲜与日本及安南（越南）领先，及至南海各小国。

当倭寇将长长的倭刀指向中国海岸的时候，素有铁血君王之称的朱元璋想的却是息事宁人，将沿海一带的中国居民后撤，明令臣民一律不许泛海。而他的儿子朱棣虽然解除了海禁，但并没有迈出实质性的一步。一个将皇权牢牢抓在手中的君王，毫无开疆拓土的雄心壮志，他所做的也只是以派遣使节的方式来换取和平，或者说是一种妥协。他制定的"不可欺寡，不可凌弱"的大国外交策略，不过是朱元璋"永不征伐"政策的递延篇，这也给郑和的船队定下了和平的基调。就算大明朝拥有这个世界最完美的坚船利炮，也只能成为展示王朝威严的一道装饰物。

如同朱高炽于继位的当天就下了一道禁海令，明英宗朱祁镇刚一登基就下令各船厂停止造船。曾经庞大无比的远洋舰队就这样被安置于福建长乐与刘家河的港湾内，被永久地搁置起来，任其朽坏。

罗荣邦先生记录了明朝海上实力的变化数据：郑和刚刚开启他的航洋事业时，明朝的水师拥有3500艘各型船只，其中仅浙江一省就拥有超过700只船组成的船队。正统五年（1440），浙江的船只数量下降到不足原来的一半。到15世纪中叶，该省船队仅为原来的一小部分。孝宗弘治十三年（1500），皇帝下令，"军民人等擅造二帆以上违式大船，将带违禁货物下海入番国买卖"者，正犯处以极刑，全家发边卫充军，而此前两年，姗姗来迟的达·伽马正沉浸于他率葡萄牙船队绕过好望角，横渡印度洋，抵达古里的荣耀中；嘉靖四年（1525），明王朝又下了一道圣旨，"将沿海军民私造双桅大船尽行拆卸，如有仍前撑驾者即使擒拿"，而此前三年，麦哲伦率领西班牙船队，完成了第一次环球航行。

成化十三年（1477），宦官汪直想要寻取郑和的航海日志，试图重现中国人扬帆海上的昔日荣光。当兵部尚书项忠入库查检旧案，发现关于郑和船队的所有档案不翼而飞。他还不知道，兵部侍郎刘大夏已秘密销毁这批宝贵的文件。理由是"三保下西洋，费钱粮数十万，军民死且万计，纵得奇宝而回，于国家何益！此特一时敝政，大臣所当切谏也。旧案虽存，亦当毁之以拔其根，尚何追究其有无哉！"

对于航海事业，英国女王有着截然不同的看法，就在郑和航海日记惨遭销毁的17年后，大不列颠女王签署一份特许状，宣布殖民者享有英国自由公民的所有特权。在此之后，英国人不再盲目地向外冒险和扩张，而是寻求建立永久殖民地，为未来的日不落帝国开辟道路。支持海上事业，成为欧洲各国王室一本万利的投资。

　　公元 1792 年 9 月 26 日，这一年是清乾隆五十七年，英国皇家战舰"狮子"号、"印度斯坦"号等几艘船只正准备扬帆远航。高高的船桅上飘扬着大英帝国的米字旗，而这正是当时海洋上最骄傲的旗号。

　　这只庞大的船队是乔治三世国王派遣访华使团的船队。为首的是乔治·马戛尔尼勋爵，副使是乔治·斯当东男爵，整个团队共有八百多人。他们将远渡重洋，前往那个停留在他们美好想象中的国家——中国。他们此行最重要的任务，是想尽一切办法叩开这个神秘国度的大门，进入那个弥漫着芳香的东方大陆。18 世纪末的英国，如同一个青春飞扬的少年，处处流露着旺盛的血气和不知疲倦的探索，他们迫切需要开辟新的市场，来满足飞速成长的商品经济。

　　为了实现这一目的，英国国王还为即将举行八十三岁寿辰典礼的中国皇帝带去顶级的礼品。或许在他看来，不够顶级的礼品无法显示英国人的诚意，更无法彰显英国的工业文明成果。他此行的目标是中国的市场，是中国人的钱袋子。一万里的海上航程，正摆在他们每个人的面前，这使他们兴奋得近乎晕眩。

　　在闭关锁国之下，大清国的统治者们并不是乡下的土老帽儿。事实上，巴黎或者伦敦街头流行的那些新鲜玩意，用不了多久就会随商船或者传教士传入北京，送进紫禁城，送进圆明园，摆在皇帝陛下的御案上。

　　英国皇家养着一帮顶级的钟表师，他们拿着高薪，喝着中国茶，成天就琢磨一件事，中国皇帝到底喜欢什么款式的钟表。也不知道他们从哪里得来的消息，中国皇帝从小就喜欢钟表，尤其喜欢那些可以跳出一个玩偶报时或者蹦出一只小鸟唱歌的西洋钟表。收到这个消息，他们兴奋地在伦敦的街头手舞足蹈。

　　还有欧洲人漂洋过海，从他们的国度里运来机械设备，在广州开办钟表工厂，专门为中国皇帝和贵族生产奢侈品。除了钟表外，中国皇帝还对西洋自动玩具着迷，特别是那些"机器人"和"机器动物"。除此之外，还有许多西洋器物引起了皇帝的兴趣。皇帝对西洋乐器很好奇，还有越精致，杀伤力越大的火枪，他们相信，那个喜欢写诗，喜欢新奇事物的中国皇帝一定会喜欢他们带去的礼物。

只要能够哄得那个最有权力的中国老人开心，他们就会不虚此行，就能不辱身上所肩负的商业使命。在英国的远东战略体系中，中国是至关重要的一环。得中国者，得亚洲。在这个野兽丛林般的世界版图中，谁也不甘心成为这条食物链上最弱的那一环。

英国历史学家霍普金斯在他的《世界历史中的全球化》一书中写道："早在达·伽马与麦哲伦的伟大航行之前，在欧亚大陆和广袤的印度洋上，各主要古老的中心文明已经通过海洋和陆地形成了一个共生圈际，这种经济贸易、文化与政治上的交流，是一种古典版本的全球化。"

而在这"古典版本的全球化"中，中国在其间扮演着举足轻重的角色。至少在公元8世纪以前，福建泉州这个地方就已经是东西方航线上的重要港口，是中国通向南亚、西亚、东非地区航行的起点。在彼时此地，我们能够见到各种肤色的商人，以各自不同的语言，聚集在一起讲述着他们奇幻无比的海上经历和他们东方淘金的梦想。

明代中叶倭寇骚扰华南沿海，朝廷厉行海禁，并没有取得理想的效果。明、清之交倭寇的问题虽然已趋于缓和，但是历史的经验教训却深深地影响了大清国君臣的心理，从而影响了他们最后的决策。虽然此时距离郑和船队抵达西天极地已有两百多年，但随之而来的海禁政策使绝大部分中国人对外部世界仍处于零认知状态，他们认为的天下不是世界的样子，而是明朝和清朝的天下。

康熙二十二年（1683）台湾郑氏降清，次年七月，康熙帝决定废止海禁，开海贸易。这位伟大的君王对刚刚从福建、广东两地卸任返京的内阁学士席柱说："先因海寇……更所何待？"又说："凡议海上贸易不行者……自图射利故也。"

清朝学者包世臣说，现今东西两洋皆与中华回市："西洋来市，东洋往市。"

如果将包世臣所谓的"东洋"限定于日本，那么"西洋"则是印度以西的欧美各国。除此之外，还应该再加上一句"南洋互市"，也就是中国与东南亚地区的贸易往来。

康熙二十四年（1685），清政府曾经派遣过文武官员随商船抵达日本，就日本的国情做过一些必要的了解。而那个隔海相望的岛国当时并没有引起当国者的足够重视，在得到报告之后，大清国的皇帝和他的臣民们"遂不以介意，而开洋之举继此而起"。

虽然解除了海禁，但是康熙帝与这块土地上出现过的其他皇帝一样，并没有一颗从海洋世界出发，去开疆拓土的伟大心脏。海洋对于他们来说，是一个完全陌生的世界，而所有的未知都有可能是危险。中国人向来讲究脚踏实地地活着，离开土地就像是拔了他们的根，随着风浪颠簸更是让他们难以适应，不是暴怒难消，就是昏昏欲睡。

开放海禁以来，不但中国人可以前往日本贸易，原则上日本的商船也可以渡海而来，进行贸易。直到康熙五十六年（1717）禁止中国人前往南洋贸易时，才顺带着禁止东洋船只来华，而当时并没有禁止中国商人赴日贸易。事实上，当时就没有几条日本船只来华贸易，只有中国船只前往日本，所以说"东洋往市"。至于临近日本的琉球（中山国）则向中国进行朝贡贸易，也经常有中国商人前往该国贸易。

至于"西洋来市"，则是中国船只根本没有条件"往市"造成的，因为中国当时的海上交通工具——帆船的装载量不大，而且不适合远航。中国商人一方面只愿近海航行，另一方面当时中国人的世界知识也十分有限，不敢轻易冒险，又加上清朝政府也有限制国人定期回航的规定等，因此印度以西及太平洋的航路不得不由欧美各国来支配。

当时间的钟摆指向人类的18世纪，一个全球化的新时代在地平线的远端展现出瑰丽无比的画卷。工业化之前，英国与古老中国一样，仍然处于传统的农业社会。《英国史》中这样描述：它告别了内战、流血和专制，传统社会风貌处处可见：静谧的乡村，弯曲泥泞的小路，憨厚朴实的乡民，绿茵茵的公有地和欢叫的牛羊。以后的英国人留恋和赞美农业社会的舒适生活，称

19

之为"快乐的英格兰"。

英国诺丁汉大学教授郑永年指出，所谓的一个国家外部的崛起，实际上是它内部力量的一个外延，在一个国家内部，自己的国家制度还没有健全的情况下，就很难成为一个大国，即使成为一个大国，也是不可能持续的。

环顾当时的世界，法国正处于君主专制的鼎盛时期；大清国就像是一个人到中年的汉子，上有老下有小，正在慢慢进入人生的艰难时期。从中国皇帝居住的紫禁城往西大约8000公里，就是欧亚大陆的西部终端。从这里跨过一道海峡，就可以抵达这个居于"文明世界"边缘的小国——英国。

这样一个文明进程多次被外来入侵者所打断的国家，这样一个在惊涛骇浪中颠簸漂浮的弹丸岛国，居然会在历史性的转变中抢占先机，率先抵达了现代文明的入口处，并将一步步稳健地走向世界的中心，这实在让人匪夷所思。孟德斯鸠曾认为，英国人在三件大事上走到了世界其他民族的前面：虔诚、商业和自由。

在西方人眼中，这个庞大的东方帝国不仅拥有大量的财富，还拥有世界上独一无二的优秀体制。在他们的各种传说里，中国人是"全世界最聪明最礼貌的一个民族"。中国是以孔夫子的理论来作为指导的国家，整个国家就和一个大家庭那样亲爱和睦。"皇帝被认为是臣民之父……总督被认为是一省之父，知州为一州之父，他们像一家之父照料管理家庭生活那样，用同样的权威、关心和慈爱来主持工作。"统治者是"充满了仁慈"的，老百姓则是诚实而礼貌的。而这一切想象起来是那么美。

莱布尼茨说："中国老百姓'服从长上，尊敬老人'。……中国（即使）农夫与婢仆之辈，日常谈话或隔日会面之时，彼此非常客气，其殷勤程度胜过欧洲所有贵族。……"

伏尔泰说，"在道德上，欧洲人应当成为中国人的徒弟"。

马戛尔尼就是在这样的文化氛围中成长起来的中国迷，他一辈子最向往的事莫过于能够乘风破浪去往那个神秘的国度。那里是老子的故乡，那里是《道德经》的故乡。在此前的百余年里，尤其是在欧洲上流社会，像马戛尔尼这样对中国怀有崇拜感的精英分子不在少数。他们一生最美好的梦境，一定会有一个场景是关于中国的。

作为船队二号人物乔治·斯当东的儿子，小斯当东也将随同父亲前往中国。

此时的小斯当东也还只是一个 12 岁的孩子，对他来说，这趟旅程犹如梦境一般充满着神秘和离奇的色彩。他将自己即将抵达的这个古老文明的王国视为一个土地上盛开着鲜花，房子全部用黄金建造起来的国度。这个国家即将呈现的一切，都像他们携带的餐具一样干净而明亮。

小斯当东并非是一个没有见过世面的孩子，对于未知世界的好奇，让他对那个遥远而古老的东方国度充满了美好的想象。所有人都坚定地认为，甚至连他们的国王乔治三世，在为他们饯行的时候，也有过不可思议的描述——他在说话的时候，眼睛里透着羡慕的光。

这个已经取得海上霸权的国王，对遥远的东方世界有着超乎想象的神往。乔治三世很想和中国皇帝坐下来，好好聊一聊，关于政治体制改革，关于经济贸易，关于国家治理的一切。能够治理这样一个富足而美好的国家对于执政者来说，真是一件美好的事。他无比羡慕这个东方国度里的伟大君主，羡慕他开创了一个灿烂无比的盛世。

能够从千万人中挑选出马戛尔尼并不是偶然发生的事，马戛尔尼更不是随便挑选出来的庸碌之辈，他是英国精英阶层中的优秀分子。他在 30 岁时，就已经娶了曾任英国首相的伯特勋爵的女儿为妻。此人精通法语、拉丁语和意大利语，他的学识甚至得到了卢梭和伏尔泰的交口称赞。伏尔泰在第一次见到马戛尔尼时，就发出赞叹："这个年轻人是谁呀？小小年纪便了解这么多的学科，知道这么多的东西！"

慈祥的老伏尔泰也在给其他哲学家的信中写道："我杰出的哲学家，这是一位非常有教养的年轻英国绅士，他跟您的想法完全一样：他感到我们这个民族很好笑。"

在踏上这块东方大国的那一刻，马戛尔尼的观念开始慢慢地自我瓦解，而这种自我瓦解是以分秒计。他怀疑自己是不是在苍茫的海洋中迷失了方向，来错了地方。此时距离英国东印度公司的商船第一次驶进广州港，已经整整过去103年。而这一次，英国使团船队经过九个月的远洋跋涉，终于在乾隆五十八年（1793）五月十四日抵达中国，并于澳门外万山群岛的珠克珠岛抛锚等候。

紫禁城是中国皇帝的庭院，这里的一切，都是以皇帝为中心。皇帝，是这个庭院里无可争议的大家长，这里的一切，都必须听从他的旨意。王朝的命运，就这样不断以血缘的方式一代代传递着，一个王朝的历史，其实也是一个家族的历史。

相对于天下之大，紫禁城就显得小得多了。这座有着三百多年历史的旧宫殿，将自由奔放的满族铁骑创建的王朝牢牢地困在其中。虽然饮血的马刀有一天会慢慢生锈，彪悍的生命力会逐渐腐蚀这个马背上的民族，但当这一切来临的时候，还是让人茫然无措。

而此时，作为大家长的乾隆帝却有着足够骄傲的资本。一个君王的骄傲往往来自两方面，一是他的文治武功，二是他的无知无畏。我们在这里不妨晒一晒让乾隆骄傲的资本：乾隆元年（1736）到乾隆十九年（1754）的19年里，户部银库只有三年存银在三千万两以下，其余年份皆在三千万两以上；乾隆二十年（1755）至乾隆二十八年（1763），存银大多为三四千万两；乾隆二十九年（1764），存银为五千余万两；自乾隆三十年（1765）至乾隆六十年（1795），只有两年存银在六千余万两，其他各年存银都在七千万两以上。

有史学家言："秦汉以来，没有哪一个朝代哪一位皇帝的国库存银有乾隆年间的库银多。"所以乾隆是不差钱的君王，他曾四次普免地丁赋税，三免八省漕粮。至于兴建清漪园，只花费了不到五百万两。如此阔绰，让他的那些继任者羡慕不已。

对于盛世王朝而言，炫耀国力莫过于财富与用兵。在南方，两征廓尔喀，用兵缅甸，进剿安南；在西南，平定大小金川；在西北，统一回部，接纳土尔扈特回归，两征准噶尔。那时的大清国可谓春风得意马蹄疾，一日看尽长安花。

当英国使团漂洋过海而来的消息，通过英国东印度公司董事长佛兰西斯·百灵的信件传递给了两广总督，两广总督又转奏乾隆皇帝时，这位八十多岁的老人特别高兴，他将手中的奏折颠来倒去看了两遍，当即御批"即有旨"，意思是对这个问题另外再发一道谕旨。他任命长芦盐政徵瑞、直隶总督梁肯堂为钦差大臣，专门负责接待英国使团。

乾隆皇帝通告各地军方，凡英国人经过之处，军人要全副武装，列队迎接，向英国人展示天朝强大的武力，让这帮没见过世面的番邦夷人开开眼，使其对大清国的强大有所敬畏。得到乾隆皇帝的欢迎旨意，英国使团船只便从澳门出发前往天津大沽港口，也由此展开18世纪末期东西方两大帝国之间的"破冰之旅"。

抵达天津后，这帮远道而来的英国人很快就发现迎接他们的，不只有直隶总督，还有一队中国士兵。从他们的着装和手持的武器，可以推断其中有弓箭手、火绳枪手和大刀手。他们一个个挺胸叠肚，全力展示着东方人的武勇。然而，副使斯当东却发现一个细节："有几个士兵的手里除了武器之外，还拿着扇子……列队兵士手里拿着扇子，是一个奇怪现象。"清朝军队的分列式表演虽然做得虎虎生威，但并没有使现场的英国人感到敬畏。在他们看来，这个世界已进入火器时代，而清朝军队依然停留在冷热兵器混用的时代。至于他们卖力展示的战阵战法和精神面貌，则完全停留于中世纪。

在这个过程中，英国使团财务总管巴罗在他的日记里写道："我们所见到的一切，与富庶和繁荣几乎毫无关系，触目所及，无非就是落后与贫穷的景象。对于这个帝国最中心的部分，使团的成员们甚感诧异，认为作为首都，应当葆有与之地位相匹配的秩序和环境，遗憾的是他们很快就失去了对此的期望。在一些地方，士兵列队出来迎接英国特使。如果天暖，他们手中操练的会是蒲扇而不是火枪。在另一些地方，我们看到士兵单列成队，非常自如地双膝跪地迎接特使，在他们的长官下令起立之前，他们都保持这种姿势。如果我们的到访是出其不意，他们总是一片慌乱，匆忙从营房中拿出节日礼服。他们穿上这些服装后，与其说像战场武士还不如说是跑龙套的演员。他们的绣花背心，缎面靴子和蒲扇看起来笨拙不堪又女气十足，与军人气质格格不入。"

对于清朝军人所展现出来的武备，英国人不以为然："他们的大炮为数很少，仅有的几门炮都破旧不堪。我都怀疑这些炮是向葡萄牙人借来的，因为那些火绳枪便是。"

这种充满了滑稽色彩的军事展示，在英国人眼里就是一个不成体统的笑话。回到英国后，马戛尔尼说出的一句话迅速传遍了世界："中华帝国只是一艘破败不堪的旧船，只是幸运地有了几位谨慎的船长才使它没有沉没。它那巨大的躯壳使周围的邻国见了害怕。假如来了个无能之辈掌舵，那船上的纪律与安全就都完了。"

"只需几艘三桅战舰就能摧毁其海岸舰队。""不管是在舟山还是在运河而上去京城的日子里，没有看到任何人民丰衣足食、农村富饶繁荣的证明——触目所及无非是贫困落后的景象。"这就是英国使团对于这个想象中的美好国度最直观的评价。

由于英方使团不得乘坐军舰进入中国内河，马戛尔尼一行只好换乘中方船只经白河抵达北京城。他坚持认为，自己所代表的不是个人，而是一个主权国家对于另一个主权国家的访问，而清朝的官员们自始至终虽然礼数周全，但是沿途悬挂着的一面面写着"红夷进贡"的旗帜尤为刺目，毫不掩饰大清国对于外来文明的轻慢。

事实上，早在 1787 年，东印度公司驻广州的代理人就已经发出了善意的提醒："中国政府对外国人一概蔑视，对外国实力的无知使它过分地相信自己的强大。它认为派遣使团只是一种效忠的表示。"这个警告显然未曾引起马戛尔尼的注意。事情的进展果然如此。

当使团抵达镇江，在清政府举行的一场声势浩大的欢迎仪式上。马戛尔尼发现，这里是一处重要的军事要塞，城墙多年失修，士卒衣冠不整，军队的主要装备还是大刀、长矛和弓箭之类的冷兵器。寥寥几支落后的火枪，已经锈迹斑斑。

失望的马戛尔尼由此断定："中国社会已经被卡住无法前进"，"它的繁荣已经结束"，"在这里可以轻而易举地登陆"。

3. 被朝贡遮蔽的战略触角

晚年的乾隆帝如同活在这个世界的大部分老人，他们害怕孤独，喜欢往热闹处寻找欢乐。一个不甘寂寞的帝王，不光是这座宫殿里的核心，更是这个王国臣民的核心所在。

这个中国历史上寿命最为久长的帝王除了自命十全武功，还创造了一项世界吉尼斯纪录，他是这个星球上创作诗歌最多的人。在他漫长而又荣耀的一生时光里，几近疯狂地创作了 4 万首诗，其数量超过《全唐诗》，一个伟大的君王居然能够在劳心费神的事务之外，拥有如此旺盛的创作热情，实在让人感到不可思议。如果单从数量上来说，他已经超越了诗歌金字塔塔尖的两大天王李白和杜甫。与他的治国理政相比，他的诗歌也只是在量上取胜，始终没有完成量变到质变的突破，他甚至连一个二流诗人的水平都赶不上。

在他八十九岁的生命长度里，平均每天写诗 3 首多。对于一个追慕虚荣的君王而言，没有什么比诗歌更能让人抒怀远志。与他的前辈李煜、杨广在诗歌上的造诣相比，乾隆与他们隔着一个国破家亡的现实。

1792 年这一年，英国最伟大的浪漫主义诗人雪莱诞生，这个吟唱着"西风颂"的伟大诗人同样是一个中国迷。和他大多数的同胞一样，最让他迷恋不已的是中国茶，人类的味觉是共通的。不过诗人的迷恋更加感性和具有想象力，雪莱将他所钟爱的绿茶称为"中国之泪水"，甚至写下《为中国之泪水——绿茶女神所感动》一诗，诗云："药师医士任狺狺，痛饮狂酣我自吞，饮死举尸归净土，殉茶第一是吾身。"

一个要以身殉茶的西方诗人以新生命的姿态驾临这个世界，而在遥远的东方，勤奋的帝王诗人已进入他暮气沉沉的老年时光。此时盛夏已过，秋意渐深，颐和园的荷花已慢慢萎谢，一阵清风掠过，昆明湖上浮萍荡漾。这一天，乾隆接到两广总督的一封紧急奏折。奏折说，有一个名叫"英吉利"的陌生国家，派人到广州来送信，说是打算要来朝贡天朝。

"英吉利、英吉利……"乾隆不辨其音地反复念叨了两遍，在好奇心的驱使下，他命人搬来《大清一统志》。这是一本调集中外所有博学之士修订的地理总志，书里包含了以往各代的地理志内容。乾隆从这本书里找到了意大利和法兰西，但并没有找到英吉利。

他又命人找来宫中见多识广的传教士，询问英吉利国居于何处，距大清国有多远，国土面积有多大。来自欧洲的传教士告诉他，"该国即系红毛国，在西洋之北，在天朝之西北"。与法兰西国及意大利国处于同一个方向，也以制造器械见长。

一个远在万里之外的岛夷，竟然会历尽千辛万苦来到这里为自己祝寿，这就是德政泽被天下最有力的证明，万国来朝向来是盛世帝王们的心头好，乾隆也不例外。当英国方面通过商人传递出将派使团前来北京的信息时，乾隆满心欢喜地答应了，并吩咐使团经停沿线的官员们一定要好生接待，不可失了天朝上国的礼仪与威严。使团三号人物约翰·巴罗在他的《中国之行》这本书中记录，中国官方在接待费用上至少开支 51.9 万两（折合今天的人民币 1 亿多元）。与乾隆帝的出手阔绰相比，英国政府在马戛尔尼使团上的总开支，经决算之后，只有 78522 英镑，约合 23.5 万两，不及中国政府接待费的一半。而英国人的费用中，约 1/4 用于购买礼物。

经过将近一年的海上折腾，马戛尔尼和他的助手们终于获准在热河行宫内觐见中国皇帝。这是一次短暂的会晤，高高在上的乾隆帝谈笑间嗅到了马戛尔尼与以往那些来自安南、朝鲜、缅甸、琉球等国使者们迥然不同的气息。这气息令他很不舒服：这帮金发碧眼的家伙居然不愿向他这个天朝皇帝行三跪九叩的大礼。

从出发之时，马戛尔尼和他的使团就有了心理准备，他们将要面对的是一个异于本国文明的古老国度，甚至人与人之间的思维也有着很大差别。若是陷入僵局，他们也做好了在一些非原则性问题上做出妥协和让步的准备。

26

沿途一路走来，马戛尔尼真切地感受到清国对他们此行的态度，比如接待他们的中方船只上就悬挂着一面写有"英吉利贡使"字样的旗帜，有人告诉他这一切，他也只能无奈地摇摇头。

但是在一件事情上，马戛尔尼和他的使团始终不肯做出让步，那就是在与中国皇帝见面时，必须行跪拜大礼。英国使团的拒绝，让乾隆帝无法接受，随即发布诏书称："各种藩封到天朝进贡观光者，不特陪臣俱行三跪九叩之礼，即国王亲至，亦同此礼。"

乾隆的诏书并没有托大的成分，至少在东亚地缘政治圈内，中国作为唯一的超级大国，皇帝向来被视为天下共主，理应受到其他国家使臣乃至国王的膜拜。在乾隆眼里，天下再大，也没有比他的国再大的国；天下有王，也没有比他这个王更大的王。自古皆贵中华，贱夷狄。

让乾隆没想到的是，他现在所要面对的不是那些必须依附于天朝才能生存下去的蕞尔小国，而是当时世界上最强大最生机勃勃的帝国。眼前这个金发碧眼的家伙居然不肯向自己三跪九叩，坚持到最后，才算勉勉强强来了个单膝下跪的礼节。

对于马戛尔尼一行在朝见乾隆皇帝时，是否行了三跪九叩礼这个问题，中外史学界一直争论不休。《清史稿·高宗纯皇帝本纪》记载说，英国使节马戛尔尼等虽然不习惯叩头，但是一到皇帝面前，还是跪了下去。

使团的秘书温德于当天的日记中写道："当皇帝陛下经过时，有人通知我们走出帐篷，让我们在中国官员和鞑靼王公对面排好队伍。我们按当地的方式施了礼，也就是说，跪地、叩头九下。"

乾隆帝对英国使团的表现并不满意，他认为这帮英吉利人毫无修养和恭敬之意。在《上谕档》中，有这样的记载：乾隆皇帝当时就说，他们这样妄自尊大，让朕很不愉快。像这样无知的化外之人，不值得给予优待。

马戛尔尼精心挑选的国礼并未获得乾隆皇帝的青睐，对于一个老人而言，新鲜的玩意已无法激起他对于这个世界的好奇。作为这个古老帝国的皇帝，乾隆已经活了80多岁，在他的继任者和官员们看来，最后能打败他的也只有时间。

马戛尔尼此行的身份不像是个使者，倒像是一个商品推销员。他希望自己带去的货物样品能够赢得清国君臣的欢心，由此换来一笔笔数目庞大的订单。否则，不断扩大的英国对华贸易逆差数据会将他们的国王逼得去跳楼。他们将带来的样品摆放在中国皇帝和官员面前，那些散发着光泽的精巧物件虽然让人眼热，但是在没有弄清楚性能之前，并不具有打动人心的理由，更何况是用真金白银去换。

马戛尔尼带来了英国女王送给乾隆的很多礼物，登记在册的有19种590件，其中有当时世界上最先进的天文地理仪器、枪炮、车船模型和玻璃火镜。乾隆和他的大臣们执意要将这些所谓的礼品视为"贡品"。"礼"与"贡"一字之差，却体现了国与国之间的尊卑秩序，英方虽表达了不满，但也无济于事。

这些礼物并没有引起清国君臣的足够重视，只是被当作房间里一道道摆设陈列于皇家宫苑的一角。有些甚至到1900年八国联军攻进紫禁城时仍未拆封，更不用说使用和研究它们。

马戛尔尼邀请清军将领福康安检阅英国使团卫队演习新式武器操练，这位赫赫有名的清朝大将军不以为然道："看亦可，不看亦可。这火器操作，谅也没有什么可稀奇的。"

马戛尔尼在他当天的日记里如此写道："这真是一个愚蠢的将军，他一生中从未见过连发枪，他的军队还在用火绳引爆的枪。"言下之意，他们什么都没有，有什么资格说出那番不知轻重的话。

官员们的态度本就让马戛尔尼无法理解，更何况老皇帝也是如此态度。火器，中国人玩剩下的火药，没见过世面的西方人居然玩出了新花样，可终究还是雕虫小技。

马戛尔尼率领的英国使团，给乾隆皇帝送了一台巨型玻璃枝形吊灯，要装饰在圆明园内。这个吊灯，有数百个部件，相当复杂。英国人原先还想带着技师前来安装，以免没见过洋玩意的中国人出洋相。却没想到，两个中国工匠只用了半小时就将吊灯拆散，又用半小时顺利装上。如此超强的动手能力，令英国人叹为观止。使团成员巴罗在赞叹中国人对钟表的成功仿造后，也是不无感慨："唯一需要我们提供的是主发条，那是他们做不出的。"核心技术还留在手里，那可不是小聪明和小伎俩能够完成的。

对于中国人灵巧的才思，英国人在惊叹的同时，仍不以为然道："目前跟欧洲相比，他们在微不足道的小事上伟大，在举足轻重的大事上渺小。"而造成这些的原因，在于"朝廷傲慢自大，假装对任何新的或外国的东西都不屑一顾，对新的发明创造，不管多么精妙奇巧，他们都普遍缺少鼓励，因而极其严重地阻碍了艺术和制造业的进步"。

幸好有小斯当东的出现，才让这次觐见所笼罩的沉闷晦暗的气氛有了一抹跳脱的明亮色彩。当斯当东父子上前向乾隆皇帝行礼的时候，乾隆皇帝对12岁的见习侍童小斯当东产生了浓厚的兴趣。当他得知这个小孩子是使团中唯一一个学会说中国话的成员时，乾隆皇帝龙颜大悦。他不仅赐给了小家伙一块玉如意，而且还从自己腰间解下一个绣有龙纹的黄色丝织荷包送给了小斯当东。两件御珍至今还收藏于维多利亚和阿尔伯特博物馆。令人意外的是，这个西方少年献给东方皇帝的却是两支精美的火枪。

如果说玉如意象征着包容与和平，那么火枪则象征着杀伐与征服，两样不同的物件代表了两个国家的文化立场。让我们记住这个只有12岁的孩子，此时的斯当东正怀揣着梦想来到这片古老的帝国，并有幸走进这座瑰丽的王宫，见到这个国家最有权力的人。1793年，对于这个古老的王国而言，乾隆帝更像是一座泥塑的偶像，他已经习惯并麻木地享受着臣民的仰视与膜拜。普天之下，莫非王土；率土之滨，莫非王臣。

八十三岁的老人，除了时间，已经对这个世界不再抱有任何不切实际的梦想。尽管接待热情，对于英国人提出的通商、建交等要求，乾隆却给予坚定的拒绝。即使在面对大部分男人都会爱不释手的火枪时，乾隆也表现得不以为然。乾隆五十八年（1793）《内阁实录》记载，乾隆帝给英国王的敕谕中写道："我中原数万里版舆，百产丰盛，并不藉助夷货，外来之物皆不过以供玩好，可有可无。中国不必与西方互通有无，开放广州为贸易之区，只不过是大清帝王施恩异域，不忍对外来试谋生之人过于严厉，断绝他们的生计罢了。"

在乾隆皇帝看来，西洋人要和清国做买卖，不过是从这里买些丝绸、瓷器和茶叶，而清国的经济向来是自给自足，不需要西洋人的商品。西洋人到这里来，自己也只是将他们视同琉球人、高丽人。他们不来，自己从不勉强。他们如果要来，必尊大清国为上国并以藩属自居。

这种认识对后来清政府实行闭关锁国的对外政策有着直接影响，一向严格限制对外贸易，甚至不惜断绝贸易往来，以迫使洋人"向化""效顺""驯服"。给西方人留下的普遍印象是"一方所给的是怜悯和施舍，另一方除了感激和服从之外不得他求"。但大清朝还是需要朝贡贸易来显示"四海来朝，八方来仪"的气势，表明各藩夷对我天朝的尊重、景仰、臣服，满足皇帝及臣民的虚荣心。

大清国的态度让马戛尔尼十分苦恼，就在他去留两难之际，突然收到了一封信。写信之人是一位在华四十多年的老传教士。这位传教士来自法国，中文名叫钱德明，自 1750 年来华，已经 75 岁，现在已是风烛残年，抱病之身。他派人送给马戛尔尼这封劝诫信，6 天后他就在北京逝世。

马戛尔尼在日记中，详细地记载了这封信："对于中国人而言，使节团的任务是在盛大庆典时来互赠礼品而已，它在中国逗留的时间不能比庆典的时间更长。在上个世纪和本世纪，任何一个派往北京的使节团，他们逗留的时间均未获准超过这一期限。……中国人不签署条约。与他们打交道需要耐心和时间，故而大可不必着急。"

面对着这样一群花样翻新、血气旺盛的异族人，乾隆皇帝的内心深处是相当排斥的，甚至将他们视为来自另一个世界的麻烦制造者，不可能给他和他的王国带来任何福音。他希望，这样一群面目奇特、毛发旺盛之人，带着属于他们自己的新鲜玩意，早点消失于自己的王国，消失于海洋深处。

乾隆甚至有些厌恶这帮金发碧眼的家伙，他们的外交辞令让他感到极度不适。从来没有一个国家的使臣在他这个皇帝面前表现得如此直接而不够友好，他们一直在炫耀自己带来的那些新鲜玩意，像是一帮做买卖的商人，和他这个皇帝讨价还价。

或许是法国传教士钱德明临终前的最后一封信，给马戛尔尼带来某种宽慰，他在写给东印度公司的信中说："我相信，我国的贸易将会受益于使团的访问。我们搜集了许多有关中国北方居民的需求和习俗方面的材料，这将使我们能通过广州向北方出口大量物资，直至时间为我们开辟一条更为直接的渠道。那时，我们将认识到我们选择了一个多么明智的做法。我国并没有在那里失去任何发财和通过扩大我国的声望和贸易来加强地位的机会。"

4. 皇帝不需要进取心

马戛尔尼曾经无比自信地以为，他和他的使团漂洋过海来到中国，一定会为大英帝国打开东方市场。可现实却是另外一个样子，英国人提供的军事装备被锁进圆明园的仓库里，直到60多年后，英、法联军火烧圆明园时才发现，当年英国国王托马戛尔尼带给乾隆的生日礼物已蒙上一层厚厚的灰尘，始终无人动过。

大清国的君臣只是将英吉利国的贡品当作"玩好"加以收藏，这和日本人的态度成了鲜明的对照。荷兰人也于此时将欧洲仪器输入日本，秉承学习精神的日本人深为这些东西之奇巧所吸引，赞叹其穷理之微妙。日本幕府老中松平定信于1792—1793年（即马戛尔尼来华之时）巡视海岸，下令加强海防，吸收西方之"理"。而大清国的两大文武官员，和珅和福康安却抱着"看亦可，不看亦可"的冷漠态度，在大时代里做着他们各自不同的天朝梦。

在这群人里，如果说唯一让乾隆帝心生好感的，就是那个有着一头金黄头发，白皙俊朗的少年。这个将家国利益看得高于一切的皇帝怎么也不会想到，半个世纪后，眼前这个面目纯净的少年会在英国下院的辩论中力主对他的大清国发动武力，而那时的少年已不再是少年，性格深处已经拥有一种利刃般的果决。

这个世界没有时间改变不了的，柔软的会变成坚硬的石头，坚硬的也会变成腐烂的木头。而此时的小斯当东虽然对这个古老的东方帝国有些陌生，但在他的内心仍不乏亲切之感。至少他对这个国家并无恶念，他的目光和他的声音一样清亮透彻。

小斯当东依然清晰地记得第一次接触这个国家的语言，那时他只有七岁。在来到中国之前，他将自己所了解的中国知识在脑子里过了一遍又一遍。他的中国话是跟一位姓李的中国神父学的，所以他学的第一个中文单词是李子。

于是，他的李老师被喊作"李子先生"。每次小斯当东喊"李子先生"时，中国神父的东方面孔会露出温暖的笑容，小斯当东的西方面孔也报以同样的笑容。在这个英国男孩儿的心目中，中国人都应该像"李子先生"那样，谦逊而温暖，不具有任何侵略性。即使站在这个国家最有权力的老人面前，小斯当东也没有陌生人之间的疏离感，更不懂得设防。

英国人的商业谈判，被强行编排成了一场蛮夷之国的上贡游戏。英国人要求开放舟山、宁波、天津等处作为贸易口岸，在北京派驻大使以及固定关税的请求都遭到了中方的拒绝。在乾隆和他的官员看来，他们的老大帝国，早就在一国独大的东亚世界里构筑起了相当稳固的朝贡贸易体系，根本不存在西方的平等邦交和自由贸易。

这个以自然经济为基础的农耕国家，这时候完全意识不到国际贸易的重要。

在中国政府的再三催促下，马戛尔尼使团不得不满怀遗憾地离开，他们在大学士松筠和两广总督长麟等人的一路护送下经大运河、赣江、北江穿越中国腹地。两个半月的漫长旅程，使英国人对这个停滞不前的帝国留下极为深刻的印象。

在这一行人中，最失望的人莫过于马戛尔尼，他带着满满的热情踏上这块神奇的土地，如今虽然两手空空地离开，但还是带走了曾经专属于这个国家的"神奇"两个字。在踏上这块土地之前，他的半生努力都在为这一天做准备，包括他枕边放着的那本已经破损泛黄了的《道德经》。马戛尔尼对乾隆的印象不错，他后来说，在接待我们的时候，乾隆非常亲切有礼，我们十分满意。他是一位优雅的老人，健康有力，看上去不过六十岁。

让马戛尔尼感到失望的是，大清国的皇帝对他们提出的贸易要求表现得很是冷漠。它的人口超三亿，几乎为包括俄国在内的欧洲的两倍，而国内市场和国内贸易也远远超过欧洲。对于来自地球另一端的英吉利，乾隆真的提不起任何兴趣。

马戛尔尼虽然有些失望，但是他觉得这一趟东方之旅还是极具价值的。至少在他心里，打破了先前毫无根据的东方幻梦。那个被欧洲诗人和哲学家美化了无数遍的伟大帝国，也不过如此。这个自高自大的国度有着无法掩盖的虚弱，他不是在装睡，他是真的已经沉沉睡去。这个国家从他的君主到官员，到他的人民，没有任何想要改变的迹象，即使想过改变，也想不到从何处打开变化的缺口。

当马戛尔尼看到大清国的军队使用的还是火绳引燃的枪支，却对他们所带来的每分钟发射二十响的火枪不屑一顾。在马戛尔尼看来，"只要我们派两三艘小战舰，不消两个月工夫，就可以把中国沿海的海军全部摧毁。"

于是，马戛尔尼得出这样一个结论："一个专制帝国，几百年都没有什么进步，一个国家不进则退，最终它将重新堕落到野蛮和贫困状态。'清朝'不过是一个泥足巨人，只要轻轻一抵就可以把他打倒在地。"在他看来，英国人的进取精神，在地球上任何一个地区都能得到强力推进。唯独在中国，英国人的"进取心"得到全面压制。"进取心"虽然被压制住，但是资本增长的野心却无法被压制。

法国学者阿兰·佩雷菲特在《停滞的帝国：两个世界的撞击》一书中将这次不成功的访问视为"两个文明的冲突"，他写道："双方都认为自己是至高无上的。中国人认为它的文明从来都是最优越的，希望能将它的文明广为传播，替代吃烘烤食品的、劣等的野蛮人的文明。英国人则认为，它的文明是最优越的，因为它是现代的，建立在科学、自由思想的交流和贸易优势的基础上。"

东西方霸主相遇在18世纪的路口，来不及躲闪，只能迎面撞上，然后不欢而散，在这个古老的国度里，知识分子把持了权力的边边角角，一般读书人陶醉在科举制度下，只想过自己的生活，却有另一批抱着儒家的理想，与变局下的大时代做最后的抗争，百死不辞的人。

他们似乎人人都有所谓"士"的精神，显得高贵且迂腐，他们甚至将物质生活的丰富和餍足视为一种罪恶。相对于物质，他们将精神与脸面看得高于一切，对于技术层面的东西，他们将其视为奇巧淫技，不值一提。

　　和那些动机不够纯粹的成年人不同，尚处于少年时代的小斯当东忠实地记录了他眼睛里看见的一切，包括父亲和马戛尔尼大使由于外交上的原因而刻意掩饰的事情。他的记录也成为欧洲人了解中国的重要史料。

　　尽管马戛尔尼访华的失败导致了中国形象的急剧恶化，但是天真无邪的小斯当东却对这个怀柔远人的国家抱有足够的善意。他不会忘记，乾隆皇帝看他时，目光里流露出的那份慈爱与温和，成为他一生最美好的回忆，也是他最乐意在文字里反复表述的细节。不仅如此，他还与大学士松筠建立起"深厚的友谊"。

　　1800 年，小斯当东决定重返中国。

行走于悬崖边的帝国

—— 不是没有预警，只是迷失太久

1. 紫禁城的血色祭坛

嘉庆元年（1796）正月初一，江南已很有点小阳春的气息了，而在中国的北方，春天的脚步却总是显得磨磨蹭蹭，一副极不情愿的样子。京师的杨柳瑟缩在料峭的寒风里，枯瘦的枝头上还挂着一层薄如蝉翼的冰花，来自塞外的沙尘偶尔会将紫禁城搅得昏天黑地。而这一日，一场罕见的传位大典在紫禁城拉开序幕。

八十六岁的乾隆皇帝在无人搀扶的情况下，迈着稳健的步伐登上太和殿宝座的台阶，就皇帝宝座。宝座前地上摆放着拜垫，宝座东侧案上陈放着传位诏书和皇帝玉玺，皇太子爱新觉罗·颙琰立在西侧，侍卫近臣分立太和殿内外，大殿前广场文武百官按文东武西原则，分班肃立。朝鲜、安南、暹罗、缅甸等属国也派使臣前来朝贺，场面盛大华美，气氛祥和安宁。

"禅让"这一刻，乾隆皇帝一定在自己的脑海里把自己预想得如尧舜一般伟大，还有比这更完美的谢幕吗？显然没有。九时三十二分，庆平之章轰然奏响，在经历了一系列烦琐的礼仪程序之后，两位大学士引导着皇太子颙琰（嘉庆）在乾隆面前缓缓地跪下。

乾隆接过大学士奉上的皇帝玉玺，捧在手心，这是一方沉甸甸的盘龙青玉大印，上面镌刻着满文，译成汉语是"皇帝之宝"四字，玉质并非极品，雕工更是一般。这是太宗文皇帝皇太极命人雕刻的，那时的大清还仅是东北地方政权。这颗宽三寸九分、厚一寸的青玉大印既是大清开国遗物，也是迄今为止五代皇帝一百六十多年权力的象征，堪称是大清皇室的传家宝。

乾隆皇帝微笑着将它交到跪在他面前的太子颙琰（嘉庆皇帝）手中，中国历史上最平稳的权力交接就这样顺利完成。为了表达对祖父康熙大帝的尊重，乾隆表示过自己的执政时间不会超过祖父的 61 年，于是才有了乾隆六十年传位这一幕。

35 岁的颙琰终于成了嘉庆皇帝，虽然只负责接待、开会、祭祀、礼仪之类的日常务虚工作，嘉庆帝却还是感到终日战战兢兢，如履薄冰。乾隆帝自称太上皇，在接见朝鲜使臣的时候，他明确向各国表示："朕虽然归政，大事还是我办。"

嘉庆四年（1799）正月初三，八十九岁的太上皇因为一场轻微的感冒，在紫禁城养心殿走完了自己辉煌且漫长的一生。正在普天同庆过新年的大清国臣民们不得不临时转换心境，进入全国性的哀悼期。不过，一个君王死了，对于官员们来说既有忧患，也有憧憬。忧患是因为新君带来的权力洗牌可能会波及自己，憧憬则是对于那些中下层官员而言。对于升斗小民而言，好奇之心显然要大于悲伤之意。他们感兴趣的是，大清国的新时代究竟会是什么样，嘉庆到底会成为怎样一个皇帝。

虽然在皇帝的宝座上待了三年，可是嘉庆在全国人的心目中还是一个未解的谜。三十七岁的他虽然坐上了皇帝宝座，但是他并没有真正尝到做皇帝的滋味，因为他的父皇依然活在他的身边。

乾隆并没有真正放弃过权力，掌控权力者个个都是瘾君子，放得下烟枪，却难以驱走心魔。做了太上皇的乾隆仍然住在养心殿，并没有按照清朝的礼制，退得干干净净。朝廷的一切大权，依旧在他的手里翻云覆雨。他用一个听上去很美的词，给自己稍显丑陋的揽权行为做了一个并不高明的掩饰——训政。乾隆在评价自己三年的太上皇生涯时，也不无得意地说："三载以来，孜孜训政，弗敢稍自暇逸。"

在中国历史上，皇帝驾崩向来是一件天崩地裂的大事。在老皇帝驾崩和新君主即位之间，往往会有一段权力交接的真空期。如果处理不得当，有可能会将一个帝国的政局拖入死亡地带。

而乾隆皇帝早在三年前就安排妥当了，现在，他的死没有对权力交接产生任何影响。嘉庆帝的打工生涯终于可以堂而皇之地宣告结束，他终于成为这个帝国真正的主人。在这三年时间里，除了他那张和颜悦色的脸和几篇没有个性的圣旨之外，人们对他这个新皇帝知之甚少。不过，种种迹象表明，他似乎是一个稳健之人，或者说是一个保守之人。

对于一个保守的政权而言，没有什么比稳定人心更重要的。就在所有人都朝着惯性思维的方向滑行时，事情的发展却超出了所有人的想象。

乾隆去世的第二天，也就是初四上午，嘉庆皇帝突然发布了一条让全国臣民都大吃一惊的谕旨：免去乾隆皇帝驾前第一宠臣和珅兼任的军机大臣和九门提督之职。同时，一场规模巨大的抄家行动展开，令人惊愕的巨额财宝在和府地窖中显露出来。

举国上下为之沸腾，好像全世界都在等着这个闷声不响的皇帝出手。终于等来这一刻，嘉庆帝一出手就发出炫目的光芒。可以说，诛和珅是嘉庆帝处理政治危机能力的一次成功展示。

三尺白绫，为和珅的人生画上一个并不圆满的句号，也为嘉庆赢得了人心。

这个世界的大多数人，终将平庸地度过他们短暂的一生，很少有人能够登上巅峰饱览世间风景。在投缳自尽的最后时刻，和珅留下一首绝命诗：五十年前梦幻真，今朝撒手撒红尘。他时睢口安澜日，记取香烟是后身。

出身寒微的和珅，只因在乾隆四十年（1775年）以銮仪卫的侍卫的身份来到乾隆身边，扈从皇帝临幸山东。漫长且孤寂的旅途，给了君臣二人更多交流的机会。这位面白文静，有着汉人知识分子儒雅风范的侍卫，给乾隆皇帝留下了美好的印象，从此得到君王的赏识，平步青云，二十七岁官至军机大臣，在论资排辈的帝国官场，不能不说是一个奇迹。

江山虽然还是爱新觉罗的江山，但是作为一个帝王，乾隆真的活得太久了，久得让他的接班人和官员，包括他自己都失去了耐心。在他执政后期，他将很多重要的事情都交到了和珅的手上，和珅是他最为信任的人。他已经不是当年那个六下江南，留下许多风月佳话的帝王，在时间面前，君王和草民是平等的。不服老的帝王终究还是要孤独地面对年华老去的现实，他已经很少走出紫禁城。

虽然他还是这个国家的主人，但很多官员却在私下里议论，皇上所传出的旨意，很多时候是和大人的心意，又通过和大人的嘴巴传达出去。从某种程度上说，和大人说出的话，就是皇帝的心意，很快就会转化为谕旨。于国于己，这都是一个危险的信号。

就连那个初来乍到，不了解王朝权力规则的英国使节马戛尔尼都看出了其中的端倪。这个碧眼鬈发的英国佬虽然不太了解大清国的权力规则，但是人在权力面前的嘴脸并无区别。正因为如此，他说："举全国朝政，畀诸相国和中堂一人。"相国，指的就是和珅。

在马戛尔尼觐见乾隆皇帝期间，43岁的大清国首相和珅，在热河会见56岁的英国特使马戛尔尼。这个相貌堂堂的大清国的实权人物，给英国人留下了极为良好的印象。他回忆道："我对中堂（和珅）的机智不能不深表钦佩。那天，我想尽办法要与他讨论正题。他总是竭力回避，每当有可能与我谈及正题时，他立即巧妙地躲闪过去，设法把我的注意力引向周围的景物，请我欣赏湖光山色，向我们讲解秀丽的山庄和亭台楼阁。"

负责撰写英国官方记录的斯当东，也留下了西方对和珅的最早记录。他写道："和中堂的见解相当尖锐深刻，拥有完美的政治家的品质。他的飞跃上升，固然是由于皇帝的特别提拔，这种情况在许多帝国是相同的；但他同时也要得到当朝有势力的统治阶层的一致赞许才能长期保得住这个崇高的职位。"

这种对和珅的高度评价，似乎从上一次见面就占据了英国人的头脑。斯当东回忆道：在（热河）皇宫里面，和中堂只占据一个很小的屋子。无论多么掌权的大臣，他在唯我独尊的皇帝面前，都是一个渺不足道的小人物。在如此广阔壮丽的行宫里面，他只占据着一间小屋子。和中堂是一位鞑靼人，据说出身低微，二十年前只是皇帝的侍卫之一。皇帝见他相貌不凡，后来又试出他才具过人，于是将其擢拔至首相。他是皇帝唯一宠信的人，掌握着统治全国的实权。

若是以贪治罪，和珅死得并不冤枉。关于他到底贪污了多少钱财，至今也没有一个翔实的数字定论。可以做到有数的，是他的王府有房二百五十余间；花园楼台二百余座；铜玉鼎四十五座；端砚、宋砚七百余方；大小自鸣钟三十八座、洋表一百余个；东珠六十余颗；大小红蓝宝石五千余块；金银碗碟八千五百余件；各种如意三千余柄；金银唾盂、面盆一千五百余个；金银元宝两千个（每个重一百两）；金珠翠宝首饰二万八千件……

嘉庆诛杀和珅还有一个原因，便是乾隆末年发生于川楚陕一带的白莲教起义。这场白莲教起义经历数年之久，浪费数千万两的军饷，但始终未见起色。嘉庆帝称，这场屡禁不止的起义完全拜和珅所赐，是他报喜不报忧，蒙蔽先皇，并借此冒功升赏。

乾隆并非昏聩之君，他也未必不能识破其中端倪，之所以任其所为，大多是由于"圣寿日高，诸事多从宽厚"。他认为自己年龄大了，已经没有精力再去顾及此事。在心急火燎的时光面前，一个老人和一个年轻人，他们在对待同一件事上有着截然不同的选择方向。从来都是宠臣误国，朝堂上下也是议论纷纷。

嘉庆帝拿和珅开刀，有为自己的父皇开脱之嫌疑。他将镇压白莲教不力的大帽子全都扣在和珅头上，以此警告后任者，全力镇压白莲教，早日除掉嘉庆当政的一大心腹之患。

嘉庆帝选择在大丧之日以雷霆万钧之势诛杀和珅，并不是一时激愤，仓促而定。他从先帝手中接手皇权已三年有余，而这三年也是他韬光养晦的三年。虽然他一再强调，杀和珅也有"不得已的苦衷"，但是他的政治目的十分明显，通过诛杀和珅，杀一儆百，为"肃清庶政，整饬官方"，扼制"诸务废弛"的政治颓势寻找一个突破口，以恢复皇权的尊严。

和珅与嘉庆并无私人恩怨，嘉庆杀他是因为"和珅罪之大者，盖由事权过重"。三年训政期间，嘉庆对和珅在朝中的影响力也是耳闻目睹。尤其是先帝对他的宠溺已到了超越正常君臣关系的程度，乾隆的喜怒完全在他的掌控之中。如此一来，以嘉庆为首的诸皇子对此人也忌惮三分，更不用说那些行走于内外廷的官员。

不出手则已，一出手就致命，支撑爱新觉罗·颙琰的心理能量是在漫长的储位生涯中积累起来的焦虑感和危机感。他自知选择这样的时机杀一个朝廷重臣，必然会震撼朝野，所以他反复强调："朕所为止一和珅耳，（和珅）今已伏法，诸事不究。"

2. 失去特色和性格的木偶

嘉庆皇帝太过于天真，他本以为，以雷霆万钧之势摧折和珅这朵罪恶之花，就可以生生扯开帝国的庇护制网络。杀了一个和珅，将他的党羽一网打尽，然后再掀起一浪高过一浪的惩贪风暴，腐败将会从这个帝国的土壤里被连根拔除。

爱新觉罗·颙琰把诛和珅作为自己升级为皇帝后交出的第一份答卷，这份答卷堪称完美。这也使先前在新皇面前如沐春风的王公大臣们突然意识到，这个平日里看上去温吞吞的男人，有他的暴脾气，也有凌厉的手段。

让体制内的龙卷风刮得更猛烈些吧！所有的人都在等着第二轮、第三轮，甚至更多轮政治狂飙的来临。他们既期待又害怕，期待的是，这个站在盛世悬崖边的帝国需要一个新的且有力的政治舵手，引领他们走出眼前的困境；害怕的是，这个引领他们的舵手不能过于激进，毕竟是新旧交替之际。

君王有君王的烦恼，大臣有大臣的苦楚，至于老百姓，他们只看重眼前的好日子。一缕缕政治新风，绵绵不断地从紫禁城的旧宫殿里向四面八方吹散出来。

细心的官员还发现，嘉庆亲政后的第二个月就发布谕旨，今后他出宫祭天及谒陵，随行仪仗必须减半，必须压缩皇家的出行费用，皇后和嫔妃也不必随行。

这道谕旨流露出新皇帝的务实作风，也让帝国官员们长长地舒了口气，大清国又将迎来一个中兴之世。嘉庆皇帝并不是一个贪图享乐的君王，大部分时候，他更像是一个完成了自我逮捕的囚徒。就连到木兰围场围猎，放松身心的事也不愿由着性子胡来，他走的是"遵守祖制"的路线。

他不会像野兽一样迷失在无边丛林里，他会沿着先祖们开辟的路线，一步步地追随。他只给自己定一个相对低标准的任务量，射中两件猎物，就立刻赶回去处理政务，绝不因玩兴正浓而多耽搁一刻。在他看来，人性的欲望是最危险的东西，而他的一生，也从没有被声色、珍玩、不良嗜好所迷。

大清国的盛世光景，不外乎康雍乾三世。大清268年国祚，康雍乾三任帝王就占去一半，还不包括乾隆当太上皇的三年光景。大清国中前期的政治改革也大多集中于这一时期——康熙帝在紫禁城里设立了南书房，任命一批通熟儒家经典和历史知识的官员担任经筵讲官，又从翰林院挑选饱学之士充当日讲官员。于是，这里成为皇帝与翰林院的文学儒臣们诗赋唱和之所，也成为一个由皇帝严密控制的核心机构，无形中削弱了议政王大臣会议和内阁的权力；雍正设立军机处也具有偶然性，起先不过是一个处理紧急军务的"秘书"机构，为了自己使用方便，一再扩大它的权力，变成一个听命于己的最高决策机构。军机处变成了雍正帝的秘书处，也让他看到了军机处存在的妙处——既架空内阁，又架空议政王大臣会议。

如此一来，大清国的君王们凭借着个人的政治手腕，巧妙地化解了废除丞相制所带来的制度缺位，也摒弃了朱明王朝所实行的内阁制。整个天下，真的成了皇帝一个人的天下。这就像是一把双刃剑，权力的高度集中，也必然会提升制度运行的风险系数。

早在乾隆四十六年（1781），大清发生了一起震古烁今的大案，准确地说这是清朝建国以来的头号贪污大案：甘肃贪污案。

在这场肃贪风暴中，从封疆大吏到州县官员，贪污白银2万两以上的案犯斩首56人，免死发遣46人，革职、杖流、病故、畏罪自杀者数十人。一场肃贪之风横扫过后，甘肃官场几乎为之一空。有人总结甘肃贪污案的特点：无官不贪，而且是有组织、成系统、走程序地贪腐。从上到下，形成了一个金字塔式的贪腐生态系统。

乾隆盛世的后半段，整个大清国陷入找不到出口突围的困境之中，物价比执政初期上升了三四倍。花样百出的苛捐杂税，让升斗小民在现实的碾压之下叫苦不迭。对照王朝兴亡曲线图，可以发现：一个王朝如果火箭般直抵"盛世"塔尖，那么也就意味着它将置身于一个无路可走的险境，只剩下"持盈保泰"一条生路。站在高处，人会不自主地陷入眩晕，而眩晕会让人的意志力消退，由奋发进取而转向歌舞升平。人们陶醉于眼前的繁荣，逐渐丧失忧患意识，忽视平静水面下的暗流涌动。诚如作家张宏杰所说，盛世君主往往是英明与昏聩集于一身，理智与膨胀合为一体。他们通常既是辉煌成绩的创造者，也是王朝衰落的罪魁祸首。

此时的大清国就像是一个忘乎所以的巨人，眯着眼睛，晒着太阳，昏昏然不知老之将至，更不知危险就来自屁股下面，因为他正坐在一个随时都有可能会引爆的炸药包上。他的君王和臣民也没有觉察到危险的步步紧逼，他们觉得春风正好日当中，这是历史上难得的太平时光，一切看上去很美。自我感觉良好的乾隆皇帝，给自己封了十全武功。十全者，功德圆满也。

满朝文武虽有不满之人，但也没人敢说出眼睛看到的真相，真相最是伤人。

乾隆皇帝后期一直住在养心殿里，须臾不曾离开，他怕自己前脚刚迈出去，就有人剥夺了他在这座宫殿里应有的位置。他按照江南园林的布局，精心打造着属于自己的御花园，希望有一天能够将自己的身心放置于此，可惜的是他一天也没在里面待过。

计划总是赶不上变化，而形势的发展让嘉庆皇帝根本来不及做出应对反应。他虽然杀了一个和珅，虽然十一个全国总督当中，有六个已经被他拿下马。虽然在他为配合镇压白莲教战争发起的惩贪高潮中，官场贪风有所收敛，然而，肃贪高压态势稍一松懈，这个世界又故态复萌。官员从上到下，从大到小，无人不在收礼送礼，无人不在买官卖官；各地衙门贪风无处不劲吹，除了中饱私囊之外，对一切民间疾苦都漠不关心。

乾隆时期已经花样百出的腐败，此时又呈现出许多新特点：腐败如同癌细胞向庞大的王朝躯体全面扩散，所有的基层官员都成为权力的寻租者，一些把守着体制边边角角的幕僚和胥吏甚至成为腐败案的主角；潜规则变成了明规则，社会上所有大事小情，都需要用钱开路，否则寸步难行。

大清王朝的监督体系变成了一张支离破碎的网，缝缝补补已经无济于事。

直隶省布政使司承办司书王丽南，是直隶省财政厅的一个小小办事员，顶多是股级干部，按理说并没有什么权力。可是从嘉庆元年起，数年之间，居然贪污了三十一万两白银。甚至湖北财政厅（布政使司）的一个小小的银匠，居然能够利用政府官员的糊涂马虎，不断私藏银两，几年下来，居然也贪污了五千两之多。

嘉庆十四年（1839）六月中下旬，江苏中部连日大雨。好端端的天穹就像是被人捅破了一个大窟窿，雨水倾泻而下，淮河下游河水暴涨。奔腾咆哮的黄河自清江入淮后，宛若一匹脱缰的野马，在瓢泼般的大雨中，呼啸着，猛烈地冲击着薄弱的堤岸。

一道道灾情告急奏折由军机处加上火急标志，送进了北京紫禁城的乾清宫。爱新觉罗·颙琰已经几天几夜没有睡上一个安稳觉，他坐在那张宽大的硬木蟠龙御座前，阅读着这些奏章，脸上罩上了一层愁云。他记得很清楚，自从登基以来，那桀骜不驯的黄河几乎年年都要给自己带来一些麻烦。由于下游河道淤高，只要遇着连阴天，黄河就要决口。尽管他曾督促工部派专员视察过河南、江苏一带的堤防情况，拟订过几个加高堤坝的计划，但拨下一点款项，不是被朝廷挪作军用，就是被部、省、府、县官吏层层贪污，所以始终未见成效。现在，老天又与自己作对，黄河又再次决堤。

自从嘉庆亲政以来，黄河决口几乎成了常有之事。全国财政收入的四分之一都扔进了黄河，黄河不治，大清国的根基也会不稳当。可一旦治了黄河，大清国的日子又要过得紧起来。一天到晚在皇帝面前哭穷的是内务府的官员，而最高兴的莫过于那些治河的官员。黄河之水四处泛滥，而他们每天公然在河督衙门里喝酒唱戏，一桌酒席，花费千两是平常之事。

打着治河旗号的大小官员，将用于治河的费用名正言顺地据为己有，这么做带来的后果可想而知。为了实现利益的最大化，治河官员不断压低工程造价，偷工减料。应该用麻料的地方，掺杂了大量沙土；应该建造秸垛填石，秸垛建好了，却不往里填埋石头。洪水所到之处，处处决口。

嘉庆年间，全国各地府衙出现大量在岗不在编的"编外衙役"或者说"编外警察"，薪水自收自支。利用他们处处设卡，到处收费，以弥补财政经费的不足。他们的数量，往往超过正式编制数倍，甚至数十倍。

比如直隶省正定县，"编外衙役"多达九百多名，而浙江省的仁和、钱塘等县，更是多达一千五六百人。这些"编外衙役"虽然没有体制内的编制，但是他们的危害程度并不低于那些体制内的正式人员。他们横行乡里，巧立名目，一遍遍向农民收取各项税费，谁不交，就关入私牢，严刑拷打。他们在城市里勒索小商小贩，经常闹出人命案子，有的官司甚至打进紫禁城，打到皇帝面前。

从嘉庆七年到嘉庆十年，几乎每个月都有重要的人事调整。全国的省部级高官被轮换个遍，像是账房先生的算盘珠子，谁都无法逃脱被拨弄的命运，南人北往，北人南去。大大小小的官员都在忙着中饱私囊，陷落于时代的泥沼。腐败的势头没有丝毫减弱的迹象，而各地的财政亏空也是此起彼伏。

这场从上到下的运动式惩贪，到了嘉庆时期渐渐失去先前的力道。与腐败官员的总数比起来，被发现和惩处者不到百分之一甚至千分之一，腐败带来的收益实在高得离谱，而腐败的风险又实在太低。腐败已成为大清国官僚体系的常态化运作，贪污成了官员生活的主要来源。一个人如果不贪污，则无法打点上司，结好同级，也就无法在官僚体系的夹缝里生存下去。

受到惩处者在日光下哀叹命运的不公，而一时逃脱者也在深沉的暗夜里辗转反侧，等待着另一只靴子的落地。从乾隆晚年开始，官员们对秋风扫落叶式的惩贪风暴已日趋麻木。到了嘉庆时期，官员们的腐败热情变得空前高涨，甚至到了"前仆后继"的程度。耐心极好的皇帝陷入焦躁不安之中，谕文中甚至出现连篇累牍的斥责、抱怨甚至痛骂。他的父皇乾隆帝是一座无法逾越的高山，他比谁都清楚，自己接手的不过是一个虚假的繁荣帝国。所谓的康乾盛世已经将一个王朝的精气神榨取得所剩无几。

嘉庆十年（1805）九月下旬，北方的天空沉淀着亘古不变的湛蓝，令人无限神往。而此时刚从热河避暑山庄返回京城的嘉庆帝还沉浸于一个多月的慵懒时光里，这真是一段神仙般的日子。再也没有那些令他头疼的国家大事的烦扰，有的是幽雅宁静的环境和美人入怀的柔情。

嘉庆皇帝要做一件事，对他来说有着极为重要的意义。他很快又上路了，陪他一起上路的还有皇室成员及朝中重臣。他此行的目的地，是大清国的龙兴之地。在祭奠了新宾永陵之后，他们向西直抵盛京，祭奠了福陵（清太祖努尔哈赤之陵）和昭陵（清太宗皇太极之陵）。

他临风立于这片苍茫的北国大地，思绪万千，圣祖康熙南征北战、皇考乾隆励精图治才有今日大清之盛势。自己在位这十几年来，兵事、海事、河事不断，眼见得国势一天天地衰微下去。

他一生中的大部分时光都是在书斋里度过的，波澜不惊的生活已绵延相续三十余年。他自认为自己与翰林院的那些饱学之士并无区别，而这种毫无意义的比较，往往会让他忽略自己的另一个身份，大清国的皇帝。如果来一场文人选秀，他有信心脱颖而出，可是对于治理一个如此大的国家，他是缺乏信心的。在他被宣布为太子的当天写下的一首诗中出现了"一己愚哀频战栗""自愧凡材何以报"的怂人之言。他在拜谒雍正陵时写的《谒陵恭纪》中，也有"自念微才薄，难承锡命优"之句。他在《十全纪实颂》中也追述了当时的心情："闻命之下，五内战兢。"这或许不是他的自谦之语，而是他内心的真实写照。

嘉庆皇帝缺乏的并不是一个君王的聪明才智，也不是时间和精力，而是作为一个君王应具备的胆识与勇气。一个缺乏勇气的君王是悲哀的，也是不值得同情的。有人会说，嘉庆上台第一件事，就是诛杀父亲的宠臣和珅，完全称得上是中兴之君。

嘉庆帝不是没有想过改革，而是不敢改革。他十分清楚大清国的危机严重到了什么程度，这具表面看起来还有几分体面的躯体已经病入膏肓，他被这种可怕的病相吓倒了。生怕自己一着不慎，这个重症病人会死在自己手里。在"新政"后期，嘉庆已经开始禁止人们使用"新政"这个词。他生怕人们认为他的"新政"是刻意翻父亲的案。"不孝"这个罪名是他这个品质"端淳"之人无法承受之重。

乾隆留给他的并不是一个真正的太平盛世，而是一个盛极而衰的世界。

传统的政治机制已不再具有百尺竿头更进一步的能力，官僚们在习惯于按照固定程序从事行政管理的同时，也学会了利用这一固定程序从事营私舞弊活动，他们安于享乐，安于因循怠玩，安于徇私舞弊。社会经济的发展也达到极限，无法承受异常迅速增长的人口压力，物质财富增长速度与人口增长速度之间的关系严重失衡，造成严重的民生问题。连向来喜欢粉饰太平的乾隆帝也不得不承认："国家承平日久，生齿日繁，物产只有此数，而日用日渐加增。"

嘉庆帝在自己所写的《守成论》一文中，谈到遵循祖宗成规的原因："列圣所遗之成规也，守者世世子孙守而不易也。盖创业之君，继前朝弊坏之余，开盛世兴隆之业，殚心竭虑，陈纪立纲，法良意美，无不详尽。后世子孙当谨循法则，诚求守成至理，以祖宗之心为心，以祖宗之政为政，率由典常，永绥宝祚，咸有一德，守之不变，不基至于万世可也。"

嘉庆是一个善于思考的君王，对于大清国未来的政治走向，他除了"守成、法祖"，再也拿不出新鲜的东西。在他的执政生涯中，他花费了巨大精力去研究历代《实录》，最大限度地按照祖制要求办事，而他从早年的意气风发变成一个逐渐失去性格和特色的木偶。

3. 闭关乎？锁国乎？

"1816 年 8 月 4 日，天气晴好，风平浪静。一大早，就看到河中有几艘插着红色旗帜的舢板。到了中午十一点，几名中国官员乘着小船飘摇而来。在他们抵达之前，艾尔塞斯特号鸣礼炮七响，两位大清国的官员受到了麦克斯威尔船长的欢迎，海军列队，乐队奏曲。双方互致问候后，两名官员说，由于天气原因，他们没能早点前来问候，他们因为没能向使团提供更多的款待而表示歉意，他们说，主要原因是他们没有收到像上次使团来华时那样详细的通知，但是，皇帝非常重视英国，他们着力向我们表示，我们享受的待遇是其他国家不可比拟的。"

这是英国人小斯当东在《1816年英使觐见嘉庆纪事》中描述的场景，也是他的亲身经历。作为一个历史当事人，能够有幸两次参与东西方两个大国的碰撞与交流，小斯当东的内心应该是骄傲而满足的。

马戛尔尼访华二十三年后，中英两国都发生了巨大而深刻的变化。

在遥远的中国，嘉庆帝代替他的父亲乾隆成为新的皇权代言人，而这一切都源于时间的成全。面对一个日益衰落而不自知的帝国，他就像是一个守财奴，躺在先人留下的旧宫殿里做着白日梦。伴随人口的剧增，经济危机的加深，中国北方民间出现了数不清的秘密结社。为了平息白莲教，抠门的皇帝已经耗费了两亿多两白银，相当于整个国家四到五年的财政收入。

一波未平一波又起，白莲教这边未平，天理教又起，后者居然发动了对紫禁城的攻击。根据《清仁宗实录》记载，嘉庆帝说："朕虽未能仰绍爱民之实政，亦无害民之虐事，突遭此变，实不可解。"一心要做守成之君的嘉庆并不知道此时的英国刚刚赢得了反法战争的胜利，已经牢牢锁定西方世界的霸主地位。而狂飙突进的产业革命更是让强者恒强，英国比以往任何时候都想打开中国市场。对于小斯当东来说，二十三年前的那场不欢而散的相遇，依然历历在目。

自从二十三年前，小斯当东跟着他的父亲老斯当东走进紫禁城，见到那个和蔼中透着几分威严的乾隆皇帝后，他就再也没有真正离开过中国。

这个古老而神秘的东方国家对他有着难以言说的诱惑力，他迷恋那些布满了文化符号的小物件，迷恋中国古典哲学的灵动悠远。他也像他的父亲老斯当东一样，喜欢喝中国茶。他拥有一间专门的茶室，里面摆满了美轮美奂的精致瓷器。既有东方文物的色彩，又带有英国古典气息。他经常和他的父亲坐在靠窗的位置，柔和的光线从窗户投射进来，刚好照亮那些大大小小的瓷器，使它们看上去更加晶莹剔透。

　　小斯当东喜欢在中国茶的香气缭绕中，思考关于中国的问题。他终生喜欢中国事物，甚至在自己的庄园里修了一个中国式的庭院，起名为"古亭莱园"，其中的标志性建筑是一座仿中国样式的灯塔状古亭。古亭莱园的书房中藏有大量中国书籍。

　　当然小斯当东的兴趣远不止中国的茶、瓷器、丝绸之属。他搜集和整理了大量有关中国历史、政治、经济和社会等各方面的资料信息。甚至不惜花费十年的时间，翻译了《大清律例》，书刚一面世便引起西方媒体的关注，复兴的欧洲再也不用通过想象来构建中国的法律体系。

　　除此之外，小斯当东还著有《中英商业往来札记》《1816年英国使团访京纪实》《论中英关系及其改善之进言》《英中商务考察》以及译著《异域录》等。1823年他与科尔布鲁克共同创建英国皇家亚洲学会。这使他成为英国汉学史上一位知名的汉学家。

　　1800年，小斯当东被英国东印度公司驻广州商馆聘为书记员，再次来到中国。1814年，小斯当东当选为东印度公司驻广州商馆的管理机构——特选委员会的成员。第二年，他又被选为特选委员会主席，全面负责东印度公司对华贸易。

　　小斯当东是一名真正的"中国通"，在他的努力下，英国伦敦大学大学院和帝国学院聘请教授，开设汉学课，专门教授汉学课。他也由此被誉为"英国汉学之父"。凭借着十几年的中国研究经验，小斯当东对于中国社会的理解和认识要超出同时期的西方人。他曾经毫不客气地批评，当初的马戛尔尼对清王朝治下的中国有着不切实际的估计，而他的父亲斯当东也是摇晃不定。

　　虽然距离第一次踏上中国土地已过去二十三年，但是小斯当东从来就没有真正离开过中国。1816年8月，英国准备再次派出使节前往中国。为了避免重蹈马戛尔尼当年在中国一无所获的覆辙，新任大使安赫斯特勋爵在选择助手时，又一次将目光锁定在小斯当东的身上，因为没有人比小斯当东更有经验，更熟悉中国。清廷不希望这样一个人加入使团，嘉庆帝在上谕中也两次提到他："英吉利夷人斯当东，前于该国入贡时曾随入京师，年少狡黠，回国时将沿途山川形势绘成图册，到粤后又不回本国，留住澳门二十年，精通汉语。"

当他听到小斯当东出海与安赫斯特会合的消息时，嘉庆帝即以监控疏漏，降旨对广东官员严加申饬。可见他对此人早就有所警觉。

这一刻，让我们回到那艘"艾尔塞斯特"号的舰船上，由于上次马戛尔尼使团在乾隆面前不愿行叩拜大礼，双方闹得不欢而散。而这一次，大清国的外交官员又将话题转移到礼仪问题上。

他们甚至询问上次使团所采取的礼仪是什么形式，是叩头，还是跪拜，这是这次使团必须遵守的利益。问题最终的解决方案是，这些问题及其他细节问题留待观察，等到同在天津的钦差大臣会面后，再详细讨论。当英方表示将会尽力对大清皇帝表示尊重后，接待的官员露出了轻松的笑容。

使团第三把手埃利斯认为叩头只是无关大局的形式，而小斯当东的态度较为激烈，他在给安赫斯特勋爵的报告中直言不讳："哪怕会导致使命的失败，也完全不应该同意叩头。"安赫斯特接受了他的意见。

小斯当东在他的日记中写道，钦差大臣坚持让我们遵循礼节，希望我们能考虑到中国皇帝至高无上的地位，他是整个世界的主宰，所有国家都要以同种方式向他致敬，最高贵族，甚至皇帝的继承人也应该以同种方式致敬。我们被召集在一起讨论，因我们拒绝行礼可能会蒙受的损失和羞辱，已经由此失去的荣誉与应有的接待，还有由于皇帝恼怒而给我们贸易带来的损失，以及我们的国王在听到我们未能完成使命后对我们不满的反应等问题。

英方表示在尽量沿用马戛尔尼勋爵先例的基础上，提出了两套方案，一是，一位同特使级别相当的官员提前或同时向女王的画像行同样的礼节。二是，中国皇帝颁发谕旨，如果中国官员日后访问英国时，在英国国王面前行相同礼节。如果这两套方案都无法通过，英方只能做好接受最后通牒和返回英国的准备。

为了能够让英国人把头磕下去，当时的直隶总督那彦成想出了一个主意。

他屏退大殿所有人，让安赫斯特向皇帝的空椅子磕头。安赫斯特同意鞠躬，甚至下跪，但是他拒绝把脸碰到地面，也不接受叩头九次之多。

这种礼数上僵持不下的局面，一直拖到英国使团前往圆明园觐见嘉庆帝。也由此上演了中国外交史上非常特别的一幕：英国使团是在前一天的下午从通州赶往北京。经过一夜的颠簸，苦熬至黎明时分，终于到达圆明园。而此时嘉庆帝已用过早膳，王公大臣们已齐聚大殿之上。

这一夜的行程也的确让英国大使安赫斯特累得够呛，当他们来到大殿之外，嘉庆帝马上要召见的时候，小斯当东突然意识到其中有诈。那边厢皇帝登殿坐定，鼓乐喧天，一遍遍传谕召见英国使者；这边厢疲惫懊恼，死活不从，几乎引发了一场斗殴；总监传话之人跑来跑去，一会儿说马上就到，一会儿说正使有病，接着又说两个副使也生病了。

嘉庆帝再也坐不住了，他下令将使者驱逐出境。他不但赶走了使者，而且永久性地关闭了中国的大门，不准英国再派使者前来"朝贡"。从内心来说，嘉庆帝对英国使团的来访是重视和欣悦的，这也是诸大臣揣摩圣意，一再迁就，意图促成此事的根本原因。事情弄到这步田地，既有那彦成在处理这件事时的愚钝，更多则在于一干大臣习惯性的蒙骗：既骗了皇帝，又骗了英国人。

使团甫一离京，朝廷的问责即行展开，几个钦差大臣都受到处分。直隶总督那彦成逮入刑部议罪，并罚他赔付接待英使的一切费用。安赫斯特被赶出北京之后，有人告诉皇帝，英国使者根本就没有生病，只是因为不肯三跪九叩，那彦成犯有欺君之罪。

嘉庆帝觉得自己有失君王仪态，对方不远万里进贡，还被自己赶出大清国。此事若传扬出去，倒显得天朝毫无气度。于是赶紧派人送去了一些慰问品，同时还交给安赫斯特一封信，让他转交给英国国王。

英国使团在通州待了几天，而后踏上归程。英国大使安赫斯特非常沮丧，后来他还专门去了一趟圣赫勒拿岛，拜访了被关押在那里的法国战神——拿破仑。拿破仑对中国的事情很感兴趣，当他听说安赫斯特因为不肯磕头而被赶出中国，也感到不可思议。他说，你们英国人真是因循守旧不知变通。你到中国去，当然要按中国的礼节，当然得三跪九叩，你偏要去搞什么英国的吻手礼，如果你们英国的礼节是吻屁股，那是不是皇帝一看见你，就得先脱裤子？

拿破仑最后说，我告诉你，中国是一头巨狮，它现在只是睡着了，如果它醒来，世界将为之震撼。感谢上帝，还是让它继续睡吧。

4. 茶叶与鸦片的对话

对于一个老大帝国而言，表面的富强并不能拖住它从高空坠落的速度。正是因为看到，并且意识到这一点，嘉庆皇帝的忧患意识才会愈发强烈。站在康乾盛世这个巨人肩膀上的爱新觉罗·颙琰，幸与不幸如同双刃剑的两面，机遇伴随着风险。

作为中国封建时代的最后一个盛世，也是最为恢宏的一个盛世，康乾盛世所承担的历史使命更像是一种惯性使然，是长跑运动中最后阶段的冲刺。对于一个铆足了劲要赢下比赛的中国王朝史，这是一段各项指标都达到极限的盛世，无论是官僚制度的稳定性，还是物质基础的夯实度，或是疆域领土的最大化。而这还不够，这是一场接力赛，一个人赢下一程无法保证最后的胜利，每一棒都要调整到一个最佳状态。

嘉庆皇帝成了那个既让人感到幸运，又让人感到不幸的接盘侠。这一理想化盛世的苦苦支撑，已经耗竭了一个传统社会的所有动力和能量。那些所谓的盛世，有时候就像是泡在防腐剂里的标本，看上去有着粗糙的美感和不够真实的姿态。

与好大喜功的乾隆相比，嘉庆皇帝显然要低调务实得多。尽管倒下一个和珅，国库暂时吃饱，可是一个国家的财政不能只依靠罚没贪官来实现。和珅家产的总价值，有人估计在八亿两白银左右，这相当于当时清廷一二十年的财政收入。

从乾隆手里接过权柄的嘉庆皇帝已将近四十岁，他身上虽然已经褪去年轻人旺盛的血气，但还不具备一个老到者的从容。时间留给一个中年男人的，往往是深不见底的忧患意识。他最想做成的事是用最短的时间，为他的王朝激活新的造血功能，财政问题也由此成为最大的隐患。贫富差距已经到了无法容忍的程度，他的王国一屁股就坐在了那个危险的"炸药包"上。

东西方两大帝国的较量，就这样从两种植物的较量开始。中国茶向着英伦三岛滚滚而去，而罂粟则向东方狂奔而来。英国与中国茶关系的最终确立，完全依赖于17世纪中期东印度公司于中国、印度和英国建立的那条三角关系的贸易航线。欧洲以英国为主，将工业品运往印度，再将印度商品——最初是棉花、而后是鸦片——运往中国，之后将中国的茶叶和丝绸运往欧洲。三角对冲之后依然存在的巨大逆差，则直接用白银输往中国填补。

根据东印度公司的记载显示，在1710—1759年的50年间，英国向东方（包括中、印）出口的货物，价值仅为925万英镑，而运送的金银则高达2683万英镑，唯有如此方能抵销进口货物的价值，贸易逆差高达290%。

另据该公司的资料显示，在1708—1757年的50年间，英国因贸易逆差向中国运送了650万镑的白银，而在1776—1791年中有具体数量记载的15年，又运送了367万镑的白银。仅此两项，在65年间仅英国东印度公司一家就输入1017万镑，年均15.65万镑，折合63万银圆。这还不算其他欧洲国家及美国的逆差白银流入，按照美国汉学家、大清国海关高级官员马士估算，从1700—1830年的130年内，仅广州一个口岸流入白银总数在9000万到1亿镑，年均77万镑，折合308万银圆。

如何填补两国之间巨大的贸易逆差，在很长一段时间里，成为摆在英国国王和议论成员们面前的一道难题。他们首先想到的是用印度产品对冲中国产品。1740年，为了弥补中英贸易的巨大逆差，东印度公司试着向中国输出1116担印度棉花。中国本身就是产棉大国，进口印度棉花、只是为了弥补产量的缺口，因此，市场的增长空间极为有限，而且行情受到中国本土棉花收成的巨大影响，波动巨大，有一年的波动幅度居然高达33%。这大大制约了印度棉花对中英贸易逆差的平衡作用。

1787 年英国政府向派往中国的第一任使臣卡思卡特发布训令："要注意到我们在印度领地的繁荣，要改进该地的产品和制品在中华帝国的销路，同时，要使出售这种产品的贷款足以供应现在每年达 130 万镑以上的欧洲回程投资所需。"

在中国、英国和印度三角贸易关系中，中国对印度商品的需求大大超过了印度对中国商品的需求，这令印度在中印贸易中迅速获得了顺差，但这个顺差实在过于渺小，更难以抵销中英贸易之间的巨大逆差。英国人还建立了一套金融体系，采用循环汇兑的方式，尽量减少从英国直接向中国支付现银的比例。

根据记载，到 1783 年，输入广州的 272 万两白银总量中，从英国直接输送的不到 1 %。在平衡贸易逆差中，印度的棉花显然还是太过于松软了，英国迫切需要一个坚硬的东西来支撑。一个远比棉花更为可靠、更为有力的贸易平衡工具出现了：那就是鸦片。

英国著名作家德昆西是个瘾君子，他说中国人抽鸦片是理所当然的，更何况抽鸦片也没有像中国官方说的那样伤害到本国的经济。下层百姓没有经济能力支持这种奢侈的享受；而上流社会有此爱好也无伤大雅，犯不上中国皇帝为禁烟而兴师动众。鸦片战争不是因为鸦片，而是其他什么原因。

鸦片与抽鸦片，一种外来的毒品与陋俗，最后在西方的中国形象中变成了某种"东方性本质"。罂粟的原产地是西亚地区，早在六朝时，就已经传入中国，并有种植。唐代陈藏器在他的《本草拾遗》中描述了罂粟花的特点，他引述前人之言说："罂粟花有四叶，红白色，上有浅红晕子，其囊形如箭头，中有细米。"南宋诗人章甫在《紫苏》一诗中，对罂粟花描写道："结子最甘香，要待秋霜实。作腐罂粟然，加点须姜蜜。"

在很多时候，美好且香甜的东西，总是会伴随着某种致命的伤害。罂粟花的美丽成了一种危险信号，越美丽就可能越危险。痛并快乐着本是一种两极的体验，而它竟然会同时存在于一种植物中，造物主的神奇就在于此。

当罂粟的种子化为鸦片，人在尘世间痛苦的皮囊突然变得轻飘飘地不再重要，而精神则溺于一场难以自我救赎的战争。

全球化的元朝时代，吸食鸦片的方法是由印度传入，中国人曾经优雅从容的身体因罂粟花而战栗，会在某个时刻突然体验到一种离地三尺做神仙的感觉。这种感觉会让意志薄弱的人类变得更加虚弱不堪。到清末，整个世界都在血气偾张的时候，而这个东方的古老帝国却陷于一种酥麻的昏沉状态。

当中国人端着烟枪横卧榻上的时候，远在欧洲西部大西洋上的一个岛上，英国的许多贵族家庭正在某个悠闲的午后细品慢咽中国茶，这真是一幅奇妙的画卷。中国人用茶叶换来了鸦片，而英国人则用鸦片换来了茶叶。

茶叶带着沁人心脾的芳香进入英国，在这个岛国迅速风靡起来。英国与中国的贸易交锋，因为茶叶而始终处于被动状态，这迫使他们不得不从印度输出鸦片来扭转形势。1664年，东印度公司的普罗德船长从万丹回来，送给国王查理二世的礼物，不是价值连城的珠宝，而是一小包"珍贵的茶叶"和一点肉桂油。国王的妻子、葡萄牙公主卡瑟琳王后带到英国的嫁妆，除了作为殖民地的孟买以外，还有她优雅的饮茶习惯。在王公贵族们的示范下，饮茶成为一种不可抵挡的生活时尚在英伦三岛弥漫开来。

到1700年，英国伦敦大约出现了500家茶室。有资料显示：1772—1780年间，英国及其属地每年最少消耗茶叶1333.8万磅；1791—1793年间，英国人每年人均消费茶叶1.66磅。"茶壶送进书房来时，房间里立即弥漫着沁人心脾的芳香。一杯茶落肚后，整个身心得到了极好的慰藉。绵绵细雨中散步归来，一杯热茶所提供的温馨美妙得难以形容。"英国小说里的主角们，他们喝着中国茶，展现着英伦生活百态。

英国人围绕饮茶还起了一桩公案。1756年有个叫汉威的慈善家发表了一篇《茶说》，说政府进口中国茶阻碍了英国经济的发展，对人民的健康有着很大的破坏性，甚至会毁了英国女性的姣好面容。而那些在工作与生活中表现出没精打采、消化不良的英国人都是中国茶的爱好者。他发出倡议，抵制饮茶，并且提议由女性做起，竖立铜像或石像，题写戒茶女士领导人的姓名，以资鼓励，等等。汉威的倡议不但没有得到更多人的响应，而且遭到了抨击。英国著名作家约翰逊就不同意他的观点，并在杂志上撰文痛斥：我就是一个老茶客，白天喝茶咽饭、傍晚喝茶解闷、夜半喝茶忘忧、早起喝茶提神，二十年来饭可以不吃，茶炉子从没冷过。

汉威自然不会服输，他也选择在媒体上发文回应。约翰逊再书一文驳斥，二人的笔战成就了一段英国人饮茶之余的谈资。而英国的茶叶消费市场，在这些逸闻趣事的包围之中茁壮成长。

支持汉威的人，他们中的绝大多数也是一边饮着中国茶，一边闹着要去抵制中国茶。他们抵制的不仅仅是茶，而是英国人为饮茶所付出的高昂的成本。我们以广州市场的绿茶为例，它起于安徽省最南端的婺源，经由水路，从婺源转运到江西省的南昌，自南昌经由赣江水面到南安。在南安这个地方，这些茶叶必须改由陆运，越过梅岭，以到达广东省北部的南雄。在南雄时，再度上船，经由北江运到广州。

茶叶的运送是一个略显繁复的过程，连倒七次船，需要在三处税关缴税；沿途经过无数的危险，克服无数的艰辛，这使茶叶从一地搬运到另一地成为一项辛苦的事情。英国人进口茶叶与日俱增，直至成为近代最大国际茶叶市场。茶叶成为中西贸易中最重要的商品。西方各大贸易公司的巨轮成为广州海域的常客，茶叶是他们贸易的主要商品。与流失的白银相比，茶叶才是他们最需要的。在英国人看来，"茶叶是上帝，在它面前其他东西都可以牺牲"。

英国东印度公司派驻广州的茶师波耳曾估算：从星村搬运一担（100斤）工夫茶下来广州的代价若不是3.65两银子，那就该是3.92两，这样的数字约略相当于"栽种与制造"的成本的三分之一。

饮茶不是问题，资金才是问题，白银的大量流失才是英国人无法接受的现实。英国公司先是以印度的棉花为替代支付品，后来则以鸦片来换取茶叶。与茶叶迅速攻陷英国人的日常生活不同，鸦片在刚进入中国时，并没有获得中国人的青睐，这或许与东方人的慢热性格有很大关系。直到1782年，鸦片还没有在中国真正打开市场。但是很快，那些意志薄弱且沉溺于享乐主义的人群开始认识到此物的非同小可。它像一个巨大的陷阱，而快感，只是它的诱饵而已。

鸦片的春天很快到来，仅仅用了十余年的时间，英国向中国出口的鸦片就达到 4000 箱，1835 到 1839 年间剧增到每年近 4 万箱，每箱平均耗银约四百两。人们用精神与肉体的双重愉悦来消解现实的愁苦。而他们忘了一点，享乐只是一种暂时性的体验，它解决不了任何问题。不但解决不了问题，反而能够助长死亡之神以最快的速度来到身边。

英国国内也有许多有社会良知的人一直在谴责并呼吁取缔鸦片贸易，如沙夫茨伯里伯爵就曾说过："这个国家怂恿这种罪恶的交易是极具破坏性的，也许比怂恿奴隶贸易更歹毒。"甚至连东印度公司鸦片代理处经理赛蒙也深有感触道："鸦片产品摧垮了人民的健康，使其道德沦丧。"

马克思说过，资本如果有百分之五十的利润，它就会铤而走险，如果有百分之百的利润，它就敢践踏人间一切法律，如果有百分之三百的利润，它就敢犯下任何罪行，甚至冒着被绞死的危险。这句话对于鸦片走私来说，显然说得太对了。

进入道光朝，鸦片的入侵已不仅仅限于广东和沿海数省，腹地如山西也出现贩卖鸦片的商号，一些知县、同知、盐运使之类吸食鸦片的官员被举报，还有那些将查货鸦片私卖分肥的缉私官兵，不断被发现和惩处。利之所在，云贵川一些深山老林之中开始种植罂粟，熬制鸦片，烟馆也在纷纷出现。吏部和兵部倒是出台了"失察鸦片烟条例"，拟定为"按其烟斤多寡，一百斤以上者，该管文员罚俸一年；一千斤以上者，降一级留任；五千斤以上者，降一级调用"。相比其他罪行，处分真是轻之又轻。

鸦片走私过程中，透漏较多，危害最大的是水师巡船和关卡员弁的贿放偷越。与此相关联的是，军队中吸食鸦片者越来越来越多，以广东水陆官兵为例，被指称"沿海各营兵丁，多有吸食鸦片烟，庸懦不堪"。而实际上，闽浙水师及沿岸营员，也好不到哪里去。道光十一年（1831），湖南永州、广东连州、广西全州等地出现变乱，官军作战不利。户部尚书禧恩奏称："该省调至军营战兵六千余名，不惯走山，沿海各营兵多有吸食鸦片者，兵数虽多，难于得力。"御使冯赞也奏："广东兵丁素多懦怯，一经挫败，兵气更馁。又多吸食鸦片烟，筋力疲软，难期得力。"这些奏折都说到吸食鸦片对军队战斗力的削弱。

道光帝也是一日之内连发三道谕旨，其中有言：近来粤闽等省兵丁吸食鸦片烟者甚多，即将弁中食鸦片烟者，亦复不少……经此严禁之后，如将弁私食，即将该将弁揭参；如兵丁私事，即将该兵丁治罪，并将该管将弁议处，方为不负委任……

当然疲软懈怠已然成为清朝军队的通病，与鸦片有关，可要是都推到鸦片上，也与事实不符。但无论如何，来势汹汹的吸毒之风从沿海刮入内陆，从民间社会刮入军营，并进入京师，进入王公皇族的圈子。

皇宫中也有人沾染，只是大家心照不宣而已。甚至还有一个说法，道光帝曾吸食过鸦片，且已成瘾，忽一日幡然悔悟，曰不禁此物将败家亡国，并将进呈烟具之太监立毙杖下。此说不太可信，但道光年间的确发生了一次宫中太监吸毒运毒案，连在京任职的回疆贵族也牵涉在内，影响甚大。

5. "阿美士德勋爵"号见闻录

1832 年的早春，一道霞光从东海冉冉升起，越过万顷碧涛，越过潮润的空气，明晃晃地落在被霞光与碧涛包围着的"阿美士德勋爵"号船的甲板上。这是一艘英国的商船，数天前从澳门出发，前往中国的北方。

欧洲的船只总是会趁着每年春夏之交的西南风而来，然后会在进入秋天，东北季风吹起时，再启程南下返航。有一份道光十年（1830）关于澳门地区滞留外国人的报告：其中白人，男 1201 人，女 2149 人；奴隶，男 350 人，女 779 人。与其他殖民地不同的是，居住在澳门的女性比男性多，这是因为男人大都到广州打理生意去了。每当秋风开始吹落黄叶之时，那些几乎半年未曾接近女性的男人，便归心似箭地想要回到澳门。

欧洲尤其是英国的商人已经不满足于广州贸易制度的限制，他们试图打开在中国北部的贸易。当他们的船沿着海岸线坚定地向前航行，贪婪的目光一次次地抚摸着这个庞大帝国的腹部。

在商务贸易还没有完成的情况下，他们并不愿意千里迢迢绕过南非和非洲南岸回到地球的另一端。由于隔山隔水太过遥远，他们希望尽可能地拉长每次往返的周期，于是澳门就成了一个最适宜的中转站。而此时，沿着中国海岸线航行的"阿美士德勋爵"号承载着某种重要的使命，船上载有两个重要人物，分别是东印度公司广东商馆职员林赛（化名胡夏米）和德籍传教士"中国通"郭士立。

这个化名为胡夏米的家伙就像是一只远道而来的蚊子，悄无声息地叮进了帝国没有闭合严实的躯体。他深谙清国官场的规则，为沿途的官员准备了一份份精美的礼物。在厦门，胡夏米向地方官员表达了自己想要来此贸易的意图，可他并没有达成自己的愿望。客人虽然从远方来，但是并没有体验到这个古老帝国的待客之道。他递上的信函，得到了来自水师提督陈化成的亲笔回复：船必须尽快离开，可以免费赠送食物，但决不允许上岸与百姓接触。

胡夏米并没有接受清方提供的食物，说他们的惯例是按价购买。他要的是贸易，不是观光旅游，也不是为了路过贵宝地讨口饭吃。为此，他给陈化成上书再次表示贸易需求。而对方的回复很是决绝：赶紧离开，不许与我们百姓接触，否则严拿百姓绝不宽容。

在福建，胡夏米虽然接受了闽浙总督免费送来的鸡猪等物，但是对于地方政府告示中出现的"严禁老百姓与夷人交往"等字眼，表达了强烈的不满，他带人直接闯入福州府衙。地方官府很是无奈，只好默许中国民间与洋人交往，希望英国人达成所愿后赶紧离开这里。

当"阿美士德勋爵"号离开福州时，水师副将沈镇邦及都司陈显生，纷纷受到"摘顶"的严厉处分，这是仅次于免职的重罚。在大清国的官场上摸爬滚打半生，却因为英国商船的突然造访，而被莫名其妙地摘去"顶戴"。

左营都司陈显生慌乱之下，居然给胡夏米写了一封信。信中言道：中华与贵国相距甚遥，四海之中皆兄弟……福州一地，地瘠人贫，年岁饥荒，糊口尚且不足，宁有能力与贵船之大宗货物互为商贾哉？务乞速挂帆开往，令我等免于重咎……

可是英国人并不这么考虑，福州是福建一地茶叶的主要集散地，在这里买茶叶，比在广州要便宜许多，一百斤可以省下四两银子。因为福州附近就是产地，四季都可以就近供应，自然不用担心货源匮乏。此外，对于福州地方的其他期货交易买卖，英国人也做了一番调查。

"阿美士德勋爵"号在福州小有斩获后，悠悠然地扬帆而去。福州巡抚魏元烺立刻修书上奏，往身上揽功。他说："率舟师以示声威，尾追驱逐。该夷船，十八日由东北放洋远飏，消失无踪……"

而在宁波，地方官府同样没有办法阻挡与驱赶"阿美士德勋爵"号，只有严禁民间与这些夷人接触。胡夏米本来打算将货物卖出后，就南下澳门。但是在宁波停留很长时间却没有百姓敢与他们交易，只好继续北上。

离开宁波之后，"阿美士德勋爵"号就启程开往上海。此时的上海，已经不再是那个被人不屑称为"沪渎"的小渔村，甚至也不是那个叫"华亭海"的港口小镇，自16世纪晚期伟大的意大利耶稣会传教士利玛窦在这个城市的一些高级官员中传教，上海，这个词就越来越频繁地出现在传教和贸易使团的正式文件中。一位英国神父来到上海，当他面对那些拔地而起的新建筑，也不由赞叹道："英国式的城市像通过魔术般地建立起来了，这真是一个奇迹。这里的建筑不是欧式房屋，而是各式各样的宫殿。"

此时抵达上海的胡夏米，还是循例向上海的地方要员递上了礼貌性的信函，并奉上一份精美的礼物。胡夏米在信里回顾了中英两国百年贸易的发展历程，也分析了开港通商的利益前景。

时任苏松太道长官是一个叫吴其泰的河南人，他毫不客气地回了一封充满官僚主义色彩的信：令行驳饬，原呈掷还，即行开船。

　　胡夏米则抓住两点大做文章，一是称他们为"夷"，大英帝国不是"夷国"，而是"外国"；二是对信件"原呈掷还"，有伤大英帝国的国体。吴其泰回曰："南蛮北狄东夷西戎。自古至今，总是照此称呼。况中华舜与文王都是大圣人，孟子尚说：'舜，东夷之人也；文王，西夷之人也。'岂是坏话，是你多疑了。"

　　翰林出身的吴其泰虽然学识丰富，但是偏偏遇上胡夏米这样一个"中国通"。胡夏米引经据典，说苏东坡都说过"夷狄不可以中国之治治也。譬若禽兽然"此类话。称大英为夷，不是凌辱是什么？吴其泰只好让步，复信中改称"英国商人"，但是有关通商的要求则不会做任何让步。

　　靠着金钱开道，这个化名为胡夏米的商人还是被获准进入道台衙门。当他当面向道台大人提出在此进行贸易的请求时，对方未置可否，只是端起杯子吹了吹浮在上面的茶叶。虽然胡夏米在未经上海官方许可下，擅自张贴了一些货物买卖的布告，但是在地方官府的监视与限制下，并没有收到什么实际效果。

　　而此时两江总督陶澍正在江宁兴修水利，而江苏巡抚林则徐虽然已于二月被委派，却迟迟没有赴任。清朝的官制讲究的是相互钳制，相互抗衡的原则，譬如中央的六部尚书一定是满汉各一。地方官也是如此，不只每省有一个巡抚，而且，集数省又合设一位专司监督的总督。所以，在江苏、安徽、江西三省之上，还设有一个所谓的两江总督。

　　在这里需要交代一下两江总督陶澍，他是湖南安化人，嘉庆七年进士。在晚清的政治舞台上，湖南人是一个不容忽视的群体，咸同年间的几位中兴名臣——曾国藩、左宗棠、胡林翼，差不多都是湖南人，其中左宗棠是陶澍的儿女亲家，而胡林翼则是陶澍的女婿。湖南人在中国近代史上的崛起，大致发端于陶澍。

　　道光四年（1824），由于黄河水骤涨，到了北方的漕船放空都回不去了。因此，当时任江苏巡抚的陶澍提出实行海运，道光帝同意让他试一试。其实早在嘉庆年间就有人提出漕粮改行海运的建议，但碍于改革将会动摇一大批冗官蠹吏，甚至中央大员的根本利益，海运之议，便一再搁置。

道光帝让陶澍试一试海运走漕，其实不用试，也知道海运要比河运更为优越。陶澍就这样来到上海，而此时的上海，海运的发展已很有规模。自康熙二十四年（1685）开放海禁以来，往返于天津与上海之间的沙船日益增多，商家将关东地区的豆麦运至南方销售，每年的运量都在一千万石以上，然后再将布匹、茶叶等"南货"贩载北上。

站在吴淞口外浩荡的春风里，目送着装载漕粮的沙船扬帆北上时，陶澍发出了"指点扶桑云五色，日边好路近长安"的慨叹。但问题并没有那么简单，海运的成功，并没有消弭既得利益者的反对之声。甚至有人危言耸听，说废除河运将会造成数万运丁和水手失业，而这些人失去活命之资，将会成为社会上的不稳定因素。稳定压倒一切，道光帝又出尔反尔地质问那些支持海运的官员："受国厚恩之人，其可不禀天良耶？"

对于这个古老的帝国，到底是谁在不禀天良，是陶澍？是林则徐？还是皇帝本人？有人说，如果大清国当时就全面实行海运，并按照海运的要求着手海军建设。那么，在十几年后，英国人还能仅凭几条三樯战舰就在中国海域横行无忌吗？一个资质平庸之人，在一个平庸的时代是不可能干出什么有远见的大事的。爱新觉罗·旻宁不是一个刻薄之人，只是一个资质平庸的帝王而已。

"阿美士德勋爵"号靠岸的上海，虽然不再是一个小渔村，但与他们想象中的城市还有很大差距。"它那平庸的外貌有着令人可怕的单调乏味的气氛。"城郊看不到几棵树，到处是坟堆，低矮的茅屋，全是用竹子和干泥搭成的破棚子，而阴沉肮脏的棚户区则成了犯罪的高发地带。

林则徐抵达上海后，好像形成默契一般，英国船于三天后就匆匆离港而去。于是，两江总督陶澍和江苏巡抚林则徐联名上奏：望见沿岸一带塘岸官兵之布列，颇露惶惧之色。……该夷船不敢逗留，即起椗开帆，向东南而去。

实际情形与陶、林二人的联名奏文有着很大出入：英国商船上的人，不仅没有望见岸上官兵面露惧色，反而是大摇大摆开进来，从容悠然地下船视察上海，顺道还买了苏州的丝织品。这时候的上海，已俨然成为江南新兴货物集散中心。这里每天出入上海港的大小船只接近百余艘，其中以天津来的最多，大多运载一些小麦粉和大豆等农产品。

时任苏松镇总兵的关天培总算是松了口气，他望着消失于苍茫海天之间的英国商船，居然有了想要流泪的冲动。用林则徐奏文里的一句话：一夕放洋出海，即一望无际，四通八达……

但是仅过了数日，又传来一个令人不安的消息，英国商船出现在山东威海卫刘公岛的外海上。山东巡抚的报告刚刚传递出去，在威海卫只停留了一天的英国人又出发了。这一次，他们将前往最后的目的地：朝鲜与琉球。也就是说，"阿美士德勋爵"号并没有如林则徐所说，向南航行，而是经由山东半岛后去了朝鲜。作为一个诚实的官员，林则徐不可能杜撰出这样一份带有欺骗性的奏疏上呈自己的皇帝。

当"阿美士德勋爵"号带着它的逐利梦想踏足朝鲜半岛，对于他们的贸易要求，朝鲜回复："朝鲜国服事大清国，只遵大清国的旨。"而琉球方面的回复则是："敝国蕞尔小国，土瘠地薄，产物无几。"

"阿美士德勋爵"号在长达两个多月的时间里沿着中国海岸线兜了一大圈，几乎是巨细靡遗地观察了中国的海防状况。比如兵员、兵船、炮台的数目及配置。甚至什么地方有"无炮炮台"也都在他们掌握之中。据胡夏米（林赛）后来写下的报告《船行中国北部商埠的过程》称，在1832年7月他抵达这个商埠期间，每周平均有四百条载重在一百吨至四百吨的中国平底船入港。这个精明的英国商人由此推断，这里是长江的出海口，是东亚的主要商业中心，外国人从这里的自由贸易中将会取得极大的利润。

对于此次考察的商业收获，参与此次航行的德籍传教士郭士立总结如下："这次航行的结果，使我产生这种信念：只要英国政府坚持要求，与中国东北部的贸易是可以开放的。我的微小愿望是英国政府将会替英国商人获得如此大的贸易。"

1840 年 4 月 7 日，英国的下议院掀起一场激烈的辩论，辩论的议题是：要不要向中国派遣远征军。在这场略显漫长的辩论中，"中国通"胡夏米主张开战，而且还提供了不少参考战略。甚至连搭乘"亚德士德"号的传教士丘兹洛夫也说出一句："全中国虽有一千艘的兵船，只要我们派一艘星级军舰，就可以将其全部歼灭。"

先后两次来过中国的小斯当东作为议员，他的发言引起了大家的特殊重视。在他发言的时候，全场几乎做到了鸦雀无声，人们听得异常认真。小斯当东以果断的口吻说，通过他对中国统治者性格的了解，他认为中英战争是不可避免的。当然在开始流血之前，他可以与中国进行谈判。他很了解这个古老民族的性格，很了解对这个民族进行专制统治的阶级的性格，他可以肯定：如果想要获得某种结果，谈判的同时还要使用武力炫耀。

他认为，对中国的武力征服是必须的，而且是必要的。

这个有着浓浓的中国情结的英国男人，向他曾经无限向往的东方古国发出强硬的信号。他说，如果大英帝国在中国不受人尊敬，那么在印度我们也会很快不受人尊敬，并且这种势头会蔓延至全世界。中英之间必须有一战，而且是一场世界性的战争。它的结局会产生不可估量的影响。根据胜负，这些影响又将是截然相反的。如果我们要输掉这场战争，我们就无权进行；但如果我们必须打赢它，我们就无权加以放弃。

四十七年前，他用手中的火枪换来乾隆皇帝的玉如意；四十七年后，他要用火枪和火炮为自己的国家换取更大的利益。他对中国文化近乎痴迷的向往不仅没有唤醒他内心的善念，反而刺激了他和他的民族丑恶的欲望。

小斯当东的发言对议员们的选择影响是至关重要的。发言结束后，下院里响起了长时间的鼓掌声。在后来进行的投票中，主战派 271 票，反战派 262 票，9 票之差。也就是说，如果再多 5 张反对票，鸦片战争也就不会在那时爆发了。

广州本来无战事

——被贸易裹挟前行的大国外交

1. 鸦片：得中国市场，得天下财富

西天的太阳落下山去，天地一片苍青。"长空澹澹孤鸟没，万古销沉向此中。看取汉家何事业，五陵无树起秋风。"（杜牧《登乐游原》）时间深处的日落是注定无可挽回的必然，曾经的繁华和盛世之音，已遥远得无法听见。

无论是庙堂之高，还是江湖之远，该亮的灯火，一盏接一盏地都要亮起来。

这是 1833 年的春天，这个春天与过往的那些春天并没有什么不同，山色花影，清风明月。不同的只是时间，以及那些穿行于时间里的一张张面孔，他们将一个又一个故事演绎成这个正在走向衰朽王朝的悲剧。那些敏感而脆弱的先知者们，早已在历史的余音里感受到了大厦崩塌之前发出的破裂声。

这里有必要简述一下 1833 年的全球史：彼时彼刻，日不落的大英帝国对全球贸易的影响，已抵达最遥远的地区；西班牙波旁王朝内部因王位继承问题引发卡洛斯战争，德意志和意大利尚未统一。

这一年，美国第七任总统安德鲁·杰克逊发表就职演说，他激情飞扬地描绘着自己的施政蓝图：我国海军要逐步增强，让它的战旗在遥远的海域飘扬，显示出我们航海的技术和武器的声誉；我们的要塞、军火库和码头要得到维持，我们的两个兵种在训练和技术上要采用先进的成就……

也就在不久前，道光帝在紫禁城往南中轴线的天坛大理石圜丘上，跪地望天，虔诚地乞求：今岁亢旱异常，经夏不雨……稼穑人民，倏罹灾患。即昆虫草木，亦不遂其生。臣忝居人上，有治世安民之责，虽寝食难安，焦忧悚惕，终未获甘霖。

还没有等到上天的指示，道光皇帝就展开喋喋不休的自我批评：日久怠于庶政。不能忧勤惕厉与。出言不谨。有干谴责与。赏功罚罪。轻重不得其平与。重起陵园。劳民伤财与。任官不得其当。以致政有丛脞与。刑罚不得其平。含冤无所控告与……

而在地球的另一端，英格兰国王威廉四世签署了九十三号法令，一项有

关中国的法令。该法令在英格兰又被称为《中国与印度贸易管理法》，其核心内容是：由大不列颠东印度公司保持的、有关与中国贸易和茶叶贸易的垄断权，1834年4月22日以后应予停止，对华（一般）贸易与茶叶贸易应向所有的英格兰臣民开放。以前为了维护该公司保持到现在的垄断特权而在好望角至麦哲伦海峡之间加于英国臣民的限制，应该废止。

法令第五条还做出一项特别规定，设置不超过三人的驻华商务监督。

道光皇帝在1830年就让当时的两广总督李鸿宾给威廉四世写封信，督促英格兰政府派出人员到广州负责贸易。这个问题在英格兰的下议院进行了长时间的辩论，英国商人马地臣甚至在《中国丛报》上对下议院的议员们所表现出来的优柔寡断进行猛烈的抨击，认为在广东任命英格兰领事，无助于打破持续到现在的中国的偏见。

马地臣嘲笑那些翻手云雨的议员们，说他们根本不懂中国，不懂中国社会，更不懂中国政治，这帮政客太不成熟了。在他看来，这个古老的农业社会和几百年前并没有什么不同，他们对待商业和商人的看法也还停留在过去。官员与商人之间有着天壤之别，商人跟妓女属于一个层次，口袋里装着再多的钱也得不到应有的尊重和社会地位，更不可能像下议院的议员们一样，可以西装革履在议院决定国家的未来。商人不缺钱，即使他们花大钱买官，也只能买个虚衔。如果他们忘记自己的本分，忘乎所以地对官府指手画脚，那么大西北极寒地带可能就是他们的葬身之地。

英国对华贸易，一直是交由东印度公司打理，而中国方面则是由行商来负责。

皇帝本来就不容易当，更何况置身于这样一个多事之秋。如果我们稍加用心地观察道光帝的标准像，就会很快发现，这是一个与其祖父及父亲很不同的男人。从面貌上看，他的父亲下颚宽厚，他的祖父更是有着皇家的威仪与雍容，而他则是脸庞瘦削，五官更为柔和精致，眼神里流露着淡淡的忧伤。这和他后面的继任者们更为接近。诚如祝勇先生所言，这个来自北方草原的雄健体魄在与后宫女子的柔情媚骨结合以后，皇室后代的眉目越来越清秀，身体和性格却一个比一个孱弱。

此时的大清国已是一个病势危急、行将就木的病人，躺在床上也只能独自呻吟，却换不来良医和良药的抚慰。外部，山雨欲来的形势让大清国的臣民们陷入战争来临前的惶恐不安。而内部，人性欲望催生的腐败像是渗透帝国肌体的每一个细胞，四肢五脏，无不腐烂，而一场翻天覆地的大起义也在时不我待的酝酿当中。

过惯了太平日子的大清国的政治家们却燕巢幕上，安之若素。他们口袋里鼓鼓的，眼睛里满满的，有什么好忧愁的呢？不仅是天朝的意象遮蔽了他们的视野，也因为他们主动蒙住了自己的双眼，不见天，也不见地。

是不忍看，还是装作什么都看不见？

不管他是真的看不到，还是不愿去看，该上演的荒诞剧，一场也不曾落下。

1800—1820 年二十年间，输入中国的鸦片已经翻了一番。以致两百年后，中国的史学家们将这场贸易视为一场精心设计的阴谋。如果我们从经济学的角度看，这场所谓的历史阴谋不过是对其他英国输华商品（钟、表、皮货）销售衰退的一种贪婪的、务实的反映。

那些与鸦片相关的事物，就像是瘾君子们嘴里吐出的一圈圈烟雾，丝丝缕缕弥漫四周，追逐欢乐时光成为他们人生当中不可或缺的一部分。而对于那些有着崇高社会地位的官员和士绅阶层来说，吸食鸦片已经成为社会身份的某种象征。紫檀木的软榻、红绸绿缎的靠枕，环伺身边的丫鬟，在这样一个昏昏然不知日月的迷茫时刻，除了肉体与灵魂的狂舞，一切都显得无足轻重。一些零零散散的器物成为瘾君子的心头好，它们包括烟灯、烟扦子、烟盘等，它们是作为烟枪的延伸物存在的，同样是品质考究，花样繁多。

就像英国小说家毛姆说的那样，鸦片烟馆就像是一个温馨的啤酒馆。在这里一帮臭味相投的朋友可以喝着茶，吃着中式小点心，享受一两锅文明烟。

英国人作为鸦片的制造者和推销者，他们并没有选择自己的产品，相反，掠走了数以千万计的白银，在将鸦片倾销给中国的同时，也带走了优雅平和的中国茶。他们甚至自作主张地认为，鸦片专为中国人而生，是他们混沌无序生活中的一件必需品。而聪明的中国人居然也半推半就地接受了这份好意，他们对待鸦片的态度，就如同英国人对待中国茶，把吸毒提升到一个艺术的境界。

这就是文化的融合与再生之道，一些看上去并不实用的精致，往往会营造出一种通灵的氛围，为人类疲惫的身心找到一个释放的出口。让人置身其中，除了实现灵与肉的放松，更能达到一种煽情的效果。以致瘾君子们在吞云吐雾的高潮时刻，往往会激动得涕泪交加，那一瞬间的画面让他们看上去显得有几分动人。普通烟具固然也可以让人过把瘾，但是精美的烟具更容易让人心生仪式感，而每个瘾君子都试图从中寻找属于自己的那份快乐和尊严。

这个世间的所有阴谋，大多来自人性的贪婪。而对于这个老迈的帝国而言，眼下最需要的好像已经不是开疆拓土的王霸之道，而是享乐、疗伤和休养。可是对于自然界的生存法则来说，没有人会给你享乐、疗伤和休养的时间。

全世界都在和时间赛跑，而这个古老的帝国却要和时间玩捉迷藏。最后迷失的只能是他自己，而不是倏忽来去的时间。史学家戴逸认为："中国社会已落后于西方，但历史经常被迷雾笼罩着。18世纪的康乾盛世，貌似太平辉煌，实则正在滑向衰世凄凉，可当时中国没有人认识这一历史真相，只有岁月推移，迷雾消散，矛盾激化，百孔千疮才逐渐暴露。"

这时候，所谓大清国第一个睁开眼睛看世界的人，虽然已经有意识地将目光望向地球的另一端，可是目之所及，也不过是无关痛痒的奇巧淫技。如果他能告诉自己的君王，外面的世界已经和他在紫禁城里听到的风声，看见的日月，是完全不一样的，那么后面的结果是不是就会不一样？

在地球的另一端，英国产业革命已进入较为成熟的阶段，开拓国际市场，进行自由贸易往来成了正在上升中的资产阶级的一大愿望。面对封闭的中国市场，曼彻斯特的制造商们贪婪的眼神里喷射出难以抑制的欲望，用他们的话说，一出广州城，面对的就是4亿人口的中国国内大市场，如果每个中国人的衬衣下摆长一英寸，那么他们的工厂就得忙活数十年。

从伦敦到广州，从广州到北京。英国商人对中国有着近乎疯狂的迷恋。他们在穿越了海洋世界的惊心动魄之后，一步步抵达这个王朝的权力中央。驻广州的英国散商在呈递下院的请愿书中则解释说，对中国的贸易是世界上潜力最大的贸易，英国该是把对中国贸易置于"一个永恒的，体面的基础之上"的时候了。按照英国散商们的说法，得中国市场者得天下财富。中国成为财富的代名词。

其实也不仅仅是英国商人，准备和他们抢市场的还有美国、法国以及其他欧洲国家的人，他们持有同样的观点。也正因为如此，每年的春夏之交，各国商船顺着西南季风来到广州。待到冬季，东北信风又从珠江口持续地刮向南海和印度洋。在此之前，洋商往往要经历长达将近一年时间的航行，一路上要经历风暴、武装海盗等高风险考验。在巨大利润的驱使下，各国商人投入的成本不亚于从鬼门关走一遭。他们从欧洲出发，穿过南非好望角，最后抵达亚洲，抵达中国。

2. 1834年的帝国黑洞

这是一个柔和的广州的春天，风暴、云雨、寒冷统统与这座中国南方城市无关，阳光温和地普照着大地。而在地球的另一端，在遥远的英国伦敦，日月星辰大部分时间都泡在一场接一场的弥天大雾里。

大自然向来都是公平的，它对于人类文明好像并不感兴趣，可又冠冕堂皇地主宰一切。这是公元1834年2月的一天，英国外交大臣巴麦尊官邸前，一辆马车戛然而止，车还没有完全停稳，车上跳下来一个身着海军大校军服的男人。

此人是海军大校律劳卑，一个48岁的苏格兰男子。而这一天，他因身体不舒服在家里卧床静养时，有仆人进来报告，说是外交大臣巴麦尊要召见他。他的嘴角露出一丝不易察觉的笑容，早在几天前，他就已经听说英国政府要派他到万里之遥的清国广州担任商务监督。

他隐隐觉得，外交大臣巴麦尊在此时召见他，一定是因为这件事。虽然他早就有了心理准备，但还是难以掩饰激动的心情。他在最短时间里穿戴整齐，就急匆匆地赶往外交大臣官邸。他从马车上跳下来的时候，车轮向前产生的惯性差点让他摔倒在地，幸亏车夫上前扶住了他。他好像并不领情，用力甩脱车夫的手，抻抻军服，挺了挺胸，昂首往外交大臣官邸的大门里走去。

当他在仆人的引导下进入客厅，主人已经在客厅等候多时。

巴麦尊叫仆人给他上了一杯浓浓的中国绿茶，说："律劳卑勋爵，首先祝贺你被女皇陛下派往清国任商务监督。"

律劳卑按捺住内心的激动，说："我是一个军人，没有任何外交经验，就怕有负女皇陛下的信任。"

巴麦尊说："清国闭关自守，首任清国商务监督既要有贵族身份，又要有不屈不挠的军人精神。律劳卑勋爵，你这两点都具备了。"

律劳卑说："承蒙女皇陛下和巴麦尊大臣的信任！"

巴麦尊说："七月份国会通过了《东印度公司改革法案》，女皇陛下决定取消东印度公司在清国的贸易专利权，让商人们在清国自由竞争。过去英国商人事务由东印度公司派在广州的大班负责，现在这个大班自然就不存在了。为了保护英国商人在清国的利益，女皇陛下决定成立英国政府驻清国商务监督处，律劳卑勋爵，你就是首任商务监督。"

律劳卑端起手边的中国茶，深深地吮吸着丝丝缕缕的茶香，思绪也随着升腾的香气，飘到了地球的另一端。正如律劳卑自己所说的，他虽然是一个参加过拿破仑战争的老兵，甚至参加过特拉法尔战役。但是对于大国外交并没有任何经验，对神秘的大清国更是知之甚少。他从皇家海军退役后，做了一名羊场主，在英国有很大的一个养羊场，以此为生。后来他继承了苏格兰爵位，成为英国上院的一名议员，跟外交大臣巴麦尊的关系比较密切，也正是在巴麦尊的极力推荐之下，开始了他的外交生涯。

英国政府之所以选中律劳卑，正如英国历史学家考利斯所说，是由于内阁感到一个有海军经验的人将会大派用场，因为万一中国事务搞砸了，英国可能要派军舰前往。律劳卑在当时似乎是最佳人选，他是唯一在海军中服役过的贵族。

激动之余，律劳卑略微有些失望，随他前往中国的这个使团，无论在大清国还是英国人眼里，都不是一个正式的外交使团，他对自己此行的身份认知还不够清晰。等到巴麦尊一再向他强调注意事项时，他的期望突然就打了折扣，觉得索然无味起来。

巴麦尊觉察到了他的情绪，为了避免重蹈前两次使者来华的覆辙，他必须郑重其事地告诫律劳卑：无论置于何时何地，都不要将自己视作文明世界的来客，把那些与自己打交道的中国人视作未开化者和白痴。到达中国后驻扎广州，设法与中国人保持友善关系；在写给中国官员的书信中，不要使用威胁性的用语，以免构成冒犯；在非必要的时候，都不要向皇家海军请求援助。此外，巴麦尊又要他不要干预英商非法的鸦片贸易。

对于一个有抱负的中年男人，1834年去中国应该是一个最好的机会。

英国历史上第一位驻华官员就这样上路了，他不知道等待着他的将是未知的凶险，还是美好的前程。他的内心充满了不安的期待，而这种期待又让他倍感压力。律劳卑认为，工作很简单，搞好关系，管束商人，一切就万事大吉了。但是工作成绩却非常值得期待，因为中国是全球最大的市场，这里有四亿人口，占全世界的三分之一，就像英国商人们说的，只要中国人的衣服长上一寸，那么整个曼彻斯特的工厂就要忙活好几年。

律劳卑根本没有想到，矛盾从他上路的这一刻就已经存在了。因为两广总督让英国政府派的，是一位大班（公司经理），而英国却给他们派来了一个驻华商务监督（官员）。看起来似乎都是管理商务活动的，但大班只是公司的代表，必须完全听命于总督，官员就不同了，官员需要的是洽谈和交流，并不直接归总督管辖，商务总监督的使命，其实更像是驻外大使。

这是一个多事之秋，同样是在这一年的8月，中国南方暑气渐消，17岁的洪秀全怀抱着一个读书人的梦想，从他的家乡——广东省花县大布乡官禄布村出发。他要靠自己的一双脚走到遥远的广州城，去参加癸巳科试。对于王朝来说，一个读书人的梦想是无足轻重的。但是对于个人，以及他的家庭来说，一个人的梦想又是天大的事。

这个国家的儒生士子们将毕生的精力都用于应付科举考试，他们热衷于经史子集的诵读和仿写，用圣贤倡导的礼仪教化治理国度，并企图以此来"绥服"他国，和睦通融是他们所希望的国与国的关系。与此同时，进化论正在西方世界以无可辩驳的逻辑赋予强者毁灭弱者的特权。

这只是一个最普通不过的夏日清晨，17岁的南方少年在父母深情目光的注视下，就这样上路了。前方等待着他的是未知的命运，是金榜题名，是名落孙山，或者是一本叫作《劝世良言》的小册子，以及小册子的作者、基督教信徒梁发。

昨天夜里，少年人做了一场酣畅淋漓的美梦，在梦里他实现了几代人金榜题名的人生理想。他甚至在梦境里娶上了皇帝的女儿，骑着高头大马进入紫禁城，真是一日看尽长安花。

醒来后，他吧唧着嘴巴回味了良久，最后才叨咕出一句，好兆头。在走向广州城的途中，如果洪秀全能够想到，自己的现实命运比昨夜的那场梦境来得更为猛烈，他一定会被在前方等待着他的命运吓得半死。不久之后，他将导演一场宗教革命，扰攘十七省，沦陷六百余城，牺牲了无数生命，所以我们不要以为只有梦境才是疯狂的。

1823年，传教士马礼逊回英国探亲前，委任梁发为传教士。等到马礼逊再度来华以后，发现梁发干得还不错，于是又册立梁发为牧师。在此期间，梁发每年8月至次年3月到广州传教，夏季则在澳门传教。

马礼逊博士是第一个来中国的基督教传教士，他也是一个中国通。他曾经在1817年曾担任小斯当东使团赴北京觐见嘉庆皇帝的随行中文翻译。当时的大清国是有禁令的，外国人不得买中国书，不得学中文。马礼逊的中文教师每次授课的时候，身边都会携带一只鞋子和一瓶毒药，鞋子表示他是去买鞋子的，而不是去教外国人中文的，毒药则是预备万一官府查出来，可以当时了断性命。

那天像洪秀全一样怀揣着人生梦想的考生都从马礼逊的弟子梁发手里接过那本叫作《劝世良言》的书，这样一本文本粗糙、难以称之为书的基督教启蒙读物并没有引起大多数人的注意。或者说，在接到这本书的考生里，也只有洪秀全认认真真读了这本书。这就使一个人与一本书的相遇，成为中国历史上绝无仅有的一次大事件。

它就像是一颗走完了所有程序的卫星，因为一次陨石的撞击，而偏离了运行的轨道。他终于没有，也不可能成为大时代里的曾国藩，或者李鸿章，他只能成为他自己——洪秀全。

走出考场的洪秀全，和刚刚登上帝位的道光皇帝都在给自己的人生做选择。

道光皇帝是一个抠门的皇帝，甚至有人在抠门前还专门加了个定语"史上最"。在清朝的历代帝王中，道光帝旻宁是资质最差却又最勤勉的一个，一年到头宵衣旰食，因此眼圈上总是带着几分疲惫。资质差的人往往谨小慎微，又特别注重细节，总想把任何事情都办得滴水不漏。这或许和他十七岁被内定为皇太子，直到三十九岁才登基继位有关，漫长的等待是在如履薄冰的皇权世界里度过的。一个帝王本该具备的胆略和气魄随着时间慢慢消散。

爱新觉罗·旻宁在即位之初就向全国颁行了一份《御制声色货利谕》，这完全是一篇节俭宣言书，主张将天下自然之利还于天下。其中有言：百姓不足，君孰与足？就是说，百姓不富，我这个皇帝能富吗？怎样才能使百姓富起来呢？他说，我这个当皇帝的做给你们看。

刚刚登基时，每天吃饭对于道光皇帝来说，都是一种深切的煎熬。上百道菜摆在他的面前，他的眼睛都快被晃花了，他真不敢相信，这一堆食物是他的一顿饭。凤肝龙髓、玉液琼浆，在精美的器皿里泛着光，这实在是天下最美妙的组合。但这种组合，只为他这个皇帝呈现，也只为他一个人呈现。

这世界上，再没有第二个人能够享受这样的排场。他不觉得这是一种荣耀，他甚至觉得，对于个人来说，这是一种无法言说的羞耻。

皇帝要倡行节俭，最紧张的莫过于那些靠俸禄吃饭的体制内人员，他们早已习惯了前呼后拥，习惯了锦衣夜行的应酬，习惯了烦琐复杂的潜规则。可如今，道光皇帝说要倡行节俭。本来他们也没当回事，认为新皇继位总是要造出些不一样的动静。可很快他们发现，皇帝裁了仪仗、省了车从、降低了膳食标准。那个善于揣摩君王心思的大学士曹振镛也在第一时间就将自己乘坐的八人大轿换成一辆破旧的驴车，并令贴身家人兼了厨子和车夫的差事。

这一日早朝，大学士曹振镛惊讶地发现，道光皇帝身上穿的那件龙袍衮服又破又旧。散朝回家，他就将自己崭新的官袍拿到旧衣铺子里换了件旧的来穿。上行下效，朝臣们的脑袋也不是榆木疙瘩做的，于是跟风而行，将已做好的新衣服想尽办法磨旧了再穿，或者直接用新衣服到裁缝铺换成旧衣服。

一时之间，京城裁缝铺的旧袍服反倒比新袍服贵了好几倍。君王好高髻，城中高一尺。道光皇帝的这种态度，只能给朝中大小臣工造成一种现世安稳的虚浮假象。

待到第二天早朝，道光皇帝从殿上望去，下面齐刷刷地好似站着两排叫花子，而自己则成了丐帮帮主，不由得恼怒起来："朕实心倡行节俭，也不是要你们把新衣服都放在家里，专门穿旧衣服。为官者，要力戒浮华，不图虚名。务实、奉公是振兴我朝，改变颓风的为政之道。"一番训诫，说得那班朝臣无地自容。

在道光皇帝看来，只有大学士曹振镛是真心实意地响应他的号召。散朝之后，他特意将曹大学士召入宫中长谈。曹学士穿着一条破套裤进宫去，两只膝盖上还打着两块崭新的补丁，真是应时应景。

道光皇帝见了，顿生英雄相惜之意，并问他打两个补丁需要多少钱？

曹振镛不明白君王何意，便随口答道："回皇上的话，臣花了三钱银子。"

道光听了，大为震惊道："朕同样补两个补丁，怎么内务府报销五两银子？"

曹振镛没有办法，只得推托说："皇上打的补丁比臣的要考究，所以格

75

外贵。"

道光皇帝听了，不禁长叹一声，从此命宫里嫔妃学做针线，再有破绽的衣服，都交给嫔妃们缝补，内务府一个钱也沾不上了。

关于道光皇帝的节俭，各种文本史料都有详尽的描述：比如《清宣宗实录》里记载了这样一件事儿，道光十四年（1834年）冬天，道光检阅京城的禁卫军，看到官兵都穿着朴素的衣服，高兴地说："一洗过去的恶习，崇实务本，不失满洲旧风，将几位主管官员各提升一级。"

道光初年，大清国的日子越来越不好过，陷入难以自拔的财政危机。在一片反对铺张浪费声中，谁又会发现战争恶魔的悄然降临，谁又敢掰着皇帝的脑袋，让他将目光投向战争一触即发之地。

皇帝吃个鸡蛋，都能吃出三十两的天价，打个补丁都要花去五两银子。他不敢再继续问下去，怕问了，只会让他这个皇帝更加心碎了无痕。

清政府国库年收入从乾隆中期起就达四千余万两白银，至嘉道年间，总收入虽然没有比乾隆朝减少，但是日子却越过越紧。显然，这是因为支出的增加而造成的。

大清国财政体制这道堤坝出现的管涌越来越多，犹如张开血盆大口的黑洞，堵是没办法堵的，只能任其泛滥，直到大坝溃堤的那一天。

黑洞一，皇族人口滚雪球似的增长，而皇帝本人的血脉却渐渐稀释得越来越薄。皇室成员由开国初年不足两千人，到道光时期已达三万余人。庞大的贵族群体犹如附着于大清国财政肌体上的寄生虫，每年啃噬掉数百万两白银。

黑洞二，物价上涨速度惊人，老百姓苦不堪言，这是盛世而衰的征兆。道光初年的物价是康熙年间的五倍，物价上涨的原因是人多地少、粮食不足、粮价上涨。这样一来，国家机器运转的行政成本大大提高，而清政府的赋税标准却定于康熙年间。康熙帝皇帝曾说过"永不加赋"，并且从嘉庆朝开始，每年按照祖制征收的赋税也不能保证足额上缴国库，各省都有亏欠，每年全国亏欠数百万两，这部分钱大多挪作地方开支，一部分进入官员的腰包。

黑洞三，从乾隆末至嘉庆初年，清政府为镇压白莲教大起义，花费军费2亿两白银，这是有清一代"成本"最高的一场大征伐，几乎耗尽了康乾盛世所积攒的家底，国家财政从此一蹶不振。而边疆、内地的起义还时有发生，围剿的军事行动成了财政上的一大黑洞。

黑洞四，黄河年年泛滥，淮河、大运河也是百弊丛生。乾隆年间，每年花在治河上的钱不到一百万两白银，而从嘉庆年间起每年动辄上千万。嘉庆二十五年（1820），嘉庆帝猝死前夕，国家花了一千万两白银才堵上河南马家营决口，没来得及松一口气，轰隆一声巨响，下游仪封三堡大堤又决口三十余丈。堵是没办法堵了，将大清国财政总收入的四分之一甚至二分之一往黄河里扔，哪个皇帝不心疼？

黑洞五，寄生于体制的每个人都像是打了兴奋剂，不腐不痛快，而吏治腐败导致行政成本加大。治河费用如此高昂，天知道有多少钱真正用到了治河上。反正连工带料都扔到了黄河里，你查都没处查。

3. 西方人在广州的幸福生活

1834年7月15日下午，律劳卑带着他的妻子伊莱扎·科克伦·约翰斯通和他们可爱的女儿抵达澳门。这对恩爱的英国模范夫妻，共生育了两个儿子和六个女儿，而这次随他们来到中国的只是其中的两个女儿。

他的妻子和女儿都是怀着浪漫的情怀来到这个遥远的国度，何止是她们，很多没有来过中国的欧洲女人都对这个古老的文明国度充满了幻想。

一个法国海军军官在写给他未来妻子的信中说，当他们的船从马赛港起航，穿越大洋，一路经科伦坡、新加坡、香港来到吴淞口外，"环绕着球形的中国肥大的腹部缓缓地坚定地向前航行，仿佛温情脉脉地抚摸着一个美丽成熟的果实的表面"。

这一标准的殖民者心情是大部分西方人所具有的，"我是多么贪婪地想榨出这个果汁的汁啊！"——西方人的描述充满了诗意，但往往是重口味的。

他未来的妻子很快就在遥远的西方国度做出反应，她建议将他们的婚礼放在中国沿海的美丽城市，上海或者广州。"亲爱的，你不是在心中告诉过我吗？生活在中国是美妙的，因为人们在那儿与逝去的几千年时光频频接触，我希望我们的幸福生活就从那个古老的国度开始。"

律劳卑的妻子和女儿又何尝不是怀着这种美好的想象来到这里，不然又怎能吃得消四个月的长途颠簸。他们之所以选择在澳门上岸，是因为那里对于洋人来说，有着相对自由的环境。澳门，这座与广东隔海相望的半岛早在明朝嘉靖年间，就已经被葡萄牙人租借为商埠，是一个对外开放的港口。

当夜色笼罩岬角，暂时脱离了母体的澳门流露出别样的风情。林立的船桅几乎要将眼前这块早就属于葡萄牙贸易支点的岛屿从人们的视线中遮去。这是律劳卑对这个半岛最初的印象：海风吹来的咸鱼气味，包裹着这样一座接近于完全开放的港口。集结在岸边的多艘货船装卸的喧闹声，河上数百艘民船来往穿梭时有上千船民的大喊大叫声，都令律劳卑的情绪极度亢奋。

虽然刚刚抵达异国的土地，但是英国政府给他配备了熟悉情况的副商务监督，他们是前东印度公司广州管委会的德庇时和罗治臣（又译为罗宾臣）。

律劳卑到达澳门后，当着众多英国侨民的面，宣读了英国国王的谕旨和任命书。而知名度颇高的西方传教士马礼逊则被任命为驻华商务监督的中文秘书兼译员，同时任副领事职务，一个牧师成为拿着1300英镑年薪的公职人员。布道之余，马礼逊会暂时脱下牧师道袍，换上一身副领事的官服。对于商务监督这个职业，他并不感到陌生。在这块土地上他一直从事的，也是布道和商务两者兼具的活计。朋友们向他发出祝贺，祝贺他得到一份优厚的俸禄，上帝也需要生活。

一个人即使拥有最高的等级，却无法做自己想做的事，也全然是空虚的。马礼逊来到中国已将近二十五年，他刚来到这个陌生的国度时，体力和情感与他的大不列颠帝国一样正处于血气旺盛的勃发期。那时他刚从霍克斯顿神学院毕业，怀着对上帝最炽烈的虔诚、坚持不懈的勤奋精神和对各项事情葆有的最大热情。

他向英国伦敦传教会申请去海外当传教士，并牢记耶稣的吩咐，"你们要到世界各地去，传福音给每一个生灵"。他认定这是自己的职责，他要做一个从事这项圣工的候选人，上帝将会派他到最需要的地方工作。

在此之前，那个对中国有着特殊情结的小斯当东爵士也给他写来一封信，信中说，在这里我介绍一位特别的朋友约翰斯顿爵士的儿子给你，他将与律劳卑爵士一起前往中国，并任其私人秘书。当他一到中国，你就要同他互相认识，你要尽快使他正确了解中国人的智慧和性格。两个礼拜之前，我和律劳卑爵士有过一次关于中国现状的长谈。我告诉他，到中国出任商务监督，如要得心应手，莫过于得到你的有力帮助，这是对他最为妥当的安排。我希望新制度能获得成功。

这一切也正是马礼逊所希望的，当新上任的商务监督一开始与中国政府接触时，双方的公文往来将是冗长而乏味的，如果他担任译员之职，势必将会以全部的精力与时间投入其中，除了礼拜天，他将抽不出时间去做传播福音的工作。但是他有足够的信心，获得这项工作。

正因为如此，他才会在日记里骄傲地说：只有我有资格去做，没有任何一个英国人能够担当这项任务。

从马礼逊的口中，律劳卑对于他眼前的这个国家有了大致的了解。多少个世纪以来，这个庞大的巨人在一种可笑的幻觉中一直自居世界中心，给所有外来者以蔑视性的字眼"夷"。自乾隆时代马戛尔尼勋爵在北京碰了个不软不硬的钉子以来，这个庞大巨人一直拒绝与世界对话，拒绝在平等外交的基础上与西方国家互换使节。在这个古老的东方国家，守旧的势力向来有着极大的能量，任何一点细微的变革都可能引发一场地震。

马礼逊，这个有着太多东方故事的传教士，不厌其烦地向来到这里的英国使臣或者商人，一遍遍地说着他所认识的中国。他极为推崇中国的文化，他说，中国的语言文字是活的，它是世界上最古老的语言之一，有三分之一的人类在使用它。但在英格兰和苏格兰所有的教派里和党派里，在宗教界和学术界里，对于中国的语言文字竟然完全茫然无知，这是何等的荒谬。

马礼逊郑重其事地告诉律劳卑，与大清国的官员交涉要讲究方式方法，要习惯于他们所表现出来的傲慢、专横和喧嚣，他们有时三四人同时讲话，声音之大，就像是在骂大街。他还说，大清国的日子并不好过，他们国库里的白银每年都在大量流失。支出超过收入达数百万两白银。去年整个中华帝国的年景都不太好，是一个荒年和灾年，到处有盗匪出没，凶杀犯罪在蔓延开来。

马礼逊的叙述理性而又充满克制，而他所说的一切在律劳卑听来，就像是在听一段编排得不够真实的故事。听完马礼逊的介绍，律劳卑并不谦卑地承认，他来到这个国家只有一个目的——做一个名垂青史的人，打开中华帝国的广阔土地，让英国人的毅力和勤奋有用武之地。

西方商人在广州不能四处走动，处于一种被圈养状态。美国汉学家史景迁在《天国之子和他的世俗王朝》中描写道，"他们被圈定在离广州城西南角约两百码远的河边，那城墙日趋破敝但依然威风凛凛。他们时常爬上他们所租寓所的屋顶，隔着城墙凝视这座中国城池里那些熙熙攘攘的街道和庭院宽敞的住宅。他们获准沿西城的外墙边散步，在路过城门口那些成群的中国兵丁身边时，可以透过长长黑黑的城门过道向城里观望"。

女性连封闭的商馆都不能居住。根据怡和洋行档案保留的《义和馆租约》记录，道光十二年（1832）3月，十三行中的同孚行、怡和行、广利行等9个商行"会馆公立"的租约商定：馆内瓦面墙壁破烂、楼阁门扇被白蚁食烂，以及馆内门扇三年油漆一次，均由会馆负责，墙壁及上盖每年的粉刷，则由查顿自理。租约同时强调："自租之后，不得携带夷妇在馆内居住，又不得囤贮违禁货物，如违，会馆立即取回，毋得异言。"

在人们想象中，洋人在广州地界的生活受到诸多限制，并且长期和地方官府衙门发生冲突，经常会无端地陷入审讯、恐吓和人身危险的境地。而官府也会一再要求他们，要"听话和服从"，要"惶恐战栗"，不可"冥顽不灵，以致触犯圣怒"。时刻提醒他们，能够在这块地方暂住，完全出于天朝对远来夷人的仁慈和怜恤。

现实显然要比档案里的文字来得宽松，美国商人亨特在他的《旧中国杂记·广东》中如此写道，我们满不在乎地按照自己的方式行事，照料我们的生意、划船、散步、吃喝，使岁月尽可能过得愉快一些。

这时候的对外贸易并不仅仅限于两国商人之间的往来，更是防夷、抚夷的一部分。清政府制定的《防夷五事》规定：外国人可以在每月初八、十八和二十八这三天进城，必须在中国翻译的引领之下，前往指定地点购物或是玩乐。不能骑马乘轿，因为天朝子民抬夷人有损天朝尊严，不能携带女眷。清政府甚至把妓院都给外国人指定好了，要想逛窑子，仅此一家。在清政府眼中，这些特殊行业的女性，大概比一般特殊行业女性的地位更低下。

西方商人租住在行商的商馆中，边上是栈房、商铺、作坊等，有各色货物，商人如织。黄埔岛上，居民差不多都直接或间接地与外国船运有关。他们充当买办、装卸工、铁匠等，这里是船只修理和海员居住的地方。西方人所有的行为都受到严苛的管制。等到英国东印度公司被取消垄断后，工业革命基本成功，清朝还沿用这一套贸易方式，大部分欧美商人就接受不了。

律劳卑抵达澳门后，并没有下榻于澳门东印度公司商馆，而是直接住进了英国商人马地臣的私宅。在澳门的一个星期里，律劳卑具体入微地听取了马地臣和他的合作伙伴查顿对中国时局和中英贸易，以及如何与清政府打交道等问题的看法。人还没有进入广州城，律劳卑已经在形成和强化自己对待清政府傲慢与强硬的做派。

在这里，我们有必要认识一下，查顿与马地臣这两位英国商人，或者说这两个鸦片贩子。威廉·查顿出生于苏格兰邓弗里斯郡的一个农庄，九岁时父亲去世，后来在哥哥的帮助下，勉强通过了爱丁堡医学院的考试。

查顿是在商船上当医生时了解到东印度公司贸易，这份月薪只有10英镑的工作，为他打开了一扇窗户，让他掌握了另外一项生存技能，那就是做生意。船上的高级职员拥有一项特权，允许托运并买卖两吨自己的货物，而查顿很快就学会了如何最大限度地利用这个机会。

在个人打拼的过程中，查顿为自己赢得了"最有经验、最靠谱的商人"

这一业内口碑。在一次偶然的机会里，查顿遇上了一生中最重要的朋友和商业伙伴詹姆斯·马地臣，一位苏格兰从男爵的儿子。马地臣与查顿有所不同，他的舅舅是一个有名的商人，因此他很早便经手远东商贸。他刚从爱丁堡大学毕业就成为东印度公司一名签约学徒，来到亚洲，他还没有认真考虑过将来是否从事鸦片贸易。

1820 年的夏天，查顿邀请马地臣，参与并组建一个从事中国贸易的企业。在此之前，马地臣因为未能将一封重要信件送给一位船长，刚刚被他的叔父安排送回英国，但是他拒绝离开，并加入了黎萨利公司。合伙人黎萨利去世以后，没有继承人，公司的全部股份就这样归入马地臣名下。这给了两人商业合作一个理想的机会，他们很快就用自己的能力和行动证明，他们是彼此最完美的合作伙伴。

在律劳卑来中国之前，查顿曾经写信告诉他在伦敦的代理人卫定说："我希望你尽力使他（律劳卑）认清，在他和中国方面的交往上，尊严、坚定和独立的举止是必要的，他所要做的这桩事情是异常艰难的。"

而身为最佳拍档的马地臣则扬言，要打破行商制度，直接同中国中央政府往来，对于英国的贸易安全是非常重要的。"如果争取不到，英国政府就不能高枕无忧！"

4. 叩关事件引发的连锁反应

7 月 23 日清晨，律劳卑一行离开澳门，搭乘"安朵玛琪"号军舰向广州进发。站在甲板上，眺望远处若隐若现的海岸线，律劳卑的内心无比振奋。他甚至觉得，这漫长的海岸线最终将成为自己手中一条坚固的绳索，他将用这个绳索死死地捆住大清国的手脚。

他的自我感觉从未如此良好，进入上院，能够得到这样一个来到中国的机会，他觉得上帝这一次是站在自己一边的。

上帝站在哪一边？虽然不是他的子民说了算，但是在此时此刻的马礼逊看来，他这个传教士应该永远是站在上帝那一边。在英国被接受作为传教士已经整整 30 周年的马礼逊，却很不情愿在这样酷热的天气前往广州，因为他的身体显得非常虚弱。他拖着病体乘船到虎门之后，又离船到另一艘船的甲板上露天过了一夜，那晚先是非常闷热，接着又下了一场透彻天地的暴雨。

7 月 25 日下午，律劳卑经过两个多月的海上颠簸，终于抵达广州。次日清晨，象征着英国海军的米字旗就飘扬在旧日东印度公司的商馆上空。旗帜上，赫然出现了"大英帝国"的字样，一个外来"番邦"居然敢打着帝国的旗号，将自己的旗帜插在大清国的土地上，这真是让人难以接受。

律劳卑并没有直接去面见广州的行政长官，而是派了个秘书，带着书信前往广州城正门叩关。其实这并不完全是律劳卑的一意孤行，在他带着使命离开英国之前就被官方告知，不得损害英国与中国的现存关系。但英国外交大臣巴麦尊接着又补充道："阁下到广州后应立即以公函通知总督。"

数十年来，广州贸易章程一直禁止中国官员和外国人直接打交道。这是外交大臣巴麦尊随便宣布的一项中国肯定会反对的新倡议，但是英方也显然没打算用他的武力去支持这个不够成熟的倡议。

律劳卑尚未悟出此中奥妙，他的船就已经抵达广州。以往即使东印度公司的大班上任，事先都要先与两广总督知会一声。若是前往广州，先要通过行商向两广总督投递禀帖。禀帖呈送两广总督后，需要再向北京奏明，等待皇帝恩准。只有在澳门收到准许前往广州的红色牌照，他才可以继续自己的旅程。

律劳卑将这些程序统统省去，可是两个多小时后，他的秘书不出意外地又无功而返。律劳卑等于是手里拎着一把双刃剑，来到了广州地界。

第二天，十三行总商——怡和行的当家人伍秉鉴突然出现在英国人的商馆。这位东方富豪的身上没有英国贵族常有的傲慢、偏见与愚蠢，瘦削的面相流露出并不自以为是的精明。或许是长期浸淫于商界的缘故，他的眼神里流露出一种不动声色的淡然，让人不易察觉他的心思。

这位中国富豪显然是一个与人打交道的好手，说话的语速略显缓慢，嘴里蹦出的每个音节都异常清晰。语言的逻辑性很强，思维缜密，不容易让与之打交道的人发现破绽。他向律劳卑强调了大清国的规矩：首先，凡是洋人来到中国，是不能与官员会面的，所有事情都要由行商负责，有信件或是有请求，也得由行商们代为送达。信的封面要写上一个大大的"禀"字，只有"禀"帖，地方总督才会亲自过目。其次，律劳卑应该住在澳门，有事要来广州的话，得先禀告广州总督，发给你红牌，才能进入广州地界。再次，就是律劳卑在信里不能出现中英两国的字样。中英之间，怎么可能是两国的关系呢？普天之下，莫非王土，不能有任何的国家跟大清并列。最后就是"禀帖"也得先由行商们过目，其中没有出现违逆字样，最后才能呈交总督大人。

伍秉鉴说的这番话，让律劳卑听着很不舒服。破坏规矩固然是他的错，但是身为大英帝国的官员，不能一味地屈就他国规矩，最后伤及的只能是英国政府的尊严。如果再通过行商代递公文，那就无法跟广州直接建立联系，英国国内也交代不过去。

伍秉鉴开导不了他，也只好如实复命。既然十三行商的总商伍浩官的劝导都不管用，只有再派些人来，好好劝导。不甘心落于下风的卢坤发动全城的行商，轮番上阵劝说律劳卑。

设立于广州城外的英国商馆，此时已挤满十三行的商界大佬。虽然如此，律劳卑还是不愿意退避忍让。他说，大英帝国享有四海，全世界都有我们的领土，有些你们中国人没有到达的地方，我们都去过。我们还有先进的军舰，一艘战舰上装载了一百多门大炮，我大英国的国王为何不能与你们的皇帝平起平坐？

律劳卑把话已经说到这个份儿上，十三行商的代表们也就无话可说了。

17世纪后期，"十三行"依托广州口岸，以及官府给予他们的外贸垄断权，再加之自身的辛苦打拼，迅速成长为一支不容忽视的商界新生力量。明末清初著名诗人屈大均描述："洋船争出是官商，十字门开向二洋。五丝八丝广缎好，银钱堆满十三行。"在此后的百余年里，广州十三行逐渐成为与两淮的盐商、山西的晋商并立的三大行商集团，清政府40%的关税收入来自十三行。

而在这其中最具权威的总商伍浩官，是周旋于律劳卑与清国官方之间的行商代表。行商中通行父子、兄弟沿用同一商名，因此伍浩官并不是一个自然人的名字，而是伍氏家族不同时期的五个人，伍秉鉴是其中名气最大的一个，他的乳名亚浩，故以"浩官"为商名。

曾经有西方媒体做过一项统计，在全世界最富有的50人中有6名中国人，他们分别是成吉思汗、忽必烈、刘瑾、和珅和伍秉鉴、宋子文，其中只有伍秉鉴是以商人的身份成为世界级富翁的。

因为常年与洋人打交道，所以伍秉鉴从事的是一项面向大海的事业，从辽阔的海洋世界吹来的新思想的清风，与中国商人天生的精明结合起来，使以他为首的十三行商成为这个时代的商人翘楚。美国商人亨特在《广州番鬼录》一书中说："伍浩官（伍秉鉴）究竟有多少钱，是大家常常讨论的话题。""1834年，浩官曾经对他的田产、房屋、店铺、银号及运往英美的货物等各项资产估计了一下，共约2600万银圆。"这个数字是相当惊人的，与其同时期的美国最富有的商人也不过700万银圆。美国学者马士说，"在当时，伍氏的资产是一笔世界上最大的商业资财"。

伍秉鉴并非狂妄自大之人，甚至在某些时刻会表现出懦弱退缩的一面，西方人形容他"一辈子只开过一次玩笑"。就是这样一个被巨额财富和忧患意识压弯腰的中国商人，在西方人的眼里充满了人格魅力。他的魅力固然有财富的作用，但大多来自他的商务人格。那些常年与他合作的商业伙伴，称其"在诚实和博爱方面享有无可指摘的盛名"。当时与广州贸易往来的重要客户之一便是大名鼎鼎的英国东印度公司，公司大班每年在结束广州的交易前往澳门暂住时，总是会将库款交给伍秉鉴经营，公司有时资金周转不灵，还向伍家借贷。

在当时的广州商务圈流行一个未经证实的段子：有一个美国波士顿商人在与伍秉鉴合作经营中，欠下一笔数目不小的债务，一直没有能力偿还。这一天，伍秉鉴找到这个欠债的美国商人，当着他的面掏出那张本票，用洋泾浜英语说：你是我最好的老朋友，人挺实诚，只是运气不够好。

说了一半，伍秉鉴撕掉了本票，继续说，现在债务一笔勾销，你回国去吧。

伍秉鉴与洋商关系极深，另一个美国商人约翰·穆瑞·福布斯也有着同样的经历。8年前他刚到中国时，还是个不名一文的学徒。在广州贩卖过茶叶和鸦片，还认了一个义父——伍秉鉴。这层关系让他回到美国时，口袋里多了50万墨西哥银圆的投资。福布斯利用这笔钱开始了一门新生意——修铁路，并成为横跨北美大陆的泛美大铁路的最大承建商。

伍秉鉴对于世界地理和形势的了解，别说是一般的中国人，就连那些与他打交道的西方人也感到万分惊讶。或许正是源于这份了解，使他成为西方人最为信任的中国朋友，他也由此结识了来自各个领域的西方朋友，其中有传教士、医生、领事、商人和海员等形形色色的人。

在西方人的眼里，伍秉鉴称得上是中国富豪的代言人，而他的商名"浩官"也成为广州政商两界的通行证，就连美国波士顿的一艘商船也以冠上了"浩官号"的名称而自豪。

在中国的传统社会里，社会地位和个人财富并不完全对等。在"士农工商"的排序中，商人还是一如既往地排在最末位。那些在商界呼风唤雨的十三行商人，在面对现实困境也只有做妥协状。

当他们完成自己的财富积累后，首先想到的是用白花花的银子去兑换毫无实权的官衔，伍秉鉴也不例外，他曾经花费巨资为自己换来一副三品顶戴。行商们虽然个个腰缠万贯，也顶着三品、四品的顶戴花翎，但他们并不招摇于世。伍秉鉴的节俭深受美国商人的称道，而他那套红色的顶戴，也只是在重要的节日里才会穿出来以示身份的尊贵。

虽然用财富换来一身行头，但是在皇帝和官员们的眼里，他们始终是一群可以被随意盘剥的商人。当天灾人祸降临时，当皇帝和权贵们需要人情往复时，当地方官员需要讨个彩头时，十三行的商人们便会挺身而出，美其名曰"主动报效"，或者"捐输"。根据官方档案统计：1773 年到 1835 年，十三行总共捐献了五百零八万五千两，而这仅仅是记录在册的公开数字。

长住广州的美国人亨特记载，伍秉鉴专和美商旗昌洋行合作，他的对外贸易全由旗昌洋行一家代理。旗昌洋行是 19 世纪远东著名的美资公司，早期主要经营项目是茶叶、生丝和鸦片。美国总统罗斯福的外祖父小沃伦·德拉诺，曾经也是旗昌洋行的高级合伙人。

伍家和旗昌的结合是一场名副其实的双赢，伍秉鉴是旗昌在中国贸易的代理人，而旗昌则是伍家全球贸易的代理人。旗昌依靠伍秉鉴的怡和行开拓中国市场，怡和行则通过旗昌洋行拓展国际贸易。伍秉鉴的国际视野与判断能力是惊人的。在美国独立后，他准确预见到美国经济的崛起。他不仅拥有国内地产、房产、茶园、店铺等经济实体，还在大洋彼岸的美国进行铁路投资、证券交易，甚至涉足保险业务等领域，使怡和行成为一个名副其实的跨国财团。

通过美国代理人，伍秉鉴不断向美国投资。有人说，一个前现代农业经济主导的族群中，居然有商人大投特投美国铁路，这是让人难以想象的。我们循着伍秉鉴的财富足迹会惊奇地发现，他的投资形态与他所处的时代完全背离，前者是开放式的，而后者是封闭式的。在狭小的制度空隙里，他的经营方式呈现出极致之美。通过旗昌洋行，他参与投资密歇根中央铁路和柏林敦和密苏里河铁路，还有美国的证券交易和美国的保险业务。

一个梳着辫子的农业社会的商人，一个将手伸向世界的商人，一个不靠掠夺，不靠坚船利炮三桅船的商人，居然会在一个几近封闭的时代里建成自己的财富王国，这实在让人难以理解。1834 年，据伍家自己估计，财产是 2600 万银圆。这是个被低估的数字，因为 1826 年伍氏家族已经分家，即使这样还是超过朝廷财政收入的一半。

怡和行成了质量的保证，只要货物贴上它的标签，就会被外国的公司鉴定为最好的茶叶。如此一来，怡和行的茶叶卖出去的价钱也比较高，特别是美国商人，他们最喜欢与怡和行打交道，购买怡和行的茶叶。几年下来，怡和行成了外国商人公认的茶叶大品牌。

在东印度公司的交易总额里，怡和行通常会占去很大一部分。尤其是伍秉鉴当了总商以后，所占份额达到最高。这里有一组数据：1830 年，怡和行卖出的茶叶是 50800 箱，所占份额是东印度公司在中国所采购茶叶的 18.6%，价值 127 万两白银。这里还不包括其他国家的商人以及英国个体户的商人。若是将其合在一处，怡和行每年卖茶叶的交易额达到几百万两的数目。而在当时一个农民一年的开销也只有几两银子，这样的交易额实在大得惊人。

西方商人打着自由贸易的旗号来到这块土地上，但是清国能够提供给他们自由贸易所需要的便利条件却是少之又少。他们所面对的只有一个限定的口岸——广州；一个限定的商人团体——公行；一种在"船钞""货税"名目下把国家关税和官吏勒索混为一体的海关制度。与其不对等的是，他们需要遵守的各项制度和条法多得让人无法应对。如果说走向工业文明的英国代表的是一个开放的世界，那么北京的旧宫殿和广州的老城墙则代表了另一个封闭的世界。

在英国派驻驻华商务总监之前，东印度公司"大班"是商人的头儿，他的地位与公行（十三行）的"总商"平起平坐。他们之间的交流，是中英两国民间商贸组织的交流。等到律劳卑以"驻华商务总监"的身份来到中国南方，一切发生了变化。他们既不像是商人，也不像是使节，虽然他们手里握有"保护与促进英国贸易之权，并得依情形之需要，行使政治与司法权"。当然这也只是中国人的看法。

既然律劳卑是英国官方派驻的商务代表，那么他并不仅仅代表个人来到这里，他应该与大清国的封疆大吏们平起平坐。而习惯以旧例来比照新事物的大清国官员们并不这么认为，如果可以选择，他们宁愿选择一个与总商打交道的大班，也不愿接受一个与官府打交道的总监督。

律劳卑来到中国，以"平行款式"致书两广总督卢坤，以此显示他在外交上的平等地位。在广州官方看来，律劳卑的做派显然有些托大，引得广州上下一片哗然。卢坤在奏疏中说：中外之防，首重体制。该夷目律劳卑有无官职，无从查其底里，即使实系该国官员，亦不能与天朝疆吏书信平行。事关国体，未便稍涉迁就，至令轻视。

一时之间，卢坤无法在天朝体制内找到与律劳卑相匹配的坐标。找不到坐标，也就无法做到体制内所说的"对口接待"。无奈之下，他决定沿用大班的"旧制"，将律劳卑视为一个普通商人来对待。他发了一道谕令，严厉抨击律劳卑。他说：有个夷目叫律劳卑的，不领红牌就擅自跑来广州，真是目无法纪。他来自蛮荒之地，没受过什么教育（念化外愚蠢），刚来天朝，也没有法律意识，就先不治罪了。但是必须立即离开广州，以后不领红牌不许来广州。

律劳卑无法接受清国官员对他这个商务总监的轻慢姿态，尤其接受不了的是清国的翻译将他的名字译作律劳卑，意为劳苦卑贱之人；甚至有官员将他的官职——驻华商务总监督，译作夷目，意为野蛮人的眼睛。听到传言时，他愤怒得像是一头咆哮的狮子，恨不得要将对手撕成碎片。这简直就是对他本人的侮辱和对英国的形象攻击，比逐客令更让人难以忍受。

既然律劳卑揣着英王敕书来到这个国家，那么他就会捍卫自己在体制内获得的这一荣耀。他不会轻易放弃自己的官场身份，更不会在面对广州城的官员时，小心谨慎地做仰视状，生怕得罪了对方。双方代表的是各自国家的利益，他们的身后没有一点可以商量和退让的余地。

律劳卑的叩关行为虽然合乎他自以为的制度运行轨道，但是在广州官方看来，这件事马虎不得，毕竟事关国体。自大清开国以来，不领红牌擅闯省城的事情也仅此一例。如果处理得不好，其他国家也会轻视天朝，而且这里面还裹挟着君王的尊严和儒家的传统。

卢坤进退不得，只好将心中的怒气撒到行商们的头上。他对行商们下达了严令，如果不能把律劳卑劝回澳门，那就按畏葸故纵忽视国家尊严罪，将所有行商集体斩首。这真是一个令人匪夷所思的命令，所有行商的身家性命，居然完全取决于律劳卑所做出的决定，以及他所表现出来的姿态。

卢坤这个命令不是下达给普通商人，而是下达给那些富可敌国的十三行的巨商们。由此可见广州官方对此事的重视程度，如果律劳卑不能无条件地返回澳门，这里所有外贸商人的人头都将落于尘埃之上。

律劳卑在这期间频繁致书外交大臣巴麦尊，报告自己与卢坤之间发生的冲突与交锋，并申明："不论监督处的退去或是由于武力的压迫，或是由于英国商人受迫害的结果，都应视为（两广）总督对英王的侮辱，而当予以惩罚的。"几天后，律劳卑又在另一封信中说："同这样一个政府交涉，必须以实力为后盾。"否则，"交涉不过是徒耗时光而已"。这些读上去带着愤怒情绪的感性文字虽然出自律劳卑一人之手，但是抒发的又何尝不是西方人的普通情绪？

这位新上任的英国驻华商务总监好像并不担心事态扩大化，他甚至还抱有隔岸观火的兴奋。他在日记里乐观地表示："用一支军队封锁住中国的海岸，那将是多么荣耀的一件事……或许只需要一只炮艇就可以在这个国家掀起一场革命，就可以使他们开放口岸，我愿意充当这场革命性事件的介质。"

律劳卑并不打算妥协，他要用自己认为的最佳方式解决问题。一切才刚刚上路，他的翻译、著名的汉学家、传教士马礼逊却倒在了英国商馆。连日来，马礼逊拖着沉重的病体奔波于广州炽烈的太阳下，又加上事态纠结难了，以致身心俱裂，累死在自己岗位上。马礼逊是最早来到中国的传教士，在中国生活了 25 年，其间翻译了全本《圣经》，编撰了第一本《英华字典》，创办英华学院、医院、报刊等，为人谦逊而知礼，救治了无数的华人，为中国培养了很多近代思想家。但是他本人却在这样一场闹剧当中，被活活地累死了。

马礼逊对于担任翻译，和地方官吏谈判这一工作并没有表现出多少兴趣，他是作为一名神职人员被派遣到这个古老的国度。既然所有的道路都掌握在上帝的手中，他希望自己能够只投身传播耶稣基督福音的工作中。当威廉·米奈牧师听说他不仅能够用汉语讨论鸦片的成色与纯度，而且还能将《圣经》译成那种古怪的语言并开始编写英汉词典时，他感到难以置信，"一个人要学会汉语，要有铜铸的身体，铁铸的肺，橡木脑袋，苍鹰的眼，要有圣徒的心灵，天使的记忆，麦修拉的长寿。"

马礼逊牧师看不出福音与鸦片膏之间有什么矛盾，因为传教的经费便来自鸦片贸易利润，这样，中国的鸦片烟徒越多，基督教徒也就可能越多。

25年前，马礼逊刚来中国时间不久，伦敦传道会曾经问询过他，是否希望为大清国带去精神上的影响。他坚定地回答："我不，但我希望上帝可以做到。"其实直到他离开世界的那一天，他也叫不出几个皈依基督教的中国人的名字。

马礼逊曾经无数次地纠结，对于留在中国还是回到英国，对于当牧师还是做商人，他始终无法给自己一个坚定的选择。此时的他就像是一个执着的探路者，无意间闯进了一个从未踏足过的陌生地带。他的面前突然出现了好几个岔路口，他不知道究竟该选择哪一个。经过一番思虑，他还是决定留在这块土地上，学会官话和复杂难懂的广东话，然后从事传教工作。这是他来到这里最初的责任和使命。

他在日记里深情地写道："我早已将中国作为安身立命之地，并已下定决心要依附于她。"可是穿上教士的长袍就能免受魔鬼的诱引吗？马礼逊最后也无可避免地成为鸦片贩子天然的盟友。他们为之充当翻译，鸦片运上岸的时候，他们布道的小册子也会递到每一个可以接触到的中国人手里。马礼逊，这个虔诚的英国传教士，带着对上帝的深深愧疚离开了这个世界。

行商们没有办法，律劳卑是英国任命的驻华官员，他们无权命令，只能劝导。为了保全自己，行商们最终决定，单方面采取行动，断绝与英国的一切贸易行为。因为刚取消了东印度公司的专营权，而来华的大部分是资本较小的散商，停止贸易对他们的打击是致命的。

当时在广州的英国商人主要分作两派，一派持强硬态度，他们坚决支持律劳卑，希望通过抗议提高自己的地位。另一派则相对温和，他们并不具备庞大的资本背景，希望能够冷静地处理这些矛盾，不希望变成全面对抗。而最后，强硬派商人占据压倒性的优势。律劳卑的目的很简单，他就是要逼着广州政府来跟他交涉，哪怕是逼着对方来收拾自己，他需要一个将炮艇开进中国海岸的借口。

律劳卑的一意孤行终于惹怒了卢坤，他命令整个广州彻底停止通商贸易，另派广州知府潘尚楫等三名官员上门问责。当律劳卑听说有官员要来找他，非常高兴，终于有广州的官员来与他接洽了。

5. 律劳卑的愤怒让战争成为可能

在律劳卑的精心准备之下，中英双方有了第一次会谈，会谈的地点设在商馆区。坐在正上方的是大清的官员，桌子的左侧是行商们，而右侧是律劳卑和他的随员。这是按照中国人的排序标准，大清国官员居于首席，其次是行商，英国居于末位。

律劳卑觉得席位的安排，刻意贬低了大英商务总监的地位。于是他要求将桌子摆成另外一种形式，自己坐在主位，两国官员围坐一圈。行商们则坐在外围，不能参与两国之间的洽谈。

双方都是站在各自的角度考虑问题，最不满意的是被排除在外的行商。他们与律劳卑发生了争执，而且一吵就是三个小时。广州知府等人也因为座位没有安排妥当，拒绝出现在会场，双方闹得不欢而散。

儒家文化的核心是礼治，讲的是秩序。中国古代政治制度和社会生活的每一个细节，都是围绕这个核心来设计的。然而这一切，也只是在中国才能产生效力。当中国的皇帝和他的官员们一厢情愿地试图以此来覆盖世界，他们就会遇到很大的麻烦。在想象中，世界是臣服于自己脚下的，自己才是这个世界的主人，居于世界的中心。所有与之不和谐的做法，都是一种不讲理的胡搅蛮缠，比如眼前这个金发碧眼的英国老男人律劳卑。

第二天，当总督卢坤了解到会场所发生的一切，立即将广州知府潘尚楫撤职查办。撤职的理由是有失国体，国体比天大，能保住一条命已是不错的结局。其实潘知府是个冤大头，他在三个小时的冲突之后，并没有让律劳卑达成与广州官方平起平坐的愿望。尽管如此，他还是无法让洋人屈服，这就是有辱国体。

这是一场双方都没赢下来的谈判，律劳卑更是心有不甘。虽然广州官方同意和他谈判，但是却闹得不欢而散。没人接收他的公文，也没人承认他的英国驻华商务总监的身份。一次不按程序走的叩关事件，将总督卢坤逼入外交绝境的同时，也将自己逼入了绝境。律劳卑很失望，大清政府是一个自大又自狂的政府，和这样的政府进行合作，看来举步维艰。

律劳卑对他的前途充满了忧患，但又别无选择。如果毫无理由地退回澳门，他无法向英国商人交代，也无法向推荐自己的外交大臣巴麦尊交代。他在到达中国三个星期后，就在书信里写道："在这些勤劳的人民中，我常常看到的是他们彬彬有礼，或者说他们对受到的侮辱和粗鲁无礼的对待很少有情绪化的反应，我从来没见过比他们更斯文更温和的人民。"

或许正是因为如此，他甚至推论，这些勤劳的人民，没准会盼望在他们的身边出现一支军队，将他们从专制压迫中解放出来。他说，中国人十分想和我们做生意，可以肯定的是，把他们抓在我们的手里，是一个仁慈的行动。

其实在大清的历任两广总督当中，卢坤都算不得真正的强硬派。他的愤怒也是源于游戏规则的被破坏，也是为了捍卫体制的尊严。他并不希望两国贸易滑向矛盾不可调和的深渊，他承担不起这个责任。但是像律劳卑这样公然的对抗，他又不能坐视不管，何况这个公告里竟然有这样的两句话：总督大人的做法将使成千上万的老百姓吃苦受累，我将为把商贸活动推广到全中国而努力不懈。

卢坤再也坐不住了，这个英国佬究竟要在他的辖区内做些什么？他这是在鼓励地方的百姓与官府作对，是大张旗鼓地"谋反"。如果自己再退让不前，远在千里之外的道光皇帝不会答应，近在咫尺的地方官民也不会答应。

当时就有一则民众告白中说："不法番奴无比（律劳卑）示：不知尔外国何等狗夷，胆敢自称监督。既为外蛮监督，身为官长，示颇知的礼法。尔涉万里而来示为谋其生活，到我天朝，既未贸易管理司事，何得不遵国例。擅自胆敢闯关，任意出入，大干例禁，以国法恭请王命，斩枭示众，以儆刁风。"

剔除其中以口角取胜的无谓之词，捍卫国家主权的正义呼声跃然纸上。

作为一个内陆身份的官员，卢坤此前并没有涉及过外交事务——官方文件中称之为"夷务"。为了对付眼前这个蛮不讲理的"外夷"律劳卑，这个由四书五经培养出来的两广总督勇敢而又认真地承担起了他应尽的职责。

9月2日，卢坤突然下令停止两国商人之间的全部贸易，并将在商馆里从事翻译和服务工作的中国人员全部撤离出来，拒不离开的视为汉奸，按通国罪斩首示众。

清国军队随即包围了英国商馆，并阻断了商馆与外界的联系，甚至断水断粮。贸易已经停摆，生意肯定是没法再继续进行下去，没人会知道这个事件将会以何种方式了结。甚至有传言，留在商馆里的人将无法见到明天早晨的太阳，他们这时候应该做的，是虔诚地向自己的上帝祈祷，让两广总督卢坤能够展现出人性光明的一面。

与此同时，大量的通事、翻译、仆人、船引，凡是与洋人打交道的中国人，都被逮捕入狱，特别是那些引渡洋人的船家。行商暗中通知查顿，只要两广总督卢坤能够收到律劳卑的"禀帖"，商贸就可以重开。

有人给他指出一条道，只要律劳卑悄无声息地返回澳门，广州府衙会当作什么都没发生；以后进入广州，不要造那么大声势，官府也不会太为难他们。中国人讲究的是与人方便自己方便。

卢坤的做法显然激怒了律劳卑，他命令随其来华的，一直驻扎在澳门海域的"伊莫金"号和"安德罗马奇"号两艘巡洋舰驶入广州内河。军舰开进内河，就无法保证不发生武装冲突。律劳卑心里清楚，如果他偷偷地返回澳门，今后就不要奢望什么平等外交，这是让他无法接受的屈辱外交。

如果说他还有什么忌惮，那就是被围困在商馆内的数百名英国商人的生死还捏在卢坤的手里。他实在无法摸透两广总督有着怎样的脾性，也不敢拿那么多英国商人的性命开玩笑。

与此同时，他发布了一条公告，公告称：中国总督与洋人之间的会晤，始于明朝，在清朝从雍正十二年到嘉庆十年，双方有九次会晤。在此之前，都有公司大班拜见总督大人的惯例，如今总督大人依例不见，依的是哪朝的惯例？查封我大英帝国的商船，禁绝贸易，不惜挑起战争，难道不怕我们前往北京告御状？卢大人说我大英帝国向来恭顺，但你可知道我大英帝国的战舰横跨四洋，版图辽阔，所辖之地物产丰富，战舰上能安装一百二十门大炮，你们中国人无法抵达之地，也都归我大英帝国。从来没听说过，我大英国王需要向什么人恭顺。

卢坤也毫无示弱地回应道，我大清从没邀请英国人来经商，以往来华的英国官员也都是贡使，前任总督李大人要求英国能够派来一名大班，而你们却派来了一位官员，说是如今商务由商办改为官办。我正要向我大清国皇帝请旨，而你却以战舰犯我内河。我卢某人也能调动几万大军，天兵一到，玉石俱焚。

双方在虎门海域摆开阵势，战争一触即发。消息传至英国国内，有英国人认为，大英帝国的军舰远征是一场极为冒险的军事行动，他们对此抱有极为悲观的态度。而《季度评论》也强调英国用兵的诸多困难：中国人口多，士兵数目也相当可观。虽说他们训练欠佳，纪律欠严，但他们随处都可以像蜂群一样蜂拥而上，叮蜇一番。

布莱克伍德爵士在《爱丁堡杂志》的专栏里写道："英国军队在大风和海浪里作战更有希望些，因为在一场大海战中经过不停地炮轰，风和海浪会暂时平息下来。至于中国，就像俄国一样，不需要它的战士出力，靠着它广阔无边的土地就已经是易守难攻。它没有致命点，即国家力量集中的地点，因此找不到可给予致命打击的地方。在那里有的是拿破仑不顾一切深入莫斯科的覆辙。"

6. 更像是烟火，而不是大炮

中国的北方已经入秋，而南方依然保留着夏日的气息。小草泛着绿色的光泽，串红花依旧像火把一样绽放得炽烈。海口即使在这夏日的气息即将逝去的季节里，依然亘古不变地沿着自己的生命线滚滚东流，保持着一如既往的热度与激情。

逝者如斯，海水依旧是海水，但历史却有可能不再是昔日的历史。

9月7日，英国的巡洋舰"伊莫金"号和"安德罗马奇"号驶入虎门，中英双方展开激烈炮战。"向英国国旗开火是非常严重的挑衅和侮辱，他们揭开了战争的序幕。河上现在出现两艘帆船，都装载着很多火药，都是为了保护英国贸易。"律劳卑在写给卢坤的信中如此威胁。弦外之音很容易让人产生联想，那就是两艘英国帆船完全可以发动一场英国必胜的战争。

鸦片战争中的绝大多数战斗形势，都是在清军的岸炮与英军的舰炮之间展开。岸炮的优势在于，它是建立在牢固的陆地上，可以不受重量和后坐力等因素的影响，庞大的炮体可以让火炮具备充分的杀伤力，射程更远，威力也更大。当战场上硝烟散尽，才发现这完全不是一场势均力敌的战争场面：英方死三人，轻伤无人，船身、装帆没什么损失。中方损失很大，许多三十二磅重弹击中炮台炮眼，胸墙被击碎，炮台里面的一座小庙被轰成一堆瓦砾。英国学者杰克·比钦对固定在虎门炮台上的大炮做了客观的评价："那更像是烟花而不是大炮。"

作战失利使两广总督卢坤进退两难，英国人的战斗力超出了他的想象。他不敢奢望在武器的优越性上能够战胜对手，所能倚仗的也只是主场之利。他居然想到用十二只大船，装载十万斤重的石头。然后行驶至水中央，将其横着沉入内河中间。他从各处调集数千官兵，用来防守广州城和虎门各个炮台。广东水师的六十八艘水师战船，以及临时征调的数百民船，将英军的两艘军舰团团围住，却没有发起攻击。

英国军舰如入无人境地开进广州内河，不但没有解了商馆之围，反而让身处商馆中的律劳卑和众多商人陷入更多不利的境地。外面被围得水泄不通，里面的人在苦苦支撑。自从英国军舰驶入黄埔以来，清方就完全切断了里面的人与外界的联系。

　　由于利益取舍的不同，以查顿为首的商人与律劳卑为首的强硬派发生了激烈的冲突。双方吵得不可开交，商人认为律劳卑的到来破坏了这里原本和谐安宁的通商环境，不仅让他们蒙受了巨大的经济损失，更让他们的精神与肉体受到了重创。律劳卑也患了疟疾，发高烧拉肚子，忽冷忽热，已经病得不轻。

　　本来一些意志坚定的商人，随着被困时间的不确定性延长，内心产生了严重的怀疑与动摇。他们中的个别人，甚至通过关系密切的中国商人，向两广总督卢坤表达自己的忏悔与忠心。而强行闯入内河的两艘英国军舰，也让局势产生了更加极端化的走向，让律劳卑忧虑不已。在他来中国之前，外交大臣巴麦尊告诫于他：必须依从中国的法律办事，不到万不得已绝不可以动用武力，也绝不能挑起战争。

　　他来到中国还不到两个月的时间，就将两国关系迅速推向战争的边缘。驻扎于黄浦的两艘军舰也陷入清军的重重包围之中，而他困在这里什么也做不了。内忧外患，生死莫测，还发着高烧。再这么拖下去，他甚至有一种不祥的预感，他很快会死在这里。

　　9月14日，英国商馆被围困十二天后，律劳卑在医生的劝说之下，终于向现实妥协。他不是向两广总督卢坤妥协，而是向全体英国商人妥协，向自己无法承受的生命之重让步。他在声明中说，我同意撤离广州，这起冲突是我与卢大人之间的私人恩怨，与通商事务无关，也与两国政府无关，如果卢大人重开贸易的话，我愿意撤离广州。

　　律劳卑并没有坐着英国船骄傲而体面地离开澳门，而是在卢坤的要求下，乘坐广州官方提供的船只，在清军的护送下离开广州的。从商馆到码头，一路上的锣鼓声和鞭炮声让律劳卑的离开成为一件皆大欢喜的事。

　　在离开广州时，他给英国商人写了这样一封公开信：我虽然是驻华商务监督，但是我在中国并没有得到尊重。不过我很欣慰，至少在这场冲突之中，你们的利益并没有受到太大的损失。请你们相信，英国国王与大清皇帝一样，都应该得到尊重，如果得不到的话，战争是不可避免的。我相信英国国王会惩罚两广总督卢坤，我相信这一天会到来的……

两广总督卢坤发出了恢复贸易的命令，广州城又恢复了昔日的喧闹与繁华。带着满心遗憾离开广州城的律劳卑，却再也没有机会进入广州城。他在返回澳门的第十五天就追随传教士马礼逊而去，上帝这一次是真的站在了他的一边，却没有听见他的忏悔。他的主治医生说，他的病因是过度操劳和忧虑。

这个有着苏格兰贵族血统的英国人就这样死在了中国，他曾经想要征服的这片土地埋葬了他。资料显示，他有两个儿子和六个女儿，并且在英国拥有一座叫作墨奇斯顿的城堡。商人们为他在澳门建了纪念碑，离他的墓地不远，算是对这位首任驻华官员的纪念。

虽然律劳卑死了，但是卢坤并没有赢得皇帝的褒奖和同僚的认可。道光皇帝甚至驳回了他呈递上去的奏文，并在上面特意加了这样的"批"：……看来各炮台俱系虚设，两只兵船，不能击退，可笑可恨，武备废弛，一至如是，无怪外人轻视也。

卢坤被革职留任，在大清国的政治制度中，革职留任是一种相对较轻的惩罚，很容易就能官复原职。卢坤也没有纠结于此，他传话给英国政府，希望他们能够重新派人来监督并约束本国商人，但是他强调，要派一位识得大体的商人来华，要以大班的名义管理这些商人，绝对不允许再派官员来中国了。

英国公众并没有因为失去一位外交官而伤心，而是将他因蒙羞死在中国这件事戏称为"律劳卑玩儿完"。或许正像那位在反拿破仑战争中出尽风头的威灵顿公爵所说：律劳卑运用武力胁迫中国广东政府，并且不熟悉与官方的沟通手段，对这些官员的力量和实质也不了解，最终导致了失败。很显然，这样的企图必然会导致失败，而且给自己的国家带来耻辱。

对于律劳卑的死亡，那些在华的英国商人则摆出另一副姿态：查顿和其他 85 名商人向新国王威廉四世请愿，要求为律劳卑所遭受的耻辱进行报复，并且是狠狠的武力报复。

律劳卑死了，英国政府委派了第二位商务监督，他就是德庇时爵士，此人是著名的汉学家。他是中英交往史中很有意思的一个人，是一位中国通，来华多年，出版过很多关于中国的书籍，早在英国使团访华时就是随团翻译。

他在中国不仅学会了汉语，还在与商人打交道的过程中学会了偷奸耍滑。他与中国人相处融洽，完全不喜欢那些好战的英国商人，认为那些人不过是希望英国卷入一场浩大的战争罢了。作为前东印度公司任职的雇员，他也不把那些自由的独立商人放在眼里。

他全程参与了律劳卑事件，冲突发展到一半的时候，他预感到不妙，就偷偷地返回澳门。他在澳门看着律劳卑一点点耗尽生命，离开这个世界。上任不到一个月，他就写信给英国政府，他说不要奢望大清国承认他们的地位，那根本就是不可能的事。如果政府不特别要求的话，他这个商务总监就什么也不会干。

同时他还发布了一个公告，他说，大英帝国与中国并没有正式的交往，对于此事我很遗憾。可是我们的官员也不能听从总督的谕令，更不能将这些文件送给国王，在没有接到国王命令之前，我什么也做不了。

而那些在华的英国商人也集体上书英国政府，说德庇时这个人太不负责任了，政府最好重新派一位有责任感和使命感的全权大使来中国。商人们还建议，这位全权大使最好能指挥少量的海军，然后将这里的情况上诉到北京，绕过广州，直接上诉到道光皇帝那里。商人们觉得道光皇帝肯定对广州的事情并不知情，或者说如果英国海军向道光皇帝示威，为了避免战争，中国的皇帝肯定会做出一点儿让步，这样的话，既避免了大规模的开战，同时也可以提升英国的地位，不至于让清政府轻视。

英国商人的建议，并没有得到英国政府的重视。律劳卑的死，对英国政府的触动非常大。他们暂时认可了德庇时的沉默，哪怕是不作为，也不要去招惹是非。

但即使如此，德庇时还是不放心。律劳卑死后一个月，秘书阿斯迭就辞职了，又过了一个月，德庇时也辞职了。这个聪明的中国通，并不愿意将自己置于危险的境地当中。

英国只好再派罗治臣去充任驻华商务总监。德庇时临走的时候，一再嘱咐罗治臣，一定要管好自己的嘴，管好自己的腿，尽量待在澳门，千万不要跟广州政府打交道，特别是总督大人，还是少去招惹他为好。

而这位罗治臣先生，比德庇时更识时务，他甚至极为夸张地将自己的办公室和家都搬到了船上，做好了随时逃走的准备。一年后，他也离开了自己的岗位，继任者换成了义律。

两广总督卢坤在律劳卑事件之后，总结经验教训，痛定思痛，重新制定和颁布各项对洋人的禁令，比以往更加严格。不得私带水手和妇女来华；不许结伴私游；不准来华逗留超过四十天；不准坐轿子；不领红牌不得擅自来广州；严禁在广州以外地区进行商贸活动；洋人来华不但要由行商进行担保，担保的行商也要采取轮换制，以防舞弊。与此同时，为防止洋人军舰擅闯内河，广州城外的炮台建设也在如火如荼地进行着。

或许是觉得这些洋人太过野蛮，所以地方官府每年都要颁布一次公告，让行商们去"教化"洋人，约束洋人的行为。公告要求，洋人不准嫖妓，不准买幼童当仆人，或者雇用船只临时在船上安家，等等，如果发现，将对担保的行商以及通事追究责任。

大清国的这些规矩已经执行了上百年，广州政府捍卫它就像捍卫帝王的尊严，没有丝毫通融的余地。来到这里的西方人也都默认了，既然改变不了，那就只能选择默默承受。但是律劳卑的死，却深深地触动了一个非常重要的人。一个最懂中国人的英国人，他的名字叫作义律。

义律，苏格兰人，一个热衷于水彩画的画家，拿破仑战争结束之后自愿留在海军服役，后来负责打击阿尔及尔的海盗及非洲西海岸进行的奴隶贸易，他在那里获得了一个政府头衔"奴隶保护人"。

与他的前任一样，义律也是一个狂热的卡尔文教徒，非常看不起鸦片贸易，但是他比前任表现得好像更懂得中国式的精明，因为他从不流露出自己的反感。而事实上，他从英国外交部得到的命令是，确保英国的毒品，即中国茶，安全地到达那些在起居室里喝下午茶的英国人手里。对于茶叶是用出售鸦片所获白银来支付的这一事实，他表现得视而不见。

1836年11月，也就是义律到任5个月后，道光皇帝颁布一条诏令，在全国范围内禁止鸦片的输入和吸食。

一个月后，新到任的两广总督邓廷桢宣告："鸦片烟有致命毒害。鸦片就是一种流动的毒药，倾家荡产事小，摧毁人的头脑和道德才是最可怕的灾难。"

钦差大臣与西方世界的交锋

——天朝视野下的禁烟问题

1. 紫禁城里的弛禁之争

岁在戊戌的 1838 年，林则徐已经五十四岁，在官场驰驱了将近三十年的他和他所服务的王朝这时候也进入一个老之将至的年月，或者说是一个要命的历史拐点。就在这一当口，林则徐突然接到了吏部（内政部）"来京陛见"的通知，而此时的他正在湖广总督的任上忙得昏天黑地。

阴历十一月中旬，北京的气候已经很冷了，寅时三刻（凌晨四时）骑马上朝是相当早的。外面的世界虽然黑沉沉的，但是紫禁城内灯火通明。从天安门到中门站着仪卫，他们也是刚刚换过班。

当不顾远途劳顿的林则徐出现在灯火阑珊处，就像舞台剧的主角突然登场，舞台上的那束追光也随之将其笼罩于内。华丽的场面让林则徐本人也觉得有些夸张，打着杏黄伞（盖伞）和青扇飞虎旗，带旗枪六根、青旗八杆、前引二人、后从八人，马身上还装饰着明艳的缨子。在当时的政治体制下，一个汉臣能够在大清国享受到这般荣耀也是极为罕见的。由此可见，紫禁城里的主人对于马上之人的看重和期待。

俗话说南船北马。中国北方人习惯于骑马，而南方人的主要交通工具则是船，于是就有了南方人不擅长骑马一说。林则徐是福建省侯官（福州）人，是地地道道的南方人，而且又是文官，对骑马很不熟练。在我们的想象中，能够得到君王恩宠自然是春风得意马蹄疾，林则徐骑着高头大马轻轻松松就进了紫禁城。一切就好像电影画面呈现出来的样子，主人公在背景音乐的烘托和镜头的推进中，一副成事在我的姿态。而现实却并非如此，对于一个不擅长骑马的南方人，骑马对于林则徐来说就是一种活受罪，他的两只手紧紧地攥着缰绳，生怕不小心在天子脚下就失了颜面。

据林则徐的日记上记载，道光皇帝看到他骑在马上战战兢兢的样子，体恤道："你不惯骑马，可坐椅子轿。"林则徐赶忙"叩头谢恩"。

椅子轿又名肩舆，是在八人抬的舆上面再放上一把椅子。坐在这样的椅子舆上，脑袋当然比骑马还要高。这也是一种破例。可以在紫禁城骑马，可以坐着轿子觐见，可以跪在毛毯上，还能坐在椅子上与皇帝说话，林则徐所受恩宠可谓"国初以来未有之旷典"。

道光皇帝给予林则徐这么多破例的待遇，也不过是想在朝臣们面前强化一种印象：林则徐是一个拥有特别权限的人物。而且赐骑和坐椅子轿入宫参见的消息会像插上翅膀的鸟儿，很快传遍北京城内外。道光皇帝这么做还有一个目的，他要向京城的普通官民们显示林则徐的权威。

林则徐，这个出生在中国东南部一个由于供养子弟参加科举考试而逐渐衰落的知识分子家庭。在他出生之前，林氏家族已经四代没有出过一官半职的人了。每每回忆当年和家族子弟一起读书的场景，林则徐都会为之动容。他回忆道：每际天寒夜永，破屋三椽，朔风怒号，一灯在壁，长幼以次列坐，诵读于斯，女红于斯，肤栗手皲，恒至漏尽。

林则徐的启蒙之学，是从他的父亲那里得来的。在林则徐四岁那年，他的父亲参加乡试而弄坏了眼睛，他将人生的全部期望都寄托于林则徐。林则徐没有辜负父亲的期望，14岁中秀才，现在可以看到林则徐最早的文章，便是此次应试之作《仁亲以为宝》。其中有云："表里山河，天下有失而复得之国；墓门拱木，自古无失而复得之亲。"

林则徐刚刚懂事，看见母亲和姐妹们忙于做活，"往往漏尽鸡号，尚未假寐"，这一幕让林则徐深感不安。于是，他主动申请承担一份劳苦，或推让饮食。母亲当然不会同意儿子替自己干这些粗重的活计，她说："男儿务为大者、远者，岂以是琐琐为孝耶？读书显扬眉，始不负吾苦心矣。"

这是中国传统家庭里最为心照不宣的母慈子孝和谐图，在帝国官场上，像林则徐这样的出身和经历应该算是根正苗红的精英分子。20岁时中举人，在第一次会试落榜后，他并没有将自己关在书房里日夜苦闷，而是辗转于厦门海防同知、汀漳龙道道台、福建巡抚等大小官员门下。

1811年，27岁的林则徐会试及第，及后来朝考第五名，赐进士出身。身居天子脚下的林则徐，只是一个政治地位不高的小京官，身份不过是翰林院庶吉士，在国家的最高学府继续他的学业，并在不久后晋升为正七品的翰林院编修。

美国著名汉学家费正清对林则徐的京城生活有过描述："他的经历清白无瑕，他有着一个从未犯错误的人的强烈信心。他为人处世讲道德，有强烈责任感。这部分是因为他受了当时与他过往甚密的清帝国一些最严肃的知识分子的激励。在京城，他和著名政治理论家魏源及其他一些深受儒家'今文'学派影响的学者组织过一个学社。……龚自珍是林则徐的挚友，也是该进步文社中的成员之一，这些学者在当时开始意识到正统的程朱理学对清帝国是一种致命的压力。"

在进入翰林院之前，林则徐在福建老家度过了他人生的前二十七年。福建侯官（福州），一座多雨的南方城市，闽江支流穿城而过，在这里，青少年时代的林则徐肯定目睹过福州通商口岸喧闹繁忙的景象。以后的事实也将证明，当他后来有机会到东部沿海任职时，这一切都将对他产生重要的影响。

在地域环境上，中国的主要省份除了东北三省与福建之外，都在黄河、长江、珠江这三大水系之中。而福建的水系发源于本省且在省内注入大海。福建境内多山、滨海的地理条件为福建人的海洋性文化个性提供了一种实现的环境可能性。而福建人不安命运的族群个性使福建区域海洋性特征成为现实。

林则徐经过七年京师微职的锻炼，旋即青云直上，步步高升，从江南淮海道、江苏按察使、陕西布政使、江宁布政使、湖北布政使、河南布政使、江苏巡抚乃至湖广总督的高位，成为一位掌握地方政权，独当一面的封疆大吏。他能够在短短的十余年时间里，就由从五品升至一品大员，成为汉大臣中最为耀眼的政治明星、权倾一方的封疆大吏，除了君王的格外恩宠，也得益于他在翰林院打下的根基。

在任命林则徐为河东河道总督时，道光皇帝说："朕因林则徐由翰林出身，曾任御史，出应外任，已历十年，品学俱优，办事细心可靠，特畀以总河重任。"大学士、两江总督孙玉庭把林则徐推荐给道光的时候评价说："惟江苏臬司林则徐，器识远大、处事精详，任杭嘉湖道及淮海道。浙西地方，均为熟悉，水利亦夙所究心，实堪胜任。"浙江巡抚刘韵珂说，林则徐之心思能力，他等自叹弗如。

在美籍华人学者张馨保眼中，林则徐是一位能帮天朝解决麻烦的人。"在整个道光年间，每当在治水、海运、盐政、军务等方面出现麻烦，需要派员前往处理时，考虑到的人选往往是林则徐。"

在当时满汉二元政治架构下，作为汉人的林则徐能够走得如此通达顺畅，与道光皇帝的赏识与器重是分不开的。1822年，林则徐在召对中第一次见到道光皇帝，便获得君王褒奖："汝在浙身虽为日未久，而官声颇好，办事都没有毛病，朕早有所闻，所以叫汝再去浙江，遇有道缺都给汝补，汝升缺后，好好察吏安民罢。"

林则徐又请求给予工作指示，道光皇帝也只是说："照从前那样做就好。"

这位五十四岁的老练政治家与那位生性多疑的爱新觉罗·旻宁的八次会面，到底谈了什么？没有人知道，如今空荡荡的乾清宫，再现不了君臣之间的对话。但这一年皇帝关心的话题，似乎只有银子、鸦片。我们可以推断的是，道光皇帝此时给林则徐的训令中肯定会有这样一句话，鸦片务须杜绝。

在杜绝鸦片这件事上，君臣二人此时是同心同德的。林则徐曾经在给道光皇帝的一份奏折中言道："如果继续允许这项贸易泛滥，不出几年，我们就会发现我们已没有抵抗外敌的士兵，也没有装备军队的银两。"

为了表明朝廷禁绝鸦片的决心，道光皇帝更是将保存于乾隆、嘉庆、道光三朝而且从未启封过的钦差大印交到林则徐的手上。这只大印的权力仅次于至高无上的皇帝，道光皇帝规定林则徐凡是在广州禁烟所在之地，当地官兵则全部交由林则徐节制。林则徐为皇帝的禁烟决心以及皇帝对自己的信任流下感动的泪水。

从道光十六年（1836）开始，随着鸦片的屡禁不绝，禁烟由一次大讨论，逐渐发展为遍及全国的声势浩大的运动。领导这次运动的是当朝天子。督抚大员各抒己见，科道官也很活跃，不断上疏论事，大多态度激烈，言辞慷慨。虽然不能解决实际问题，但是皇上读来却十分受用。心情愉悦的道光帝将几位发声积极的科道官直接提拔为卿贰。

而在这其中，视为被表彰提拔的言官中，黄爵滋最受关注。受到皇帝嘉勉，称其为"特达之知"。道光十八年（1838）四月，时任鸿胪寺卿黄爵滋上奏，题为"请严塞漏卮以培国本折"，再度引起道光帝的关注。黄爵滋也是从银贵钱贱谈起，指出"自鸦片烟土流入中国，粤省奸商沟通巡海兵弁，运银出洋，运烟入口"，奏折里提供了一连串具体的数字，虽不知从何得来，数量却是大得惊人。他认为国内有人吸食，才会有鸦片涌入，建议从吸食者开始，使用严刑峻法，用极刑。

他提出了一个新方法，制定一项新的法律，"限一年内，务各断绝烟瘾。如一年后仍然吸食，是即不奉法之乱民，俱罪以死论"。限期一年，尔后查获吸食者处死。

正为白银外流弄得心烦意乱的道光皇帝，读到这样一封奏折，自然内心生出畅快之意，对奏折中提到的处死吸食者的做法也是颇为欣赏。他并没有自作主张地拍板，而是将这份奏折下发各地将军督抚，征求多方意见。那些封疆大吏中虽然不乏能员，亦多以揣测上意为旨归，所论大多慷慨激昂，力主严禁。

而在这其中也有不同的声音，太常寺少卿许乃济上言，他不反对厉禁鸦片，但是反对运动式禁烟、不管不顾地禁烟。许乃济曾任给事中，后为广东海关监督多年，对鸦片走私情况非常清楚。

他说，鸦片在明朝是作为药物进口的，治疗作用见于《本草纲目》，"乾隆以前，海关则例列入药材项下，每百斤税银三两"；"嘉庆初，食鸦片者罪止枷杖，今递加至徒流、绞监候各重典，而食者愈众，几遍天下"。他提出只限制官员兵丁吸食，就是所谓"弛禁"。"其民间贩卖吸食者，一概勿论"，朝廷应该将重点放在增加关税和防止白银的流失上。他不否认鸦片是一种毒品，但认为应让百姓人等自己去选择，"不知觞酒衽席，皆可戕生，附子乌头，非无毒性，从古未有一一禁之者"。

许乃济的这一道奏折，让本就忧患不已的道光皇帝陷入更深沉的忧患当中。这些年鸦片越禁越多是事实，但要说任其泛滥，似乎于国于民也说不过去，问题究竟出在哪里？

半年后，各省大员的奏本也陆续呈到，道光帝命大学士、军机大臣等会同刑部议奏，还特别加了一句"穆彰阿系大学士、军机大臣，现虽穿孝，着一并会议"。由此可见他在道光帝心目中的地位。五天后，道光帝专发谕旨，以弛禁说"不得政体"，"殊属纰缪"，将许乃济降为六品顶戴，即令打道回府。

道光皇帝共收到29份各将军督抚议复的奏折，其中同意黄爵滋吸烟者诛的主张的，只有8份。其中有湖广总督林则徐、两江总督陶澍、四川总督苏廷玉、湖南总督钱宝琛、河南巡抚桂良等人。

值得注意的是，在这29份奏折里，竟有19份是主张将禁烟的重点放在查禁天津海口。京师的鸦片，大多是由天津海口转贩而来。由于牵涉到当时复杂的死刑上报程序，诛杀鸦片吸食者将会给各地督抚带来无尽的麻烦，所以他们中的大多数赞同去天津海口查禁。正如茅海建先生所说，"禁烟责任推给海口，内地官员即可摆脱干系；能够推到广东最妙，禁烟成了广东一省官员的事务，其余省份当然乐得轻松。"

就在道光帝心思无着之际，发生了两件事情。一是道光皇帝得到报告，庄亲王和辅国公溥喜躲在一个尼僧庙里吸食鸦片，烟毒已经侵蚀到皇室成员。二是琦善在天津海口拿获鸦片13万两，这是清国自1729年禁烟以来，一次查获烟土最多的大案。严刑之下，奸商供出一批上下家。琦善还特别交代，这些鸦片是广东商人在广东购买从广东运到京城来的。

这辆左摇右晃的大车终于脱出寻常的辙道，奔着一个坚定的方向而去。从黄爵滋严禁吸食的建议，到道光帝最后拍板，事情似乎在空中转了一圈，又回到了严禁海口的老位置上。所不同的是，朝廷不再依赖广东的职官，而打算在他们之上另派一名钦差大臣。为了展示自己禁烟的决心，同时为了全力支持林则徐，让他全力禁烟，道光皇帝不顾太后的反对，下令捉拿了庄亲王等吸食鸦片的皇亲国戚，并将这些吸食鸦片皇亲国戚发配黑河，充当苦役。

2. 钦差大臣　鸦片　十三行

道光十九年（1839）1月8日，小寒也才刚刚过去两天，拂晓时分的北京街头，寒风就像刀子似的，刮得人脸生疼生疼。晨雾遮挡了谋食者前行的视野，大部分人这时候还缩在温暖的被窝里继续着自己的囹圄梦。他们好像并不关心今天与昨天有什么不同，而后天又会发生什么。

1839年，一个注定属于林则徐的时代拉开了序幕，让我们记住这一年。

爱新觉罗·旻宁降临这个世界的时候，那个坐在龙椅上的人是他的爷爷乾隆。英明神武的爷爷忙着开创属于他的盛世，并没有时间多看他这个二皇孙一眼，也没有人可以预测到未来大清的国运，会由这个孩子来主宰。长大后的孩子成了大清帝国的道光皇帝，是这个时代的不幸，还是个人的大幸，没人能够给出一个准确的答案。

唯一可以确定的是，所谓的"康乾盛世"自他开始不可扭转地走向衰败。家天下最为可怕的地方就在这里，一个人代表一个家族，主导一个国家或民族的命运。1839年的故事，我们该从哪里说起，从一个喜欢穿打补丁龙袍的皇帝，还是从一群吸食鸦片的国民，或者是一个器识远大的大臣？

同样是在这一年，著名的晚清诗人、林则徐的好友龚自珍在他的《己亥杂诗》里振臂一呼："九州生气恃风雷，万马齐暗究可哀！我劝天公重抖擞，不拘一格降人才。"他希望能够借助天公的雷霆之气，冲破这层笼罩着大清国的鸦片烟雾，让人存有些许安慰和希望。近代中国的序幕，从林则徐这个福建教师的儿子走出京城后，就正式拉开了。

是的，这是个只属于他们的年份，虽然夜空黯淡，但是群星却也足够璀璨。

这一年，曾国藩刚中进士一年，对未来的命运和前途有着不确定的期待，而此时他唯一能做的，就是在结果到来之前，按照正确的方式将所有时日耗费殆尽；与曾国藩一样中了进士的人当中，有一个叫李文安的安徽合肥人，他是李鸿章的父亲，而李鸿章暂时还没有故事，他这年的年谱上，写满了林则徐的事迹；张之洞还在襁褓中等着喂奶；林则徐的师友、两江总督陶澍死了，饱读诗书的师爷左宗棠承担了教育其子的任务，陶澍曾想把女儿嫁给这位优秀的年轻人，只是他太不争气了，考了三次都没有进士及第；比左宗棠更失意的还有洪秀全，他考了三次，连院试都过不了，这一年，这个南方的年轻人还深陷在绝望中，沉默寡言，举止异常，也有人说，他曾经的怪病，是吸食鸦片导致的，但英国人马礼逊带到中国南方的宗教让他找到了改写个人命运的路径。

让我们回到 1839 年 1 月 8 日的现场，林则徐所住的行辕前，这时候已是人喧马嘶，打破了清晨的静谧。华丽的轿子和马车停在门前，即将要出行的人们紧张地忙碌着，只待林则徐一声令下，大家就可以登车揽辔，浩浩荡荡南下奔广州而去。

那些前来送行的同僚师友，觉得林则徐这个钦差大人的赴任排场似乎小了点。那么大群人中，有 12 个是轮流抬轿的脚夫，9 个是厨子，没有官兵随行，前面也没有鸣锣开道的人，让人放心不下。前来送行的人群中，以宣南诗社的故人较多。在广东一省有学海堂和越华书院闻名于江南一带，而北京城内也有一个京城知名文士组成的小圈子。那个圈子，叫宣南诗社，知名文士多在里面进行交游唱酬活动，少不了也要议论时政。湖广总督林则徐也是成员之一。林则徐就职湖广总督后，黄爵滋就成为这群文士的领头人。此外较知名的还有龚自珍、魏源、张际亮、翰林吴子序等人，在北京城内悉为路人皆知的人物。

天慢慢大亮了起来，阳光格外明媚，这是一个看上去不错的晴朗天。由于前来送行的人络绎不绝，林则徐的行程一再往后拖延。直到午饭后，一行人才开始焚香、发传牌，由于是钦差大臣，所享受的礼仪规格也是高级别的。林则徐一行由正阳门出彰仪门，一路南下，直奔广东。

道光皇帝的一道圣旨，林则徐就这样成了口衔天命的钦差大臣。"命湖广总督林则徐为钦差大臣，驰往广东，查办海口事件，该省水师，兼归节制。"伴随着林则徐这个钦差大臣去往广州的，还有一道诏令。这是道光皇帝继位以来，颁发的最为严厉的措施：吸食鸦片者在18个月之内必须戒除烟瘾，否则将受到惩处；从事鸦片贸易的外国人将以杀头论处；中国商人则处以绞刑，而那些接受贿赂的腐败官员也同样处死，同时将那些所谓的"吸毒用具"也一并缴没。看似严厉的措辞背后，道光皇帝还定了一个调子——上不可以失国体，下不可以开边衅。不打仗又不能失天朝威仪，这本就是一个无法执行的悖论。

没有人知道接下来会发生什么，这个平平淡淡的年份很快就要过去了。再过一个月，中国的春节就要到来，老百姓这时候最关心的不是高层的决策，而是如何过好年。年关总是会考验穷人的生存底线，也会检阅富人的钱袋，人活在这个世界上，生存永远是第一位。

出京门时，林则徐与送行的亲朋一一作别。林则徐紧紧地握着自己的座师、工部左侍郎沈鼎甫的手，内心百感交集。不由慨然道，"死生命也，成败天也，苟利社稷，敢不竭股肱以为门墙辱？"君王的恩宠又怎能随随便便给予一个人，皇恩越浩荡，责任也就越大，前路也就越危险，而林则徐根本就没有任何选择的余地。

时任礼部主事的龚自珍在写给好友林则徐的信里提出了三条"决定义"，三条"旁义"，三条"答难义"及一条"归墟义"。他的第一条决定义认为大清国再也经不起白银外流了。第二条决定义认为吸鸦片是"食妖"，它不仅伤害人们的体魄，而且颠倒了白天和黑夜。因此，平民百姓有抽鸦片者应处以绞刑，军职人员中的抽鸦片者及所有生产、销售这种毒品者都应被斩首。第三条决定义认为不能根除这种罪恶的毒品交易，担心这样做会引起洋人及有牵连的中国人的反叛。龚自珍还建议好友，不要孤身前往，应该带些军队南下，这样才能起到震慑的效果。

龚自珍从周公的一条著名语录"刑乱邦用重典"出发，进而指出："至于用兵……此驱之，非剿之也。此守海口，防我境，不许其入，非与彼战于海，战于舻艟也……取不逞夷人及奸民，就地正典刑，非有大兵阵之原野之事，岂古人于陆路开边衅之比也哉？"

龚自珍告诫好友，等到了广州，一定会有人试图劝他宽厚为怀，这些人也许是僚吏、幕客、商贾或者地方绅士。他请林则徐一定不要为这些人所动。对于好友的告诫，林则徐也只有无奈地苦笑。他吐露了内心的忧虑，自己最担心的是这类说客不在广州，而是在北京，在皇帝的身边。

"苟利国家生死以，岂因祸福趋避之。"这句话是林则徐后来被流放的时候说的，但又何尝不是他一直以来的想法。道光皇帝将钦差大臣的印交到林则徐手里时，曾无限感伤地说，如果不能禁绝鸦片，朕有何面目去见列祖列宗。他要求林则徐，鸦片必须禁止，但是绝对不能挑起战争。

离开京城，林则徐途经山东、安徽、江西等地，在路上马不停蹄地花去两个月时间。在一种假想的英雄主义情怀的刺激之下，还没有进入广州地界，林则徐就已经开始了他的谋篇布局。他下令缉拿了不少鸦片走私者，震动了广州政商两界，尤其是让那些在鸦片问题上骑墙的官员、民众和鸦片商人陷入紧张焦虑的状态。

1839 年 3 月 9 日，林则徐一行抵达广州天字码头。春节过去也才只有十几天，北方的冰雪世界此时还没有完全解封，而南方的天气已暖和了许多。英雄花开得漫山遍野，远远望去像是大自然在山野间点灯放火。英雄花，这个花的名字倒是让人生出无限遐思。

天字码头是广州东堤一座气派非凡的码头，是一座官方码头，但凡官员从水路到广州或是离开广州，都在此上落。林则徐登岸时，两广总督邓廷桢、广东巡抚怡良、广东水师提督关天培等广东高级官员已在此恭候多时，欢迎仪式庄严隆重。

美国商人威廉、亨特在珠江的一条帆船上目睹了这一切，他描述了这个新到任的钦差大臣的模样：气度庄重，表情相当严厉，身材肥胖，上唇浓密的黑短髭，看来有六十岁左右。而这一年林则徐也只有 55 岁。

作为大清国唯一开放的港口，码头上装卸货物的繁忙景象似乎表明商人们正在进行正常的贸易活动。在诸多的外国商船中，英国的商船最多。林则徐十分清楚，这些商船夹带进中国的贵重商品不是奇巧的机械，而是吞噬人的鸦片。林则徐这个面向大海的南方人，置身于广州，像是回到了自己的故乡——福建侯官（福州）。同样是处于弥漫着湿热暑气和灾害性台风袭击的亚热带，同样是弯弯曲曲的海岸线伸向天边。不同的是，侯官的山要比广州多。如果没有鸦片，没有乌烟瘴气的商业熏陶，这里真是颐养性情的好地方。春天，捕鱼的水鸟掠过珠江水面；美妙的花地是游玩的好去处，官员们和商人们会包上一艘花艇在这里泡上一天。一边是沸腾喧嚣的商业贸易，一边是恬静如画的山水田园。艇内不时传来弹奏古琴和琵琶的音乐，还有纵酒狂欢、行令猜拳的声音，这是一个繁华浮动的世界。

洋人们会经常来到这里聚会，美国人亨特在《旧中国杂记》中记录："所有在广州从事贸易的外国人几乎都来过这里。他们有英国人、美国人、荷兰人、西班牙人和葡萄牙人，有的来自印度或澳门。不用说，由于有缘来到这里过着一种奇特的生活，我们之间存在着某种很好的伙伴关系。"

对于风光无限的钦差大人林则徐来说，他根本无暇享受这南国的风光，他已将自己的全副心思都放在了禁烟这件事上。也正是因为他的到来，西方商人们的聚会被搅黄了，尤其是英国商人的聚会。

早在110年前（即1729），雍正帝就颁布了中国历史上第一个，同时也是世界第一个禁烟法令——《兴贩鸦片及开设烟馆之条例》。在这一法令中，清廷首次提出用刑罚手段来惩治贩卖、教唆或引诱他人吸食鸦片的行为。

禁烟的重点不是在天津海口，就是在广州。一百多年来，捉拿烟贩、关闭"窑口"、驱逐趸船，已经算不得什么新鲜事。道光帝此次选派钦差大臣，事前并不为大多数人看好。他为什么会想到并没有在奏折中力主严禁海口的林则徐而不是其他位高权重的满大臣？

在道光帝的心目中，各地大吏中最得其心意的有4个人，可谓是各有所长。一是两江总督陶澍，此人为政老练宽达；二是直隶总督琦善，办事果敢锐捷；

三是湖广总督林则徐，理政细密周到；四是云贵总督伊里布，善于镇抚边务。其中陶澍在海口，又年老多病，此时已几次给假调理，就在林则徐到达广州后不久，他就去世了；琦善在天津查禁鸦片事件未完；伊里布的长处是处理与少数民族的关系；如此一来，林则徐自然是道光皇帝心目中的第一人选。

在林则徐抵达广州之前，两广总督邓廷桢接道光帝严旨，已掀起过一轮疾风暴雨似的禁烟活动。虽然取得一定效果，但还是无法让清廷的君臣们满意。1836 年，广州政府发布了一项告示："鸦片烟有如鸩毒。"美国人办的《中国丛报》也与此意见相同，说吸食鸦片"结果只有死路一条"，"与鸦片瘾君子的奴役相比，世界上其他的奴役就算不上是奴役了"。

而那些瘾君子们却不那么看，他们认为吸食鸦片是一种情调。尤其是在淫雨霏霏，情绪低沉的阴雨天能够悠然地抽上两口鸦片，一定会让他们"精神焕发，头目清利……万念俱无，但觉梦境迷离，神魂驰宕，真极乐世界也"。很多时候，他们是为了炫耀自己生活的本钱，为了社交需要，也为了缓解人生的痛苦和现实的烦躁。有的人败光了家中之资，抽干了性命之源。

按照儒家传统美德，老百姓千呼万唤始出来的能吏干臣就应该出现在帝国最需要的地方。以林则徐湖广总督兼左都御史，从一品大员的官衔来看，全天下除了皇帝，还有谁是他不敢惩治的？

可偏偏需要惩治的不是别人，正是道光皇帝本人。此时大清国的可用财力极为有限，广州海关的正税要解交到内务府，而规费，也叫陋规，就直接由皇家收取，甚至连内务府都没有机会沾手。

在这种垄断性贸易的庇护之下，行商们只管闷声发大财，也由此催生出中国最具实力的财富群体。也正因为如此，皇帝才会抱着广东海关这棵摇钱树不撒手。特殊情况下，比如天灾人祸、公主出嫁、太后过寿、皇子娶妻，皇帝会直接向广州十三行勒索，这些费用自然也就转嫁到了十三行商的头上。所以广州海关才被称为"天子南库"。

广州十三行还专门成立了一个公所基金，用来应对紫禁城里伸出的那双贪欲之手。每名行商要将利润的百分之十放入公所基金，以供紫禁城的主人随时索取。其账目显示 1807 年该基金向朝廷上贡 5 万 5 千两，为军费捐了 6 万两，为治理黄河捐了将近 13 万两，向户部上交 5000 多两，向京城的官员们行贿用了 20 万两。

从 1807 年到 1813 年短短的六年时间里，公所基金总共支出了将近 500 万两银子，而在这其中，还不包括直接向商人们勒索的银子。比如行商潘喜官，他一次就捐了 10 万两，其他人自然也少不了。十三行不仅要满足政府和官吏的盘剥，还要看西方商人的脸色。伍氏家族如果没有和东印度公司保持一种亲密无间的联系，就不可能获得最大的贸易份额，也成就不了世界首富。

最难熬的是那些实力不济的小行商们，他们经不起官吏的盘剥，常常会出现资金周转难的问题。为了能够继续存活下去，他们往往会选择向外商们借款度日。大商行毕竟只有那几家，大部分都是小商行，经不起任何风吹草动。诚如学者陈国栋所言："对绝大多数行商而言，破产根本是必然的，早在他们投身于行商这一职业的时候就已注定了。"

那些赚得盆满钵满的行商们早就心有戚戚然，他们无不渴望挣脱这个牢笼。十三行之同文行行商潘正亨甚至决绝地说："宁为一只狗，不为行商首。"

十三行的领头人伍秉鉴多次申请从位置上退下来，都被官府驳了回去。1826 年，他以 50 万两的代价将怡和行行务交与第四子伍元华打理，但官府依然让他为所有行商做担保。他宁愿拿出财产的五分之四捐给政府，只求政府允许他结束怡和行，安享他剩余五分之一的财产，仍然未被允许。直到 1839 年，伍秉鉴仍然是怡和行的真正掌管者和十三行的领袖。

林则徐抵达广州后，所做的第一件事就是传讯十三洋行商人，并让他们给洋人传话。《谕洋商责令夷人呈缴烟土稿》和《谕各国夷人呈缴烟土稿》的主要内容，一是要求洋商将现有鸦片登记造册，然后如数上缴；二是要求洋商写下保证书，不再夹带鸦片来中国，一经查出，货尽没官，人即正法；三是英国与中国进行合法贸易；四是表达自己禁烟决心，鸦片一日不绝，林则徐一日不回。同时林则徐利用民情公愤警告英国，为禁鸦片，不惜武力。

每一个外国商人获得进入广州的红牌，都需要有一个对应的行商作为担保人。若是这个外国商人出现逃税或不合乎规则的行为，官府会第一时间锁拿给他担保的行商。也就是说，进入广州口岸的每一艘外国商船，都会有一个行商出面向官府出具一份绝无夹带鸦片的担保。

林则徐进入广州城后，命令行商传谕外国商人：三日内，将趸船上所存放的数万箱鸦片全部呈缴，并做出书面承诺，从今不再夹带鸦片，一经查出，"人即正法，货即没官"。为了打消他们侥幸的念头，林则徐严肃表示："此次本大臣自京面承圣谕，法在必行，……若鸦片一日未绝，本大臣一日不回，誓与此事相始终，断无中止之理！"

十三洋行总商伍绍荣（伍秉鉴之子）为了能够脱身，在林则徐面前表态："愿以家资报销。"林则徐没有给他留丝毫颜面，当堂拍案而起："本大臣不要钱，要你脑袋尔！"

十三行商和各国商人在接到林则徐的口谕后，召开了一次碰头会。学者张馨保在《林钦差与鸦片战争》中记录了这次会议的情形：

问：你们今天见到钦差大臣时发生了什么事情？

答：当钦差大臣听他念完信后，他说，你们在对行商耍花招，但对他耍花招可不行。他宣布如果不交出鸦片，明天上午十点他要到公所叫大家看他如何下手。

问：你们要多少箱？

答：大约一千箱。

问：你们能保证这个数就够啦？

答：不能。不过我们想如果交出了鸦片，他会因他的命令得到服从而感到满意。但是他是否会要求交出更多，我们没法回答……

问：公告是不是要字字照办？

答：钦差大臣这样说，他就会这样办。

问：你们老老实实说真话，你们真有性命危险吗？

行商们被逐个问到这个问题，他们都回答说有。

在林则徐的重压之下，外商与十三洋行商议后，上缴了 1037 箱鸦片。这显然无法令林则徐感到满意。他决定拿下被禁烟派视为眼中钉的鸦片商人颠地来杀鸡儆猴，但未能遂愿。颠地后来上缴了 1700 箱鸦片，从另一个大鸦片商查顿处，缴获高达 7000 箱鸦片，而查顿本人却在林则徐抵达广州前便逃回了英国老家。

3. 需要能够解决麻烦的人

在广州英国商馆的前面，就是对于所有侨民和新来者都很有名的地方——广场和牡驴尖。如果站在广场望向珠江，可以看到各式各样大大小小的船艇在不停地来往穿梭，几乎将整个江面都覆盖了。

那些忙碌的人群，他们大多来自土地，他们在岸上同样是不息地劳作，以便获得更多的生存本钱。他们并不关心自己搬来运去的是什么货物，他们只关心到手的工钱。林则徐的到来，打破了这里忙碌的节奏。

此时的英国驻华商务总监是义律，此人来到中国已经有好几年，也慢慢懂得了一些跟中国人交往的方式和方法。他是跟随律劳卑来到中国，并被任命为船务管理员，亲身经历了律劳卑事件。律劳卑死后，大量的工作人员辞职，反而使义律得到了升迁的机会。等到罗治臣任商务监督时，他已经连跳数级，升任为第二监督了。

他想要有所作为，但是这个切入点很不好找。机会很快就来了，两广总督卢坤突然病逝于任上，紧接着，朝廷又派来一位新总督——邓廷桢。这位年届六旬的老人已在官场蹭蹬四十余年，他是江苏南京人，身上有着江南人的精明与儒雅。邓廷桢是一位诗人，创作了整整十二部文集。其中六卷是笔记，二卷古代音韵学，十六卷诗集。据说他的诗写得非常好，但是与林则徐不同的是，他的文章和诗集里很少有忧国忧民的内容，几乎全部都是风花雪月。有人做过统计，他的整整十二部文集，只有两首诗说到鸦片，这还是他和林则徐并肩作战的时候，写了送给林则徐的，在他的文集里几乎看不到政治内容。

这个学者型官员碰到的对手——英国人义律也同样是一个圆滑老到的人。

义律并不像他的那些前任们，在与中国官员和商人打交道的过程中，总像是欠缺些什么，或者漏洞百出。最后的结果不是当了甩手掌柜，就是脑子一根筋撞了南墙。义律是个聪明人，他熟练地运用了中国人的处世之道，而他的对手两广总督邓廷桢也是这样的人。

在林则徐抵达广州几个月前，广州行商公所发生了一起审讯印度水手的有趣事例。在《中国丛报》上刊登过这样一则短讯：福建巡抚的差官日前到达，解来夷人一名。该夷人据悉为一名印度水手，至于被何人遗落在福建海岸，尚未查明。这个人被交给行商，而行商则把他送到行商公所。然后进行正式审问，要弄清他来到海岸上的经过。

美国商人亨特记录了审讯的一幕：官员们用一副镇静和自负的神态听着，在审案的过程中净说些庄严的空话。广利商茂官卢继光当时站在我们近旁，他掩袖而笑，悄悄地对我们说，"全都是唱戏"，言下之意，这完全是一幕笑剧。

义律与邓廷桢相处得还算过得去，有时候闹点小情绪，使点小性子，该拿捏的拿捏，该退让的退让。既避免了与两广总督正面冲突，又让英国政府对他充满信心，加强了与广州政府的联系，巧妙地保护了自己。在他看来，保持现状是最稳妥的方式。

义律甚至在给两广总督邓廷桢写信时，也会按大清国的规制在封面上写一个大大的"禀"字。他还就此试探外交大臣巴麦尊（还没就任首相）的底线。他说，其实在中国，下级给上级写信，都是用禀帖。如此看来，我那么做也不能算丢人，在咱们英国，下级见了上级时，不是也很尊重吗？话说回来，我的官衔肯定要比两广总督级别低。

1838年的冬天对于广州的鸦片贩子来讲，实在是一个糟糕透顶的季节。整个广东沿海所有的快蟹船全部被损毁，关停了一百四十一家鸦片窑口和烟馆，收缴了一万多杆烟枪。大牢里塞满了鸦片贩子，每天都有人被杀头。邓廷桢还传讯了9位较为知名的英国商人，其中包括势力很大的查顿，让他们供认贩卖鸦片的罪恶行为，不久，又命令这些人离开中国。可那些商人们根本就无视这条命令，依然留在广州做着自己的财富梦。让人无法理解的是，他们这么干，居然也没有受到任何惩罚。

表面上的轰轰烈烈并没有取得实质性的突破，就连外国学者也认为："邓廷桢之所以没有逮捕这些外国商人，可能是因为他对于打击鸦片贸易缺乏热情，因为他曾经对同僚说过这样一句话，禁烟无异于禁止喝茶。"邓廷桢虽然摧毁了在广东境内参与鸦片贸易的中国船只，但是他所打击的是本国而非外国商人，他抓捕的也只是中国鸦片商人、分销商，甚至是吸食鸦片的人。为了警告外国人，他甚至处死了一家大型鸦片烟馆的老板。

义律一直以来所期盼的，是能够与广州官员保持一种心照不宣的稳妥关系。这个本就不切实际的梦想，随着林则徐的走马上任，也随之化为泡影。林则徐来到广州之后，住进了越华书院。他将所有行商都安排在他旁边住下，便于交流和咨询。还有一些当地的乡绅，也在被邀请之列。

在进入广州城之前，林则徐已经提前做好了摸底工作。他找了两个熟悉鸦片走私的当地人，从他们的手里得到一份62人的名单。名单中有鸦片贩子，也有与商贩勾结的低级别官员。林则徐指示邓廷桢把这些人全部抓进大牢，等候发落，这也等于是给广州城的官员一个下马威。

随后，林则徐组织了一场名为"观风试"的考试，六百四十名考生全部来自广州两所书院。考题也与鸦片有关，"你认为广州城里谁在走私鸦片，应该如何查禁鸦片"。这是一场不记名，也不算成绩的考试，但必须要说实话。

结果出来，广州政界一片哗然。这些参加考试的学生在答卷中都提到了两个人，他们分别是水师副将韩肇庆，以及两广总督邓廷桢。在那些被视为"蛮夷"的外国商人看来，"天朝"的威仪不过是一张看上去很美的幌子，所谓的法令规则不过是建立在陋规和贿赂的数额基础之上。在那些"蛮夷"看来，那些像他们一样大把搂钱的行商和官员，更像是"蛮夷"。

　　韩肇庆被林则徐抓起来审讯，最后背了个"革职查办"的处分，给邓廷桢一次改过自新的机会。林则徐完全打破了先前邓廷桢绵柔求稳的做派，他将外国人置于贪婪的行商、枉法的官吏大体相同的压力之下。

　　林则徐这时候甚至想到给维多利亚女王写了封信，诉诸以一种朴素的是非感："天道对所有人都是公平的，损人利己是不道德的。世界上的人心是相同的：珍爱生命，憎恨摧残生命的事情。"

　　林则徐在犀利的言辞之中也夹杂了一些得体周到的客套，他承认一个多世纪以来客居在中国的英国商人大体上是规矩的。

　　他说，中国只向英国提供有益而必需的商品，英国怎能忍心以害人之物来满足自己的无厌之求？假如别国人携带鸦片到英国，诱骗英国人吸食鸦片，难道你身为英国君主不会对此感到愤怒，不会出于义愤禁除鸦片吗？我们常常听说阁下宽厚仁慈，你断不会将己所不欲之事施加于人。

　　林则徐义正词严道，我们决心永远铲除鸦片烟毒。此处禁止吸食，你的属国（印度）必须禁止生产，对已生产的，阁下应立即搜剿，投入大海。

　　林则徐在这件事上的表现还是较为审慎的，除了将这封信附在奏折后面呈递道光皇帝，他见到皇帝朱批"得体周到"四个字，心里才算踏实。

　　在接见英国海员时，林则徐又将翻译为英文的信件交给他们看。其中一个叫作喜尔的医生这样描述：我读了禁不住要发笑，林则徐立刻注意到了，问我信是否得体。我们说我们只是为了几个错误而微笑，于是他要我们拿着信到隔壁房间，把我们所看到的错误一一改正，然后送茶和点心给我们。

　　这样一封还算得体的信，林则徐采取了颇为现代的邮寄方式，他居然鬼使神差地将这封信交给一家美国邮局发送。不知什么原因，这封信在从中国到英国的8000英里的漫漫旅途上凭空消失了。维多利亚女王没有看到这封信，但是这个世界更多的人看到了它。因为不久后，这封信的内容就堂而皇之地刊载在了英国《伦敦时报》的显著位置。

　　林则徐发现自己对外国情况缺乏了解，一进入广州城就开始搜集广州、澳门外国人出版的新闻纸，如《澳门新闻纸》《澳门新闻录》《中国丛报》

等，以及英文书籍，包括商业情报和传教小册子，物色聘用翻译人才，"借以探访夷情"。有一次他问一位翻译："颠地和查顿哪一个是最大的鸦片商？查顿值300万银圆，是这样吗？"

翻译回答："不，可能还要多100万。"

据美籍华人学者张馨保的考证，林则徐每次提出的问题都很深刻，往往能够切中要害。他了解情况之广之细，往往令其他人为之震惊。可他考虑的也只是在旧体制平衡的框架下做一名能吏，而不是新的建言和行动。

林则徐开出的三天期限很快也就过去了，他将位于广州城外西北角的商馆区，变成一个大拘留所，其中约有350名外国商人就这样被关了禁闭，而且一关就是47天。美国商人威廉·亨德记录了当天的情景，空荡荡的十三行区就像是一块巨大的"墓地"一样。中国仆人、厨子、苦力和买办大约在下午8点就接到离开的命令，不一会儿，大约八百名中国人携带他们的铺盖和行李箱，"像逃避瘟疫一般"离开了商行。

林则徐认为，这帮外国商人只是象征性地交出一批鸦片，并不表明他的禁烟行动取得了实质性的进展。广州两大鸦片贩颠地和查顿，查顿在林则徐进入广州地界五天前就回到了英国，并不甘心的林则徐只有将注意力转移到颠地的身上，只有打开颠地这一缺口，才能将广州城的禁烟行动向前推进。

不光林则徐紧紧地盯着颠地，以两广总督邓廷桢为首的那些地方官员、十三行商和其他各国商人也都在盯着颠地。有许多美国商人已经愿意交出他们的鸦片，但是被颠地拦了下来。颠地拥有的鸦片最多，他的名字早就写在林则徐所要打击的违法者名单上。

3月22日，林则徐下令，让颠地进入广州城，就鸦片之事进行说明。颠地不愿出面与官方交涉，急坏了那些在广州府衙给他们打了包票的行商。先是一伙被摘除了标明官品顶戴的行商来到颠地的住所催促他进城，如果这些外国鸦片商人不能交出鸦片，他就要处死一些行商。据一个美国商人说，行商首领伍秉鉴"被吓得瘫倒在地……行商们一时间都很担心他们的生命和安全"。年迈的伍秉鉴和卢茂官（卢文蔚）被套上枷锁，伍的儿子伍绍荣和卢茂官（卢文蔚）的兄弟也被投入大牢。

伍秉鉴来到颠地的住处苦苦哀求，说如果颠地不服从钦差大臣的命令，他和卢文蔚在天黑之前就要被杀头。颠地仍然没有做出让步的姿态。颠地宣称没有安全往返的保证，他是绝对不会进城的，除非用武力迫使他离开住所。广州地方官员和行商们出于无奈，只得用好言好语和安全返回的保证说服颠地。

在到达广州之前，身为英国驻华商务总监的义律给外交大臣巴麦尊伯爵写了一封信，准备好进行战斗。他在信中说，"我毫不怀疑我们应该采取一种强硬的语气和态度，看看此地官方到底能鲁莽到什么地步。"3月24日，他乘坐一条并不起眼但速度很快的划艇沿着珠江向英国商馆进发。唯一惹人眼的是插在船头的那面迎风飘扬的英国国旗。对于那些被困在商馆里的商人们而言，这条不显眼的小船并不能给他们带来摆脱困境的信心。

义律到达商馆后的第一件事，就是命人立刻升起国旗。接着，他又来到颠地的商馆，紧紧地抓住对方的胳膊，陪着他来到附近的办公地点。如同再次升起国旗一样，义律的出现不过是向外界，或者说向中国官方和民间社会传递一个信息：这个商人，甚至所有外国商人，都在英国女王陛下的庇护之下。

义律和颠地向总监的临时营地走去的时候，商馆里的人们都大声欢呼起来，但是声音显得非常虚弱，因为和外面的清军实实在在的威胁比起来，这种象征性的爱国主义显然是不够遒劲有力的。义律出面，他开出的条件是："让颠地和我一道进城，并要有盖上钦差大臣官印的条子，写明他一刻也不能离开我的眼睛。"他过高地预估了自己的能力，他认为像他这种级别的人在场就能保护英国商人的生命财产不受侵犯，但他的到来并没有改变林则徐的禁烟决心和计划。

林则徐与他的前任们不同，毫无疑问他是一个坚定的，且难以受到任何腐蚀的禁烟斗士。碰到这样一个难缠的对手，义律也只能硬着头皮往上冲，他在写给英国外交首相巴麦尊的信里慷慨激昂地说："我决心赶到商馆，否则就牺牲在路上。"而一周后他就意识到这将是一场硬仗，他在日记里写道：

"在我们与这个帝国的交往中，它的政府无端地发起侵害英国人的生命、财产和冒犯英国政府尊严的行动，这是第一次……他们剥夺了我们的自由，我们的生命掌握在他们手中。"

虽然许多外国商人担心事件的最后结局，但他们不舒服的另一个主要原因是单调的囚禁生活和闷热的气候。在学者张馨保的记录里，我们也看到了十三行区的生活也有轻松的一面。洋行区的三十名英国、美国、马来亚和孟加拉水手，给外侨们以及中国守卫们带来娱乐。他们搞一些体育活动来消磨时光，一到下午，许多看守和囚徒都集中在广场上，观看或参加板球、跳背等游戏。

在这场闹剧中最难扮演的角色要算行商和通事们，因为他们既要监视外国人，又没有办法控制他们。对他们来说，这是一段备受屈辱，担惊受怕的日子。如果不能使外国商人答应林则徐提出的要求，他们将被处死。行商们像是离开了水的鱼在陆地上挣扎着游动，他们日夜坐在东印度公司阳台下面，以防颠地逃走。

林则徐要的是全部的鸦片，英国商人想的却是交出 2000 箱走走过场。英国商馆被围困的第三天，义律同意交出 20283 箱英国的鸦片。同时他向那些处于慌乱状态的英国商人做出承诺，大英帝国将对他们被没收的财产负责。义律将个人的纠纷直接变成了国与国之间的纠纷。既然是两国之间，那么就需要英国女王与中国皇帝之间的谈判才能解决。

义律发现，他现在所做的一切不过是自取其辱，没有人会在意他的反应。在与中方代表谈判时，他们还不忘嘲讽：你还被看作合适的商务总监吗？言下之意，义律还能代表他的国家坐在这里吗？

4. 用天朝的逻辑思考问题

1840 年 1 月 24 日，广州的买办通知外国商会说有一位官员来访，要求美国人亨特去见他。事后才知道，他是广州总督派过来的。官员在说了一大堆无关痛痒的话之后，突然压低声音说："我听说，来了一艘大战舰，叫作'都鲁壹'。它来有什么特别的事情吗？舰上有多少士兵？有多少门炮？我们听说舰上装有两门巨炮，据说有四十五英尺七英寸长，是真的吗？"

亨特并不了解其中内情，只是敷衍地点着头。官员继续道："有谣言说，有十多只船从英国开来，其中还有'火轮船'。据说这种船两边和船尾都有轮子，船里装满了热水和火。这些轮子不会失去控制吗？火不会灭吗？水不会漏出来吗？"

当亨特告诉他，这种船的速度快得很，能带上炮弹去轰击城市、夷平堡垒。官员的脸色在亨特的描述中微微有些变化，显然是因为过度紧张所致。他小声问："这些火炮杀伤力很大吗？"

亨特告诉他："你们进来时碰到的每一样东西，不管是什么，都会被击打成碎片。"官员黯然道，自己也听说过是这样。这位与亨特对话的广州官员，显然是受了林则徐的指派去向美国人打探英国人的消息。

十三行区与外界的通信联系只是名义上被切断，林则徐的监视并没有阻止零星情报在黄埔和澳门之间偷偷传递，这些情报大多是由进出的中国人藏在雪茄里或巧妙地藏在其他东西里带走。刚刚被拘禁的义律就有两封信是通过这种方式送出来，信是递送给停泊在黄埔的英国军舰舰长庇力，信的内容是"一切平静，静观勿动，没有侵犯个人的危险"。

在没有得到来自英国政府的明确指示之前，义律并没有轻举妄动，他可不想步律劳卑的后尘。义律刚到达时，曾计划将所有英国人和货物撤往澳门，并且毫不掩饰地奢谈武力的作用。而仅仅过了一个星期，也就是3月27日，义律突然向林则徐递上禀帖，信誓旦旦地保证，他要将英国人拥有的20283箱鸦片全部交出，这是对以往策略的彻底颠覆。

有人说，义律和外商被吓得采取了这一新的行动路线，这应该只能算是一个天真的假设。当时的英国人办的报纸《季度评论》就指出："我们当然不会轻易相信，仅仅两天的胁迫，和一个含糊的通告，就能使犯法者甘心受罚，就能吓得义律上校去采取这重大行动。"

后来，当 1842 年 1 月，英国政府正在考虑提出鸦片赔偿问题时，义律写道："林钦差的措施对我是一个很大的宽慰，我确信，1839 年 3 月 27 日的实际缴烟行动将为那一批鸦片收回它在任何其他情况下所能取得的最好代价。"这也就容易理解，许多鸦片持有者"申报"的鸦片比他们实际在手头的还多，因为提出的鸦片总数那时还不是全部都在中国水域内。

广州美国领事福士的日记里写道：交付鸦片时发生了一些延误，原因是焦急的鸦片持有者在清单中，不仅交代他们手上有什么，还要交代在途中还有什么。因为在当时的市场情况下，遵照女王的命令，将尽可能多的鸦片交出来是极为有利的。一些鸦片持有者因无力完成定额，采取种种权宜办法来满足需要。他们有的将鸦片重新包装，把 100 箱改成 150 箱；另一些则派遣飞剪快船到印度去购买更多的鸦片。

鸦片商马地臣写信给他的商业伙伴查顿时兴奋地说：他为没有把鸦片船送走感到高兴。他称赞义律的行动是"一个宽大的、有政治家风度的措施，特别当中国人已经陷入使他们直接对英王负责的圈套中的时候，倘若中国拒绝接收鸦片，……我们的地位将大大不利"。

就在义律交出鸦片 9 天后，林则徐提醒他还有第二项要求：英国人必须签一份甘结（字据），保证以后不再往中国运送鸦片，否则处死。

当义律从行商手中接过这份字据时，他愤怒地将它撕得粉碎。有人描述说，义律发了一通与维多利亚时代的英国人相符的脾气，然后将那份字据撕碎成一千片，将它扔进了壁炉里。他激动地咆哮着："要取我性命，现在拿走便是，再拿甘结的事纠缠我和他们自己，实在是徒然的。"

美国商人威廉·亨德也在他的日记里写道："不用说，没有理由强迫我们出具这样的甘结。甘结除了会危及在广州的全体外国侨民生命外，此后即使只要怀疑某个人，就可依据甘结行事。"这也反映了外国商人的情绪，除非迫不得已，不然他们是无论如何也不会签字的。

在后来写的一封信里，林则徐就此事耿耿于怀道：待上年发谕一次，即据禀缴烟土二万余箱，未曾折一矢镞。随即奏明令具切结，如再夹带鸦片，人即正法，船货没官，他国皆已遵依，独英夷再三反复。而言路适有条陈，以取结为无益者，恰如奸夷之意。事之无成，殆基于此矣！

义律有充分的理由反对签具甘结，签具甘结，就意味着理论上英国人过去近60年中为之奋斗的在中国的治外法权上让了步。很显然，双方都意识到了这一点，也因此陷入一场极不愉快的交涉中。虎门销烟后，林则徐预定的两个目标已经圆满完成了一个。紫禁城里的道光皇帝也觉得林钦差已经完成了他的使命，调他去担任两江总督。但是林则徐迟迟不愿动身，他宁愿接替邓廷桢做两广总督。因为他的第二个目标还没有完成，也就是让所有外商出具甘结。

林则徐这么做完全符合国际惯例：外国商人来中国经商，当然要服从中国法律。现在我们出国还需要出具甘结，也就是在各式各样的表格上签名，保证自己说的是实话，否则愿意接受法律惩罚。

义律并不买他这个账，拒绝了这一合理要求。他越拒绝，林则徐也就越觉得对方没有诚意，双方由此陷入僵局。林则徐坚持这么做，自然有他的理由。他在《缴烟谕》中说："本大臣家居闽海，于外夷一切伎俩，早皆深悉其详。闻该夷平日重一信字，果如本大臣所谕，已来者尽数呈缴，未来者断绝不来，是能悔罪畏刑，尚可不追既往。"

林则徐告诉他的皇帝，他从小生长在福建，对外夷那套很熟悉，他也知晓洋人讲究信义。这也正是他咬牙坚持让对方出具甘结的原因，只有让这帮洋人签字画押写了保证书才算完成任务。他寄希望于西方人的契约精神，能够杜绝鸦片流入。这和他在皇帝面前附和黄爵滋"今欲加重罪名，必先重治吸食"的乖谬主张，指望靠以死刑的威慑消除市场需要的方式来禁烟的思路如出一辙。

林则徐强迫义律签一份甘结，义律岂能轻易就范。他顶着压力也要扮演好英国驻华商务总监这一重要角色，他的愤怒带有明显的夸张成分，就像是一个不够专业的演员。他在写给外交大臣巴麦尊的信件里出现了火药味的字眼，他要将自己的女王和国家绑上这架已经启动的战车。

义律坚持认为，避免中国海岸发生战争和反叛的唯一办法，就是英国政府"采取迅速而强有力的干预"，"对所有罪过作公正的惩罚，和一劳永逸地商定防止犯罪和恶劣行为的有效办法"。他归结道："双方政府均无安全与荣誉可言，除非女王陛下的旗帜在这些海岸的可靠位置上飘扬。"

商馆被围的消息传到伦敦后，颠地和马地臣的说客们开始搅乱公共舆论，他们散发了大量小册子，夸大了"忍饥挨饿、终日囚禁"的商人的遭遇，还说他们很快就要遭到嗜血成性的中国施加的极刑。

4月11日，两万余箱鸦片被陆续运抵虎门。来自各个国家的记者们争相报道，这是震惊世界的大事件。热闹的码头上，人们议论着林则徐此次禁烟举动与以往阵势不同，猜测着这位钦差大人究竟何德何能，能够禁绝鸦片。

从1839年3月19日海关监督通知外国人鸦片问题解决之前他们不得离开算起，已过了四十七天。直到5月2日，林则徐和他的同僚认定鸦片将如期全部交出，于是恢复交通船航行，撤出对十三行区的封锁。除了包括颠地在内的十六名知名鸦片商，其余外国人一律得到释放。学者张馨保说，在这期间外国人忍受着屈辱、不安和单调的生活，但并没有遭受任何肉体痛苦。在种种情况下被拘留者都没有丧失勇气和欢乐。一个外国人称被围困的十三行区是"舒适的监牢"，而另一个人则宣称他"夜夜都睡得很香"。

自1839年3月30日起，义律被困于商馆期间，他就不停地向英国外相巴麦尊写报告，呼唤武力报复。而他交出鸦片，或许是希望激起英国外交大臣的某种明确反应。

林则徐和他的同僚们显然低估了事态的发展走向，他在给道光皇帝的奏折中说，广州的英国人不过是商人，并非出自英国贵胄之家，他们输入鸦片是为了牟利，并非遵国家之命。自1834年东印度公司不再垄断中国贸易以来，广州的贸易就已经和英国没有关系了。

林则徐这时候至少拥有4名翻译人员，终日为他翻译英文书报，他本人也将这些情报整理成册。"当他在穿鼻港时，他指挥他的幕僚、随员和许多聪明的人，搜集英国的情报，将英方商业政策、各部门的详情，特别是他所执行的政策可能的后果，如何赔偿鸦片所有者的损失，都一一记录。他们尤其关心英、俄是否正在作战。等到他们被告诉：英俄之间极和平时，他们好像深为诧异。这些情报，每日都先交钦差阅览，当他离去广州时，已搜集了一厚帙了。"

　　林则徐这时候密切地关注西方，也大多与广州禁烟有关。尽管林则徐在其奏折中顺大流地使用了"夷人"和"夷国"，可是从他的重视程度看，林则徐并没有将英国真的视为完全没有"王法"的蛮荒之地。从现存的林则徐所翻译的资料来看，他对英国人士反对鸦片贸易的言论格外用心，而对英国国王要求商人尊重中国法律的规定特别看重。因此，他才会一厢情愿地以为，鸦片走私贸易是远离本土的英国商人，违反国令而进行的罪恶勾当；义律等人的抗拒，他们的国王"未必周知情状"，他们的行动一定得不到英国国王的支持。

　　林则徐从其翻译的资料中，了解到的无非是英国的地理方位、多大面积、多少人口和军队，甚至多少运送鸦片的舰船等。单纯从数字上看，林则徐所认识的英国，远不如中国这般强大。他甚至在写给道光皇帝的奏折中分析，相对较弱的英国若派军队远征，越万里重洋而来，光是补给就难以实现，因而他们也绝对不会为了鸦片而发动战争。

　　林则徐还从他所翻译的资料中，了解到英国对中国茶叶贸易获利也不小，即便鸦片贸易断绝，他们为了茶叶，也不会与中国翻脸，更不会走到战争的地步。在虎门收缴鸦片时，林则徐对形势的发展曾做出一个判断，并向道光皇帝报告："到省后察看夷情，外似桀骜，内实惟怯。向来恐开边衅，遂致养痈之患日积日深。"他给出的结论是，虽其中不无波折，而大局均尚恭顺，非竟不可范围者。

　　与林则徐一样，紫禁城里的道光皇帝也昏然没有觉察到与英国发生冲突的潜在可能性，帝制时代晚期的文官政治文化并不能帮助皇帝保持清醒的头脑。道光皇帝在林则徐报告收缴 2 万余箱鸦片的奏折上，朱笔批道："所办可嘉之至！"他坐在宫殿里那张面南背北的龙椅上，向着中国南方给出最高指示：对英国人要"先威后恩","断不敢轻率""断不敢轻率偾事。亦不致畏葸无能也"。

在此之后，道光皇帝对广东事务的关注度有所下降。他将自己的视野更多地投向了帝国内部的各种传统事务，不再像从前那样，眼睛只盯着广东"夷情"不放。林则徐传回来的奏折，也大多是一些老生常谈之语。在一片静谧安宁之中，整个帝国从上到下都在用"天朝"的逻辑思考对策，谁也没有嗅到战争来临前的呛人气味。

林则徐终于可以为自己庆贺了，在他看来，中国市场流通的鸦片已经全部落入他的手里。据林则徐的日记记载，他开始接收鸦片是 4 月 11 日，而全部接收完毕是 5 月 18 日，前后花费了一个多月时间。接收完毕，他就奏报道光皇帝："夷人成本千余万金已成虚掷，谅不敢更寻覆辙。"他不了解随之而来的将会是怎样复杂和严峻的危局。

5. 一个糟糕的时代来了

道光十九年（1839）的春夏之交，整个北京城没有人比道光皇帝更坐立难安了，或兴奋得睡不着，或忧患得坐不住。林则徐在广州的消息，总是会在二十天的时间差里传到北京，传入圆明园。进入四月，道光帝除在每个月的上旬和中旬短暂回宫数日，基本上是在圆明园听政。这个崇尚节俭的帝王，不去仿效祖父乾隆皇帝的南北巡行，也很少去父皇喜爱的避暑山庄，可他又想透透气，便看上了草木菁华的圆明园，一年间总有几个月待在这里。

皇上移驾，带动整个帝国行政中心的大转移，军机处自然要随行，内阁和六部监寺皆无例外。一天早朝，道光帝就煞有介事地问了几个军政大员这样一个问题："如果我们与英国开战，胜算几何？"

这个问题与道光皇帝一直以来所强调的"禁烟，不要挑起边衅"的总基调是相违背的。以至于当他抛出这个问题时，大臣们面面相觑，不知该如何应对。沉默总是短暂的，就像是平静的水面很快就被空洞而喧哗的语言击打得粉碎。反应最激烈的莫过于穆彰阿、琦善等满族高阶层官员，说他们反对禁烟，不如说他们反对一切由冲突本身所引发的变化。他们希望一切都维持现状，这样也就能确保既得利益者的地位。他们甚至荒唐地认为，干脆让百姓都沉溺于鸦片之中，这样就不会有人出来叛乱或者反对他们。

道光中期稍后的大清内阁和权力顶层，上演的是潘世恩和穆彰阿的"二人转"：内阁首辅为潘，次辅为穆；而军机处首席军机大臣则为穆，次席为潘。两人一直和睦相处，表面上互敬互重，实质上大事皆由穆彰阿做主，已然这般运转了多年。他们之后便是王鼎，两边都在老三老四之秩，长期与二人共事，平日里还说得过去。下面还有琦善，连续多年也只有此四人。

据说穆彰阿对林则徐的声望才具颇为嫌忌，撺掇皇上将林则徐置于烧热的铁板之上。广东商贸已大半停滞，美国军舰也向广东沿海聚集靠拢，许多人都看出了将要发生大事，穆彰阿也是心中有数。他没少在道光帝那里进言，说此处非林则徐不可。处于第一线的林则徐，从来都是一个清醒警觉之人，却绝不见好就收。他坚持在广东，有了美缺也不走，甘心在这块热铁板上经受灼烤。

面对踌躇满志的君王，这帮帝国的股肱之臣也不表达不宜动武、弛禁的主张，只是无奈地看着情势的发展。更何况连续好几天，广州方面不断传来振奋人心的消息。

——已经把夷人悉数包围起来。

——英国驻华商务总监义律已经屈服，同意缴出鸦片。

——收缴的鸦片，原箱解京。

林则徐的捷报一封又一封就像是春天的候鸟，从中国的南方飞向北方。这几日，不仅是广州传来好消息，别的省也接二连三地上奏，各报佳绩：山西省缴烟多少斤，浙江省收了多少支烟枪……

5月18日，正是英国趸船鸦片全部缴清的日子，也就在这一天，林则徐接到调任两江总督的谕旨。按照当时官场的普遍看法，两江总督班次仅在直隶总督之后，位列第二。由湖广调两江，虽为同品，仍是迁右，也算是朝廷重用。君王隆恩，又怎不让林则徐感戴于心。他甚至产生想要将鸦片运往北京的念头，为的是以实物向皇帝证明已经完成任务。但御使邓瀛认为把这么多鸦片运进皇都会引起轰动，若是运到京城必将消耗大量的人力、物力和财力，而且路上也有被盗换的危险，反对运送。

北京与广州之间的距离，乘快马也需要跑二十天。广州发生的事件，稍有谬传，北京方面想要调查清楚也不容易。所以凡是重要的事情，最好是看实物证据。

道光皇帝采纳了邓瀛的建议，认为林则徐说的话不用证据也可以相信。他在上谕中写道："朕断不疑其稍有欺饰。"命令就地处理，要林则徐"即在该处督率文武员弁，公同查核，目击销毁。俾沿海居民及在粤夷人共见共闻！"

林则徐接到这个上谕后，立即研究了处理鸦片的办法。经过访查，林则徐"知鸦片最忌二物，一曰盐卤，一曰石灰。凡以烟土煎膏者，投以灰、盐，即成渣沫，必不能收合成膏"。

1839 年 6 月 3 日，那天刚下过一场雨，闷热的天气透入几丝清凉。虎门，广州城的东南，是珠江与南海相勾连之地。虎门乃是珠江之水必经之处，江左为大虎山，江右为小虎山，两山对峙，炯炯相向。千百年的相对。珠江口口外的水面，则为伶仃洋。昔南宋末年时文天祥曾作《过零丁洋》一诗，所指的就是此地。

林则徐把销烟定在这里，一则便于就地处置，二则为扬大清之威。

这时的虎门海滩上，又是一番热闹繁忙景象，在林则徐看好的一片平整高凸地，早已挖掘好销烟坑塘，建造好卫护地区的棚场。

林则徐站在虎门口外临时搭建的高台上，青缎的官袍在风中抖动着，略显肥胖的身躯使整个人看上去格外威严。吉时已到，林则徐高声诵读一篇祭告海神的文章。他在这篇祭文里痛斥英国烟贩"毒起鸩枭，渐致蛮烟之城市；丸泥脱手，任脑箧以探囊，爝火熏心，竞嗜痂而甘带"的罪行。接着，他又以极为喜悦的心情宣告，今已"飞盅全收，已倍万箱之贮；与其畀诸炎火，或拾

132

残膏，何如投之深渊⋯⋯"

这是中国东南沿海的传统民俗，是由于担心烟毒流入海中伤及水中族类而作。对于出生于福州的林则徐，这一套仪式并不陌生，他完成得谦恭而又充分热情。此时他的表情无论怎样平静，也掩饰不了内心的波涛翻腾。

他或许在想，这一刻整个大清国亿万双眼睛都在注视着虎门，包括紫禁城那个给予他这份荣耀的君王和那些权贵们。这个注定要载入史册的时刻，也许会成为他这一生中最高光的时刻。虎门（穿鼻洋）腾起的烟雾让这个被疝气病和头晕病折磨已久的钦差大臣感到无限的满足。当潮水将稀释、粉碎的鸦片卷入茫茫大海的那一刻，他也仰天呼出一声长叹。从这一天起，用了二十三天时间，共销毁鸦片 19176 箱，外加 2119 箱，共重 237 万斤。只剩下八箱鸦片作为样品，送往京城。

那些现场观察销烟的外国人对于眼前所发生的一切也感到不可思议，当一箱箱鸦片化为腥臭的泥水，他们不得不佩服中国人办事的认真态度。美国传教士裨治文在参观后的日记里写道："我们曾反复考察过销烟的每一个过程，他们在整个工作进行时细心和忠实的程度，远出于我们的臆想，我不能想象再有任何事情会比执行这一工作更忠实的了。"

虎门销烟之后，局势并没有如林则徐所愿，逐渐趋于和缓，反而山雨欲来风满楼。林则徐从虎门返抵广州，本以为大局已经初定，他只要将留存的一些具体事务料理扫尾，一切尽可循归常态。可接踵而来的事项一件件翻卷而来，他感到前所未有的压力。外人看来处变不惊的林则徐，在写给豫堃的一封信里流露了内心的苦闷：仆立志要断此根株，然收缴若不准行，此根如何能断？踌躇踯躅，滋切焦口。

当中国禁烟的消息传到英国时，鸦片贩子和对华利益集团立刻掀起战争的喧嚣。据《澳门新闻纸》报道：六月二十一日（1839 年 7 月 31 日）早晨，当命令禁烟的消息到达伦敦时，"天色昏暗愁惨"，米价、银价增涨，英国国会也由此开启长达数月的辩论。国会最关心的是，那些被大清国销毁的鸦片的赔偿金从哪里来。财政部长弗朗西斯·巴尔宁向国会汇报，国库已经入不敷出，在过去的三年，每年赤字多达 100 万英镑。英国政府还答应补偿那些向清政府上缴鸦片的商人 250 万英镑，国会从一开始就拒绝支付这笔赔偿费。

89 岁的陆军大臣、著名历史学家托马斯·麦考雷提出解决办法，让中国支付这场战争的费用，这些钱将在打败中国后获得。外交大臣巴麦尊也向国会保证，不会用英国纳税人的钱赔偿鸦片商人的损失，战费将从中国获得赔偿。媒体也在鼓吹："想想看，太阳和月亮的儿子（中国皇帝）将成为我们政府的资助人，每年给我们 50 万，而只要一位英国大臣处理他的事情就可以了。""如果说印度是英国的金矿，那么许多人希望中国成为英国的白金矿床。"

马地臣、颠地及其他 12 位英国商人以及 24 名印度人联名向英国国会递交了一封信，抱怨林则徐缴没鸦片使他们蒙受了巨大的损失，要求英国政府派遣军队，迫使中国人赔偿损失。这也正是义律所希望的，他自然会毫不犹豫地站到商人一边，请求外交大臣巴麦尊从印度派遣军舰来广州，给中国一定的军事威胁。

其实这时候广州的对外贸易并没有因为政治风暴而打断，它以一种新的形式出现。比如英国贸易正在由美国人经手进行。在 1839 年 10 月到 1840 年 6 月，共有 2482.66 磅的茶叶用船运往英国，还不包括送往新加坡再转运英国的 150 万磅。但是从 1840 年 6 月开始，出口到美国及其大陆的茶叶超过了往常的供应。

由美国商行进行的转运贸易是广州贸易发展过程中绝无仅有的，充满趣味性的一个阶段。英国人离开这个城市之前，义律恳求美国的旗昌洋行能够和他们一起撤离。他说："如果贵公司迁走，大家都会跟着走的，我们将很快地使这些无赖的中国人同意我们的条件。"

可美国商人罗伯特·福士的回答是："我来中国不是为了健康和娱乐的，所以只要我能卖出一码货物或买进一磅茶叶，我就应该留在我的商埠，我们美国人可没有女王来保证我们不受损失。"

义律问福士是否愿意在自己的脖子上套着铰链做生意，并吓唬要使广州变得"太乱"，使美国受不了。

福士回答说，铰链是"渺茫"的，而他对于顾客的责任和佣金账却是真实的。如果广州被搞得"太乱"，他就会到黄埔去，"一步一步地退却，但只要我发现有可以合作的伙伴，我就要做买卖。"

这个不规则的商业现象持续了将近一年的时间。由于即将到来的战争行动，已经有些迹象表明至少有部分住在广州的美国人准备迁居澳门。一家商行发布一个通告，说他必须停止进一步接受英国财产的寄存或任何货物的委托。当合法贸易通过美国人在广州继续进行的时候，广东东面和福建海岸的非法交易恢复了。

义律在写给国会的报告中说，福建沿海的一些地方，难以对付的地方走私集团已经活动起来，"一桩最活跃的贸易"在广州以东大约两百英里的地方进行。他预言在中国的鸦片高价"很快就会引起印度的大量来货"。但遗憾的是，他的预言并没有得到验证。由于这场自上而下的镇压运动，使鸦片价格大幅度下跌。

当战争的阴云在广州沿海上空悄然弥漫时，逐利的商人们正忙于贸易，把他们所能弄到的茶叶和生丝在战争爆发之前用船运走。在广州，商馆上空的外国旗帜也渐次降了下来。大约有十五艘的外国船只停泊在黄埔码头等待着撤离的商人和货物。

随后不久，一桩突发事件，将中英两国本就绷得紧紧的一根弦又增添了一处致命的力道。英国水手在九龙尖沙咀酗酒滋事，殴伤村民林维喜，次日林死去。林则徐谕令义律交出凶手。义律予以拒绝，并在英国船上自立法庭，判处 5 名滋事行凶者监禁 3—6 个月，罚金 15 ~ 20 英镑。

林则徐以义律拒不交出凶手，禁绝澳门英国人的生活必需品，并派兵分布各要口，迫使英国人离开澳门。义律安慰那些离开的人说，只要耐心等待，等着从印度派来的英国军队到来，一切又将恢复原样。

林则徐认为义律的这一系列举动，是"狂悖妄为"。为了能够强而有力地驳倒义律的狡辩，采取正确的对策，林则徐甚至组织翻译瑞士人滑达尔所著的《各国律例》英译本的有关段落。当时在广州开设眼科医院的美国传教士帕克也参与译了几节，此时林则徐遇到一个个人的麻烦，他得了疝气，痛苦万分，中国医生无法缓解他的痛苦，所以他拜访了彼得·帕克的诊所。

帕克在医院年报第6565号病案中写道：小肠疝气。林钦差，人未见。从职业观点来看，这个病案没有什么可见，但与这样显赫的人物交往，记录其若干经过，未始不是很有意义的。与他初次来往是在七月降，不是治病，而是他叫行商送来滑达尔的《各国律例》若干段，要求译成中文，这几段谈到战争，敌对措施如封锁、禁运等。

英国汉学家蓝诗玲在《鸦片战争》一书中说，这个帝国虚夸自大的特点通过林则徐与英国人的交往传达了出来。一条典型的圣训说："尽管天朝怀柔远人，然亦不能容其有轻视天朝之心。"林则徐对义律说话的语气，或者是师长似的（"查该领事禀文数百言，惟此言似尚近理……何该领事颠顶糊涂一至于此"），或者是《圣经·旧约》式的（"及早悔悟，尚可在此示汝宽大……外夷悔过改新，重沐天朝雨露，此其时也"）。

义律心里也清楚，英国政府并没有赋予他充当法官的职权，他的"判决"根本不具有法律效力，他也只不过想把包庇凶手这件事披上一层伪善的外衣。如果中国人默认的话，他就可以将其引为先例，伸手为英国政府攫取在华领事裁判权。即使不能如愿以偿，他也可以借此扩大事态，挑起两国之间的冲突。

不论是道光皇帝，还是林则徐，似乎都觉得中英两国关系是不值得认真对待，长久关注的。当英国海军军舰从印度和英国国内开足马力向中国海域逼近的时候，道光皇帝还在养心殿西暖阁里漫不经心地处理着日常政务，虎门销烟带给他的愉悦梦境还没有完全消解。他坐在这里，感觉从未如此之好，他甚至觉得大清皇帝这个职业还是大有可为的。

1839年7月18日，英国外交大臣巴麦尊给义律送来了一份密件，通知他英国政府已决定将英国同中国关系置于一个适当的基础上。就在义律接到这封密件的两个月，巴麦尊又送一信件给英国海军部，通知海军大臣们，政府已决定派一支海陆军到中国，要求中国对英国臣民所蒙受的损失给予令人满意的赔偿。

1839年9月4日，英方要求中国官员供应食物，未达到目的后，下令开火。中英之间的对抗，开始诉诸武力。从军事的角度来看，将近四个小时的战斗，双方并未分出胜负。如果说九龙之战是一次试探性的擦枪走火，那么两个月后（11月3日）的穿鼻之战则是硬桥硬马地过招。起因是林则徐命令外国商人集中签具甘结。他告诉义律，集中签具甘结比一个船一个船的盘验搜查来得快且相对容易。一旦具结，"即予免查"。于是，有大量的英国商船停泊于珠江口东岸的穿鼻，在等待着与林则徐签具修改后的甘结。义律与史密斯上校率两艘军舰从香港出发赶来斡旋，并准备递交致林则徐的信件。清军水师提督关天培拒绝接收这封信，并要求交出杀害林维喜的凶手。

史密斯上校认为，让商船在这里过夜是十分危险的，有可能会招致清军的攻击，更何况英国国旗代表的荣誉也不容许他选择撤离此处。于是，他率先发起进攻。这是一场各自报喜不报忧的遭遇战，林则徐奏称，清军重创"窝拉疑"号，英人多有中炮落海者，战后"捞获夷帽二十一顶"；己方有三艘师船进水，战死士兵15名。

义律则称，清军3艘师船被击沉，一艘击中火药舱而爆炸，还有几艘进水。"窝拉疑"号仅受了轻微损伤，没有人员伤亡。

在中英双方各自的报告中，都提到了清军的指挥官水师提督关天培。林则徐的奏折中写道："该提督亲身挺立桅前，自拔腰刀，执持督阵，厉声喝称：敢退后者立斩！适有夷船炮子飞过桅边，剥落桅木一片，由该提督手面擦过，皮破见红。关天培奋不顾身，仍复持刃屹立……"这不是小说片段，而是林则徐在奏折里的原话。

在林则徐的笔下，除了小说虚实结合的手法，还有有一说一的科普知识："查夷船制度与内地不同，其为船主宰者，转不在船尾而在船头，粤人呼为头鼻，船身转动，得此乃灵。"继而，他又回归写实："是日士密（史密斯）船头拨鼻拉索者，约有数十夷人，关天培督令弁兵，对准连轰数炮，将其头鼻打断，船头之人纷纷滚跌入海。"

如此绘声绘影，让人有身临其境之感。估计道光皇帝读完，内心也是大呼过瘾。不然他不会朱批"可嘉之至"，赐关天培以"法福灵阿巴图鲁"（满语英雄之意）的荣誉称号。

而义律站在敌方的角度却有不同评价，他说，作为一个勇敢的人，公正的说法是，提督的举止配得上他的地位……这种毫无希望的努力，增加了他的荣誉，证明了他行动的决心，然而，不到3刻钟，他和舰队中尚存的水师船极其悲伤地撤回到原先的抛泊地。

英国军舰在中国南海发出的炮火，与英国国内的战争气氛是彼此呼应的。就在穿鼻之战爆发的第二天（11月4日），巴麦尊勋爵，一个自由贸易的提倡者，一个放荡不羁的人，像往常一样衣冠楚楚地出现在英国外交部。他总是习惯于站着办公，他给自己这一带有怪癖性质的习惯找了个理由，如果工作时睡着了，撞到地板时就会醒来。作为英国的外交大臣，他时刻关注着来自中国的消息，准确地说，关注着来自中国广州的消息。就在这个夏天的某一个时刻，他在自己的办公桌上发现女王的利益代言人、驻华商务总监查理·义律的快信。这封信将英国商人在钦差大臣到来后所受的种种苦楚添油加醋地说了出来，信的结尾，他给出建议：我认为，我的勋爵，对于所有这一切不可饶恕的暴行的反应，应该是出之以迅速而沉重的打击，实现连一个字的照会都不用给。

或许是由于这封信的缘故，或许是英国商人游说团的推波助澜，又或许是英国资本主义扩张的需要。巴麦尊放下这封信不久，就将于1840年间4月发动侵华战争的计划通知了海军部，并发出第十六号训令，指示义律尽量搜集军事情报，等待远征军的到来，必要时可以"先揍它（清政府）一顿，然后再作解释"。

义律接到这项指令是在两个月之后，也就是说他已经提前执行了英国政府发给他的这项指令。1840年1月16日，英国女王维多利亚在国会发表演说，指责中国禁烟使英商蒙受巨大的损失，同时也损害了英王的尊严，宣称"我已经并将继续对此深为影响我国臣民利益和我的荣誉尊严的事件，予以十分的注意"。

1840年4月10日，英国国会召开会议，内阁将一份侵略战争的拟议以"军费协助案"的含蓄名义提交讨论，以利益为目标的那些西方文明养育的绅士们，言辞激烈地为此进行了整整三天的辩论。辩论后举手表决，主战派以271票对262票的微弱优势取得胜利，并为将要进行的战争通过了一份决议："对于中国人之侵害行为，必须得到满足与赔偿，以此目的，捕获中国船舶及货物，自属正当。如中国政府承认赔偿，并行让步，则英政府亦不为复仇而战争。"

道光二十年（1840）6月，一支庞大的英国舰队出现在澳门海面上。

最是钦差不自由

——悲歌与谎言交织的 1840 年

1. 海洋世界的噩梦才刚刚开始

1840 年 7 月 5 日，北京，日光之下，并无新事，就算是天子脚下，也同样是车沿车辙，马走马道。这一天，丧妻时日未久的道光皇帝，整理和收拾了一番寥落的心境，又重新扮回他的君王角色。

人生如梦，孝全成皇后仅仅三十来岁，就这么突然撒手西去，又怎能不令道光皇帝心中苦痛？一缕薄阳穿透紫禁城的重重宫阙，落在他苍白的脸上，像是被人胡乱地涂抹上一层粗糙的粉，连嘴唇也隐去了血色。

他以最隆重的礼仪为皇后举行了葬礼，甚至举国致哀一个月，政府官员们100 天不能剃头，以示他们的悲哀。皇后的逝世使道光皇帝的晚年处于烦恼和危险的境地，他身边所信赖的人所剩无几，他真的成了紫禁城里的孤家寡人。

按照祖制家法，道光皇帝需要暂时离开养心殿，例行"诣绮春园问皇太后安"，然后回銮处理了几件日常的公文。而这一日，刚由翰林院散馆授检讨的曾国藩，因有客来访耽误了读书，影响其学问修行，于是我们看见他在日记里捶胸顿足地自责了一番，用他的话说："日日用功有常"，以能够"文章报国"。同样是在这一日，远在千里之外的浙江定海县（今舟山市）已置于英国军队的炮火之下，呛人的硝烟预示着这场因鸦片贸易而引发的战争将以不可逆转的态势向前推进。对于英吉利这个国家，大清国上下，从皇帝到平民，并不了解这个贸然闯入的不速之客，甚至不明白英国地处何方。他们依然沉醉于"天朝"迷梦之中，对于"天朝"之外的世界一无所知，更没有将其放在眼里。

很多年后，林则徐还是会想到这一天，炽烈的阳光将南方湛蓝的天空生生地撕开了一道亮灿灿的口子。他曾经在一个美国传教士的书里读到过这样一句话：一颗种粒如果没有落在地上，就永远只是一颗；如果埋进土里，就会萌芽、生长，孕育出更多的种粒。

他觉得西方世界与东方文明密切相关，之所以没有完成融合，是因为暂

142

时的错位。无论是西方，还是中国，这时候都处在一个共同的拐点上。在此之前，林则徐从其翻译的资料中，已经了解到从事鸦片贸易的英国商人的大体背景。在他看来，那些毫无官方背景的英国商人绝对没有左右英国政府的能力。广东海面上开来的几艘军舰，不过是印度总督应义律的请求而派出的英国驻印度海军。这一切在林则徐看来，也不过是义律与英属印度官员私下勾结，而并非出于英国国王的命令。

林则徐从翻译的资料中得知，1840年春，由于他采取的禁烟措施，导致孟加拉、新加坡等地的鸦片价格暴跌，而新的季风季节又到来，广东海面出现的英国军舰也越来越多。由此，林则徐得出了一个推论，义律与印度英国人不甘心鸦片利益的损失，准备向中国进行鸦片武装走私。或许是虎门的硝烟遮蔽了他的眼睛，他对于这一推论无比自信，以致1840年7月3日，英国军舰纷纷北上定海（舟山）时，他和好友、广东巡抚怡良会同上奏的折片中还写道："揣其鬼蜮伎俩，一则希图挟制通商，一则招引奸徒兴贩，估计仍未求通贸易、走私鸦片。"

他的内心有着难以言说的兴奋与纠结，他不止一次地顺着虎门炮台旁边的蜿蜒小路登上高台。清新的海风吹透了他微胖的身体，波澜壮阔的大海像是在他的身体内注入了无尽的能量。

林则徐的错误判断是处于"天朝"的大时代背景下，更何况他手里掌握的资料和对于海洋世界的认识是极其有限的。就算他不回避战争，也是以一种极其乐观的心态在往前看。他甚至认为："夷兵即极多，亦不过一万余人为止。彼之数有尽，而内地兵勇用之不尽，不独以十抵一，以百抵一，直以十千万万抵一，又何不能剿灭之有？"

1840年7月4日，在巨型船体似的舟山岛的崖壁间巡视的中国官员，看到远处一支外国船队正在慢慢逼近，他们先是不知所以然地愣了会儿神，很快就露出了笑脸。他们根本不会想到，翻滚的海浪中暗藏着无数的杀机，更不会将这里视为他们将要驰骋的疆场，埋葬自己的巨大坟场。

他们想到的是，广州的贸易已经中断，这支外国船队聚集于此，显然是要将商贸流通的主阵地转移到舟山。水师总兵张朝发的第一反应竟然是："夷船被风吹来，恒有之事，无足惊讶。"

船虽然越来越多，但是并没有引起岸上官兵的足够重视，更不要说提高警惕，连最基本的防御措施都没有部署到位。他们站在岸上指指点点，有两艘军舰像是庞然大物，是他们从未见过的，这也引起了他们的好奇心。他们揣测着船上会装些什么货物，精明之人甚至看到了发财的机会，暗自窃喜道："此将成大码头，吾徒常例钱且日增矣。"

查顿曾经给巴麦尊写信，敦促英国政府能够派出最先进的战舰，封锁整个中国东南海域，并且占领上海附近的舟山岛。这名利欲熏心的商人希望英国海军封锁白河流入长江的河口，这里也是与大运河的连接口，而这条运河是粮食运往北京的水上通道。舟山是中国重要的粮仓，税收一般都是以每年上缴粮食的办法来实现的。

在一个正常的年份，舟山，这个只有130平方公里的岛屿，却能有25万吨的粮食通过这条运河运往北京。英国使节团副使斯当东在《英使谒见乾隆纪实》中把当时定海这个只有3万多人口的小城比作"东方的威尼斯"。

他这样描述："在欧洲的城市中，定海非常近似威尼斯。不过较小一点，城外运河（濠河宽25英尺）环绕，城内沟渠纵横。架在这些桥梁上的河道很陡，桥面上下俱用台阶，好似利阿尔图（威尼斯城桥名）。"同时他也指出："街道很狭，好像小巷，地面铺的是四方石块。房子很矮，大部分是平房，这点与威尼斯大不相同。这里距赤道只有三十度，整个城市充满了活泼生动的气氛……"这说明马戛尔尼使团在1793年7月抵达舟山后，对定海城进行了深入细致的考察。舟山一直是英国人梦寐以求的实现对华贸易的主要口岸之一，他们看中的是这里的港口和贸易功能。所以斯当东在《英使谒见乾隆纪实》的报告中，说舟山"这块地方的岛屿多，安全的停泊港也多，可以容纳任何大船。除了这点之外，这里还处于中国东海岸朝鲜、日本、琉球、台湾的中心地带，对于宁波的繁荣起着很大的作用。宁波是浙江一个商埠，舟山群岛全属于浙江范围内，从浙江一个港口开到日本去采购铜的船，每年就有十二条"。

这支英国军队在广州、厦门尝试攻击以后,避开了备战充分的南中国防线,挥师北上。舰队共由 22 艘战舰、27 艘运输舰组成,舰上载有 3600 名苏格兰、爱尔兰和印度步兵。

英国海军司令伯麦发出警告,要求清军在 6 小时内交出该岛,否则就要面临严重后果。在利益的驱使下,英国人既不会承认唯一正确的价值体系,也不会认为有绝对的正义。谁的船坚炮利,谁就代表正义,他们信奉的强盗逻辑与刺刀见红的丛林法则刚好匹配。

定海知县姚怀祥登上英国军舰,试图与对方进行有效的沟通,最好的结果是劝返。可是历史如同一台编排好的舞台剧,起合转承早就有人安排好了,待到大幕开启,一切都按照剧本里写好的一成不变地运行。置身其中的每个人只能扮演好自己的角色,并没有多少发挥的空间,至少是无法改变剧情。

定海知县姚怀祥虽然没有成功劝返来犯之敌,但是他所表现出来的勇气还是给英国人留下了深刻印象。据英方的翻译郭实腊回忆,这位官员在仔细观察了装有 74 门大炮的"威厘士厘"号之后说:"你们应该去打广东人,而不应该来到这里,我们没有伤害过你们。你们强大而我们弱小,与你们开战或许是疯狂之举,但若是执意要打我们,我们一定会恪尽职守。"

7 月 5 日下午二时,英国战舰突然一起开火,像是事先约定好的。义律的军事秘书乔斯林勋爵记录了眼前所发生的一切:树木横飞,房屋倒塌,岸上回响着人们的呻吟……硝烟消散后,呈现在眼前的是一片废墟……我们看到远处人群四散逃跑。

据英方记载,英军舰炮仅用了 9 分钟,就基本击毁了排列在港口的清军战船和岸炮的还击能力。而清方战后调查,参战的 1540 名士兵中,战死仅 13 人,受伤 13 人,战死的人数比击毁的战船还要少。制海权,就是一个国家控制大海的能力。

一个面对大海,有着漫长海岸线的国家,如果不能控制海洋,不能在海上自由地活动,那么,海洋给它带来的更多是遗憾和痛苦,而不是财富和幸福。对于大清国来说,海洋世界带来的噩梦才刚刚开始。

当英国军队踏上空无一人的海岸线时，迎接他们的只有"一些尸体、弓箭、折断了的长矛和长枪"。知县姚怀祥在一个小池塘里投水自尽，水师总兵张朝发的一条腿被打断，几天后也死于离此不远的城市宁波。短短一天不到，英国的米字旗就插在定海的城头上。

败是情理之中，不败才是意料之外。辽阔的海岸线就像是一条长长的枷锁，长期武备不修，将不知兵，兵不知战。中国人很早就拥有海岸线，但中国人从来不求了解海洋，更不会想到去征服海洋，甚至对近海水面也不加控制。久享承平的虚幻景象，让驻守于此的帝国官兵们陷落于醉生梦死的糜烂生活，他们的身心早已适应了灯红酒绿和麻木不仁，根本不会去想世界大势的风会从哪个方向吹来。

也就在两个月前，林则徐奏报传闻英国有大号兵船将来到广州，这位钦差大臣不以为然道："主客之势自判，彼何能为也。"而这一次，他在接到英国军舰进犯定海的奏报时，同样是满不在乎地说："此等丑类，不过小试其技，阻挠禁令，仍欲借势售私，他何能为！"

在这场突如其来的战斗中，无论是知县姚怀祥，还是水师总兵张朝发都表现得相当勇敢。就连他们的对手也不无遗憾地认为："中国人所缺少的是训练，而不是勇气，如能给他们足够的训练，供给他们以欧洲的武器弹药，这就将会证实他们并不是可轻视的对手。"现实毕竟是残酷的，在全然不知英军的意图，对海洋世界茫然无知的大时代背景下，他们只能成为这个王朝睁眼看世界的牺牲品。"清王朝的声威一遇到不列颠的枪炮就扫地以尽"，这是必然的。

占领舟山岛之后，英军立即发布海上封锁令，切断了大陆和舟山的联络。但是，持有英军所发的通行证者则可以自由进出。封锁行动主要是以对岸的商港宁波为对象，而清军并没有明显的反抗，于是，英舰便得寸进尺地把封锁的范围扩张为北到长江口、南到福州外海。

1840年8月3日，林则徐在毫无防备的情况下与这场战争迎面相撞，这个精明清醒又从来不失勇气的封疆大吏突然感到留给他的时间不多了，他好像突然站在一个制高点上，把正在发生和即将发生的，都清晰地看在眼里。

在定海失守的消息传来时，林则徐正在翻阅一本他刚刚弄到手的英文书《外国关税策略和习俗文摘》，正为里面所谈到的难以理解的名词和拗口的外国人名而头疼不已，尽管如此，他还是硬着头皮读下去。

作为一名天朝的封疆大吏、钦差大臣，林则徐从未放松对英国人的警惕性。他花高薪雇用的四名翻译每天会为他翻译英文书报，他把那些搜集来的情报整理编辑成册，以供随时阅读参考。林则徐是一个太平盛世的例外能臣，经历非常复杂，什么都干过：考官、刑名、钱粮、盐政、治河、用兵、兴修水利、勘荒、剿夷、平暴。他的履职经历可谓成绩斐然，为自己赢得了良好的口碑。此人是帝国官员学习的楷模，他不是一个混吃等死的官油子。他勤于钻研，履新职后便立即开始恶补，靠自学成才，不管干哪一行都是如此。

在对西方世界了解极其模糊的大清朝，林则徐的做法可谓用心良苦。他从翻译过来的情报中大致勾勒出英国的国家形象：它的地理位置、大小、军队和舰船数量等。从这些字面数字的比较上，他以为英国远远比不上大清朝。正因为如此，他们不敢开战，只是虚张声势，顶多也就玩一玩军事讹诈的把戏。

英国人在近海驻扎，并且在海滩上插告示，做起了日常的管理。林则徐只能接二连三地给紫禁城里的道光皇帝打报告，请示下一步该怎么办。皇帝也不知道怎么办。这一期间道光皇帝给林则徐的批示多是"严密防范，以逸待劳"。

定海陷落的消息并没有改变林则徐的认识，他甚至认为，英军只会打海战，陆战则腰腿僵硬，跌倒就爬不起来；一个清兵就可以手刃数敌，甚至平民老百姓也能杀敌制胜。在林则徐的翻译资料中，有"孟呀拉土番，脚长无腿肚，红毛选其身材高大者充伍，谓之叙跛兵"，这里说的仅是印度兵。林则徐在澳门检阅过葡萄牙兵，他认为洋人"腿足裹缠"，"屈伸不便"。他见到的外国军人穿着紧身裤和绑腿，又采用踢腿式进方式，加上他们不愿行跪拜礼。于是，推断出洋人离开海洋就不会打仗了，到了陆地只有挨打的份儿。

可见对于这种近代化的战争，大清国上下都在想当然地纸上谈兵。

在林则徐看来，英国距离大清达六万里之远，如果英国人劳师远征，主客之势，众寡之数实在过于悬殊。英国是以贸易为立国之本的，对华茶叶贸易利益尤大。即使断绝了英国鸦片贸易的利益，仅仅为了正当的贸易能够继续进行，英国也要慎重考虑，不会轻易开启战端。而贸易不过是一些不法商人勾结英国驻印度等地的地方官员所做的非法勾当，并非英国的官方意思。

这个在英国人眼里，身体略显肥硕的大清国官员，有着生气勃勃然而并不讨人嫌的风度。他有着一双敏锐、乌黑、深刻透彻的眼睛，似乎预示着他将根据能否符合他的利益或他的愿望而表现出两种截然相反的性格。他张口说话时，有着听上去清晰、独特的嗓音。他的沉着表情暗示着养成一种小心谨慎的心理。

定海失陷的消息传来，林则徐有些不相信自己的耳朵，可是耳朵并没有欺骗他。这个消息让他措手不及，也完全打破了他对英国政府"万不敢以侵凌他国之术窥视中华"的幻想。他万万没有料到，英军大举进犯这样的谣言竟然会变成万万不可能的现实。

或许，那一刻，林则徐的脑子里在不断闪回一年半前，他骑着高头大马进入紫禁城的情形。对于一个效忠帝国的官员而言，那一刻的荣耀让他一生都难以消解。道光皇帝在他面前说的每一句话都音犹在耳，尤其是那句："上不可以失国体，下不可以开边衅。"

林则徐生在南方，按说他早就习惯了潮湿的海洋性季风气候。可是这一年多，他的疝气病愈发严重。然而，比起身体上的疼痛，更让他难以适应的是时局带来的不确定性。官场上的林则徐似乎显得特别勤勉，也从不回避自己的责任，不遗余力地为自己的设想努力着。

他就这样坚守在瞬息万变的时代最前沿，无论是思想上，还是行动上，他对自己充满了信心。他坚定地以为自己是走在一条无比正确的道路上。美国学者马士在《中华帝国对外关系史》这样描述："林则徐是一位具有非凡能力的行政官员，是（道光）皇帝的化身。他的整个经历明净如水晶。他的动机是禁止鸦片的输入和消费，为了达到此目的，他准备采用一切手段，但是他的任务是毫无希望的。"

定海失陷的消息像是一记重锤砸在林则徐的心头上，他不由埋怨起浙江巡抚乌尔恭额。他不止一次地提醒对方"严加防范"，可人家根本不予理会。他下意识地感觉到，北京城里那些反对禁烟的官员很快就会炸开了锅。他们一定会在吃饱喝足后，铆足了劲在皇帝面前大肆诋毁，他们一定会将定海失陷的罪责全部推到自己身上。

形势继续恶化，定海失守后，英国军舰分兵北上，逼近天津。在官场驰驱了半辈子的林则徐陡然感到焦虑和疲惫，让他有力不从心之感。置身于大时代背景下的林则徐虽然睁开了他的眼睛，但是他看世界的角度并没有发生根本性的变化。作为一名帝国官员，他更多是从道德与器物的层面看待这个世界。

这不是林则徐一个人的问题，而是长久置身于密封的铁屋子里的人面对突然打开的铁门，他们的第一反应。他们好奇地探出头来，迟疑着，犹豫着，他们甚至将迈出去的脚步又收了回来，他们还没准备好去做一个坚定的现实主义者。

对于中国人来说，道德与器物是老祖宗留下的宝贵遗产。器物从来不是孤立存在，它们无一不是道德与观念的载体。而外国人的器物，在皇帝和大臣们看来，更像是魔术师手里把弄的小玩意，算不得真正的器物。

英国学者柏纳德说，林则徐是一个大胆的、不妥协的人。他试图去安慰皇帝，使他放心，说他确信，在北方沿岸一带，疾病和寒冷将夺去所有夷人的兵力，即使食物的缺乏和弹药的耗尽，还没有使他们陷于绝境。

他在给道光皇帝的奏折中，建议道："与其交镝于海洋，未必即有把握。莫若诱擒于陆地，逆夷更为无能。或将兵勇扮作乡民，或将乡民练为壮勇，陆续回至该处，诈伪赴招而返，愿为久居。一经聚有多人，约期动手，杀之将如鸡狗，行见异种无疑。"

2. 皇帝喊打，没人敢不打

1840 年，当西方的军舰载着他们所谓的话语权抵达中国海岸的时候，中国已经失去为自己辩解的能力。战争无可避免地打响了，战报一份接一份地由浙江、福建、江苏、广东发出。随着飞奔的驿马，一站站急火流星地递往北京。圆明园的平静安宁，就这样被来自海洋的炮声强行打破。

海洋，突然变得重要起来，一如当年的草原，乘风破浪的战舰，如同彪悍的铁骑。危险的风从海面吹来，而利益就像是海洋深处一天到晚游泳的鱼，在别人的畏途里，获得来往穿梭的自由。战争的一切决定都应出自皇帝的圣裁，没人敢自作主张。圆明园前走马灯似忙碌的提塘官，提示着京城里那些闲极无聊的官员，这个活又活得不够，亡又亡不了的帝国隐约有大事将要发生。

各省的奏折、题本和咨文，通过兵部设在全国的驿站系统，由驿卒骑驿马，一站站地接力，送往一个个目的地。我们可以闭上眼睛，脑补这样一幅幅画面：烈日当头，烟尘滚滚，一个孤寂的骑者在驿道上飞驰。人，昏昏沉沉，摇摇欲坠；马，口鼻急喘，微带白沫。但人与马却没有片刻的休息，一味地奔驰。驿站到了，另一个驿卒接过了信筒，跨上一匹骏马急奔，而先前的一人一马却似虚脱地委顿在地。

从广州到北京，按照正常的速度，驿递需要 30—35 天；若以"四百里加急"，能够节省十天时间；若以"五百里加急"，能够省去一半的时间。影视作品里，动不动"六百里加急""八百里加急"，那是要跑死马、跑死人的节奏，一般不会采用。

即使是置身于大刀长矛的冷兵器时代，在对付地方叛乱、边境叛乱时，这种慢半拍的通信速度都会贻误战机，更何况这场由近代化的敌手发动的鸦片战争。驿马狂奔的速度相对瞬息万变的战争形势，显然是过于缓慢。而大清国的执政者们在面对这场战争时，往往又表现得拖泥带水，等到皇帝一咬牙一跺脚做出决定时，战场已不是昨日的战场。

1840 年 7 月 20 日，定海失陷后的第十五天，道光皇帝收到浙江巡抚乌尔恭额于 7 月 8 日发出的奏折，告知"英夷"三四千人已登陆定海。在将近半个月的时间里，道光帝陆续收到各地纷沓而来的战报，信息相当混乱。几天前，他才刚刚接到两广总督林则徐于 6 月中旬发出的奏折，称清方火烧办艇篷寮，英方无能为力。

为了不激怒皇帝，地方官员们在向北京递送消息的时候，对于敌方入侵的严重性故意轻描淡写。他们不但错误地预判了战争的严重性，而且选择那些皇帝爱听的话说。他们在奏折中，不惜笔墨地谈论入侵者如何无能之类的不实之词，而这些拖沓之言只能反映他们的无知，而没有反映意图北上的英国舰队的真实力量。

江苏总督豫堃在奏折中写道，以吴淞为例，从下到上依次是石基、泥台，最上面才是炮台。这个高度远远超越夷人的船只。如果他们朝上开炮，炮弹会落下，失去威力。

两江总督裕谦同样认为："该夷大炮不能登山施放，夷刀不能远刺，夷人腰硬腿直，一击即倒，我兵矛矢击刺，趫捷如飞，用我所长，攻彼所短。"

或许是报喜不报忧的话语灌满了耳朵，道光皇帝误以为窜犯定海的"英夷"，不过是在广东、福建受挫的鸦片贩子，他们进犯定海的目的无非是想要换个交易的地点。说到底，还是鸦片惹的祸。他这时候的态度毫无疑问是主"剿"，这也是一个天朝上国之君对于"逆夷"的本能反应。

道光皇帝接到浙江巡抚乌尔恭额的奏折时，虽然乌尔恭额的奏折中有比实际状况略显夸张的文字，但并没有引起足够的重视。乌尔恭额奏称：英逆之夷船又来五只，合计已达三十一艘。皆配载四面炮，大者达三层，次者二层，小者一层。其船侧设有轮盘二副，故而船行如飞，一日千里……

道光皇帝在奏折上批示，自己并没有将英军这伙"区区小丑"放在眼里，反倒是你们这些地方官员们"张皇失措"，有失大清国的威仪。十天后的同一天，道光皇帝先后接到林则徐和邓廷桢的奏折，林则徐告知广州洋面又到 10 艘军舰、2 艘轮船，并听闻英军可能北上舟山、上海和天津；闽浙总督邓廷桢告知厦门开战获胜。道光皇帝的情绪忽上忽下，悲喜交加，一半是海水一半是火焰。

此时的道光皇帝并不知晓南中国海的主要海口已经被英国舰队封锁，他甚至还兴致盎然地与穆彰阿和王鼎等军机大臣们讨论是否实行封海政策。在那些朝臣们看来，英国人除了船坚炮利外，简直就是一群利欲熏心的野蛮人。王尔敏统计说，仅仅道光时期，朝内外大吏言及"船坚炮利"者就有六七十位，这表现出一个时代变局的共识，以及大清国君臣对外的一种心态。

战争的硝烟已经弥漫了帝国的沿海地区，而紫禁城里的皇帝和大臣们还在一知半解地迷糊着，他们从各自不同的角度观望着。那些十万火急的奏折既不是鸡毛信，也不是贴得满世界的告示，它是国家机密，邸抄公布的消息有限且在极少数高级别官员之间流转。当时还没出现邮政，大众传媒也仅限于来华外国人读的英文报刊，所以南方沿海的战况处于半封闭状态。没有人会想到，美丽的南方城市，前所未有的灾难就这样降临。

在北京，这一时期的重要决定都是从军机处发布出来的。自朱元璋废除丞相后，明、清两代皇帝都是直接理政。等到雍正皇帝改题为奏后，内阁的"票拟"也随之取消，皇帝不再借他人之手处理政务。1729 年，雍正皇帝成立了军机处，也就是每天早晨协助皇帝处理国家事务，秉承皇帝旨意草拟圣旨，类似皇帝的秘书班子。

以一个人的智慧，在短时间内，对大小政务做出决策，这不仅需要雄才大略，更需要缜密的心思。大清国的皇帝每日须批阅上万字的奏章，然后再做出一系列相应的决策。茅海建在《天朝的崩溃》一书中说："这种空前的高度集权的方式，对皇帝的人选提出了接近于神的要求，完全失去了合理性。朝廷的决策难以在具体分析和理性探讨的基础上做出，往往跟着君王一时的感觉走，尽管这种集权方式在真正的英明君主操纵下，可能会更有效率。然而，此时柄国的道光帝，却是一个资质平常的人。"

定海失陷的消息传来，那些驻守沿海的督抚害怕皇帝追责下来，他们会受到牵连。那帮朝中弄臣本来对于林则徐广州禁烟，早就抱着站在岸上看船翻人落水的心态，这时更是说风凉话的好时机。他们将所有的责难都推向了林则徐，造谣说："夷兵之来，系由禁烟而起"，"上年广东缴烟，先许买价，而后负约，以致激变"。这样的话听得多了，道光皇帝对林则徐的信任发生了剧烈的摇晃。

此时的大清国就像是一艘处于历史转弯处的巨轮，船长的驾驭水平往往决定了巨轮的命运。此时的道光皇帝究竟能在多大程度上控制清帝国的施政方针，没人知道，可知的是他并没有为自己博取一个高效支配皇权的声名，而他有限的支配能力也是通过军机处来表达的。

而在几位军机大臣中，当权时间最长的是汉人王鼎和满大臣穆彰阿。如果说此时朝中分为主战和主和两派，王鼎自是坚定站在主战一边，而穆彰阿则主张同夷人议和。也正因为在对英战和问题上持有不同立场，二人竟口生龌龊。

尤其是近一段时间，沿海地方官员的奏折隔三岔五就像是插了翅膀飞到军机大臣们的手里，令他们也感受到了战争的迫近。形势愈演愈烈，而身为帝国首辅大臣的他们也是闹得不可开交。王鼎敢于当着皇帝的面大骂穆彰阿是卖国贼，是当世的秦桧、严嵩，穆笑而避之。有一次见双方无法收场，道光皇帝只好做起了和事佬，对王鼎说："卿醉矣！"命太监将其扶出殿外。

当地官员因为得不到皇帝的命令，无从应对局势的变化，以致延误军机。道光皇帝虽是资质平庸的帝王，但是他还算不得一个混沌未开之人。坐在紫禁城里那张面南背北的龙椅上，每天被动地接受来自方方面面的信息。有一天，他突然发现那些论调相似、口径不一的信息让他越听越糊涂。他明明是竖着耳朵在听，可他对"夷情"却一无所知。

道光皇帝只能按照常规做法，将有守土之责的浙江巡抚乌尔恭额及提督祝廷彪革职，同时调派邓廷桢赴浙江主持军务，并兼署浙江巡抚。他让邓廷桢横下一条心，坚定守住一个"打字诀"。他谕令："无论夷船在于何处，会同浙江水师，合兵会剿，以期一鼓成擒。"

两日后，邓廷桢的奏折又到了，称其得知定海战况欲赴浙江，可又担心英军再犯福建，"转恐首尾不能呼应"。无奈之下，道光皇帝又令两江总督伊里布为钦差大臣，前往浙江主持军务。既然皇帝喊打，没人敢说不打。其实道光皇帝这时候也只是收到了英国已发动战争这样一个军事信息，至于为什么会发生战争，他还是心存疑惑。处理完浙江军务，他又愉快地肯定了林则徐用火筏烧毁英船的计划，在奏折上笔走龙蛇留下他最喜欢的六个字"所办可嘉之至"。

如果他能在自己处理的奏折上经常留下这六个字，他这个皇帝也就不用当得这么辛苦。可以肯定的是，林则徐于 1840 年 8 月前在广州采取的每一项措施不仅征得了他的完全同意，而且得到了他的大大赞赏。这个精明干练的南方人并没有辜负他的信任，他甚至一再催促对方赴任两江总督，走上更为重要的领导岗位。

一个新时代已经开始了，而紫禁城里的皇帝和大臣们还蒙在鼓里。在做出调遣几千名军队增援沿海的决定后，道光皇帝开始感到放松，并且生出盲目的乐观。他反过来安慰那些一天到晚在他面前愁眉苦脸的大臣，他说，英吉利逆夷滋事，攻陷定海，现已调兵合剿，不难即时扑灭。

正是因为有了这份疑惑，道光皇帝在一场半梦半醒的囫囵觉后做出了一个扭转时局的囫囵决策。向来谨慎的皇帝居然做出了一项破例的决定，谕令直隶总督琦善："倘有投递禀帖情事，无论夷字汉字，即将原禀进呈。"在天津接受外国人的投诉，本就不符合大清国体制，更何况投书者已有发动战争的行迹。

道光皇帝这么做也是病急乱投医，他已经厌倦了那些地方大员们五花八门的奏折。当他接到福建高级官员联名写来的奏折，建议采取措施，以获得更多的枪炮和武器装备时，前几日还"打字当头"的皇帝拒绝了这一合理性要求。他谕令代理两江总督裕谦，对于那些可能在他管辖地带沿海出现的夷人要多加防范，弄清楚他们是来递交请愿书的，还是来进攻的。只有确认了他们的侵扰行为之后，才能给予武力回击。

对于一个守成之君来说，在这个时候，突然用打破祖制这种非常规手段，自然会让那些立场本就不坚定的朝中大臣有了首鼠两端的借口。

道光皇帝急于想要了解英国人不宣而战的真实意图，就算是打，也要打得明明白白。难道仅仅是为了鸦片，好像又不完全是。道光皇帝对于英国人的态度就这样完全地、令人不解地发生了巨大的变化，尤其是对待林则徐的态度。他用前所未有的严厉话语斥责林则徐："外而断绝通商，并未断绝；内而查拿犯法，亦不能净，无非空言搪塞，不但终无实济，反生出许多波澜，思之曷胜愤懑，看汝以何词对朕也？"

此时的大清国已经走到了近代历史进程的第一个十字路口，由于被强力排斥于世界联系的体系之外而孤立无依，因此竭力以天朝尽善尽美的幻想来欺骗自己。在广东禁烟活动的初期，道光皇帝表现得较为谨慎，几次提醒林则徐"不至肇事边衅"，但后期的态度却日趋强硬，甚至给出"朕不患卿等孟浪，但诚卿等不可畏葸，先威后德，控制之良法也"这样强有力的最高指示。

道光皇帝态度的变化并非是立场上的根本性转变，而是他不谙形势所表现出来的虚骄。他在北方的大雪纷飞里根本不会想到帝国主义的军舰，会在南方的艳阳里掀起滔天风浪，更不会想到禁烟会成为一场战争的导火索。待到侵略者的军舰长驱直入，保守的皇帝又退回到原来的外交策略上来，试图消弭战事，当作一切不愉快都没有真实的发生过。

直隶总督琦善就是在这时候粉墨登场的，他与穆彰阿不同，此人先前是一个实打实的主战派。他亲赴天津海口坐镇指挥，并令地方官"暗备火攻器械"，岸炮与火攻并举。此时的他已经完成了天津的布防，只待英军北上就让他们有来无回。英国军舰抵近天津，最紧张的莫过于直隶总督琦善。身为京城所在之直隶省的总督，他负责拱卫北京，但却无防御的手段。因为在他这个总督之下并未设巡抚，要是发生事情或有所闪失，责任势必由他一个人扛。

琦善生于世袭罔替一等侯爵之家，故能不经考试径以荫生授刑部员外郎，远比辛苦参加科举的读书人轻松。他十九岁入仕，授刑部员外郎，二十五岁擢通政使司副使，三十岁任河南巡抚，三十六岁升两江总督（从一品）。据说有人来不及改口，见了升任总督的他仍称"小琦"。五十岁，文渊阁大学士（正一品），直隶总督，已是封疆大吏中的王牌。

早在民国二十年，蒋廷黻先生撰《琦善与鸦片战争》，已用确凿的证据和缜密的逻辑为他辩污，说他是"中国近九十年大变局中的第一任外交总长"，"审察中外强弱的形势和权衡利害的轻重，远在时人之上"。而英国学者蓝诗玲则认为，"琦善犯过很多错误，但是他享有皇族的优待，每次都能逢凶化吉。他是一个阅历丰富，广有人脉，乐于承担重大任务的人，他完全可以相信，就算他犯下大错，因旗人享有豁免权而能救他于困境之中"。

就在琦善收到道光皇帝命其接受"禀帖"上谕的第二天，8月11日，义律的舰队到达北京西南75英里的大沽口。当英国军舰畅通无阻地驶入白河时，两个大沽炮台就像是早就摆出了欢迎的姿态，炮台里的大炮沉默地矗立在原地，看来已经被遗弃了很久，显得破败不堪。

由于广东省一带布防严密，义律于是随自己的堂兄、英国海军总司令懿律挥军北上，没费周折就攻陷定海，并顺利抵达大沽口。义律此行还肩负一项特殊的使命，那就是将英国外相巴麦尊的信函交到大清国的皇帝，或者是宰相的手里。在河上游一英里的地方，他遇上了几艘战船护卫着的一艘官船。义律派了一名水手，登上那艘官船将信交到清国官员的手上。

琦善将英国外相的信函火速送往北京，并要求对方还要再等10天时间才能得到大清国皇帝的回复。而在这段等待的时间里，因为从舟山水井中取饮了脏水，导致英国舰队痢疾的爆发。义律把全部舰队散开，这是一个颇为冒险的决定，因为他们摆出的姿态传递出战争的信息。

在这一期间，琦善还派人给英国人送去了食品和饮品，尤其是他们喜爱的"油腻的动物肉"。为了摸清夷人的底数，道光皇帝谕令琦善与英国人进行谈判。这次会晤在两国无外交的历史上，是英方最接近北京的一次。这种会面的象征意义对双方来说都是显而易见的，对英国人来说是最美妙不过的事，但是在中国人看来是自贬身价，是令人无比恼火的让步。

这是 1840 年 8 月下旬的一天，道光皇帝并没有像往常一样来到太和殿接受朝臣们的叩拜。他昨天晚上连两个时辰的觉都没有睡到，不是没有时间，而是他睡不着。他前半夜批阅了各地官员传来的奏折，其中一个是修治东北防务，另一个是安排旗人孀妇的抚恤金，最主要的是他看到了英国外相巴麦尊的照会。

巴麦尊并没有奢望这封照会能够传递到大清国皇帝的手里，而是直接写给中国宰相。其中的主要内容是：被扣的货物（即鸦片）应按价偿还；凌辱大英领事威仪，应给予精神补偿；将派官员驻中国，管理英国人民贸易；割让沿海个别岛地于英国，所欠洋行款项，赔还英国债主。

道光皇帝似乎并没有将赔钱、割地和派驻领事此类要求放在心里，他的目光落在了照会中对林则徐的指控。他感到既喜且忧，喜的是英国人并没有多少动摇大清国体制的非分要求，忧的是他们认为两国关系恶化是因为林则徐的存在。

既然英国人指定林则徐是破坏两国外交的罪魁祸首，那么接下来，他这个皇帝需要做的事不言自明。这时候道光皇帝与林则徐的矛盾并没有通常所描绘的那样决绝，前者不过是动摇了对后者的信心，而这种动摇更多是来自时局的催迫，是一种被动的变化。

而此时的林则徐显然还没有意识到这种变化，他想得更多的是禁烟，以及禁烟带来的战争可能性。他甚至想到了，在海洋世界里与英国人展开正面交锋。要在凶险未测的海洋上战胜英国侵略者，就必须敌得过英军所恃的船坚炮利，使其长技亦为中国之长技。

林则徐试图说服道光皇帝，筹建一支船坚炮利的帝国水军。他奏称："以船炮而言，本为防海必需之物，虽一时难一猝办，而为长久计，亦不得不先事筹维。"他甚至提出：若以粤海关的关税十分之一"制炮造船，则制夷已可裕如，何至尚形棘手？"不想大清国皇帝读到此处，竟然勃然大怒，朱批道："一片胡言！"完全否定了林则徐的建议。后来，他在致友人的书信里无奈道："船炮水军万不可少，闻当局多有诋此议者，然则枝枝节节，防之不可胜防，不知何以了事！"

此时朝中并没有几个人能够理解林则徐这一计划的重要性，那些主和派连仗都不愿意打，又怎会想到去建立一支船坚炮利的海军？这个缓慢的、腐朽的古老帝国有着超出我们想象的承受力，人们见得太多，也习惯了从容而麻木地对待突如其来的变故。从官方的态度来看，定海的失陷，也只不过是天朝在一场与西方野蛮人的小冲突中输了一点颜面。不要指望，这个行将朽木的王朝能够从这样的失利中猛然警醒，改变自己的立场、态度以及传统的生活方式。

他们不但不会支持林则徐提出的"外海战船，宜分别筹办"的计划，反而提出了种种的谬说来打击林则徐。他们为此抛出了两个观点：一曰封海；一曰专于陆守，无须造船。这时候的林则徐完全没有料到时局的走向会如此艰难，他也只能在南方的天空下发出悠长的叹息"今之事势全然翻倒，诚不解天意如何？"对此，他感到无法理解，但又无可奈何，不禁切愤殷忧，发出了"时事艰如此，凭谁议海防"的慨叹。

英国人伯纳德这样评价林则徐，"他不考虑后果如何，只要能不受控制地实现他的意愿。他是刚强的，但不自私；他灵活，但老是坚持他原来的观点。"像林则徐这样的帝国官僚，他们坚信能够以武力来统治他的政府管辖下的人民和对付那些与他的政府接触的外国人，他们的长处也正是他们的短板，那就是对自己的事业有着不切实际的赤诚。

而此时远在千里之外的北京城，林则徐用满腔热忱拥戴的皇帝也陷入了前所未有的纠结之中。在看完英国外相巴麦尊的这封照会后，道光皇帝彻底失眠了。这封照会用了五分之三的篇幅对林则徐广东禁烟发出严厉的指控，后面才提出赔偿的五项要求。

天光微亮时，道光皇帝才迷迷糊糊地进入忧愁苦闷的梦乡。等到他再次醒来时，一个不算高明的想法在这个略显鲁钝，而又固执不已的皇帝脑海里慢慢成形，只要他顺着英国人的意思办，沿海的战争危机很快就会解除。相对一场危及帝国安全的战争，一个地方官员的去留又能够算得了什么？

　　既然英国人认为自己在大清国受到冤屈，那就给他们申冤。就像道光皇帝此时所认为的那样"英夷如海中鲸鳄，去来无定，在我者七省戒严，加以隔洋郡县，俱当有备，终不能我武维扬，扫穴犁庭。试问内地之兵民，国家之财富，有此消耗之理乎？好在彼在通商，又称诉冤，是我办理得手之机"。

　　道光皇帝曾经与一名即将上任的官员谈到为政之道，他说，一个国家就像是一所大房子，住房人如果随时粘补修理，自然一律整齐。若任听破坏，必至要动大工。他把自己这个皇帝混同于一般的住房人，一旦房子出现问题，他总是会习惯性地将责任推给官员们。他这个皇帝也只是其中房客，他所要承担的责任也不过是千万分之一。皇位带给他更多的不是责任感，而是道德的制高点。他站在这个制高点上，可以毫无心理负担地向官员们，也就是其他房客们发出责难。

　　于是，在他所颁布的上谕中，经常会责问他的那些大臣们是否具有"天良"。咄咄逼人的架势，好像有了"天良"这剂良药就可以包治百病。他甚至怀疑官员们拿着他给的俸禄，却不愿为君分忧，为国尽忠。在这种风气下，帝国的大小官员们索性做一个老老实实的撞钟人，也不愿做一个冒险担责之人，官场上粉饰之风盛行一时。

　　就在英国外相巴麦尊的亲笔照会传入紫禁城的第三天，这个智商平常且缺乏胆略的大清国皇帝，终于不用再在"剿"与"和"之间做无谓的摇摆。他的旨意来了个一百八十度转变，由先前的主"剿"完全倒向了主"和"。如此重大的决策，就这样在一夜之间发生了变化，而变化来得又是如此草率，如此简单。

　　从这一刻起，大清国的对外政策由抵抗转为"羁縻"，也就是用施恩的手段来控制那些不守规矩的外国人，以避免不必要的、代价高昂的战争。对于道光皇帝来说，这么做并不是妥协和投降，而是另一种形式的控制。他自以为看破了英国人的那点小伎俩，夷人毕竟是夷人，他们要的不过是他这个皇帝做出惩办林则徐的姿态，然后再恢复贸易，最多在货物的价格上还做出些许让步，两国的关系又可以回到1839年3月之前那些波澜不惊的日子里。

3. 道德的批判最是无情，也毫无意义

1840 年 8 月 12 日，两江总督伊里布接到来自京城的谕旨，事先毫无征兆。道光皇帝派其为钦差大臣，前往浙江主持军务。此前不久，他已经接到浙江巡抚乌尔恭额的咨令，浙江洋面上出现武装到牙齿的"夷船"。虽然他还不清楚此"夷"为何国之夷，但是并不影响他做出决策：若"该夷"闯入江苏海面，他必将动用军队将其驱逐出境。

伊里布的血统在满洲贵族里算是比较高贵的，他出身正途，是嘉庆六年的二甲进士，满族官员中少有的科班出身。他在体制内平步青云，四年间升迁七次，是道光皇帝最看重的四大总督之一（其余三人是两江总督陶澍、直总督隶琦善和湖广总督林则徐），并已由云贵总督迁任两江总督，且被看作善于镇抚边务之才，在云南对付"蛮夷"很是得心应手。

在伊里布看来，能够以钦差大臣的身份由两江而至浙闽主持军务，正是他扬名立功的好机会。可现实却和他开了一个玩笑，他的人生坦途将会在这场风云席卷的战争面前，走得异常艰难，直到将自己陷落于前所未有的境地。

他忙着在江苏沿海扩充军备、加固海防，浙江方面却突然传来定海失陷，镇海危急的消息。他把布防重点区域放在宝山、上海、崇明等地，在这些地方安置了 10000 人左右的清兵，以备作战。

在离开江苏之前，伊里布又调来安徽兵 1600 人，漕标兵 450 人，河标兵 900 人，援助江苏各海口。调江西兵 1000 人，支援苏州、镇江等地。这些举措，多少可以弥补当时江苏海防中的虚弱和不足。此外，伊里布在接到道光皇帝谕令，让他派江苏水师援助浙江海防时，便从江苏仅有的外海水师 2900 名中，抽出 2000 人，做好支援准备。此时的伊里布并无退缩之意，他的仕途生涯有四分之三时间是在云南度过的，他早就适应了云贵边疆那种有战则打，有乱则平的生活，反而不习惯混吃等死的太平日子。在他看来，男人获取功名的捷径在边疆，内地为官一圈，也比不了在边疆走上半圈。

让他没想到的是，如今在两江总督的任上，也会有战争的戏码可以上演。这让不安于宁和的伊里布很是兴奋，在应对方面表现出更为主动突进的一面。茅海建先生说，他是清朝官员中第一个未经请旨或奉旨，便调动外省军队的，第一个未经请旨或奉旨，便在军费、军火、驿递等于作战有关的诸方面，采取果断措施的。

在赴任浙江的路途中，伊里布还不忘上奏，向信任他的皇帝提出如何收复失地的策略，其中有：多设疑兵以分其众；阴遣间谍以败其谋；先攻其分据之区以孤其势；直捣其屯聚之处以溃其腹心。

伊里布在没有面对他的敌人之前，心中还是有所规划的，也想要从这场战争中捞取政治的本钱，而这一切仅限于他的谋略，而所谓的谋略不过是想象中的战场，而不是真实的战场，没有流血，没有硝烟。

伊里布怀揣着他对这场战争的想象抵达了浙江前线，才突然发现，他先前的精明干练都是纸上谈兵，他多年在云南边境积累的经验也派不上用场。那一刻，他只觉得头顶的阳光格外刺眼，让他原有的信心因为现实的暴晒而变得斑驳无力。

道光皇帝交给的他使命是收复定海，这确实让伊里布遇到了新的难题。定海孤悬海上，离大陆的镇海有30公里左右的海上航程，渡海作战需要有强大的水师海军和战舰。可当时江浙一带的海上水师是虚弱的，也没有强大的水师战船。

自认为有平乱作战经验的伊里布交出的第一份答卷就不及格，他要求朝廷调广东水师、福建水师各2000人，加上他在江苏集结备调的水师2000人，四省大军会合，联合进攻，收复定海。同时还要求赶造水师船只，以备水上攻剿。

首先给这份答卷亮出不及格分的是道光皇帝，认为他有拖延时间、互相推卸责任的嫌疑。不论伊里布出于什么样的动机，他的这一策略至少可以达成两个目的，一是四省兵力集结需要时间，使伊里布获得较为充分的准备时间；二是调派四省兵力，可以减轻自己的负担。

伊里布并不是一个轻率盲动之人，多年的官场经验造就了他凡事先要揣测圣意的习惯。他的这一建议不过是摆出一个姿态，一个试探皇帝反应的姿态。他不是一个贪生怕死之辈，在他看来，浙江水师和陆兵在没有充分准备的情况下去渡海攻击在定海的英军，等于去送死。他不是一个随便冒险之人，他也不缺乏勇气，他只是一个做事谨慎的人，从不随意去做一些没有把握之事。

他了解浙江等省水师和陆师的虚弱，海上交战难以施展发力。他并不愿意轻易出剿定海，去做一些无谓的牺牲。更何况，他这时候接到了道光皇帝的谕令："必须访察明确，断不可急图收复，冒昧轻进。"身为皇帝最信任的高级官员之一，伊里布心里其实很清楚，当时在北京的道光帝其实并不支持前线一些主战将领的攻剿计划。没过几日，道光皇帝的谕令又至，命令伊里布队南下的英军"不必开放枪炮"，"勿以攻击为先"。

自认为吃透了皇帝精神的伊里布索性按兵不动，将海上进攻定海调整为陆地防守镇海。殊不知，皇帝的精神并不坚定如一，它在风向不同的情况下也会自我摇摆。所谓把握皇帝精神，不过是要跟上这种自我摇摆的节奏。而这一刻，伊里布的"和"计正好踏准了道光皇帝的"抚"计。至于明日醒来，一切又会发生怎样的变故仍是未知数。

这时候，正值懿律率领英国兵船从天津大沽口向广东沿海返回，刚好到定海时，英国陆军上尉安突德在定海测绘地图时为乡民所拿获。这件事成了伊里布在浙江与英国人进行谈判交涉的一个重要砝码。

英方要求释放俘虏，伊里布要求归还定海。义律想以扣留商船来交换安突德，伊里布没有答应，并"谕令速赴广东听候查办"。

义律说："不释放安突德，我们肯定不会返回广东。"

伊里布回答说："皇帝格外施恩，准尔通商，尔等将何以报答？"

英方翻译官马儒翰说："通商是两国皆好，不是专为英国。"

伊里布又说了一些通商之事。马儒翰回话说："我等不为通商而来，也不要你们的定海。我们为伤国威而来，伤我们船又伤了我们的人，都是贵国钦差大臣做的事，如何讲法？"

伊里布说："林大人办理不善，已经革职。"

马儒翰等人说："此是贵国之事，似不与我们相干。"

伊里布最后说："我们办事，必令你们下得去，亦必令你们回得国，复得命。你们亦须教我们下得去，教我们奏得大皇帝，教我们大皇帝下得去。"

像他的父亲马礼逊一样，马儒翰不仅精通汉语，更熟悉中国的人情世故。

他曾经对英方人员说：中国人是讲外表的，但不诚恳，嫉妒，猜忌，好怀疑的厉害。他们一般是自私的，冷血的，而不近人情的。

甚至有人认为他就是中国人："马礼逊通晓汉语，有传其为汉奸之仕与夷者。"

马儒翰和他的父亲不太一样，其父马礼逊服务于广州商馆时，仍保留了自己的传教工作，仅仅将翻译当作一项迫不得已的兼职。在精神上，马礼逊一直保持着传教独立性，并对英国人的鸦片贸易表示过不满和愤慨。而马儒翰则好像没有其父的原则立场，他在对华交涉问题上，与英国商人和官员基本未发生异议。

虽然以战俘换定海的计划未能得到实现，但伊里布和懿律之间还是有着某种心照不宣的约定，而这份约定与后来的浙江停战有着密切的关系。英方不知从何种途径获知，清国皇帝曾经下达过"不可相拒交战"的谕旨。因此在谈判的过程中，懿律等英方代表要求伊里布明确表示自己已奉到这一谕旨，同时，他也将下令英军停止敌对行动。

张喜本是一个名不见经传的小人物，在中国历史上，我们可以经常看到，一些毫无官方背景的小人物，而他们常常有着令人吃惊的表演。而小人物张喜便是这一时期不可忽视的一位小人物。

伊里布当时并没有马上向北京方面上奏，而是先派自己的家臣张喜去和英国人谈判。根据张喜留下的文字记录，他于 10 月 25 日和 27 日两次渡海，第一次登上英国的船，他见到了义律和马儒翰，第二次登上了英旗舰"威厘士厘"号，与懿律直接面谈。

在第一次与义律见面过程中，义律还取出自己珍藏多年的洋酒作为己方的诚意。张喜只是一个随侍多年的家仆，深得伊里布的信任。此人虽然身份地位不高，但是深谙官场之道，他曾经是体制内的一名小吏，在权衡利害之后，他毫不犹豫地放弃了自己体制内的身份，投身伊里布门下。此次伊里布为了在谈判中向英国人表明官方色彩，特地让他着六品顶戴。

张喜将伊里布的照会交到义律手上。翻译官马儒翰说："只有公使大人在此，统帅大人不在火轮船上。"

张喜笑了，他充满自信地说："有公使大人也可以相商。"马儒翰也笑了，不同的是他的脸上流露出的是一副不以为然的神情。

张喜等人参观了船上的大炮火器等物，赞叹其制造之巧，马儒翰说："贵国之人，亦能此否？"

张喜说："此技虽巧，天朝之人，用心不在于此。"

马儒翰不解道："彼之用心何事？"

张喜说："我国用心在文章。"

马儒翰轻轻地摇了摇头说："文章亦然，此事亦要。"他随之介绍起船上的大炮具有先进性，可打九里，并可攻城，极为精巧。并说："中国大炮亦好，但药无力。"

张喜说："炮虽好，彼此罢兵不用，更好。"

义律等人在船上款待了张喜等一行3人，双方的谈话虽然在友好的气氛中进行，但是并没有取得实质性的进展。大部分难以达成统一意见的谈判往往都会陷入尴尬的境地。

这次会面，双方交涉依然围绕着两个方面的问题展开：一是懿律要求释放安突德，二是关于归还定海之事。

懿律随手取过一张地图，在上面标明地界，暂归英国人管理，等广东事定之后，即行归还。义律将图纸交给张喜，让他带回去交给伊里布。同时照会伊里布，表示即将南下，并称将约束部属"不得驶至大港巨河，惊动士民"。随即，懿律宣布浙江停战。

懿律想送一些礼物给伊里布，以表达他想要结束这场战争的诚意。张喜觉得收受外国人的礼物有碍体制，不敢贸然收受。茅海建认为，浙江停战是伊里布的"杰作"，他以臣子的身份，巧妙地接受了道光帝"圣旨"规定的任务。停战使他避免了毫无胜利希望的武力进攻定海的战事，避免了难有中意结果的外交谈判。而原本由他承担收复定海的责任，此次竟不动声色地转移到负责广东谈判的琦善身上。

在这期间，伊里布在浙江采取的是以守为战，按兵不动。他每隔三五天就向道光帝上奏说明情况，准确地说是为自己按兵不动找各种理由。需要购备火船，准备战具；需要从安徽、湖北、湖南调官兵以补充兵员；作战计划已经确定，但是炮、兵还没有到位，需要时间；炮、兵到位了，但是其他工作还没有到位。

紫禁城里的主人根本就没有足够的耐心等候久拖不决的谈判结果，更不想听伊里布编造的各种理由，而朝中那些好战的官员早就按捺不住了。伊里布并不高明的招数让摇摆不定的道光帝很不满意，他下令伊里布"痛加剿洗"，可伊里布还在"拖延观望，畏敌拒绝进兵"。道光帝一再催促，他却和皇帝打起了嘴官司——制夷之策，在严守不在力战。

按照帝国官场的通行法则，没有人敢和皇帝反复讨价还价，就算皇帝是个资质平庸的家伙，也不容做臣子的动摇他的王者荣耀。冒犯皇权就等于冒剥夺荣誉、官衔的风险，但伊里布就像是不管不顾豁出去了。道光帝在紫禁城里再也待不稳了，每天不是从养心殿踱步到军机处，就是从军机处踱步回养心殿。发往浙江的谕旨越来越急，措辞也越来越严厉——倘事前不知筹度，临时坐失机宜，朕唯伊里布、裕谦是问，恐不能当此重咎也。

伊里布知道自己已经在皇帝面前失宠，而他补救的路径只有一条，那就是亲手收复定海。随着道光帝一道道攻克舟山的严旨，伊里布应对北京方面的奏折也越来越言不由衷，尤其是获知其已被免差后，忙乱中的他竟逼得自己进入一种失控状态。他甚至胡乱编造了所谓的进攻计划：派兵3000人为主力，另捐银一万两，在舟山密雇乡勇；若英军拒不归地，内外结合同时并举，进攻县城，若一时不能取胜，便在岛上据险分驻，以图后举，云云。

伊里布并不是一个混日子的庸官，他的利害账算得比谁都清。有时候聪明反被聪明误，在容不得半点不同意见、强求一致的政治体制和君主作风下，他也没有多少闪转腾挪的空间。

伊里布的命运其实与林则徐、琦善等人并无实质性的区别，不管他们在前线如何努力，还是不能如他们的皇帝所愿，最后还是做了命运女神所厌弃的倒霉鬼。诚如美国学者小弗雷德里克·韦克曼先生所言："任何一个处在林则徐地位的官员都会同样遭到失败和受到处分。在这些年间，对钦差大臣的每一次任命都体现着清帝的这样一个决心：在不损害他自己所提条件的情况下，保持和平与秩序。因此，鸦片战争的历史就是这种决心受到英国人反复打击的过程。最后，清帝的这个愿望终将破灭，但是在此以前，他派的代理人员面临着一种矛盾的要求：既要讲和，又不许让步。这就是林则徐进退维谷的处境及其继任者的悲剧之所在。"

1841 年 2 月 7 日，伊里布突然收到新任广东钦差大臣琦善发来的六百里飞咨，告之英军将归还舟山。真是天上掉馅饼，他一面奏报道光皇帝，一面安排家臣张喜前往舟山与英军对接。就在此时，他也接到新任钦差大臣裕谦的咨会，说他已经被就地免职，让他尽快回到两江总督任上。

伊里布陷入极为被动的境地，更让他心乱如麻的是，新任钦差大臣裕谦还没到达浙江，就传来一份措辞严厉的咨会：俘虏的英国人安突德不可释放，本大臣尚须查讯！

伊里布这才觉察到形势的紧迫，他自作聪明地一反官场常规，决定弃新任钦差大臣裕谦的咨会于不顾。他不能坐等裕谦上门，他要在对方抵达浙江之前，从英国人手里收回舟山。

伊里布派出 3000 人的军队，押解着英方最看重的安突德，与英国人进行孤注一掷的谈判。若英军归还舟山，便放了安突德等人；若是英军不归还舟山，便杀了安突德，两军开战。

这一次又是小人物张喜孤身登上英国军舰，英国人看着眼前这个瘦弱的清国冒牌官员，他们既赏识又很是不解。英国人郭士力问他："区区定海，何必追讨若此？"

张喜说："中国寸土为重，定海一县，岂肯轻易与人？"

郭士力说："既以寸土为重，何以我们初到之时，并无一兵一炮卫守？"

张喜说："我朝以德服人，不在兵威。"

郭士力不屑地笑道："我们要取宁波也是一件容易的事，我们船坚炮利，有攻必克。"

英军不出意外地撤出定海，也因此成就伊里布导演的一场与时间赛跑的抢功劳的戏码。当那些姗姗来迟的大清国将军们骂骂咧咧进入英军放弃的空城，他们想的是谁的功劳最大。伊里布的指挥船象征性地停靠在岸边，当清军复据舟山的消息传来，他长长地松了口气。

伊里布再奏道光帝，用小说笔法编造了一段收复舟山的场景："我兵丁于初四日（24日）午刻齐抵定海，该夷半在城内，半在船中，是我兵到彼，胞祖（英军指挥官）等即缴纳城池，城内各夷立即纷纷退出。……胞祖等免冠服礼，声称伊等将城池交献后，即于初五日全数撤退……"

伊里布将一场闹哄哄的滑稽剧改编成为具有大国外交风范的正剧，事实上，在整个鸦片战争史上，我们很难找到完全不撒谎的清廷官员和将领。他们在入侵者方面并无称道之处，有时候就像是无头苍蝇，无论是外交手段还是武装策略都难以找到行之有效的办法。可是一旦让他们进入自己所熟悉的领域，回到大清国的官场上，他们就像是换了一个人，无论是政治手段还是揽功的招数都运用得驾轻就熟。

当伊里布为迎合道光帝而编造的这段奏折抵达紫禁城时，并没有博得君王欢心。面对这样一小撮英军，不能围而歼之，却放其南归。尤其是广东军事失利的消息不断传来，道光皇帝的愤怒情绪越发难以抑制，自己所倚重的几个大臣不是惹火烧身，就是放虎归山。

伊里布本来只是被撤销钦差大臣的差使，不甘心就此了结的道光皇帝又给新任钦差大臣裕谦下谕旨，要他查明"伊里布与英人有无通信馈送之事"。

随后不久，道光皇帝接到裕谦密奏，伊里布家人张喜到夷船探视，伊里布私接英夷赠送的洋呢 3 匹，哔叽 10 匹，洋布 20 匹，千里镜 1 件，镀金钮 1 盒，伊里布收了交由粮台充贮。但夷人退走的时候，这些礼品也退还给他们了。至于张喜，听说夷人送过他礼物，但到底是什么，就不得而知了。

道光帝在接到这份密奏后，内心蹿出的怒火恨不得点燃整个养心殿。他谕令，带小人物张喜来京，交给刑部讯问，遣戍军台。同时下令解除伊里布的所有官职："拔去双眼花翎，暂留两江总督之任，仍带革职留任处分，八年无过，方准开复，以观后效。"

伊里布到达北京后，道光帝又派王公大臣会同刑部对他进行了传讯，想要找出一些罪状，结果什么也没有讯问出来。事实上，伊里布与英国人之间并没有实质性的利益交换，无非是他赏给英国人一些牛羊，而英国人回送了一些洋银，仅此而已。茅海建先生说，道德的批判最是无情，而批判一旦升至道德的层面，事情的细节便失去了原有的意义，至于细节之中所包含的各种信息、教训更是成了毫无用处的废物。

就在伊里布与英国人在浙江沿海纠缠不休时，中国的南方天空之下更是风起云涌，一时之间这里成为整个中华帝国的焦点所在。

4. 有来路，却没有退路

1840 年的夏天，南方的暑气火力全开，午后的沉闷像是被人活活憋死在心里的一股怨气，被时间无限拉长。一贯以沉稳练达示人的林则徐穿着粗布的蓝色袍子，略显肥胖的身躯使整个人看上去平添了几分威严。大多数时候，他的嘴角挂着谦和的微笑，表明他对身边的一切算是满意的。

可是这几日以来，向来沉稳有余的林则徐显得躁动不宁，就连最拿手的一遍即过的奏折也要字斟句酌，反复修改。比如今日这句"倘所递之词有涉臣等之处，惟求钦派大臣来粤查办"，他也是犹豫了半天才写上去。

林则徐知道，这个世界的风正从海上吹来，而他极有可能会被这阵风吹到更远的地方去。他已经无法兑现当初对道光皇帝的承诺，禁烟不止，边衅

168

已开。那个曾经给予他无上荣光的君王，这时候在紫禁城内早就气得跳脚了，而他这个钦差大臣在广州城里大刀阔斧的好日子就要结束了。他倒不是害怕皇帝追究责任，他在广州城里的所作所为无一不是请旨或是奉旨的结果，皆有案可查。如果说，他此时还有什么可担心的，莫过于道光皇帝偏信英方公告中诸如"粤东大宪林、邓捏词假奏请奉皇帝停止英国贸易"的一面之词，或是君王的耳朵里只能听进去那帮"主和"大臣对他的攻讦之词。

他无法左右别人，只能做好自己该做的，其他的就留给上天裁定。为了表明自己的清白，他主动要求钦差大臣来广东查办。道光皇帝接到林则徐这份奏折没过几天，就接到了英国外相巴麦尊的那封照会。于是，他没做过多犹豫就答应了英国人将对林则徐"逐细查明，重治其罪"。与此同时，他连续向直隶总督琦善发去两道决意主"抚"的谕旨。

1840 年 8 月 30 日早上，以直隶总督琦善为首的地方官员，以及懿律和义律为首的英国军人和部分商人集聚在天津大沽口，这是中英双方谈判的现场。热情好客的中国人再次用仪式化的礼节、优雅的环境和丰盛的食物款待来自海洋世界的客人，准确说是来自海洋世界的入侵者。

琦善显然是做了精心的准备，他身穿一件淡雅的蓝色丝绸长袍，脚上蹬着一双白色绸缎的长靴。头上戴着一顶装饰着孔雀翎的草帽。他先于英国人到达现场，在中国的繁文缛节之中，这也是对客人礼节性的尊重。琦善此行的目的只有一个，能够与英国人达成谅解。在此之前，道光皇帝已经向他反复交代了应对策略。当然，在谈判没有开始之前，所有的预案都是建立在互惠互利的基础上。一旦谈判的大幕拉开，情况就完全不一样了。

中国人的待客之道讲究是应接不暇的烦琐，当琦善把懿律和义律两个人领到谈判的帐篷里时，见过世面的英国贵族还是被眼前一幕震惊到了。在他们面前摆放着一道道精美的菜肴和一个个看上去价值连城的珠宝玉器。这就是琦善的策略：给予英国人大量的礼物、无数的恭维和友谊的表示，让他们觉得羞愧，不好意思再提战争的事。

吃饱喝足之后，英国人摇晃着身子刚要离开宴席，有人礼貌性地伸出手来将他们换往另一场宴席，开启新一轮的吃喝。一个上尉回忆说，他们赐的是"精美的牛羊肉、燕窝汤、海参和蔬菜炖肉，花样和数量之多，给这场盛宴以新颖和奇特的气氛"。或许是觉得节目还不够丰富，或者作为中国军事力量的无力展示，大清国的士兵开始向他们的外国友人炫耀他们的弓箭和18世纪的枪炮。

在义律的回忆描述中，琦善的态度十分自然和沉静，他非常谦恭有礼地接待了他。这个大权在握的大清国官员，是这个国家最重要的人物之一。在这场中国式美酒佳肴的宴席上，英国人义律花费了六个小时时间在琦善面前重申了外相巴麦尊的立场。

当话题转到赔偿的时候，直隶总督琦善显得强硬起来。当听到英国人要求大清国赔偿2万箱被缴没的鸦片时，琦善当即表示反对，但是他对自己的反对态度做了另一番注释——这种反对态度只是他一个人的"观点"，并不能完全代表皇帝和其他官员的态度。

在义律看来，琦善应该是他见过最谦卑的清国高官。在此之前，他所面对的那些清国官员都是用一种居高临下的姿态面对他们这些"夷人"。琦善实在是一个圆滑老到之人，一整天的谈判就在他的左闪右躲中进行，并未达成任何结论。某个时刻，义律甚至产生了谈判根本没有必要进行下去的感觉。

或许是为了迎合英国人的强硬姿态，琦善以一番婉转的表达，缓和他断然拒绝赔偿的态度。在琦善躲闪某个瞬间，义律还是捕捉到了对方的心意，那就是：广东发生的事情还是回到广东解决。琦善还给出一个重要的信息，道光皇帝打算撤掉林则徐，并对此人过分的行动进行惩罚。这句话显然让义律和在场的英国人感到震惊。林则徐在朝廷中已经失宠的事实，这也让他们明白，大清国皇帝对他们这帮鸦片贩子的态度有了180度的大转弯。

会见结束的时候，琦善暗示英国人，自己有可能会接替林则徐担任钦差大臣并前往广州，他敦促义律和他的部队回到广州。广州作为大清国唯一的对外贸易口岸，是外国人理应居留的地方。言下之意，让英国人的军舰远远地离开北京，离开他们的皇帝。

或许是听说林则徐即将被撤职，又或者是大清国所表现出来的暧昧态度让他们觉得还有文章可做。义律带着他的舰队有所满足地离开了天津。这种突然的离开让先前绷得紧紧的时局突然松弛下来，也因此削弱了英国人的攻势，使道光皇帝和他的官员们错误地认为，入侵者并不想发动一场没完没了的战争。

漫长而胶着的商讨并没有取得实质性的进展，结束的时候，义律并没有鞠躬，而是伸出手要与琦善握手道别。西方人的礼节让人难以理解，琦善虽然没有与他们在正式场合打过交道，但见过大场面的他很快就明白了对方的意图。他也伸出手，两个人的手在空气中试探性地接触，然后紧紧地握在了一起。

义律从琦善不情愿伸出的手，以及油腻的面孔流露出的那份尴尬笑容，看出这个清国的高级官员正在学会适应，学会向他的对手做出无奈的妥协。义律知道，大英帝国的舰队让中国人心里生出了胆怯之意，他在写给外相巴麦尊的信中说："众所周知，（这个国家的皇帝和官员）对我们的进取精神感到非常恐惧。"

这支远征军到目前为止，一切都进行得很顺利。然而身为驻华商务监督的义律却总是一副心事重重的样子，在这次远征军任务目标的认定上，他和自己的堂兄，也就是这支军队的总指挥懿律的看法并没有达成一致。

乔治·懿律认为，既然军舰已经抵近这个古老帝国的心脏，当然以压迫清国政府屈服为首要目标；即使开战也在所不惜，大英帝国的名誉比什么都重要。

但是，商人出身的查尔斯·义律有他自己的看法，所有的手段都是为了服务于贸易这个目标，绝对不可以为了战争而战争，那样是赔本的买卖。

在占领舟山后，二人却出人意料地禁止鸦片的销售。或许是因为考虑到舟山离北京太近，此时的他们还不想彻底激怒那个一天到晚困守于古老宫殿里的皇帝。那个因为林则徐禁烟差点被赶回国内的鸦片贩子马地臣为此非常不悦，他在一份备忘录里写道："对于海军司令懿律关于舟山鸦片贸易的禁令，我们深感不安，这表明了某种背叛，这使我们对义律船长产生高度警觉和不安。但是，他们无意增加战争的开支，只能通过对华鸦片贸易获得军费，既然如此，我们认为，他们就不能不对鸦片贸易给予一定的容忍。"

懿律和义律同意南下，这让道光皇帝和他的谈判大臣琦善都为之松了口气，也为之骄傲。大清国皇帝一度丧失的勇气又重新回到了身体里，他不无豪迈地写下"片言片纸，远胜十万之师"。他对琦善的工作很是满意，也给了最合适的褒奖"所晓谕者，委曲详尽，又合体统，朕心嘉悦之至"。

道光皇帝主"抚"的决意，在琦善的一手操办下，让逼近北京的英国舰队又返回广州。而这显然不是林则徐愿意看到的一幕，他恳求道光皇帝能够暂时忍耐一下，不要安抚这些夷人。他敦促采取军事行动，而不是外交策略，因为英国人不会因为中国人的妥协而满足。他在写给道光皇帝的奏折里表达了这样一层意思：英国人得到的越多，他们索取的也就越多，如果不能以武力征服，我们的麻烦就永远不能了断。而且如果不处置英国人，其他外国人完全可能效仿，甚至比他们更过分。

林则徐的恳切之言并没有动摇皇帝的决心，反而为自己换来了措辞更为严厉的斥责：如果有人效仿，那个人就是你。你想恐吓我，就像英国人恐吓你一样。

英军南下，回到他们本来应该回到的地方；随着英军南下的还有被道光皇帝委以钦差大臣的琦善，准确地说是第二位派往广东"查办事件"的钦差大臣。虽然琦善已经事先有所耳闻，林则徐在广东已经待不下去了。可是他没有想到的是，皇帝给自己的嘉奖，居然是将他派往广州接替林则徐。

离京之前，道光皇帝也同样单独召见了琦善。至于君臣二人究竟说了什么，并无第三者在场。根据先前的一道谕旨，道光帝的圣意不外乎"上不可以失国体，下不可以开边衅"这样的论调。

与琦善得到重用形成鲜明对比的是浙江巡抚乌尔恭额，道光皇帝将其拿问解京，交刑部审讯，罪名是拒收"夷书"。

10月中旬，林则徐被革职。当这位受到羞辱的官员仓皇离开广州的时候，几百名支持者挡住了他的去路，请求他留下来，鼓舞他并送他礼物，但是都被林则徐一一回绝了。在接到被免职的谕令时，他并没有表现出难以理解的激烈反应。

沿海形势吃紧，战争一触即发。英国人乔治·懿律率领的以"鳄鱼"号为旗舰的舰队，在北上天津的途中，封锁厦门，炮击定海，直如摧枯拉朽，最终迫使道光皇帝完全转变了对英国的强硬立场。对林则徐来说，这帮冥顽不化的夷人实在让人看不透，而他们强大的武力更是让他感到不可理解。尽管如此，他还是固执地认为，英国人没有资格，也没有条件向大清国宣战。

这些时日以来，在搜集并阅读了大量关于西方世界的资料后，这个务实且精明的清国官员坚定地认为，英国人在中国沿海挑起战争是愚不可及。

日趋紧张的形势让林则徐也陷入困境之中，他已经做好了接受更糟糕的命运。他的心情变得异常沉重，"彻夕为之不寐"，担忧时局"若以一着之差，致成满盘之错，如何维挽耶？"

在广州官员为他准备的送别晚宴上，当他得知曾经协同他整顿海防，查禁鸦片的战友，刚刚从两广总督任上调任闽浙总督的邓廷桢也要被召回北京，他不禁发出一声悠长的叹息。茫然四顾的林则徐在写给广东巡抚怡良的信中，不无感慨道："贱子于一身荣辱祸福，早不敢计，只求无伤国体，可做后来，微躯顶踵捐糜，亦所不惜！至船炮乃不可不造之件，今读邸报，更切心寒。"他已经打定主意，在不得不上表辞官的同时，也要力陈制船造炮的抗敌主张。

就在林则徐准备前往北京接受朝廷审判时，他接到"折回广东，以备查问差委"的公文。这让他感到非常安慰，但同时也让他烦恼不已，因为他被命令留在广州，辅助琦善与英国人继续谈判。

这个被疝气和头晕病折磨已久的清国官员，对于自己能否留在广州有着深深的忧虑。宦海沉浮近三十年，从京官的编修、御史到外官的监司、督抚以至钦差大臣，宦踪所至，从东南沿海到京都之地，从中原腹地又回到沿海之地。而这一次与以往任何一次都不同，如同沿海天气一般多变的官场气候已经不足以说明一切。相比身体的疼痛，对于命运和形势的无力感更让他难以消受。他虽然身处于"罪臣"的地位和等候发落的逆境，但始终考虑的是如何尽可能地缩小天津议和对广东防务的影响。

如果此时的林则徐能够正视这样一个现实，英国不是一个仰视天朝上国的仆从之国，而是一个早就屹立于世界之林的强国，他或许会坐下来与义律会谈，找出双方的分歧。他在没有实现自我觉悟的情况下，仅仅依靠一群逐利的行商和无知的官员搜集情报并执行他的政策，结果可想而知。

林则徐和他的对手义律虽然处于不同的国家立场，有着不同的利益取舍，但他们都是将各自的事务交由一群不称职的人来处理，这对双方来说都是不幸的。义律讲过一番话或许有些道理，他说："呈报给中国高级官员的与外国人有关的事件中，一百起总有九十九起的处理要根据腐败的下层官员的报告，而高级主管官员无法觉察出错误，或者在出错后改正错误。"

尽管紫禁城里发出了种种不现实的指示，尽管受制于不合时宜的王朝体制，有一点不能否认：林则徐并没有采取灵活变化的方式应对时局，而是选择了一种固执的、不妥协的方式。而这一切，都是建立在传统儒家士子的是非观念和道德观念基础上的。

5. 现实是如此不近情理

如何应对来势汹汹的英国侵略者？琦善其实心中没底。他用了将近两个月的时间，才从京城不紧不慢地进入广州城。有人说，他比一年多前林则徐来到广州还少用了四天时间。此一时彼一时，此时的清国正处于战争的边缘，而林则徐一年前是来这里禁烟，琦善则是来这里安抚。

琦善一定会暗暗地在心里拿自己与林则徐比较，他对自己此行并不抱有乐观的态度。不但不乐观，甚至有些悲观。无上的荣耀本来就已经埋伏了巨大的凶险，他无法拒绝荣耀，更无法拒绝凶险。

他是一个极度敏感，且有主见的人。他很清楚，自己只有一条路可以走，并且极有可能是绝路。英国人开出的价码与道光帝向他亮出的底牌差之千里，他纵有通天之能，也无法平衡与调和。

可就在不久前，他还是成功地劝返天津大沽口的英国军舰。可让他没想到的是，他会随着南返的英国军舰也来到广州。1840年11月20日，义律由舟山南至澳门。次日，英国军舰"女王"号前往虎门递送伊里布致琦善咨文，结果招致沙角炮台守军发炮轰击，被迫退回。29日，琦善由北京南下抵达广州。

琦善抵达广州做的第一件事就是，追究沙角炮轰"女王"号的肇事者的责任。谁胆敢在这个节骨眼上向英国人开炮"肇衅"，分明是故意破坏两国谈判的气氛。他甚至要处分镇守沙角炮台的指挥官陈连升，"罪副将以谢夷"。由于广东地方官员抵触，琦善才心有不甘地收回成命。

与此同时，琦善又派出自己的心腹亲信：直隶守备张殿元、白含章和由山东带过来与英国人谈判的翻译鲍鹏，代表他"登舟服礼"，向英国人表达己方的歉意。在这里有必要交代一下鲍鹏，他的存在犹如张喜之于伊里布。此人曾经受雇于英国头号鸦片贩子颠地，在英国人和美国人手下当过买办，也给广州的富豪们当过鸦片供应商。林则徐在广州禁烟时期，这家伙吓得像狗一样逃到山东藏匿起来。如今跟着琦善回到广州，一副衣锦还乡的傲慢姿态。曾经和他打交道的政商圈子里的人看到他"头戴铜扣暖帽"、身穿"深褐色缎子"长袍，脚蹬厚底儿黑色缎面长靴，他们既感到不可思议，又觉得有几分滑稽可笑。

鲍鹏还在澳门拜访了自己昔日的主子颠地，当他趾高气扬地出现在英国人和行商面前。那些对他知根知底的人不但没有改变对他的看法，反而更觉得他既可怜又可笑。虽然他板起面孔说："如果你们以为我是小人物，那就大错特错了。我可是个大人物，我手里抓着和平，抓着战争。我要是张开手，就会和平；我要是合上手，就会打仗。"

有人故作夸张地高声喊了一嗓子："我的上帝，鲍，你太伟大了。"

中国历史从来不乏小人得志，可是将这样一个小人物放在负有如此重大责任的位置上，实在是令人感到不安和忧虑。就连英国上尉也说，他是一个令人难以忍受的骗子。魏源也说，鲍鹏出现在两国的谈判桌上，使英国人"益轻中国无人矣"。

在当时的广州，像鲍鹏这样在中英双方之间两头来回吃的中国人不在少数，谁给他们提供生活来源，他们就给谁干活。林则徐曾经也将这样一些人召入抗英禁烟的队伍里，并将其称为"以奸治奸，以毒攻毒"，不过不会将其放到重要的位置上，充其量只是一个"线人"。有奶便是娘，这些人"一旦裁使失业，相与彷徨口岸。夷专倚奸目二人，转相煽引，尽出而应夷招。内外海口水道浅深避就，夷非引水无从谙悉者，至是亦为所泄"。尤其是在英国舰队回到南方后，他们又纷纷为英国人提供服务。一个英国上尉说："这是一个多么神奇的国度啊……他们在一个地方和你做着买卖，但是在另一个地方，他们又会与你作战。"

让琦善没有想到的是，林则徐"以奸治奸，以毒攻毒"的招数后来反倒成了他无法摆脱的一个罪证。道光二十二年（1842）二月，虎门失守以后，钦差大臣、江苏巡抚裕谦上了一封弹劾琦善的奏折。他说："乃闻琦善到澳后，遣散壮勇，不啻为渊驱鱼，以致转为该夷勾去，遂有大角、沙角之陷。"裕谦在这里攻击琦善的意思不外林则徐在广东的时候，编收本省壮丁为团勇，琦善到广东后则反林所为而遣散之。这班被撤壮丁就变为"汉奸"，英人反得收为己用。

对于琦善的到来，此时的林则徐虽然心有悲愤，但是他又不便发作，也不能发作。琦善进入广州城的当天，林则徐并没有出现在欢迎仪式的现场，只是派人打着自己的旗号到城门外迎接。他从此开始闭门谢客，对外宣称"杜门省愆，不敢过问"。琦善曾经登门做礼节性的拜访，他也托故没有与其见面。连日来，他也只是将自己关在寓所里，或给亲朋写信，或"竟日作字"，强行抑制自己的感情。

林则徐的冷眼旁观也不是没有道理，琦善在广东除任交涉以外，且署理两广总督，有节制水陆军的权力和责任。在他到任不久，曾经当面向广东巡

176

抚怡良宣布双方的分工："夷务"该由我这个钦差大臣"专办"，"不便稍为宣露"，巡抚"专管地方事件"，无须过问"夷务"。在此后与英国人的数轮谈判中，他用的还是自己的心腹张殿元、白含章、鲍鹏三人，"一切不复商诸巡抚，即司道以下，非召不能入谒"。

在一个多月的时间里，双方就这么客客气气地展开了10余次谈判。此时的义律失去了其堂兄懿律的掣肘和帮助，后者因为心脏病发作，辞职返回英国本土。此时的他成了英国驻华的全权代表，并且是唯一的。

英国外相巴麦尊在《致中国宰相书》的基础上，又拟就了对华条约草案。并开出了更为苛刻的条件：开放广州、厦门、福州、上海、宁波五个通商口岸；英国政府可在各通商口岸派驻官员，与中国政府官员接触；割让沿海岛屿；赔偿被焚鸦片；废除行商制度，并赔偿商欠；赔偿军费；未付清的赔款以年利百分之五计息。

茅海建先生说，如果巴麦尊在《致中国宰相书》中开列出全部要求，必会遭致道光帝的严拒，就不会有主"抚"这一层波澜，更不会有琦善的广东之行。

琦善与英国人在温暖的南方谈得热火朝天，而在遥远、寒冷而又安全的北京城里，焦虑难安的道光皇帝和他的军机大臣穆彰阿、王鼎等人也只能无奈地等待着琦善与英国人的谈判结果。英国人开出的这份清单，与道光帝能够接受的底线相去甚远。他所能够接受的无非是惩办林则徐，准许英国人在广州恢复通商，部分赔偿被焚鸦片，同意中英官方文件来往用"照会"。

若不是英国军舰北上，道光帝根本就没拿这帮夷人当回事，即使坐下来谈判，他要的也是堂而皇之地解决问题，而不是一味地让步，任由英国人在那里一二三四地比画。当琦善将英国人开列的要求一次次传到北京，道光帝再也坐不住了。

他谕令琦善："看此光景，该逆反复鸱张，恐难以理喻，必当一面论说，一面准备，多方羁绊，待其稍形疲惫，乘机剿戮，方可制服也。"

随着形势步步趋紧，道光帝不得不重新确立对英政策，甚至有转抚为战的倾向。他在谕令中表示："夷情叵测，包藏祸心，已非一日。彼欲肆无厌之求，我当有无虞之备。着琦善详加体察、密行侦探，一面与该洋官善议戢兵，一面整饬营伍、遴选将弁，枪炮务须得力、船只必堪驰驾，妥为布置，毋少疏虞。"

如果谈判有用，还要船坚炮利做什么？在遥远的英国伦敦，外相巴麦尊也对中国广州的这场谈判报以怀疑的态度。他并不能保证自己有足够的耐心等下去，他已经在训令中明确主张用舰队和大炮来说话，对方要么接受条件，要么动武，不必纠缠于没完没了的谈判。

义律作为英方唯一的全权代表，而琦善身为大清国在广州的首席钦差大臣。他们虽有"全权"之名，可根本就没有讨价还价的权力。他们的主子巴麦尊和道光帝早就为他们画好了圈，定好了游戏规则。这就像是画好圈的孙悟空一个跟头翻到十万八千里外，法力无边的圈也就被各自的人性破坏得失去了效力。天高皇帝远，义律和琦善都利用这遥远的距离，在属于他们的谈判桌上，一次又一次偏离了轨道，跳到了圈外。茅海建先生说，所谓广东谈判，实际上是义律越权、琦善违旨的活动，其中义律走得比琦善更远。

此时的义律来华已有 6 年时间，从随员升至驻华商务总监、到全权代表，他的心情从未如此好过，就像这南方亚热带季风性气候，冬天也是一样的温暖宜人。在与邓廷桢、林则徐等广东大员打交道的过程中，他都是居于被动应对的状态。谁知道误打误撞一路北上，竟然逼得这个老大帝国仓皇应对。那个曾经让他头疼不已的林钦差已经被晾在一边，与他对等交涉的是琦善这样的"天朝"权力金字塔的顶尖人物。

他不无乐观地向他的主子英国外相巴麦尊表示，说 10 天之内全部要求都能得到满足。可是等到他定下的最后期限过去三天之后，他又不无遗憾地在写给奥克兰伯爵的信中承认，任何成功都远远达不到政府的要求，但是我们已经播种下迅速改善的种子，经商不用再经受没完没了的干扰。我们要避免战争拖长，那样将会导致更加深刻的仇恨。

琦善在交涉之初，同意 12 年中支付 500 万两白银。义律希望在 6 年中支付 700 万两白银，并永久割让厦门、舟山给英国占有。他们在赔偿金额上很快达成一致，双方同意赔款 600 万两白银。而割让领土的事情没有那么容易解决。

琦善没想到这个对手竟如此不近情理，他本以为赔偿烟价就可以将夷人摆平。而此时的义律也对自己的对手产生了更为浓厚的兴趣，他也没想到先前强硬到不容交涉的天朝上国，居然会在如此短的时间里有如此反差巨大的表现。有人说，琦善在照会中不断更换角色，有时如英方和道光帝之间的调解人，有时如义律的朋友提出一些"善意"的劝告，而不太像清政府进行交涉的正式代表。

黄昏时分，残阳如血，给紫禁城这座古老的宫殿涂抹上一层使人心醉又让人感到沉重的暗红色。养心殿里回旋着茶香，与冬日里的梅香漫溢在一起，让人觉得眩晕。直到议事的大臣们一个个散去，那份复杂的芳香仍然残留在空气里。空荡荡的殿堂里，这时候只留下一个人，就是爱新觉罗·旻宁，大清国的道光帝。

在他面前摆放着一张被揉得失去了端庄肃然之形的奏折，是琦善从广东发来的第三批奏折。他从未发如此大的火，字字句句都像是在挑衅他这个君王的忍耐度。英国人要求赔偿烟价虽以600万元达成协议，但义律又要求增添"给予一岛或增辟通商口岸"一项。

对此，道光帝在当天的上谕中称："览奏愤恨之至！逆夷要求过甚，情形桀骜，既非情理可谕，既当大申挞伐。所请厦门、福州两处通商及给还烟价银两，均不准行。逆夷再或投递字帖，亦不准收受，并不准遣人再向该夷理谕。"

道光帝骂完了林则徐，接着骂伊里布，骂琦善，他觉得这些人都在欺骗自己。整个世界都是清醒的，唯有他这个关在宫殿里的人才是一个天大的糊涂蛋。这帮夷人究竟为什么要发动这场战争，是为了通商，还是为了报复林则徐，或者还有更为远大的目的。如果是为了通商，或者报复林则徐，他们的目的已经达到了。他不能再任由这帮人在前方胡乱作为，他表现得从未如此坚定和果决。他还下令起用已被革职，在广州听候处理的林则徐、邓廷桢，让他们协助琦善妥为办理。

虽然道光帝的这道上谕是以六百里加急送往广东，但是从紫禁城发出到琦善收到，至少也需要两周的时间。道光帝愤怒的是他对琦善失去了控制，从他收到琦善关于广东谈判的第一批奏折，即下旨让琦善准备"剿办之事"。第二批奏折，他已经认定谈判走进了一条死胡同，要求琦善"乘机攻剿，毋得示弱"。同时从四川、湖南和贵州备兵4000人，听候琦善调遣。

1841的新年如约而至，但是双方都没有解决问题的实质性动作。虽然林则徐已经辞官，变成一介平民，但他仍是许多地方官员的重要顾问，声望也依旧居高不下。因此，他所暂住的高第街盐务公所门前，不时停着许多高级官员的轿子。而这一日，琦善的那顶八人抬轿子也停在了这里。

林则徐在当天的日记里记述了琦善的此次来访："琦爵相来晤，盛言逆夷炮械之猛，技艺之精，又极诋水师之无用，言毕而去。"琦善向林则徐特别强调英军武力的优势，反之，骂中国水师的无用。他想要强调的无非是，只有通过妥协让步来回避武力冲突才是两国外交的上策。

从林则徐的日记看，琦善抵达广东之后，还未曾与他面谈过，且不曾请他参与广东首脑人物的会议。然而在与义律举行会谈的前夕，尤其是在接到道光帝这道禁止与英国人交涉的上谕后，琦善马上登门拜访，还邀请林则徐参加首脑集团会议，但是他因病没有赴会。

琦善在广东地界的行事是林则徐看不惯的，在此之前，他不仅遣散了林则徐招募的数千壮勇，更是拔除横档前后的江底暗桩。有人侦报缉拿汉奸，便会遭来琦善的呵责："汝即汉奸。"有人向他报告敌情，他更是火冒三丈，骂道："我不似林总督，以天朝大吏，终日刺探外洋情事。"

这样的话自然会长了腿跑进林则徐的耳朵里，虽然他终日闭门不出，可广东那些有头有面的故交旧友会主动上门。林则徐知道，不管对错与否，琦善这么做的目的无外乎是讨英国人欢心，以便在交涉中实现自己的想法。他是一颗棋子，琦善也同样是一颗棋子。君主摇晃不定的姿态，酿成事态的一波三折。而义律所表现出来的强硬态度更是大大地出乎林则徐的意料，也同样出乎琦善的意料。

琦善一直对和谈抱有极大的幻想，他认为自己有足够的能力说服自己的皇帝，也有足够的能力说服义律。他的这种看问题的视角，也是道光帝的主政风格所致。如果说，伊里布的撒谎是逼出来的；那么琦善的幻想又何尝不是被逼出来的。有人当面恭维他胸有迅速退敌之法，他倒也实话实说："吾有何法，不过骗其走开耳。"

琦善只有拖字诀：一面哄骗自己的皇帝，说正在积极备战，但需要兵力和时间；一面哄骗英国人，声言人臣没有决策之权，正在奏请批准，需要等待皇上的旨意。

当他将义律提出的过分要求传达到北京，道光帝的怒火差点就点燃了皇家的宫殿，尤其不能接受割让领土。皇帝不同意，琦善也只能断然拒绝对方提出的割让领土的要求。为了逼琦善做出妥协和让步，义律发出威胁："此地聚集着大量的军队，延迟答复将会使他们非常不耐烦。"为了证明自己所言非虚，他命令印度士兵到海滩上进行训练和打靶练习。也就在这个时候，一艘鸦片船偷偷溜进广州，不仅带来了鸦片，还带来了一个传闻：清国皇帝决定开战。

失去耐心的义律决定先发制人，他已经不相信他在中国能够得到巴麦尊要求他得到的那些条款。1841 年 1 月 7 日清晨，广东珠江口。1500 名印度士兵、100 名英国水兵、水手和步兵乘坐"复仇神"号、"进取"号和"马达加斯加"号三艘英国轮船，不费一枪一炮，直接驶入广州门户珠江口。

英军舰队开始炮击东岸穿鼻岛上位置最高的炮台，炮台塔楼里 8000 名士兵虽然进行了英勇的反击，但是 20 分钟之后，炮声停止了，英军的军旗就飘扬在炮台的围墙上。而在这个岛的另一角则更为残酷，该炮台的指挥官陈连升殊死作战，由于"弹箭迸落如雨"，以致他"身无完肤"，他的儿子也奋勇抵抗，一并死难。一个英国上尉在回忆录中写道："屠杀逃兵的做法非常令人不快，但是在这个广阔的国家，在这么庞大的军队面前，我们太渺小了。

如果我们不能在每次交手时给敌人一个深刻的教训，那么就会被吞没。"

英国军舰并没有使用正规战舰，仍将清军打得落花流水。在成功占领穿鼻后，紧接着就是一场海战，地点就在穿鼻东面的三门海湾。蒸汽船"复仇神"号显示了其自身就可以充当一支海军舰队的威力，舰长霍尔回忆道：刚射出第一发炮弹，一艘中国战船"被炸飞了，船上所有人都一命归天，火光迸射，就像火山剧烈爆发一样……烟雾、火光、爆炸的巨响，以及……从半空中落下来的炸碎了的人体残骸，让最勇敢的人看到这种情景都感到毛骨悚然"。顷刻之间，双方都惊骇地停了一下，火箭炮很可能击中了船上的火药库。

而此时身在横档一线的广东水师提督关天培，距离战场虽然只有三四公里之遥，却什么也做不了，他只能眼睁睁地看着手下的一支部队被凶猛的英军生生吃掉。这一天的战况统计如下，清军共战死 277 人，另重伤而死 5 人，受伤 462 人，共计 744 人。同时击溃清军战船 11 艘，缴获大小火炮 82 尊。

而在琦善发往北京的奏报中，这场完败的战斗却被赋予难以言明的色彩。他宣称清军官兵奋不顾身，"接仗四时之久""共计剿杀夷逆汉奸六百余名"云云。这难免会让我们想到伊里布，那个同样善于将现实的谎言与小说的笔法结合得天衣无缝的清国官员。

这段时间，道光帝总是处于极度的焦虑不安中。他在批阅奏折的时候，总是显得心不在焉，就好像每一道奏折，都是有人在背后合谋算计他。早就厌倦了这种玩法的道光帝勃然大怒，朱批："前此据称广东兵全不可用，斯罔之心，妙在由己证之。"

又批："慰忠魂无他法，全在汝身。"他写完这句话，走到窗前推开一扇窗，一丝凉意涌进养心殿，让他的心情又冰冻了许多。

而此时在中国的南方，虽然正值隆冬之际，但并不让人觉得有寒意。面对着海岸防线的失守，以及英国军队在穿鼻岛屠杀的消息弥漫开来，官绅市民们陷入了巨大的难以置信的恐慌之中。他们根本无法接受一个现实，固若金汤的虎门炮台第一重门户沙角、大角竟然在如此短的时间内就溃决了，而且是败在那些碧眼金发的夷人手中。

战争的现实就是这么不近情理，更不会选择性地倒向正义的一方。尽管清军已经做了充分的准备，而且在战斗中也表现出高昂的士气和非凡的牺牲精神。可他们仍然无法阻止毁灭性的打击和失败。英军受伤38人，无死亡。

消息在当天就传到了广州城，林则徐颓然地坐在那把早就不太牢固的太师椅上。手下人早就提醒这把破椅子该扔了，可他始终舍不得，总觉得老物件有人的气息，有时间的气息。他闭上眼，长长地叹了口气，他实在难以理解，在水师提督关天培的口中，虎门的每一道防御体系都固若金汤，可英国人轻而易举就攻破了第一道防线。他心想，还不如自己也和陈连升父子一道在炮台上做个伴，就算是战死也尽了报国之心。他在写给长子林汝舟的一封长信里，压抑住"言之可痛"的悲伤，写下了"陈连升并其之长鹏被剁数十刀，且刳破肚腹"的情景，并将战争的矛头直指琦善"倒行逆施，懈军心，颓士气，壮贼胆，蔑国威，此次大败，皆伊所卖！"

此时的林则徐悲痛之余，忧虑的是英军的下一步走势。沙角、大角已经落入他们的手中，虎门的第一重门户就这样被撕开了口子，"其小船若闯进三门，则镇口唾手可得……且镇口一失，尽可直逼省城，徒守此三、四炮台，又复何益？"

6. 船坚炮利是一件可怕的事

一个崭新的全球化时代，裹挟着呛人的火药味和浓重的血腥味向封闭的帝国步步逼近。当英国军队在1841年开到广州城外时，市民的好奇心像是被煮沸的水咕嘟嘟地冒着泡。房屋顶上、江边的街上，到处挤满了看热闹的人，他们都要争睹这群装扮奇怪的洋鬼子会使用怎样的新鲜玩意。

当英国船只停泊在城市前面通往澳门水道上靠近岸边的地方时，它们的图形被广州城的市民印刷成无数份，在城里城外到处贩卖。而在不远处舰船的甲板上，站着一个穿着紧身制服的英国人，满不在乎地站在那里用望远镜向广州城看着眼前的这一切。

那些远远地围观英国军舰的聪明人，用自己手中的笔描绘了英国军舰"复仇神"号的样子，其中有一张名为《战舰火轮船图解》的图，它是这样解析英国军舰的：夷船长逾三百英尺，高宽各逾三十英尺。铁铸巨炮威力强，遍身黑漆似铁甲。火船两侧有巨轮，煤火驱动转如飞；船行快速如奔马，白帆上下挂船桅，顺风逆风都不怕。船首大炮丧门神，四面皆有炮成行……

在穿鼻的一次战斗中，舰长霍尔就注意到"中国人的震惊……他们完全不熟悉这个有毁灭性能力的机器"。随着清军的防御部署被这个不同寻常的庞然怪物一次又一次摧毁时，"复仇神"号的超自然威力在清军和广州市民心目中留下了巨大的阴影和难以解释的困惑。

不过在广州市民手中流传的那些图文并茂的传单并没有如实描绘英国军队的杀伤力，而是编造了一个个很好的故事。故事的结局是："诸神赐福佑吾民，人间从此享太平。百姓归家乐其业，重得欢乐满人心。"

英国舰队溯江而上，兵锋直指虎门第二重门户横档一线，并围困上横档岛。沙角、大角之战后，内心最为恐慌不安的是广东水师提督关天培。1841年1月8日，英国远征军海军司令伯麦，释放战俘，并将一封照会交给关天培。照会中有言，若清军有"顺理讲和之议"，英方亦同意停战。关天培此时也无战意，更倾向于谈判，于是在接到照会的第一时间复照，称伯麦的照会已转交琦善，请英方等待回复。他在照会中称："缓商办理，未有不成之事"，并希望英方能够将退兵作为和谈的诚意。

面对英军顷刻之间就接连拿下虎门两座最重要的炮台，尤其是陈连升父子的战死，让身为水师提督的关天培的内心产生了趋利避害的选择。尤其是他经营多年的虎门防御体系，在英国人的船坚炮利面前，居然会表现得如此差劲。此时的关天培虽然有意于以谈判解决中英争端，但是他毫无职权可言。他所能做的，也只能寄希望于琦善与义律的谈判。作为一名军事长官，他在英国军队的战争威胁之下，他的职责要求他加强虎门的防守，若战争无法避免，他也绝无退缩之意。

沙角、大角之战后，两国军队高层有过试探性的停战，这和他们各自的职位有关。他们的战与不战系于琦善与义律的谈判，而琦善与义律的和谈能不能有实质性的进展，则系于他们各自国家的最高执政者。

英方同意停战的条件之一是"应将现在起建制炮台各工停止，不得稍有另做武备"。但是，虎门第二重门户横档一线的武备工作并没有停下来的迹象。义律在这期间写信给著名鸦片贩子詹姆斯·马地臣，心中充满了矛盾，既想求和，又不甘心放弃船坚炮利的优势。他说："我希望我们不再流血就能解决此事，钦差大臣（林则徐）知道，只要我们乐意，我们所获得的会比他希望给出的更多。"义律命令摧毁穿鼻和大角炮台的城墙，以此来转移和平息士兵们内心的杀气。

至于当时盛行的一种说法，琦善来到广州做了两件事，一是和谈，二是撤防。前者毋庸置疑，而后者根本站不住脚。茅海建先生认为，经过琦善等人努力，至交战时，虎门地区的清军兵勇中枢达到 11000 名以上。琦善不但没有削弱虎门的防御力量，反而加强了这种力量。

处于清国中央政府与英军之间的琦善，处境真是无比的尴尬与为难。因为身负谋和重任而南下的他，其实手上并没有任何能够和英军讨价还价的筹码。他所能做的不外乎就是"拖延"一事而已，但是很不幸，他的这个伎俩还是早早地就被义律识破。估计连义律也没有想到，他仓促之间所发动的警告性攻击，会在半天之内就让清国的虎门要塞的第一道屏障分崩离析。魏源分析说："沙角、大角炮台……兵只六百，洋船炮攻其前，而汉奸二千余梯山后攻其背。"而等待接琦善班的两江总督裕谦也在弹劾琦善的奏折中附和道："乃闻琦善到粤后，散遣壮勇……以至转为汉奸勾去，遂有……炮台之陷。"

而在英国方面的记载中，并没有提到有整支军队叛变投降的事例，若是真有此类事，很难想象他们不会记录下来。美国学者蓝诗玲说，关于琦善的谣言，很可能就只是谣言，而非其他。

1841 年 1 月 22 日，中国旧历新年的前一天，来华已经将近七个年头的义律对中国的春节早就已经不陌生了。每年的这个时候，那些包揽了英国商馆大部分生意的行商或丝商，会选择在这时候给商馆的所有成员送"礼品"。盛在装潢考究的漆盒里的最上等的茶叶，镶嵌着珠贝的黑色漆器，最精美的苏杭刺绣、丝绸围巾……商馆里较年轻的成员，通常会将茶叶、围巾和丝绸运回本国去，部分用来做礼物、部分卖掉，每年可得数百英镑。

这个新年，义律并没有和广州行商在礼品上互通有无，而是将一份新拟定的条约草案作为礼品送给了两广总督琦善。在这份条约中，他要求割占香港，赔款 600 万两白银。

义律已经明白无误地将自己的价码摆在了琦善的面前，而摆在琦善面前的又何止这一份价码，还有道光皇帝的谕旨。道光皇帝要求琦善立即停止谈判，准备开战。他说，"朕志已定，绝无游移。"

琦善不仅无视道光帝不准收受英国照会的谕旨，甚至还在与英方不停地讨价还价。1 月 27 日，借着中国旧历新年的欢乐气氛，琦善和义律在广州以南的莲花城会面，这也是二人近五个月来第一次面对面的会见。义律在 56 名杀气腾腾的英国皇家水兵和一个 16 人组成的鼓笛乐队的陪伴下，来到宴会现场。义律一行在享用了一顿"尽管味道不错，用料奢侈考究，但气氛单调乏味的"由鱼翅、燕窝、羊肉和美酒组成的早餐之后，与琦善举行了一场被义律称作"充满敬意的，友好的会谈"。后来，琦善并不承认与义律有过这么一次正式场合下的会见。他说，他是在查看广州的防务时偶然碰见义律，在得知对方没有吃早饭的情况下，义律善意地向他们提供了一些"点心"。

在中国人用美酒和羊肉招待义律一行的时候，不远处的洋面上却炮声大作，继而鼓乐齐奏。虽然，义律说实弹射击的是礼炮，但是选在谈判刚开始的时候大声鸣放，威胁琦善就范的意图再明显不过了。至于这些威胁的炮声效果如何，林则徐在 1 月 30 日的日记中也写道：今日午后，方从莲花城返回广州的琦爵相来访面谈，盛赞逆夷炮械之猛与训练之精，又诋毁欧内水师之无用，言毕乃去。

在这次共进早餐的会面中，他们的谈判陷入了僵局，双方争执的要点是香港问题。琦善以身体不适为由，退出了这场谈判，并要求会议延期举行。

京城还笼罩在浓郁的过年气氛中，大年初五（1月27日），新年上朝的第一天，道光皇帝便收到了沙角、大角两炮台失陷的报告。与沿海的烽烟相连，京师政坛一片祥和，一片恬戏。既无科道抗争，也无翰林论争，更不见请战请缨，读书士子更没有什么爱国举动。进入正月，道光帝就不愿意待在千门万户、金碧辉煌的紫禁城。那是一个威仪赫赫、等级森林的旧宫殿，也是一个让人压抑憋闷的地方，对皇帝本身亦如此。

而这一日，正是琦善在广东莲花城大搞口腹外交的第三天。琦善似乎并没有受到此事的影响，仍然写了一封左右逢源的奏文递往北京。长长的奏文依然能够准确无误地找到大事化小、小事化无的切口，无非是从英夷愿意从沙角、大角撤兵，并归还舟山岛说起。其次，又分地形、装备、兵力和民情四方面，强调如何不可战云云。

最后落笔依然会停留在：目前仍可观察情势，争取于我有利之时机，做一举击溃逆夷之准备……

2月11日和12日，琦善与义律在虎门蛇头湾举行了第二次会谈。义律在报告中称："两人长达12小时的讨论的结果，成功地拟成了全部条文。"或许在此之前，琦善已经收到道光帝给他下的死命令——奋力缴除，以图补救。权衡之下，他又一次放弃了自己在拟成的《善定事宜》的条文上签字的权力，要求延期10天。琦善在英军压力下已经不敢公开抵制，只能又一次耍了滑头。他向北京方面报告此次会谈，依然是自成体系而又无法自圆其说的谎话。他奏称前往虎门是为了查勘该处防务，适遇义律求见，为"缓兵之计"而与之会谈，会谈完全围绕香港问题。他虽然气愤地斥责英国人强占香港的强盗行径，但也同时声明，英方只是"寄寓一所，并非全岛"。

琦善与义律的谈判更像是二人转，并没有为自己的命运和国家的命运赢得转机。道光帝命令琦善中止与夷人的谈判，因为从内陆调来的增援部队已经在72岁的参赞大臣杨芳的指挥下风尘仆仆地赶往广东。像这样急急赶赴疆场的情景，在这位老将军的一生中出现过许多次，但这一次与以往不同。等待着他的，将是一群陌生的敌人和一场陌生的战争。

与杨芳先后赶往广东的还有靖逆将军奕山（道光帝的侄子）、参赞大臣隆文。奕山和杨芳走马上任，他们将到达广州"剿夷"。琦善觉得，自己留在广东的时日已经无多了。他不得不调整方向，准备武装抵抗。于是，他在2月14日的奏折中迎合圣意："此后该夷再来投文，自应遵旨拒绝。"

而远在千里之外的伦敦，英国外交大臣巴麦尊得知义律和琦善拟成的条款后，愤愤不满道："别忘了，我们的海军如此强大，我们可以告诉（清国）皇帝，我们要从他的王国获取什么，而不是他来说他要割让什么。"尤其义律答应对方，同意将英国军队从已经占领的穿鼻岛撤离出来，这让有着强烈野心的外交大臣愤慨不已。因为他希望能够在长江口这一重要的战略位置上部署更强大的英军，而不是拱手让出这个位置。巴麦尊最后还把引发战争的邪恶之物拿到了桌面上，"允许鸦片作为合法商品进入中国"。

义律在和琦善谈判的时候，一直刻意回避鸦片这个话题。而巴麦尊对于600万两白银的赔偿是很不满意的，清国给他的贸易和军队造成了巨大的麻烦，他有理由要求更多的赔偿，要求中国开放更多的口岸。

义律没有看出形势的险恶，也没有意识到中国的皇帝和大英帝国的外交大臣都对这份不成熟的条文持反对意见。与琦善的愉快谈判让他觉得目前的形势正在趋于平静，他甚至将自己的妻子和小儿子从新加坡接了过来。

义律照会琦善，称英军已撤离舟山，催促对方在2月20日前在他的《善定事宜》上签字，不然就要开战。琦善这时候又将自己向皇帝保证的话忘得一干二净，他再次为自己找了个拖延的借口"日来抱恙甚重，心神恍惚，一俟痊可，即行办行"。

琦善虽然没有拒绝在《善定事宜》上签字，但是他的立场已经开始摇摆不定。义律已经没有耐心再继续等下去了，他单方面宣布香港是英国领土，当地居民是女王的臣民。一个星期之后，澳门的新教传教士就踏足这个叫作香港的小渔村。马地臣给查顿写信说道："义律说他完全不反对我们在那儿存放鸦片，一等中国春节过完，我就开始动手。"马地臣这些鸦片贩子们非常看重这座岛屿，他们要把自己的总部搬往那里。他们在那里建起一个巨大的石头堡垒，以防中国人一觉醒来会出尔反尔。

2月24日，夜色已深，此时海面一片平静，海风轻轻地吹过来。远处隐约可见英军舰艇的巨大形影，在月光的照映下，给人一种飘浮未定的不祥之感。

那些睡不着觉的清军士兵，起身晃悠到炮台外面，两眼无神地望着迷离的夜色，脚下不停翻滚的海浪发出悠长的悲鸣。这一年来，他们始终处于警戒状态。沙角、大角已经落入英国人的手里，不知道什么时候，从什么地方飞出炮弹，打破这眼前暂时的静谧。据说英远征军海军司令伯麦向广东水师提督关天培发出最后通牒，要求将横档一线清军阵地全部交由英军"据守"，未收到答复。

2月25日，当朝阳射出第一道光芒的时候，平静的海面卷起了滔天的巨浪，英国军队突然向广州尚存的两道防线发起猛烈的攻击。虽然炮台里的清军士兵早就有了心理准备，但是他们对正在进行的谈判仍抱有一丝希望。

震耳欲聋的炮声和漫天飘散的硝烟，交织成一幅惨烈的战地景况。清国的军队最喜爱的武器依然是弓箭，他们把熟练使用弓箭视为军事素养的最高要求。一寸长一寸强，一寸短一寸险，因此长矛也是他们必须掌握并熟悉使用的武器。至于火绳枪，虽然各方面与欧洲有些同名但旧式的火器有些类似，只是枪膛略小一些。中国人发明了火药，可中国人对它远不如对冷兵器那样喜爱。英国《威斯敏斯特评论》杂志引用了德国传教士郭士腊提供的情报：他们的士兵报酬极低，装备极差，有的只有火绳枪，有的使用长矛，有的使用弓箭……我十分相信，有些枪炮给炮手带来的危险比敌人带来的危险还要大。

不到半炷香的工夫，下横档岛已经陷入熊熊的火海。炮台指挥所前挂着的旗杆早已拦腰折断，旗帜在风中燃烧，像是展翅欲飞的火鸟。英军先是毫不费力地占领了下横档岛，并且在该岛的制高点布设了共有3门重炮的野战炮兵阵地。下横档岛英军野战炮向上横档岛连续射击，多次击中该岛清军炮台、军营。与几个星期前的沙角、大角之战相比，清军的抵抗是消极的，毫无头绪的。一些清军将领在英军的猛烈炮火下，登上事先备好的小船离岛北逃。那些被抛弃的士兵掉转炮口，愤怒的炮火不是射向英国军队，而是射向那些被吓破了胆的自家将领。

英军将领爱德华·贝尔切尔在《中国丛报》中如此写道："（英军）没有遭到任何抵抗，不幸的中国人几乎全部挤在战壕里，乞求怜悯。我真希望我能怜悯他们。"当他看见印度兵开始处死俘虏，"两个人被射杀时死死地抓住我的衬衫，我的部下看到我十分危险，尖叫着把我拉开"，侵略者占领炮台之后，他们得知守卫士兵在登陆之前就已经撤离了，留下乡勇任印度士兵宰割。

军官一个个离开岗位，士兵们边骂边战，见大势已去也不断有人开溜。随着阵地的墙倒屋塌，坚固的堡垒被轰得支离破碎，指挥官再也压制不住众多想要逃离的士兵，水师提督关天培手斩数人也阻止不了他们逃离。

望着四散奔逃的清军，望着逐个失守的炮台，望着汹涌而来的英军，六十岁的老将军知道，自己即将迎来生命的最后时分。《清通鉴》记载，英国军队在攻陷虎门炮台前，虽然目睹了清军的溃散，但是也为他们中战斗到最后一刻的将领和士兵的英勇不屈而震撼。关天培"手燃巨炮忽自炸裂，兵无人色，皆走"，只有他依旧不肯后退，拔出腰刀要和蜂拥而上的英军展开肉搏战。《夷氛闻记》记载，一个马弁对他大喊："事急矣，盍去乎！"然后弯下腰，让老头子伏在他后背上，背他出去。关天培挥刀假装要砍他，把他赶走。而《清稗类钞》记录，这个要关天培逃命的人应该是他的老仆孙长庆，"老仆劝关退，关叱之去，仆跪抱关足求退，关拔剑砍之，仆大哭而下"。

孙长庆奉关天培之命，带着水师提督的官印送到广州城里。他刚刚离开虎门炮台，炮台就沦陷了，"一弹当胸至，洞焉不倒，夷众拥入"，也就是说直到关天培胸口中弹而死，英军才拿下了炮台。

按照英方记载："（关天培）正在同他的敌人决斗的时候，由于其胸膛被一把刺刀刺伤而阵亡。"关天培战死了，关于他的死虽然有着各种版本的演绎，但是他做到了与阵地共存亡。他战死却"屹立如生"，让攻上炮台的侵略者吓得"反骇而仆"，很久方敢上前查看，才发现这个浑身是血的老人已经气绝，"相与惊叹"。

能够死在战场，称颂他为国尽忠也是恰如其分的。英国人也发射了礼炮，向这位英勇的中国老兵致敬，他的家仆收回了遗骸，乘船消失于苍茫的海洋深处。

在不到两天的时间里，英军连续攻破横档、永安、巩固、镇远、威远、靖远等六座炮台。他们在横档一线战斗中采用了避实就虚的战法，主力的攻击点选择的是防御相对薄弱的地方，从而避开了清军的强大火力。他们早就发现，在中国，炮台的后方往往是防御的弱点，兵力很少。正因为如此，英军用轻伤 5 人的代价换来了 6 座炮台，清军共有 250 人战死，100 余人受伤，另有 1000 余人成了英军的俘虏。英国军舰"复仇神"号的荷尔舰长回忆说："短短几个月时间里，英国的国旗三次在欢呼声中升起，……广州现在完全在我们的掌握之中。"

义律现在的底气更足了，因为他有了更多的战船和士兵为自己撑腰。当他的舰队即将抵近广州的消息传开时，有将近一万人离开这里避难，其中包括林则徐的家人。美国商人莱恩的日记里如此写道：这座城市从没有这么萧条，那些没有逃走的人，脸上写满了仇恨。莱恩注意到他们"对我们每个人怒目而视，那种眼光里充满了深深的憎恨，我从来没有见到过"。当义律乘坐的"复仇神"号蒸汽船突然出现在河面时，那些从来没有见过蒸汽船的中国人脸上露出惊恐不已的神色。

虎门失陷的消息传来，林则徐伤心得"彻夜未寝"。尤其是在听到关天培殉国的噩耗，他深受震撼，当场竟不能言语，久久才仰头向天长叹。等到他收到更翔实的战况后，真是伤心得欲哭无泪。他能够想象得到那个场景，那些被英国人军舰和火炮吓破了胆的清军官兵，在硝烟之中抱头鼠窜，放弃了自己的阵地。指挥官的怒吼声消散在风中，在死亡面前，他们已经顾不上

191

军人的形象。

等到登岸的英军冲上炮台的时候，他们惊奇地发现，只有指挥官关天培，及参将刘大忠、游击麦廷章三名将领死守着阵地。这里有个插曲，一直被认为战死，而且牌位也已移入昭忠祠的刘大忠，却突然现身于人前。不过他并不承认自己是临阵脱逃的刘大忠。

按照传统的交战习惯，一名高级军官死于乱军或低级士兵之手，都算是不光荣的事。关天培的遗体被平平整整地安放于英军司令部前的小广场，他的对手们分列两旁恭敬地脱掉军帽，向值得他们尊敬的对手表示哀悼。他们或许也会有些失望和感伤，本以为这是一场势均力敌的惨烈厮杀，结果看到的却是清军主将平静地躺在这里。

凡是每一次交战中表现出个人英勇行为的人，不管他所表现出来的这种无畏是出于勇气，还是出于绝望，都不会让人将其视为懦夫。即使作为武装团体中的清国士兵，他们在对付欧洲的纪律训练和现代武器时是怎样的不胜任。

当英军开始发起进攻后，身在广州的林则徐陆续收到来自虎门的急报。他和邓廷桢两人一起到总督府拜访琦善，三人一直讨论对策。等到凌晨回到寓所，林则徐又收到横档、永安、巩固三炮台失陷的消息，他异常伤心地在日记里留下了"彻夜未寝"这几个字。第二天，虎门失陷，关天培、麦廷章殉国的噩耗传来，林则徐更是悲痛欲绝。

林则徐挥泪含痛为关天培、麦廷章撰写一帧挽联：六载固金汤，问何人忽坏长城，孤注空教躬尽瘁；双忠同坎壈，闻异类亦钦伟节，归魂乡关面如生。

铁打的营盘，流水的将军。在风云流转的现实面前，帝国英雄如走马灯似的轮番登场，是这个古老帝国的幸，还是不幸？他们的英勇搏杀救不了这个老朽的帝国，只能接二连三地成为帝国官场的牺牲品和润滑剂。

1841 年 2 月 26 日，中国旧历二月六日，这一天也是广东水师提督在前线战死的日子。距离让时间在这里成了一锅温开水，慢慢地煮沸战争这锅汤，前线的消息无法做到短时间里送往北京。而这天在紫禁城的乾清宫的早朝中，道光皇帝做了一项重大的决定。他的手里拿着一份广东巡抚怡良上奏弹劾钦差大臣琦善的文件，气得脸上青一阵、紫一阵。

——钦差大臣琦善已经将香港割让给了英国人。

在怡良的奏文之外，另外还附上了义律给香港居民的布告文：

——贵国高级官员已与我大英帝国全权代表义律将军签署同意割让香港岛之协议，据此，香港已成为英国女皇陛下领土之一部分……

道光帝几乎是以愤恨的眼神看着跪在脚下的军机大臣们，穆彰阿刚才还在为琦善说好话，现在一句话也说不出来了，现场的气氛变得异常沉重。

见他们无话可说，皇帝当场口述谕令：即刻将琦善锁拿到京城，等候处分。其家财悉数予以没收。

在这份措辞严厉的上谕中，有这样一段话：（琦善）被人（英军）恐吓，奏报粤省情形，妄称地利无要可扼，军械无利可恃，兵力不同，民情不坚。摘举数端，危言要挟，更不知是何肺腑？如此辜恩误国，实属丧失天良。

这份上谕以六百里加急的速度递往广州，而此时身在广州的琦善居然做出了一件令人匪夷所思的举动。他在 3 月 3 日这一天，居然派广州知府余保纯前往英舰，面见义律，要求停战，理由更是让人无解：琦爵即将罢黜。也难怪有人说他就像是输光了全部身家的赌徒，向索债的打手告饶："别打啦，我已经没钱了。"讨饶也没有换来同情，义律还是让余保纯带回一份《约议戢兵条约》，开出的价码比《善定事宜》更为严苛：赔款 1200 万两，割地增加尖沙咀（即九龙），以及片面最惠国条款，等等。既然琦善行将离职，义律指明要广州将军阿精阿、广东巡抚怡良，前两广总督林则徐、邓廷桢，在 3 天之内，"共同当面盖印"，不然就重燃战火。

当英国军舰发起新一轮的炮火攻击时，琦善的脸上露出艰难而苦涩的笑容，他就要作为这个国家的囚徒被押解着离开广州，他的君王将让他背负最严厉的罪与罚。作为这场战争的最大输家，此时的他已经顾及不了自己的颜面。在他看来，英国人的船坚炮利的确是一件可怕的事，而大清国的山海关还在使用将近两百年前的前明之物。

1841 年 3 月 13 日的大清早，琦善在副都统英隆的护送下，于天字码头上了船，溯着珠江朝北京方向出发，缓缓地往西消失于送行的文武百官视线之外。当琦善离开码头之际，周围响起了阵阵的叹息声，在场官员多少有种命运一体的感觉。而在这其中，就有林则徐。

谁砍断了飘扬的龙旗

——由战争引发的虚辞与大话

1. 大清国的灾星如期而至

电影《鸦片战争》中有这样一组镜头，在决定对中国用兵的内阁会议上，英国海军大臣不无得意地说，昨天有个传教士告诉我，一艘英国战舰能击溃十艘水师战船，我认为他说的不对，因为一艘英国战舰可以击溃全部中国水师。

有人说，英国人太过狂妄自大，但是电影的处理并没有失去历史的真实性。而让很多人记住的还有电影中的那句台词，大清国的灾星到了……

电影里说这句话的人是那个名声不太好的琦善，但是这句话并没有错。大清国的灾星到了，海风中裹挟着一股野蛮的血腥气扑面而来。1841年3月5日，参赞大臣杨芳匆匆赶到了广州，作为道光皇帝新任命的前敌大臣之一，杨芳的火速驰援给陷入恐慌中的当地官绅士民带来了巨大的精神慰藉。担任两广总督幕客的梁廷枏在其所著《夷氛闻记》中写道："民耆其宿将，望之如岁，所到欢呼不绝，官亦群倚为长城。"

这一段时日以来，整天有成群结队的市民神色慌张地出城，有的全家老少同行，有的妇女怀里还抱着嗷嗷待哺的孩子，而身体健壮的男人则手推着车子，上面载着搬得动的所有家当。不知是何缘故，虽然广州知府余保纯和英军已经签署了停战协定，但是广州城内依然沸沸扬扬地流传着，英军就要登岸攻城的消息。这消息像是流行的瘟疫很快就引起全城的恐慌，从东城到西城，从南埠到北埠，摸不清状况的市民争抢着出城，所有通往后方乡间的路上，塞满了一心只想着逃命的广州市民。

杨芳还没有进入城内，广州地界已经在传扬他过往的英勇事迹，15岁从军，戎马生涯已经超过了半个世纪，可谓身经百战。他参与平叛南方的少数民族起义，西北的白莲教起义，以及哗变的驻防军等。而最精彩处莫过于1828年，那一年，他擒获了中亚地区的部落酋长张格尔，押送至北京。道光帝亲自受俘，给了杨芳一大堆封赏：封三等果勇侯；授御前侍卫；加太子太保；绘像紫光阁；赏双眼花翎、紫禁城骑马；赐其子为举人。

从某些方面看来，以杨芳取代声名扫地的琦善是个再英明不过的选择。琦善的发迹靠的是血统，杨芳则是凭着兵器和勇力打出来的。从1840年开始，很多满汉大臣似乎都感觉到人生的无常，也感觉到天命不可违。这一年来的凶相表明，这是一个不好的预兆，更加不祥的事情还会接踵而至。如果没有意外发生，年过七旬的老将军已经马放南山，享受功名带来的荣耀。历史是不能假设的，但我们再假设一会儿，如果命运女神垂青这块古老的土地。也许，林则徐、琦善的继任者们还是能迎来属于自己的成功。

杨芳虽老，可毕竟是个有过无数次胜利经验的将军。如果说此人有什么值得指摘之处，那就是此时的杨芳已是一员年过七旬的老将军。廉颇老矣，尚能饭否？这或许是留在每个人心头的疑惑。

也就在杨芳抵达广州后的第二日，广州知府余保纯与义律约定的三日停火期限一过，英军立刻试探性地对猎德、二沙尾炮台开火。炮弹在空中划出一道看上去相对规则的抛物线，然后落地开花。虽然并没有造成人员伤亡，但是炮台里的官兵们却早已被吓破了胆，他们仓皇地离开阵地，逃之夭夭。

英军并没有向清军实施全面性攻击，只是点到为止。站在军舰上的英国官兵，已经可以看见3公里外的城墙。可就在当日，义律放出消息，英军愿意停战。而清方又派出了谈判代表余保纯，他的意见是：尽管广东当局也希望能够停战，但是天朝皇帝绝不会同意。这或许是参赞大臣杨芳上任后所做出的第一项决定。

与此同时，在接替琦善的官员中，有着皇族血统的靖逆将军奕山，也在参赞大臣之一、户部尚书隆文陪同下，从北京慢条斯理地出发了。他们比杨芳到达广州的时间足足晚了一个多月。在这段时间，杨芳便成为广州地区最高的军政首长与对外代表。

在双方停战的这段时间里，杨芳与林则徐之间走动得异乎寻常的频繁。两人本就是昔日同僚，林则徐在湖广总督任上时，杨芳为湖南提督，是林则徐的下属。根据林则徐的记载，从3月5日至18日，两人见面达11次之多。或许是因为局势紧急，杨芳索性搬到林则徐的寓所，同住了8天。

在虎门战役中，琦善给道光皇帝送过一份相对真实的备忘录。在这份备忘录里，琦善真诚地告诉自己的皇帝，大清国军队的战斗力已经走向没落，根本不是夷人的对手，他建议在与对手周旋时可以做策略性的调整，尽量减小战争的可能性。

而刚刚接替琦善的杨芳将军对局势的最初判断，可以看出他的特定目的。他宣称："夷炮恒中我，而我不能中夷。我居实地，而夷在风波摇荡中。主客异形，安能操券若此？必有邪教善术者伏其内。"梁廷枏的私人笔记中说，杨芳"传令甲保遍收所近妇女溺器为压胜具，载以木筏，出御乌涌"。这时候乌涌已经被英军占据，杨芳并没有拿出实质性的破敌之策。另一部私人的史料中记载，"杨侯初来，实无经济，惟知购买马桶御炮，纸扎草人，建道场，祷鬼神，然尚添造炮位、军器、木排等事。"

身经百战的将军虽然来到广东，但是他同所有的"天朝"大吏们一样，从未遇到过从海洋世界闯进来的陌生的敌人。我们可以从"马桶""草人""道场""鬼神"这些东方传统社会里的灵异符号，看出老将军对来自西方世界的坚船利炮根本无从下手。他甚至寄希望于女人使用的马桶，来对付英国军队超自然力的枪炮。这种难以进入官家修史的边角料只能进入个人的史料笔记，记载说"约闻已炮响，即举筏齐列水涘，溺器口向贼来路，而后自抄出筏首夹攻之"。

在当时的大清国，杨芳应该算是皇帝最信得过的一个武将。但是在中世纪与近代相交之初，他从内战中揣摩出来的那一套战术打法，根本无法满足民族战争新形势的需要。他到任后，不可谓不积极，递往京城的奏折里报告：往省城之东的东盛寺和省城西南的凤凰岗各派兵1000名驻守，并在省河上构筑塞河木排，排上摆放着木桶，内储毒药桐油，准备火攻。英国人的情报也显示，中国军队乘坐战船、火船在广州城外聚集，这一地区的炮台也在修建之中。

杨芳布置军队和武器，并不是想与英国人放手一搏。他这么做的目的，是想敦促义律重新回到谈判桌上讨价还价，他想让义律看看，现在清国军队的数量远远超过英军。但是这么做并没有奏效，也算不上是谈判的筹码，因为清军的原始落后以及最近的战败记录在那里放着。

杨芳知道自己只不过是暂时的代理人，等奕山到了广州，他还是要回到部属的位置。他觉得肩上的担子没有想象中的那么大，既然来到这温暖的南国之城，他就要好好享受这段快乐与困闷交织的日子。在这段时间里，除了调动军队摆摆龙门阵，文化娱乐生活也是相当丰富多彩。《粤东纪事》里记载，杨芳到广州后，"终日唯购钟表洋货为事，夜则买俏童取乐。甚而姚巡捕等将女子剃发，装跟班送"。

杨芳是个老将军，但同时也是一个官场上的精明人。奕山、隆文等人正在赶往广州的路上，他没必要在这段时间里给自己带来麻烦。他给自己定的调子是，一切等奕山大人到后再议。

在不给自己带来麻烦的同时，他还想听听道光皇帝的意见。于是，他在送往北京的奏折上如此写道：暂羁縻，待奕山、隆文抵达。

而道光皇帝在接到奏文之后，留下朱批：卿其善筹之。

既然皇帝给出了一个比较温和的态度，那么杨芳更没有必要去铤而走险。另外增援的兵力太少，而招募的义勇军还需要一段时日的训练才能够形成战斗力。这本来就是一个多事之秋，多一事不如少一事。万一北京方面怪罪下来，就辩称是一种拖延战术。对于英国人来说，他们更是摸不透杨芳的底牌。按照他们的逻辑推理，既然大清国的皇帝已经将钦差大臣琦善撤了职，那就应当换上一个更为强硬的主事者才对。怎么又派下来一个走温和路线的外交官员，而且听说对方还是身经百战的将军，真不明白葫芦里卖的什么药。

与此同时，广东当局发给美国商船准许入港贸易的红牌，以离间英、美，坐收以夷制夷之效。而义律闻讯，也于当日宣布封锁广州。3月初，英国军队只出动了为数不多的几艘轻型军舰，在珠江水路开辟了一条通道，攻占了十余座清军的炮台和军营。其中一个炮台的守军将领居然异想天开地在双方开战前夕，派人向英军传话："你们也不要放炮，我们也不要放炮，谁都不要放炮。我们可以放六次没有炮弹的炮，给皇帝留个面子，然后走掉。"英国军官用脚踹了传话的人一脚，他们打心里瞧不起这个对手，他们骂传者是个"十足的胆小鬼"。

英国人的军舰让身经百战的杨芳尝到了失败的苦涩滋味，他实在找不到制服这些"夷"人的有效招数。3 月 18 日，义律再次在广州西南的英国商馆升起英国的彩旗。从两年前林则徐封锁商馆起算，中英贸易整整停顿了两年。对英国人来说，这两年中仅丝绸贸易损失就极为惨重，更兼英国政府财政部每年高达百万英镑的茶叶税。作为对华商务总监的义律，比谁都清楚其中利害。

杨芳到达广州的第二天，他就向皇帝报喜不报忧道，只是英国"哨探"船在海面游弋，没有什么可担心的。不明真相的道光皇帝在收到这份奏报后，长长地出了一口气，在奏折上批曰："览奏，稍纾忧念。"而就在前一天（3 月 20 日），杨芳已同意让英国人恢复贸易。

与此同时，总数多达五十余艘英国商船早已齐聚于虎门外等待机会。当他们一听到停战协定成立时，便奋力争抢着溯江而上，在这片古老的土地上没有比通商更让他们兴奋的事。而义律则认为，打仗并不是自己来这里的目的，恢复贸易才是他想要的，除了利益的驱使，也是为了让那些远在伦敦的绅士们继续能够保持下午茶的优雅做派。

军事上的胜利如果不能兑现成经济上的现实利益，那么再显赫的武功也会失去存在的意义。当义律得到了清方的回复："准各国商人……一体照常贸易，毫无阻滞，不生事端。"恰巧此时也是新茶的出货期，许许多多的工人忙着捆绑、包装，十三行街又恢复了昔日的繁荣。五十艘英船之后，紧跟而上的是其他各国的商船也闻风抢着进入广州；他们中有运描画的，有运棉花的，有装毛织品的，也有满载南洋香料的，货物也是五花八门，而在这其中，唯独少了贩卖鸦片的船只。

义律在他的致"沉静、勤劳的广州人民"的告示中说，"英国的高级官员们"已经表现出"他们十分喜爱广州人民"。而广东的地方官员们则命令当地人要悄悄地、但积极地回到他们的日常生活状态中去。

其实这时候的鸦片商已经根本不用再将货物运进广州，因为这时候的英国已经将整个香港发展成为一个鸦片贸易的最佳基地与避风港。尤其是在香港的外海，更是很容易就看到有些商船船腹上挂着这样一个招牌——"出售鸦片"。 英国商人们很长时间没有这么高兴过，很久无生意可做的鸦片贩子又重新回到旧日的幸福时光。而在穿梭的人群中，有不少似曾相识的面孔。自从林则徐断绝贸易以来，他们已经有两年没有进入广州城。因此，局势稍有松动的迹象，他们便个个奋力向前，想着法地能够捞一把是一把。

一入夜，伍绍荣便走出书房，埋首于他的书案工作中。这位怡和行老板和十三行总商、世界财富之王伍秉鉴的五公子，在这段时间里并没有像他的商铺一样消停下来。他一直坚持在做一件事：收集、整理广东人士所写的书籍与作品，并准备以后一一加以复刻。人除了追逐财富，总是要给自己留下一些传至后世的东西。这不光是伍绍荣的信念，也是很多到了一定境界的财富拥有者在思考的问题。尽管这里是他出生、长大、为事业奋斗的地方，也是让他自豪，让他充满难忘回忆的地方。

此时的伍绍荣两眼直愣愣地望着窗外，忽然一道闪电划过眼前，接着响起震耳欲聋的撞击声，同时地面也摇晃了几下。也就在这一天晚上，海关衙门也被雷击个正着，连官署前的"粤海关"旗杆也被打落在地。而这一幕，似乎也在暗示着公行坎坷难行的未来。

广东作为这个古老帝国的对外门户，不仅经常能够接触到新的事物、了解其他国家的情形，更给人一种无限振奋、活力充沛的感觉。而对于像伍绍荣这样的财富代言人，能够身处在这剧烈变动时代中的广东，无疑是值得庆幸的。

时间好像又回到从前的日子，船过水无痕。窗外的十三行街成了一个热闹的所在，仿佛一夜之间恢复了昔日的繁华，人们很容易就忽视了一场大战即将打响。公行的集会上，那帮平日里夹起尾巴做人的行商们露出了久违的笑容。虽然已经有两年没有正式开会了，但是只要能够念起生意经，多年形成的默契和习惯，很快就能让现场热络起来。

英国人开战的目的已经达到，军舰应该让位于商船，军人应该让位于商人。

只要军舰和军人退出中国南方海域，行商们或许可以继续做自己的独家生意。时间在一分一秒地过去，在你一言我一语的交流中，会场里的人们有了并不太美妙的预感：参赞大臣杨芳同意恢复通商充其量不过是靖逆将军奕山到达广州之前的权宜措施。而事实上，来自北京强硬的方针还是没有变化，而英国人也仍然在觊觎着厦门、福州、宁波和上海的开港。或许既得利益者总是比较自私和盲目，他们生怕别人会抢了自己的饭碗。

所以，以伍浩官和卢浩官为首的公行成员，几乎都对广州之外再成立一个贸易基地，抱着强烈排拒的态度。会场上一片闹哄哄，身为既得利益者的公行成员们都在反对于广州之外开港的做法。

而此时身在紫禁城养心殿里的爱新觉罗·旻宁吃下一枚枚空心汤团，看着有些甜，其实是空心的。身为帝国的最高指挥官，他既不明了世界大势，更不清楚自己的力量，既是盲目的速胜论者，又是经不起任何风浪的动摇分子。当杨芳到达广州的第二天，他就上奏道光帝，其中隐去琶洲、猎德、二沙尾东路炮台的失陷，只是说英军"前哨探至省城相距十余里游弋"，然后，大谈自己如何布防，宣称"可以仰慰圣廑"。道光帝在收到这封奏折后，"览奏稍纾忧念"。

这位紫禁城的主人发出的一声声"进剿"的催促号令，并没有难倒身经百战的老将军杨芳。他很快就为自己找到一个拖延不进的理由：怕英军逃窜而不能全歼。他建议"暂为羁縻"，等奕山、隆文赶到后，"再为设法水陆兜剿"。而这也正是道光帝的想法，他也曾一度担心，如果清军进攻得手，英军退往海上，便无法追剿，战争也将无限期拖延下去。

2. 皇帝就像是个冤大头

这些时日以来，北京城也颇不宁静，紫禁城养心殿本就显得逼仄的空间无法安放爱新觉罗·旻宁一颗悬着的心。其实他一年到头待在紫禁城里的时间不超过百日，其他时间都住在圆明园里。

养心殿虽是皇帝的居所，但并不是紫禁城里最豪华的。前部没有像样的广场，宫殿虽然有两进，距离却很近，穿堂两侧的空间还没老百姓家的院子宽敞。而且，它远离中轴线，东西六宫中随便拎一个出来，也比它有优势。按道理，位于中轴线北部的乾清宫，才是皇帝的正式寝宫。但是从雍正帝开始，很多皇帝都选择了偏居西侧的养心殿作为"勤政燕寝"的所在。

道光帝经常会在养心殿的西暖阁单独召见大臣，随着南方战事的趋紧，经常会有基层官员通过身居要职的京官向他进呈"建白书"。这些"建白书"都是从广东源源不断地传入京师，而执笔者大多是一些下级官员，或者地方士绅小民。这些"建白书"虽然出自不同人之手，但大多是一个调调，或者是言辞犀利地批评地方官员有卖国倾向，或者是旗帜鲜明地表达自己的改革主张。

这些不明出处的"建白书"对于穆彰阿等保守派官员具有一定的杀伤力，也让他们感到某种敌意和畏惧。来自边陲、基层的意见，总是毫无掩饰地指陈地方政务的缺失，就像是有人乘着纷乱的局势重重一脚踩到了他们的痛处。

——广东的官员们，近来多方策划，不外乎是为了和英夷大臣实质通商的目的。

——广东诸官蓄意欺瞒不熟外夷事务的朝廷，唯盼中央勿为此所欺。

保守与改革阵营交锋不断，而"建白书"不过是他们采取的手段之一。在攻防之间，双方也是各有胜负，并没有出现一边倒的状况。杨芳来到广州已近一个月时间，他竭尽所能地施展自己的军事谋略，可是并没有取得预想中的效果。而他刻意隐瞒真相的做法，让本就资质平平的皇帝更是摸不清状况。

老将军不在战场上与来犯之敌刺刀见红，却在奏书里将自己的皇帝哄得团团转。他甚至将清军在乌涌之战中的溃败也说成一场大胜，英军伤亡人数达到446人，远远超过清军伤亡人数，因此"民心大定……军民鼓勇，可期无虞"。

道光皇帝读到这里，又怎能不龙心大悦，在上谕中称杨芳："危城立保无虞，若非朕之参赞大臣果勇侯杨芳，其孰能之？可嘉之处，笔难宜述！"

杨芳的捷报接二连三从广州发出，而半个月后这份捷报就会躺在紫禁城养心殿的御案之上。他甚至在奏折中将英国人提出停火的举动也粉饰为一场大胜，他在奏折中说："奋不顾身，叠开大炮百余出"，击沉英军损失两只三板船，伤亡无算，"畏惧逃走，不敢遽行省河"。

道光皇帝在上谕中称杨芳——调度有方，出奇制胜。杨芳带有欺骗性的奏折就像是英国人的鸦片，吸过后让人兴奋，并产生强烈的依赖性和幻觉反应。美国学者丁韪良说，如果一个国家在举荐、任用一名将军时，不是看他是否熟悉作战兵法，而是看他有没有捏造诬陷他人的伶牙俐齿，看他能否厚颜无耻地说谎以欺骗对手，那么，他的作战能力又怎能不是平庸无为呢？

广州已经恢复通商 10 天，而编造谎言成瘾的杨芳仍在奏折中不断地忽悠自己的皇帝。他用文学笔法描述了美国商船驶入黄埔时的情形：看着美国商船缓缓地驶入黄埔，英国商人好一阵歆羡。

当得知杨芳已上奏请旨时，义律等人仍抱有一线希望，所以"旬日间无一动静"。杨芳呈递这一奏折的目的，就是希望英方所表现出来的"无一动静"的驯服姿态能够动摇道光帝的开战决心，以诱使不明就里的皇帝能够批准恢复中英贸易。但是道光帝很快就发现了其中的漏洞，如果放任美国商船进入黄埔，一旦英商将货物交给美国商船代为销售，那么英人通商的目的还是间接地得逞了。于是，他一面下令杨芳严查英国和美国商人有无蒙混和勾结，一面明确宣布"断不准"英国通商。同时，道光帝向杨芳发出最后通牒："着仍遵前旨，断其后路，四面兜擒，克复香港。"

从北京到广州，其实这已经不再是一场与时间赛跑的游戏，驿递的速度已经无法丈量现实的瞬息万变。虽然道光帝的态度已经非常明确，可是杨芳和怡良还是抱有一丝丝的幻想。他们再次上奏，以试探道光帝的态度。上奏的内容是：因美、法两国的请求，已批准港脚（即英属印度）商人恢复通商，理由是"暂作羁縻，以便从容布置，可期计出万全"。

半个月之后，这份奏折安静地躺在养心殿的御案上，像是一片飞鸟的羽毛落在这个世界的安静角落里。读完这份奏折，道光帝勃然大怒。他在这份奏折上的朱批达5条之多，其中有："朕看汝二人欲蹈琦善之故辙。"

"若贸易了事，又何必将帅兵卒如此征调？又何必逮问琦善？"

道光帝独自坐在这里已有好几个时辰，一直坐到太阳西斜，才从殿里慢慢踱出来。他走到太和殿前，站在台阶上，望着暂时属于自己的宫殿被夕阳勾勒出一道道金色的亮边。那些拿着俸禄的大臣明天又会聚集在这里早朝，但他总是感到，这帮人出工不出力，他们关心着紫禁城的一举一动，等待着升迁的消息，等待着他这个皇帝发号施令。看似步调一致，向一个共同的方向张望，可为什么他的谕旨出了北京城就会变了味？

与此同时，杨芳已经派广州知府余保纯知会义律，如果他们的皇帝继续下令开战，他会提前告诉对方开战的时间，然后双方在广州城外选择一个相对安全的地方来一场军事演习，装模作样地打上一仗。

结果，杨芳和怡良同时被处以"交部严议、革职留任"的处分，而建议同意印度商人进入广州城的奏文也被严厉地驳回。对于杨芳这样一位身经百战的将军而言，刀头舔血是常有的事，而官场起伏根本就不算个事。相对于曾经被革职遣戍，今日的"革职留任"已是皇恩浩荡。曾经在战场上威风八面的果勇侯杨芳，在与英军作战时并没有显露出他"果勇"的一面，反倒是用欺骗手段对付自己的皇帝很有一套。

以当时官场积习和社会风气而言，瞒和骗是无处不在。北京城里的皇帝好像一夜之间成了冤大头，各督抚将帅莫不以骗到他为己任。惨败被说成了小挫，失职被说成有功，小胜则被演绎为大捷……

4月14日，奕山、隆文和祁贡等一行人经过一个多月，终于悠悠然地进入广州城。靖逆将军奕山是康熙帝十四子允禵的四世孙。在康熙朝的立储纷争中，身为抚远大将军的允禵本是皇位最有力的竞争者。雍正在历史的迷雾中继位后，长期监禁允禵。因此，论辈分奕山是与道光帝血缘相当亲近的侄子。

道光皇帝授奕山为靖逆将军，从湘、赣、鄂、桂、滇、黔、蜀七省调集军队，命其统率南下征战。这本是一个建功立业的好机会，可奕山好像并没有将其放在心上。前方的战事如此紧迫，而奕山带着随员们却不紧不慢地上路了。

当时驻北京的一个俄国外交官目睹了这一切，他写道：我有幸看到这一美妙的场面。将军被人抬着，他的陪同人员有的乘马车，有的骑马……有的拿弓，有的拿箭，有的拿床垫、枕头，等等。我国如有人接到命令要出发，骑上马就走，而这里不是这样，你等着听童话吧，事情得慢慢做。

此时，广东的前敌班子由奕山（领侍卫内大臣）、隆文（军机大臣兼户部尚书）、杨芳（湖南提督）、齐慎（四川提督）、祁贡（原刑部尚书、两广总督）五人组成。所以奕山一入广州城，义律立即照会杨芳，询问他们所达成的广州停战通商协议是否仍旧有效？奕山是否准备开战？

杨芳的答复是，昨日大将军、参赞到来，亦俟思旨定局，断不失信，令问好。

余保纯在送交杨芳的这封照会时曾与义律说起这样一件事：余保纯曾经问广州的大员们，如果道光帝不同意通商，决意开战，结果将会怎样？而那些官场老油条们的回答是，圣意不可违，但开战在广州以外的地区进行，通商也不必因此中断而可继续进行。

这样的回答让义律也感到万分吃惊，他没有想到，那个端坐于权力高台之上的皇帝已经对他的臣民失去控制。看来广州的官员们已经准备与英方联手，唱一出战争的双簧戏。这样一出戏是专门唱给他们的皇帝看，给京城里那些被划为"主战派"的官员们看。

中方所表现出的亲善，让义律得出一个相对宽松的结论：广州局势不会因奕山的到来而恶化。义律准备留下一部分兵力保持对广州的警戒，其他主力继续北上，进攻厦门及长江流域。

也就在此时，广州方面又接二连三传来各省援军已陆续抵达广州，炮台也在加固当中，而杨芳也以私人名义劝阻义律不要再来蹚这趟浑水。广州大员们的做法让义律根本无法把握事态发展的方向，他只相信自己的眼睛和耳朵。义律为此进入广州商馆，就近刺探军情。而这一次，他完全推翻了自己先前的想法，并得出完全不同于以前的结论：奕山必定开战，英军必须先下手为强，以迅雷不及掩耳之势结束这不确定的一切。

奕山进驻广州后，他的心情一直处于矛盾状态。他既没有揭穿杨芳的谎言，也没有阻碍通商的进行。对于杨芳、怡良先前所做的大量工作，奕山虽然没有明确表态，但也算是默许了眼前所发生的一切。他在出征前面聆圣训，出征后又接二连三收到谕旨，都要求他"进剿"；身为朝廷的"靖逆将军"，非为祖上允禵的"抚远大将军"，他明白自己究竟该何去何从。道光帝的谕旨是明确的：奕山此行要"一意进剿，设法擒渠，歼除丑类……若一有通商二字存于胸中，则大负委任之意"。

奕山抵达广州时的第一感受，南国风物妖娆，真是安放浮躁身心的大好去处。而这里也并非他想象中的水深火热，军情也没有到十万火急的地步。虽然广州以南的炮台均已失陷，但是贸易又有了兴旺的迹象。

有这种想法的不止奕山一人，就是那些长期任职于此的官员也没有山雨欲来的紧迫感。当地的爱国士绅曾描述了奕山到任时的情况："大吏均无长策。奕将军到省后，诸事不问，先买洋货；隆参赞到省，收字画古董。以致行辕中出入无忌，贸易如市。"还有的做了更具体的揭发："查靖逆将军自抵粤以来，不问军旅之计，作何整顿，地势之谋，作何防堵，以及运筹决胜之策，折冲御侮之计，一无所出。惟知爱购钟表，喜买呢羽而已；惟知供应丰盛，养尊处优而已。"

如果不是琦善被锁拿进京的前车之鉴，如果不是远在千里之外的道光帝一声紧似一声的"催剿"，奕山和杨芳还是会以妥协和拖延的手段来对抗英军。英国海军无坚不摧的炮火威力让他们心存忌惮，彻底扭转战场不利形势的路径或许只有一条，那就是建立一支能够与英国舰队相对抗的水师，而这需要时间，并且不是短期的时间。英国人不会给他多少时间，就连他的皇帝也不会给他多少时间。

道光帝已经听不进去第二种方案，他无法接受奏折里再出现"和议""暂缓"等暧昧不清的字眼。他在奏折上奋笔疾书，他的语气也越来越坚定，不容任何商量的余地。

——朕惟知一剿字！

——种种不法，殊堪发指！

——必使该逆等片帆不返。

——朕日夜引颈东南，企盼捷音之至。

这位平日里对自己很是抠门的皇帝在解决这场冲突的过程中，表现得极为慷慨大方。他从 7 个不同的省份调集的 1.7 万名士兵已经到位，他同时拨付 300 万两白银用于收复香港。香港的沦陷，一直让道光帝深感耻辱。而此时，英国在香港的商品交易以不可思议的速度繁荣起来，那些从广州转移到香港的商人已经麇集于这个自由贸易的港口。对于逐利的商人而言，他们信奉的是："这场所谓的战争跟我们有什么关系，重要的是有钱可以赚。"

一个英国上尉回忆说："一道又一道谕旨激烈地抨击英国：歼除逆夷！歼除逆夷！"由西方传教士编印的《中国丛报》估计大约有 5 万人的军队集结于广州及周边地区，但是其中有四分之一是不适合扛枪作战的。很多人是城郊地带的无业游民，即便是那些守卫城门的士兵，好像也没有佩带武器。

作为军事指挥官的杨芳也向道光帝报告说："官兵陆续到粤者……不娴水战。"他甚至推断，这群从各省调派来的军队是雇佣军，他们私下会与出价最高者达成默契。对于广州沿海炮台接二连三地沦陷，他的说法是"水师弁兵，早有空炮一声取贿三百元之谣"。

奕山一到广州，就对广州形势做出了判断，他说："患不在外而在内，各商因夷以致富，细民借夷以滋生，近海商民多能熟悉夷语，其中之狡者布为奸细，凡在省各衙门一举一动暗为通知，捷于影响。"他在给道光帝的奏折里也如此说，汉奸传递信息的报酬是每份得银 20 圆，当地人为此常常捏造情报给夷人。他甚至将所有的军事失利，都归咎于汉奸出卖和官兵怯战。

这一期间也不仅限于奕山、杨芳等处于战争最前沿的人，朝廷上下更是言必称"汉奸"，关于"汉奸可恶"的奏报、谕旨比比皆是。林则徐曾给"汉奸"下过一个定义："私与夷人往来，勾串营私，无所不至，是以内地名曰'汉

208

奸'"，凡不经过官府而与洋人有往来者，全是"汉奸"。他刚到广州禁烟时，即公开表示，要拿"汉奸"第一个开刀："本大臣奉令来粤，首办汉奸"，并亲自开列了一份近百人的"汉奸"名单，且附有具体住址，责令广东布政司、按察司挨个抓捕。大角、沙角炮台失守后，林则徐在给长子林汝舟的家书中，即明确将其归咎于"汉奸"。家书称："此次爬沙角后山之人，大半皆汉奸，或冒官衣号衣，或穿夷服，用梯牵引而上。"

琦善也奏称："汉奸人面兽心……临阵则仿造号衣，又与营兵无别，往往混入军中，真伪莫辨。"

随着战事越来越紧迫，奕山和杨芳等人更大肆渲染汉奸通敌的危险。而远在北京紫禁城里的道光皇帝，根本不顾及奕山在战术上的困难，催命般地接连下旨"进剿"。奕山和杨芳试图说服道光帝允许继续鸦片贸易，因为据他们的了解和推断，只要英国人忙于挣钱，就无暇也无心发动对中国的战争。

此时的道光帝根本听不进去这些话，或者说是已经听得厌烦。作为一个国家的最高军事统帅，爱新觉罗·旻宁并不清楚大清国的实力，他和他的官员只是一伙战争的机会主义者。既没有对于这场战争的通盘考虑，也没有持久而坚定的决心。

3. 战败后的广州喜气洋洋

林则徐于五月一日正式收到了这份谕旨，他终于可以离开广州城，可是他并没有如释重负之感，反倒生出些许不舍与惭愧。当了大半辈子封疆大吏，也自视勤于王事，所谓日理万机也无非是河务、赈灾、钱粮、刑狱，何曾想到这个世界有一天会如此大变。既然北京方面赏给他四品卿的官衔，就等于是为他洗去罪嫌、恢复名誉了。因此，上自总督、巡抚，下至地方诸官，莫不纷纷来到寓所向他表示祝贺。

隔天五月三日，林则徐便开始收拾行李，并逐一向广东的各方人士道别。几日以来，广州的政治气氛显得异常沉闷，如同这春夏之交的南方天气。原因是之前北京方面又下来了一道谕旨，道光帝强烈地谴责杨芳与怡良希望让印度商人（港仔脚）通商的建议，两名官员也因此受到"革职留任"的严重处分。

林则徐由天字码头出发，循着水路前往任地。这和他两年前到广州履任时走的路线正好相反，这一次是逆江而上，准备到了江西再东行到浙江。在广东境内的珠江水道，雇用了两艘长五十尺、宽十尺的船，船工总计十四名。通常情况下，官方的正式迎送都会选在天字码头，因此，这天早晨，沿江便出现了一队守卫的士兵和前来为林则徐饯行、络绎不绝的人群。

广州的地方官员大都出席天字码头的送别会，因为人数众多，被送的人很难和前来送行的人一一道别，所以习惯上，远行的人通常还会另行举办私人的送别会。随着林则徐的北上，广州的"林则徐时代"也终于落下帷幕。或许是巧合，而在英方的阵营中，也有一个重要人物将要离开。远在西半球的英国伦敦，外相巴麦尊已经下令，罢免了英国在远东的全权代表、英军总指挥官义律的所有职务。

大英帝国数十年来从海洋世界出发，四处开疆辟土，已经使英伦三岛的国旗飘扬在世界各地。巴麦尊早就对义律在中国的表现心生不满，既不满于他无条件自定海撤退的决定，又怀疑仅靠义律和琦善订的《穿鼻草约》是否真能使英国取得香港。对于义律一次次地弃帝国利益于不顾的行径，巴麦尊再也无法忍受下去，他委任新的驻华商务监督璞鼎查和海军司令官威廉·帕克。

义律坚信英国的最大利益在于促进并保护商业的发展，而商业的发展首重商人之盈亏，即使是使用战争的各种手段，都不能过度伤害到商人。而处于英国国土扩张热潮中的英国外相巴麦尊却不这么认为，他打着"为了大英帝国荣光"的旗号，在对清政策上，他更是抱着打破清国闭关的激进政策，派遣军队远渡重洋而来。

璞鼎查是个50多岁的爱尔兰人，他在15岁的时候就加入了驻印度的英军。曾化装成为穆斯林商人，在印度至波斯一带刺探情报。在干了两年类似于间谍的工作之后，进入东印度公司。31岁时，他成为英国驻巴基斯坦信德地区的行政长官。曾被英国女王授予"从男爵"的爵位。

在璞鼎查接受任命时，巴麦尊交代他要"仔细检查香港的自然条件"，并且告诉他："不要同意放弃这个岛，除非你可以在广州附近找到另一个岛比香港更适合于考虑中的两个目的：防御，为战舰和商船提供足够的保护。"

那么，英国此时在中国海域及其周边部署了多少兵力呢？参与了这场战争的英国军官麦克弗森在书中披露的数据是，陆军方面，英国调动了第十八、第二十六以及第四十九兵团，以及马德拉斯炮兵，还有工兵等，总计3000人；海军方面，出动了3艘战列舰，2艘配备44门火炮的护卫舰，14艘配有28门或18门火炮的战舰，以及4艘武装轮船。正如麦克弗森所感叹的，"只动用这么少的兵力，英国就敢征服中国"。

或许是已经预感自己将要被替代的命运，义律准备速战速决。他已经发布通令，秘密部署快速结束通商，劝告在广州的英国侨民即刻撤出广东。所以到5月21日傍晚时分，广州城内已经见不到一个英国人的身影。而他的对手奕山承受的压力也越来越大，一方面他既要承受来自道光帝的"进剿"压力，另一方面在还没有找到破敌之策的情况下，仓促之间应对英国人的军舰。

虽然奕山手中的兵力数倍于英军，但全是陆军，他的兵力部署依然集中于各个炮台。在疏散英国侨民的同时，香港和澳门的英国军舰驶向广州，停泊于广州和虎门之间，4艘军舰和"复仇神"号停泊于商馆左边。而在此之前，杨芳致函义律，告诉他说，大量久经战阵的官兵已经到来，和谈是英国人唯一的选择。并告诫他："不要不听老人之言，要敞开心扉，露出汝好心肠。"抱着和谈幻想的老将军在听到奕山发出进攻的号令时，他拔剑奋呼："事且败而局难收！"

对于5月21日深夜至5月22日的战事，中英双方有着截然不同的记载：一个英国军舰的舰长回忆说，"一切都静悄悄的"，直至看到几艘两个或三个连在一起的平底帆船和木排紧随其后，上面装着浸了油的棉花。火船之后，又有载运清军兵勇的船只。在当晚的交战中，清军的火攻也只是装点了广州海域的夜色，并没有收到任何实战效果。那些用作火攻的小船，一艘一艘地烧毁沉没，却无法成功地接近英国船只。很多清军的兵勇掉到水里淹死了，或者被英军的火枪击毙。待到黎明时分，暴露在英军射程内的炮台也被一一摧毁。潮水涨上来，残存的火船让广州城南郊成为一片火海。

而在奕山的奏折里，清军分路同时进攻，"弁勇伏身水上，直扑其船底，以长钩钩住船只，抛掷火弹火毡火箭喷筒"，英舰船被烧得火焰冲天，"逆夷号呼之声远闻数里"。清军取得了骄人的战绩：在商馆一带水域，烧毁英军的大兵船二只，大三板船四只，小艇杉板数十余只；在猎德一带水域，烧毁英军小三板船数只，"逆夷被击及溺水死者不计其数"。而英军舰船进攻西炮台，清军固守，"未被破坏"；英轮船上溯窥伺，清军又击沉其三板船一只。对于己方的损失，奕山一笔带过，除未经配兵的零星炮船被焚烧数只外，其余俱未受损。

远在北京城的道光帝，几个月以来日夜盼望着来自南方的消息。可盼盼去，得到的又是这样一封夸大其词的奏折。每日上朝，他都要面对主战派和主和派在金銮殿上沸沸扬扬的争论。得到奕山的捷报，他积郁内心的愤懑得到了暂时性的纾解，朱批"甚属可嘉"。他除了将奕山、隆文、杨芳和祁贡交部优叙外，还颁下一大堆的御赏物件。

两日后的 5 月 24 日，英军选择在这一天发起进攻，而这一天也正是英国女王维多利亚的生日。到了这天下午，英国的所有舰艇突然同时鸣炮作响，并随之向广州城发起全面进攻。英军登陆的地点选在十三行街的英国馆，其间并没有遭遇任何正面抵抗，英军的先头部队便已顺利地进入英国商馆前的花园。英军在这次进攻中，采用的是水陆并进。

英国海军用他们强大的火力压制并击垮了广州以西的清军抵抗能力，尤其是英舰"宁罗得"号等 7 艘轻型战舰在凤凰岗一带分别炮击了沙面、西炮台、商馆等扼守之处，由西向东攻击。而停泊于黄埔的"加略普"号等 4 艘轻型战舰，越过猎德、二沙尾，由东向西攻击。

而这一次，英国军舰的进攻，也只是一种牵制性的佯攻。在军舰的炮火掩护之下，英军向"天朝"大吏们展示了他们的另一面，陆战。就战术而言，英军采用的是海军攻击正面，陆军抄袭侧后的打法。曾几何时，道光皇帝和满朝文武都相信一个传言，夷人没有膝盖，一打就倒，一倒就爬不起来。从奕山的布防来看，他根本就没有想到英军会采用这种战术，更没有想到英国陆军会离开海洋，离开军舰，进行登陆作战。

倒是在这次进攻的过程中，英军遭遇了前几次攻击行动中罕见的抵抗。就在这条曾经金元滚滚的十三行街上，双方部队上演了一场激烈的巷战和近距离肉搏战。在近一个世纪的时间里，欧洲商人都不准自由出入广州城。义律觉得，自己虽然在中国经商贸易多年，但是从未与广州走得如此之近。

梁廷枏在《夷氛闻记》中记录了他所看到的一幕，英国人站在山上手拿望远镜俯瞰广州城，不禁感慨道："凡城中措置及官民来往悉为所见。"而在这拿望远镜的人里一定有义律，他凝视着这座曾经不得自由进入的城市，这座因贸易而兴起的中国南方城市，这里有着错落有致的街道，一座座蓝灰色的砖瓦房屋和矗立在城市南北两个对称点上的庙宇，如同那海洋深处扬帆远航的舰船。

一份英国军情快报如此描述：广州是中华帝国的大城市之一，有将近120万人口，城内外守城官兵4万名，用了整整一年时间准备防御工事，自然地势优越，深入内陆近400英里，只有通过复杂的水路才能进入，只需不到3天时间，就被一支人数不超过3500名的英国皇家陆军所攻占，我相信这会被看作对民族感情，对女王陛下的权力令人满意和赞赏的一个典礼。

此时的广州城陷入一片混乱，英军的炮击给这座城市造成了巨大的破坏。尤其是四方炮台的沦陷，造成了人心的摇晃和崩塌。这座历史上著名的炮台是攻击广州城最佳的战略位置，只要这个高地落入敌军手中，也就意味着这座城市的沦陷。当英军的先头部队扫荡完毕之后，英军的炮队登上了四方炮台。随着英军指挥官的手势，自己生产的炮弹划出罪恶的抛物线落在自己的城市和家园。梁廷枏写道:"入夜,火光如昼。日则四射火箭,焚南北岸铺舍,南门外烧毁尤甚,民间无救者,官军亦不敢出扑,听其自焚自灭。"

广州城的混乱除了英国海陆进攻给官绅军民带来的恐慌,还有那些来自不同省份的清军士兵的逃生手段和抢掠行径,让这座城市的混乱到了无以复加的程度。士兵从失陷的阵地往城里逃奔,而城里的市民则慌不择路地向城外跑,到处是炮声,到处是火光。那些来自其他省份的士兵也是异地作战,他们在一个陌生的城市里溃不成军。对于广州人来说,这些逃命的外地兵勇与英军并无本质上的区别。魏源在《道光洋艘剿抚记》中记录:"兵将皆不相习,溃走则互相推诿。所发盐菜口粮,厚薄不均……令十五兵共一帐房,拥挤无纪律,会择便利,掳取货物。"

而那些各自逃命的军官分散躲藏在被遗弃的民房里,他们的上级军官想要传达号令也找不到人在哪里,梁廷枏说:"非领饷之期,无从见而问所驻地也。"这帮失魂落魄之人已经无法集结起来出城去迎敌,他们想的是如何让自己处于安全的状态,就连一些指挥官也在苦苦劝说属下不要到前线去送死。这一幕,让老将军杨芳激动得拔剑大呼:"可擒也!"

战火在广州城烧了两天两夜,直到一名大清国的官员挥舞着白旗出现在炮台的围墙上。他就这样举着白旗走到了驻扎于城北越秀山的英军司令部,得到的答复是,英军的司令官只能够与广州的清方军队首领谈判,不过在等待这名官员到来前可以暂时休战。

奕山和杨芳都不肯出面与英军司令官交涉,就在英军利用休战日调运火炮和弹药,准备重新开战时。一个英军上尉回忆说,大家都"已经准备就绪",这时一个踉踉跄跄的英国军官快步走向司令官,他喘着粗气解释道,他本来早该到了,因为昨天晚上迷了路,在稻田里睡了一夜。他说,义律已经和中国的钦差大臣达成了停战协议。英军陆军总司令郭富极不情愿地接收了这个信息,他以私人名义致函义律:"你把我们置于一个最危险的境地,我的各路人马都受到了可怕的骚扰,我和后方的联系持续地受到威胁,护卫队受到了攻击。"而山上的海军军官也发出了抗议之声。

这是一份令双方都感到不满意的休战协定，从 6 月 1 日起，英陆军从广州城北越秀山四方炮台一带撤退。一周内，英海陆军全部退出广州地区，交还了虎门横档以上的各炮台，集结于香港。而和平的代价是打掉牙齿往肚子里咽，清国承诺赔偿 600 万两白银作为赎金。英国政府尝到了战争给自己带来的利润甜头，600 万两白银是英国政府每年茶税的两倍还要多。当然人命的价值是另外一种算法，对于控制英国议会的资本家们来说，他们或许并不将其计算在内。

义律在给外交大臣的信中解释了采用停火战术的原因："市政官员和检查都不见了，德高望重的市民都逃走了，广州城遭到了暴民的洗劫，一片萧条，大火毁灭了一切，我们匆匆离开了废墟。"义律所担心的是，由战争所带来的灾难会让这座城市的民众丧失最后的生存希望。他主动接受的停火协议就像是一剂膏药，贴与不贴或许并不能真正扭转时局，最起码可以暂时掩盖一条溃烂的裂缝：是休战，而不是和平条约。

当惊魂未定的清国士兵按照条约离开广州时，这座城市陷入末日狂舞的境地。那些离开的士兵脸上并没有写着失败者的耻辱，他们看上去更像是凯旋的将士，与趁火打劫的市民抢夺财物，彼此争斗。甚至有市民拦截广州总督奕山的轿子，要求他拿出办法尽快平息混乱不堪的局面。而此时的奕山除了 600 万两的白银赔偿，他已经无计可施。

很多时候，爱新觉罗·旻宁坐在宫殿的中央，看着地上的阳光一点一点移动。这座宫殿的一切都像是围绕着他在运转，可他又觉得这一切不过是假象。这座富丽堂皇而又失去温度的宫殿，像花瓣一样一层一层地在他的面前展开，当他以为江山在握，可伸出手的时候，一切又是空空荡荡。

天气慢慢热起来了，他想在等几天就搬到圆明园去。道光帝喜欢这座园子，他宁愿撤万寿、香山、玉泉"三山"的陈设，罢热河避暑与木兰围猎，但仍对圆明园进行了改建。其中的浩瀚的湖光山色，一连串彼此勾连的亭台楼阁，让他瘦削的身影更加显得深不可测。

进入 5 月份以来，道光帝的心情也开始变得愉悦起来，他的侄子奕山从南方不断传来好消息。他的朱批也不断出现"甚好""好极""可喜"等字样。道光帝的好脾气换来了奕山等人的任性胡为，奏折也写得越来越离奇："当观音山火药库中弹起火时，忽见一位白衣女神，展袖扑火，顷刻熄灭之。英军炮火猛攻之时，天忽降倾盆大雨，浇哑了英军大炮。"

6 月 4 日，英军已经全部撤离广州，奕山等人又上了一份谎话连篇的奏折。关于这场战争，奕山编了一个精彩却难以自圆其说的故事。"据守垛兵丁探报，城外夷人向城内招手，似有所言，当即差参将熊瑞开垛看视，见有夷目数人以手指天指心。熊瑞不解何语，即唤通事询之。据云，有禀请大将军，有苦上诉。总兵段永福喝以我天朝大将军岂肯见尔，奉命而来，惟知有战！该夷目即免冠作礼，屏其左右，将兵仗投地，向城作礼。段永福向奴才等禀请询问，即差通事下城，问以抗拒中华，屡肆猖獗，有何冤抑。据称，英夷不准贸易，货物不能流通，资本折耗，负欠无偿。因新城之外，两边炮火轰击，不能传话，是以来此求大将军转肯大皇帝开恩，追完商欠，俯准通商，立即退出虎门，交还各炮台，不敢滋事……"在奕山所描述的这个神奇世界里，英国人冒犯大清国天威，有着迫不得已的苦衷。因为大清国拒绝与英国通商，导致"货物不能流通，资本折耗，负欠无偿"，战场上"炮火轰击，不能传话"，双方打起来是一个天大的误会，英国人不过是想"追完商欠，俯准通商"。

大清国就在这一次次的集体谎言中，沉浸于自己"天朝上国"的美梦不愿醒来。道光帝在收到这样一份有着心灵按摩作用的奏折后，并没有细究真伪，而是很快做出一项决定，下令各省撤退调防兵勇。数万兵勇在这里多待一天，就要多花一天的钱。这个生性节俭的皇帝只要一想到花钱如流水，内心就隐隐作痛。

奕山的谎言并不是没有漏洞，也有人站出来戳穿他并不高明的把戏。广州战败的消息，这时候已经像是弥漫于中国南方春夏之交的又一场瘟疫，以或明或暗的路径传得满世界都是。闽浙总督颜伯焘据广东按察使王庭兰致福建布政使曾望颜的信函，上奏弹劾奕山谎报广州战况。让人感到无法理解的是，道光帝面对调查者收集的情报资料，并没有继续深究下去，而是朱批"各报单留览"，便不了了之。

道光帝派往广州的三位钦差大臣，以当时的评判标准衡量，奕山所要承担的罪责最为深重，但是他却获得交部优叙，白玉翎管等赏赐。真不知是命运的眷顾，还是血统论的功劳。他还保举了"出力"文武员弁兵勇攻击554人优叙、升官、补缺、换顶戴。也难怪茅海建先生说，战败后的广州，并没有像通常那样死气沉沉，而是上上下下都喜气洋洋地互贺升迁。

奕山又给北京上了道奏文：

——英夷深受贸易断绝之苦，又恐借公行之钱索讨无门，一时情急之下方诉诸暴力。这是蛮夷的犬羊野性，原不必多加计较，且彼夷也都诚惶诚恐地来向我军负荆请罪——

现实的战事与奏文中所描述的战事，完全是两个不同的世界。奕山用一堆虚辞和大话遮蔽了道光帝那双看世界的眼睛，人性的自然选择是趋利避害，尤其是在做选择的人还没弄明白事情真相的情况下。道光帝早就有了预感，而且之前也有其他官员在奏文中提到，说是长江一带甚至谣传着广东战事失利的消息。他一直在回避那个他不愿接受的事实，或者说是结果。这时候能够给他带来慰藉的，是他对奕山这个人的信任，他相信奕山不会像琦善那样欺骗自己，他也相信奕山会给他带来他想要的结果。

奕山的奏文虽然能够给他带来身心的慰藉，但也让他隐隐地不安。从林则徐、伊里布、琦善到奕山，他们每个人都像是商量好了似的，每一份奏文都强行向他灌输一个理念，日光之下，并无新事，也不会有大事发生。

——故我皇朝不妨给予再开贸易之恩赐，则彼夷当感激涕零，当不复有骚乱之情事。……唯吾国商行积欠彼夷之借款，亦应即可予以偿还，以示天朝之威信。总计六百万白银之数，则已在筹措中矣。

奕山在这里将六百万两白银的赎城金称为借债还钱，这显然是他在衡量利害关系之后所做出的选择，是他故意撒的弥天大谎。明眼人一看就知道其中的蹊跷：如果是支付公行的借金，则应由公行负责，何需由国库提出巨额的两百八十万两？这显然不符合道光帝的一贯做法，和他的执政理念完全是背道而驰。

身在紫禁城里的道光帝陷入深深的纠结与不安，不安除了来自奏文中那种报喜不报忧的调调，更来自各方面相关的资讯。如果不是军事上真的失败，体制内和民间当不至于有此类传言。因此，他也越来越对一些从广东传来，粉饰太平的奏文抱着并不完全信任的态度。他甚至几度当着朝议的官员们将内心的不安毫无保留地显露出来。

4. 三元里的火光与神话

土地庙是中国农村随处可见而最普遍不过的庙宇，一般都会选择建在村落的边缘，建筑规模也并不大。三元古庙在这其中算是比较大的，除了颇为宽敞的正厅外，还有一个小房间。1841 年 5 月 29 日这一天，三元古庙内外人声鼎沸，站立于古庙正厅中央位置的地方士绅和乡村大佬们引领着话语的走向，他们讨论的话题是，英国官兵进入城北的双山寺，而双山寺距离三元里近在咫尺。

广州沦陷的第二天，英军在广州城外大肆掠夺，并打开双山寺存放着的一些外籍人临时安置的棺椁，准备将来护送归葬故土，以偿亡人叶落归根之愿。英军的士兵充满好奇地打开了一些棺盖，观看里面的尸首。依据中国的传统和宗教，此类大逆不道的行为，只有禽兽才做得出来。而他们淳朴的孝心，决不能容忍死去多年的先人受到骚扰，死后不得安宁。

更有甚者，英军闯入村庄，抢劫耕畜，以补充军需。英方的文献记载，他们的军队"满载各种家畜而归"。英军的劫掠行为，触动了农民赖以生存的基础，对于自给自足的农户而言，失去基本的生产耕具无疑是把他们推向了破产的深渊。

引发乡民集体愤怒情绪的除了"开棺暴骨"和"劫掠"两件事，还有一件触及他们忍耐底线之事。发生于 5 月 29 日的这次事件直接将乡民们的怒火彻底点燃，在广州西北几英里的三元里村，英军袭击了一家民宅，并且奸污了家中的妇女。就连当地的英文报纸《中国丛报》也认为英国人的暴行"是一种难以启齿的耻辱"。

占中国人口之绝大多数的农民，他们在这块土地上整日为生计所困，眼界狭隘于几亩地、几间房，娶妻生子，此外的一切对他们显得如同天际般的遥远。他们活动在所居住的乡村周围数十里范围，甚至从未进入县城，对广州、厦门、定海的战事，又何来心思所动？ 英方的文献为我们提供了另一种场景："……当（英）舰突破虎门要塞，沿江北上，开向马乌涌（炮台）时，江两岸聚集了数以万计的当地居民，平静地观看自己的朝廷与我军（英军）的战事，好像观看两个不相干的人争斗。"

英军开始进攻广州，陆军司令郭富下令，"各部须携带两天的干粮"。而两日后，英军的文献中也不乏"征发"的记载，而所谓的"征发"很难摆脱"劫掠"的嫌疑。其实在战争期间，英军虽有一时的供应不足之虞，但是总体上不觉困难。一些民众向他们出售粮食、畜禽、淡水，以图获利；还有为他们充当苦力，从事运输，以求工值。这些被清方文献斥为"汉奸"的民众，在交战地区几乎无所不有。

在封建制度下，中国的老百姓早就已经习惯了诸如改朝换代的重大变动。只要不触动他们的眼前利益，逆来顺受成了一种常态，谁当皇帝就给谁纳粮。满清的皇帝也未必比浮海东来的"红毛"统治者，更让他们觉得亲切。

而就在不久前，英军曾统治舟山半年，绝大多数民众还是做了顺民甚至"良民"。但是，一旦民众的眼前利益受到侵犯，如棺椁被开，财物被掠，情势就立即发生变化，愤怒的民众必然会用武力捍卫自身利益。梁廷枏在其所著《夷氛闻记》中称：由于英军暴行，当地举人何玉成柬船各地，三元里等 90 余乡聚众数万人"率先齐出拒堵"。 第二天，乡勇在村中的山上聚集。因为数量悬殊，英国人决定向他们发起进攻。就在第一次进攻中，乡勇溃不成军逃了。待到英军撤退之际，山头上突然出现了更多顶替那些逃兵的乡民。而这些几倍于英军的乡勇并不是来打无准备之仗的，他们在山脚下集结列阵。

当英国人再次发起进攻时，那些有备而来的乡勇再次掉头逃跑。就在这时，一场大雨倾盆而下，雨势来得既大且急。在异国他乡的疾风暴雨之中，英军迷失了方向，根本无从判断乡民的状况。他们眼前的视线只剩一二米，连进军发出的号令声都被暴雨吞噬掉。英军的官兵不知如何是好，他们只能背靠背地把刺刀的刀尖向外，做出最基本的防御姿态，仿佛把自己的命运也都交到雨神的手中。

英军打算有序地撤退，但是过膝的泥水让他们寸步难行。那些逃跑的乡民折返回来向英军发起反击。大雨让英军的枪支无法开火，借助大自然的力量，双方呈现出势均力敌的态势。一支没有经过训练的乡勇，手执冷兵器在南方的冷雨中，与近代化的英军进行遭遇战，不但没有像清军那般逃跑，反而给英军以杀伤，并趁势包围了敌军的营地——越秀山四方炮台。关于这场战斗的胜果，按照中方文献的不同记录，歼敌 10 余名至 748 名，数量的跨度不可谓不大。

擅长于在奏折中无中生有的奕山自然不会放过这样一次邀功的机会，他对此上过三道奏折，说法也是各不相同。第一次奏称：他曾命城西北、东北各乡团勇首领，分路搜捕，结果"杀死汉奸及黑白夷匪二百余名，内夷目二名"，并称南岸义勇斩英军头目一名，可能是伯麦。第二次奏称，英军在城北唐夏乡焚掠，义勇与之相战，斩英军先锋霞毕及兵弁 10 余人。第三次奏称，大雨冲没在城北抢掠的汉奸和英军官兵 100 余人，三元里等村义勇砍毙英军先锋霞毕及兵弁 10 余人。奕山在三份奏折里，将三元里抗英事件说成是团练、义勇所为。

根据英军司令郭富的报告，在三元里战斗中，英军共有 5 人死亡，23 人受伤。英国参战军官麦华生在《在华二年记》中记录，共计 7 人死亡，42 人受伤；英军海军军官宾汉在《英军在华作战记》中称，有 1 人死亡，15 人受伤。而茅海建先生则认定，英军的死亡人数为 5 人至 7 人，受伤为 23 人至 42 人。

第二天，英军司令郭富传话给广州知府余保纯，如果乡勇不立即疏散，他将发动进攻。余保纯惊恐万状，亲自拜访郭富，向其解释乡勇的行为并非他和他的皇帝下的命令。随即，他又向三元里的民众说已经和夷人达成了和平协议，下令乡勇们解除武装，返回各村，让英军安全离开。

待到事态平息后，余保纯也写了一道奏文呈递北京，报告这件事的始末：该夷之头目即免冠作礼，斥其左右、投其兵杖而跪地求饶……

广东的大员们已经习惯了用这种来源于生活，又远远高于生活的手法写奏文，那个远在北京的皇帝也习惯了这种报喜不报忧的虚辞。解散的乡勇们继续编织着"三元里大捷"的神话，说有几千名英军逃跑或被杀，其中还有一名将军。故事在口口相传之中变得神乎其神。甚至有人说，如果不是知府余保纯从中干预，英国远征军将会彻底淹没于三元里人民抗英的汪洋大海中。

前方大获全胜的消息两周后传进了圆明园的九州清晏殿，传进了道光帝的耳朵里。这几个月，他没在紫禁城住几天，他觉得那里已经不像是一个正常人待的地方，完全是一个牢笼之地。

当三元里大捷的消息传来，那些主战大臣们的情绪被刺激得愈发饱满和昂扬，他们敦促道光帝要趁热打铁，将帝国的精锐部队都调往广东地区，狠狠地打击夷人，扩大战果。殊不知，这种带有严重虚拟色彩和主观情绪的情报给北京方面的决策带来了毁灭性的后果。由于余保纯从中调停，已经对四方炮台形成合围之势的乡勇在未遭英军攻击的情况下自行散去。而余保纯的出现，成就了三元里抗英神话的无限延展性和不灭性。甚至有人提出，地方乡勇完全可以取代清军水师，与英军决胜于两军阵前。于是，有异想天开者建议，若将乡勇整合成军队，编为水师，即可收固"吾圉"，复香港之神效。

在那些传播神话者看来，余保纯的出现对于创造神话而言是带有破坏性的，他让这一神话没有获得更为神奇的效果。他们不自主地联系到余保纯在此之前与英国人的种种交涉，尤其是奕山与义律停战协定中所起的作用。如果说那些在疾风暴雨中手刃夷人的乡勇是这个国家的英雄，那么此时此地的余保纯则成了彻头彻尾的"汉奸"。三元里及其周边村庄的乡勇们是由对英国人的愤怒激发起来的，但同样也有对清政府和官僚基层的不满与愤怒。在他们张贴的布告中出现了令地方大员们也为之胆寒的文字："不用官兵，不用国帑，自己出力，杀尽尔等猪狗，方消我各乡惨毒之害也！""一定要杀，一定要砍，一定要烧死汝等。汝若请人劝我，我亦不依。无比要剥汝之皮，食汝之肉，方知我等厉害也。"

这件事影响颇为深远，当时由四川按察使调任江苏按察使的李星沅，在途中接到粤信，在日记中写道："恨当时不一鼓作气，聚歼恶党大快人心，然亦见同仇共愤。大府果能奖激，未必如青侯云云也。一言偾事，自坏藩篱，可恨，可恨！"

三元里抗英之事过去 3 个月后，广州开文童试。当考生们看见主考官是江苏武进人余保纯时，他们再也无法平心静气地参加考试。领头的考生高声嚷起来："我辈读圣贤书，皆知节义廉耻，不考余汉奸试！"甚至有考生端起墨汁向主考官的脸上泼去，在这种情况下，广东巡抚怡良只得逼着余保纯自动辞职。

余保纯是 1802 年中进士，未入翰林，放广东高明、番禺知县，后迁南雄知州。此人是一位老资格的地方官吏，或许是时运不济，始终没有进入官场升迁的快车道。虽然奉旨以知府补用，但一直未遇缺出。林则徐被道光帝派去广州禁烟，携其同往，与外人折冲。林则徐对此人颇为赏识，保举他专门"办理夷务"，并给予他很高的评价"巨细兼施"，"最为出力"。从此之后，与夷人打交道成了余保纯的专业。这个精明的地方老官僚就这样被推上历史的前台，他和琦善、奕山等人一样，在这方舞台上并没有多少发挥的空间，奉命办事而已。他不过是历史的大棋盘上又一颗过河的卒子，命运捏在别人的手里，而他只有向前一条路可以走。

广州的民众已经不再相信走马灯似的官员会让这一地区有新的奇迹发生，他们也不再相信北京城里的皇帝和他的官员们，甚至连皇帝和官员之间也陷入互不信任的旋涡。官员里出了一个"余汉奸"，而民众里早就有了拿情报找英国人换钱的"汉奸"。在紧张而又充满吊诡气氛的 1841 年上半年，这个国家被"汉奸"出卖的偏执臆想迅速发酵，而民间自发组成的锄奸团也将追杀汉奸作为他们情绪宣泄的一个突破口，在这一地区有将近 1200 人被戴上"汉

222

奸"的帽子而遭到追杀。

英国学者蓝诗玲说，很多人认为，与其说外来侵略是侵蚀帝国的病灶，倒不如说卖国行为才是病灶所在。1841年整个夏天，爱国抵抗成为血族仇杀的幌子。

三元里事件点燃了民间抗英的火光，却也助推了天朝的赔款效率。有人怕夜长梦多，丧失了好不容易争取到的用金钱换和平的向好趋势。600万两白银赔偿很快就交到了夷人的手里，并被他们迅速地转移出这个国家：一半流向印度，一半流向英国。在处理并安顿好广州商馆的事务之后，义律把征服者的目光又投向了下一个地方：厦门。就在队伍即将开拔前夕，作为胜利者的英国士兵也遭遇到了更加强大的对手：疾病。在这种酷热的亚热带气候中，一个小小的伤口，哪怕是一条抓痕，都有可能会导致溃烂。那些在两军阵前能够躲得了炮火与箭矢的英国士兵，却未能躲得了大自然给予他们的惩罚，他们还是倒在了由痢疾、疟疾和腹泻所带来的疾病面前。

7月21日，义律在香港准备出兵攻打厦门之时，一场台风席卷全岛。英国战船虽然没有沉没，但是桅杆、索具、帆都遭到了破坏，攻打厦门的计划只能往后推迟。义律的快速帆船"路易莎"号也被台风毁坏，这位大英帝国的贸易总监在风暴中仓皇而又狼狈地泅水上岸，先是差一点被路过的清国官船俘虏，接着又差一点被护送他的澳门船员交到官府。上了岸的义律并没有改变糟糕的命运，一位印度来的商人带着鸦片和棉花出现在他面前，并向他献上一张英文报纸《广州周报》。义律本以为这个商人是想让他了解英国国内民众，尤其是英国外相巴麦尊和议会大佬们是如何评价他这位劳苦功高的驻华贸易总监。

当义律抱着领取奖赏的心态捧起这张《广州周报》，却再也难以放下。他的目光牢牢地锁住了一则消息，报上说他被解职了。而这份解雇公告，早就在两个半月前由英国外相巴麦尊正式签署。也就是说，他的继任者璞鼎查爵士会随时出现在他的面前。

此时的义律已经成为英国对华外交的一颗弃子，其实早在半年前，随着他的堂兄懿律以健康原因辞去远征军司令职务后，所有来自国内的责难都要由他一个人来背负。维多利亚女王在给他的表兄弟比利时国王的信里说："中国的事情让我们气愤，巴麦尊深感懊恼。如果不是义律莫名其妙的古怪行为，我们想要的一切可能早就得到了。……他完全违背了给他的指令，尽其所能去争取最低程度的条款。"

另一个驻在澳门的英国人说，他完全控制了中国人，本以为会为所欲为，可他得到了什么？只是几枚铜板和一座荒岛而已。……中国人已经偷偷地笑了，说他们取得了最好的结果。

来自国内媒体和政界要人铺天盖地的指责，义律在一本回忆录的小册子里写道："如此众多的人指责我太关照中国人。但是我必须澄清，为了维护英国长久的荣誉和实实在在的利益，我们一直都在更加关照这个无助的、友好的民族……"

5. 厦门往事里的躁动与悲情

1841年5月31日，璞鼎查爵士收到英国外相巴麦尊的最后一份训令。

6月5日，璞鼎查离开伦敦，又一次踏上开往东方的轮船，与他同行的还有新任命的海军司令威廉·帕克。对于遥远而充满神秘感的东方世界，璞鼎查并不感到陌生。作为一名职业军人，他从1803年起，在印度参加东印度公司陆军。在刚刚结束的阿富汗战争中大显身手，晋升为海军少将。而这一次，他去往的将会是一个有着五千年文明史和四万万人口的庞大帝国。海军大臣为他们送行时说"大概3年后吧，等你回来的时候，要比你现在更富有……满载着从中国掠夺来的战利品"。此时的英国国内充斥着对华战争的压倒性舆论，之所以如此，源于两方面：一是这场战争将会是速胜、易胜和低成本的；二是打赢这场战争，将会让他们从对华贸易中获得巨大的利润空间。从遥远的东方战场传回英国国内的消息，让这个已经进入工业化时代的老牌帝国有着打赢这场战争的足够自信。

政府已经在高调宣扬——大英帝国的军队只打了小小几仗，就取得了这些伟大的胜利。他们的媒体也在推波助澜，认为义律同意以区区 600 万两白银就让大英帝国的军队退出广州城是令人尴尬的"不成功"的战争。《泰晤士报》此刻宣称，这是对英国军事实力的侮辱，是他们外交措置方面的肮脏丑闻。甚至英国国内某位战略家叫嚣："必须使用某种恐怖的手段，只有这样，中国人如此嚣张的狂妄自大和根深蒂固的自信自负才有希望垮掉……"

一个英国军医说，停战旗帜的出现，对于那些还依然沉浸于昨日的胜利之中，已经杀红了眼，渴望着继续杀更多人的英国士兵而言，是非常令他们沮丧的。

璞鼎查爵士带着战争的使命上路了，他们搭船进入地中海，由陆路过苏伊士，转道孟买。在陆地和海洋之间颠簸了 67 天，终于抵达了澳门。而这已经是破纪录的速度，也使当时在华的商船主们大为吃惊。早在 5 月 3 日，伦敦方面就已经发出召义律回国的指令，而这份指令经过三个月的漂洋过海才递送到当事人的手中。而仅仅两天之后，他的接班人璞鼎查爵士就出现在他的面前，恍如大梦一场。

义律就这样被免去英国驻华商务总监的职务，于 8 月 24 日启程离开香港。据时人描述，他上船向岸上送别的人群挥手道别的时候，神情看上去十分黯然与落寞。

自从 1834 年航海东行，义律就远离了自己的孩子们，也经常见不到妻子，他牺牲了过正常家庭生活的一切可能性。从某种意义上说，他的付出与回报并不成正比，甚至比不上国内那些喜欢指手画脚的议员。即使在他被任命为全权商务代表后，薪水才从每年 800 英镑涨到了每年 3000 英镑，而这只相当于他的后任璞鼎查的一半薪水。都说义律是一个"中国通"，所谓"中国通"也只是说他谙熟中国人的思维方式，更懂得用中国人的思维方式去解读现实。连他自己也承认："长时间远离祖国，使我几乎已经非英国化了，我在这里受到的厚待，令我在看待那里的事物时，并没有像个外国人那样存有过多的偏见。"

在中国工作长达九年时间，如今于鸦片之战尚未告成之际，不仅被临阵换帅，而且还被要求即刻离开这块他曾经自认为最能发挥个人能力的舞台，此时的义律心中自是有着难以言说的不舍与不平。

对璞鼎查的任命，是巴麦尊作为外交大臣的最后举措之一，不久后他在那年夏天的大选中去职。一直不厌其烦地反对对华战争的保守党，在指责这场战争过于温和的批评声浪中重新执政。

如果在华的英国商人还抱有将和谈进行到底的一丝幻想，如果他们还希望新到任的商务总监能够从他们的利益角度考量这场战争，那么他们在见到璞鼎查的那一刻就尝到了幻想破灭的滋味。在英国人看来，义律是一位温和的对华友好人士，璞鼎查与之截然不同，这位新任贸易总监对他所要面对的国家和人民充满了蔑视。对于中国森严而烦琐的礼法，他更是有着难以理解的不屑一顾，尤其对于中国人情社会流行的那一套规则，更是嗤之以鼻。他告诉广州的侨民，他"将不允许与商业利益有关的考虑……干扰他认为必须的强硬策略。如果任何人将自身或其财政置于中国官方之手，将由个人承担其后果和风险"。

就个人背景而言，义律与璞鼎查并无很大的不同。早在 30 年前，璞鼎查和他的 4 个兄弟就已经离开自己的国家，来到印度。他曾经将自己所在地区各部落的酋长变成了向英印政府纳税的臣民，用历史学家萧致治的话说，此时的璞鼎查已经是"一个在东方国家从事殖民侵略的老手"。

1841 年 8 月 10 日，璞鼎查在到达澳门的当天，就向两广总督祁𬇙发出了两道照会。照会明确无误地阐明了自己来中国的目的，双方谈判的基础建立在《巴麦尊致中国宰相书》（也就是巴麦尊给道光帝的第一封信）的基础上。如果中国皇帝无法满足这些条件，英国舰队会继续北上，扩大战争。

璞鼎查的这封信就像一颗子弹瞬间击碎了奕山、杨芳等人用区区 600 万两白银换取和平的幻想，而那位抵达澳门的广州知府余保纯，则被尴尬地阻挡在英国驻华贸易总监璞鼎查的办公室门口。秘书麻恭传话，璞鼎查不见清方没有"全权"头衔的官员。

自认为对付英国人很有一套办法的余保纯嗅到了空气中弥漫着的不祥气息，这一次风向真的变了。想当初清国官员不屑于见"夷目"，义律谋求已久的两国官员直接面谈，终于在禁烟运动中林则徐派他打破了这层外交壁垒，也让两国官员面谈成为一种外交常态。

然而，这一切，到了奕山等人的奏折里，就开始变得面目全非。

那个躲在圆明园里像是在躲是非的皇帝真是让人有些同情，他收到的奏折依然是满纸荒唐言。奏折里没有提到璞鼎查的目的，也没有提到英军北上将展开军事行动。奏折里的璞鼎查、义律和麻恭，还是那副"情辞恭顺"的模样。奕山并没有完全堵死自己的退路，而是预设了铺垫。他说，若是英国军队有一天出现在北方，那也不是他的责任。余保纯已经向"副领事"麻恭传达了清国大皇帝的谕令，恩准照旧通商，"何能别有干求，再行北往"。也同时向前领事义律传谕，义律也称将"遵谕寄信劝阻"。

奕山等人将所有的聪明才智都拿出来应对自己的皇帝，而奏折里的谎言，将会使这个国家陷入一场前所未有的灾难。放下广州的奏折，又捧起浙江巡抚刘韵珂的奏折，其中有言：听闻英军有北上浙江之讯，要求不撤退防兵（在此之前，道光帝曾颁布撤防谕旨）。

摆在御案上的两道奏折，并没有让道光帝陷入两难抉择，他又一次选择信任奕山团队。他说：试思该夷果欲报复，岂肯透漏传播？既属风闻，从何究其来历？

奕山的谎言能够将北京城里的皇帝忽悠得团团转，但是却无法摇晃一个人的心志，此人就是闽浙总督颜伯焘。就在广州城的大小官员们为白银能够换来和平的好买卖而暗自庆幸之时，与其一省之隔的颜伯焘突然出奏弹劾奕山谎报广州战况。

颜伯焘这个人是一个官三代，其祖父和父亲都曾经是朝廷的一、二品大员。有清一朝，一个家族祖孙三代都曾官居督抚者，放眼整个广东也只有他们这一家。虽然父祖辈都身居高位，但是颜伯焘并不是依靠恩荫制进入仕途，他完全是凭着自己的真才实学中进士，入翰林院。然后放外任，授陕西延榆绥道，后历陕西督粮道、陕西按察使、甘肃布政使、云南巡抚等职。这时候，手中已经无牌可打的道光帝只好调出颜伯焘，由他顶替邓廷桢升任闽浙总督。

颜伯焘上任不久即为福建上奏请饷，力陈"此次战事，所需甚大，'非仅请数十万两所能济'仰恳皇上敕部筹备银三百万两，内二百万两叙述解闽，以副支用，其余一百万两容臣察看情形，如果必须应用，再行奏咨"。

抠门的皇帝担心在此处开了口子，广东、浙江也会援引。颜伯焘不顾原先户部、兵部、工部《钦定军需则例》，自己制定了一套《军需章程》，对粮饷、工价、料费、运费等项另订标准。随着战争局势的暂时缓解，道光帝要求沿海各督抚汰兵节饷，并特别要求"颜伯焘再将现在情形通盘计划，应如何核减节省之处，详晰筹议具奏"。颜伯焘非但没有听从道光帝发出的警告，要他"力加撙节"，反而促使军机大臣穆彰阿在降低增幅的情况下极其不情愿地同意他的请求。

璞鼎查北上时，颜伯焘来到福州任所，全力以赴部署防务。他敏锐地感受到厦门的特殊地位，"孤悬闽南，远控台、澎，近接金门，又为泉、漳屏障，与粤东毗连，洋面四通八达，实为全闽咽喉门户"。

厦门是一个罕见的天然良港，北距历史上有名的国际大港泉州仅 80 公里。尤其是进入清朝后，随着泉州的日益衰落，厦门一度成为清国对外开放的通商口岸之一。在这场战争爆发之前，厦门的防御工事接近于无。第一次厦门之战后，邓廷桢加强厦门岛的防御，共安设火炮 268 尊，部署防兵 1600 余名，另雇勇 1300 余名协防。颜伯焘到任后，并不满足于这种临时性的工事。他将全省事务破例地交由已委新职的福建巡抚的手上，自己常驻厦门，全身心地投入防卫建设中去。

颜伯焘在厦门进行大规模的铸炮修台建设，筑建坚固的防御工事。颜伯焘说他的工事坚固毫不过分，他以花岗岩代替沙袋，在厦门岛南岸构筑了当时中国最坚固的线式永久性炮兵工事——石壁。花岗岩是当时世界上最结实的建筑材料。

颜伯焘在奏折里也不无炫耀之意，说他修筑的这条石壁长约 1.6 公里，高 3.3 米，厚 2.6 米，每隔 16 米留一炮眼，共安设 100 尊。

道光帝捧着奏折，凭借着他那有限的军事常识和想象力，很难对这样一条花岗岩筑造的石壁做出判断。他已经习惯了这帮官员在夸耀战功时所使用的各种套路，而数理并举的内容让他有一种踏实感，至少让他知道，这个官员在不遗余力地做事，并且是有效果的。

厦门战后，英军的记载证实了颜伯焘所付出的努力，正如郭富爵士所说："每一个岛，每一个突出的地岬，凡可以安装大炮的地方都已经使用上了，并且牢固地武装起来了。""实际上，在厦门及其附近诸岛上被我们所俘获的大炮，总数不下五百门。"或许是已经意识到"防剿宜水陆兼备"，颜伯焘等人还积极修造军船，英军攻占厦门后，"发现大量的木材和松脂，几艘水师船正在建造中，其中有一艘两层甲板的船，是模仿我们船的式样的，装有三十门大炮，已经造好，准备下海"。

颜伯焘耗时 5 个月，耗银一百五十万两，终于将厦门建成大清帝国疆域内最强大的海防要塞之一。在防御工事基本建成后，颜伯焘的自信心曾一度空前高涨。他在奏文中向道光帝表态，厦门"稳如磐石"，"各将士志切同仇，无不发奋自励。若该逆自投死地，惟有痛加攻击，使其片板不留，一人不活，以伸天讨而快人心"。

英国军舰直接开到了厦门口外，清军虽然有所反应，但是并没有引发足够的重视。英军再犯厦门，本在颜伯焘的意料之中，他来到厦门也许就是为了等这一刻。当隆隆的炮声在耳边响起的时候，他并没有心生畏惧，甚至有些难以名状的兴奋，隐约觉得自己立功的机会到来了。

8 月 25 日傍晚的炮声，便是从厦门岛和鼓浪屿清军炮台发出的。舰队与炮台相距太远，双方的炮火始终够不着对方，因此响了几声之后，四周又恢复了宁静。英军并不想贸然进行夜战，军舰在穿过外围岛链，驶入厦门南水道后，便开始准备抛锚休息。

而真正的战斗是在 8 月 26 日打响的。下午一时四十五分，港内风起浪涌，英舰纷纷起锚进攻。正值南方的盛夏之时，从早晨开始便非常炎热。英军开火前的程序与以往并无不同，军舰上发出的一枚枚炮弹轰醒了清军官员们用区区 600 万两白银换和平的白日梦。当英国军舰突然出现在厦门湾的时候，仓促应对的大小官员们还满心疑惑。

英军行动前，先是发出了一份由璞鼎查、巴加、郭富联合签署的致福建水师提督的最后通牒，要求让出"厦门城邑炮台"。颜伯焘对此不予理睬，也未给予任何答复。在获知清方拒绝之后，英军立即发炮轰击。颜伯焘则坐镇城中，亲自指挥厦门岛南岸、鼓浪屿、屿仔尾守军"三面兜击"来犯之敌。因为堡垒炮口对着海面，所以，一旦英军登陆从背后偷袭，守在炮台上的清兵毫无应对之策。英军的炮击像一声声惊雷炸响，使那些闻风丧胆的兵卒相继开溜，最后只留下部分福建水师的精兵仍坚守着阵地。因此，当英军从炮台射程外的海岸登陆、迂回地从背面袭来时，守卫在炮台的清军已经所剩无几。

经过一小时二十分钟的炮战，鼓浪屿三座炮台被英军打哑。开战两个小时后，英军在厦门本岛登陆。没过多久，全岛各阵地均告失守。坐镇督战的颜伯焘内心如刀绞般疼痛，他目睹英军从海面上像一阵旋风似的刮到了面前，在遮天蔽日的炮火中，自己半年来的心血和种种努力转瞬就化为灰烬。身陷绝望的颜伯焘和兴泉永道（管辖兴化、泉州、永春二府一州的道台）刘耀椿如同一对难兄难弟，他们抱头痛哭。然后率领驻守于厦门的文武官员连夜逃往同安，守城士兵也跟着弃城而去。

当英军从炮台后方蜂拥而上时，总兵江继芸便跳下炮台，猛地往海岸冲过去，他像是准备将自己的血肉之躯化为一颗炮弹。不过真实的情形是，这发人肉炮弹并没有在敌方的阵营爆炸，而是直接投向了大海，绝望的江继芸以身殉国。

副将凌志虽然身负重伤，但是在英军士兵逼近时仍奋力地拔刀切腹自裁。

此外，都司王世俊则在炮台的壁缝里插上佩剑，然后，迎面把自己的喉咙顶上去，壮烈地自刎而亡。

次日清晨，英军不费一枪一弹就占据了厦门城。颜伯焘苦心构筑的厦门防线失陷，四百多门火炮和六七千精兵没有抵挡住三十余艘英国军舰的进攻。此战，清军战死总兵一员，副将以下军官七员，士兵难计其数，而英军则仅战死一人，伤十六人，然而颜伯焘的战报却说自己击沉英轮一艘、兵船五艘。厦门之战以清军惨败而告终，不仅厦门失守，人员、物质财产等方面损失也十分惨重。钦差大臣怡良事后调查厦门失败情况时说："将弁兵丁伤亡枕藉。"

美国人弗兰克·萨奈罗在自己的作品中提到一个奇怪的现象："侵略者打开城里的金库，本册上记录有几千两白银，但是这些战利品却不见了踪迹。政府官员盗走了这些银子，装在空心的木头里，假装成木材商人运走了。"

巧合的是时任汀漳龙道张集馨也有一段记载，1842年初，颜伯焘免职还乡时的情形："前帅回粤，道经漳城。……至初一日，即有扛夫过境，每日总在六七百名。……随帅的兵役、抬夫、家属、舆马仆从，几三千名……"仅仅一年的时间，辎重就有如此许多，真可谓搜刮有道无度。除了茅海建先生质疑的，其中不排除有海防银两。而我所要质疑的是，其中也不排除金库里失踪的那批银两。

最令人啼笑皆非的是那个在北京城里两眼一抹黑的道光帝，他在接到颜伯焘厦门失陷的奏折，见有"伪陆路提督郭"的字样，竟然像是发现了新大陆，原来腿不会打弯的英军也会陆战，而且不会摔跟头。战争已经进行了一年多，道光帝在前敌主帅们的一个又一个谎言中，居然此时才得出这样一个常识性的结论。他对此还是持怀疑态度，他甚至认定英军的陆军统帅郭富是汉奸。于是，他在上谕中言道"夷人此次到闽，已有陆路提督伪官名目，恐其召集闽、广汉奸，为登陆交战之计"。

这个国家的皇帝与官员都陷入了一种对未知世界的恐慌与焦灼。英国人强大的武力让他们感到惊奇，也成了他们急于破解的谜题。虽然大部分人都在瞎子摸象般地了解这个对手，有人摸到的是鼻子或者耳朵，而有人已经摸到了这个庞然大物的基本轮廓。就像此时奉命死守漳州的汀漳龙道徐继畬，这个翰林出身的山西人在目睹英国人攻陷厦门后，如此写道："寝食不遑，心力交瘁"，"逆夷叵测"。

他在写给友人的信里称：英国人是"红毛"中最为强大的种族，生活在距中国七万里远的地方，侵占了大西洋、小西洋（印度洋）、南洋、东南洋（东南亚）沿岸的数十处港口，其船坚固庞大，其炮猛烈，其海军相当强大，并称"逆夷以商贩为生，以利为命，并无攻城略地、割据疆土之意，所欲得者，中国著名之码头，以便售卖其货物耳"。

在英军船坚炮利带来的疼痛感中，像徐继畬这样的帝国官员开始频繁地与西方传教士和商人打交道，他们得到了大量的西方地理文献，并自制了部分地图。美国传教士说，他们是自己见过的中国官员中"最爱寻根问底的"，"他们对了解世界各国状况，远比倾听天国的真理急切得多"。

就在厦门沦陷的第一天晚上，英军在山上扎营过夜。待到天亮，英军开进城内，士兵们莫不争先恐后地大肆劫掠。他们所到之处，如入无人之境，街头尽是狂欢乱醉的英军士兵，或当街饮酒高歌，或任意凌虐往来的市民。"提督衙署、总督行寓及关税公所，均已半被烧毁，石壁及炮台，多有击坏情形……夷匪自十一日之后，侵占石寨及各衙署、肆行拆烧，抢掳资财，奸淫妇女，焚毁庙宇。"

退守同安的颜伯焘在收到道光帝要求收复厦门的命令后，一面向皇帝请拨军需银两，一面整军备炮，招募民兵。不过这些部署仍然是延续战前的备战思路，并没有拿出行之有效的办法，自然也无法收复厦门。

当然厦门并不是英军的最终目的地，他们前进的脚步在厦门只短暂停留了十天，然后留下少数兵力驻守鼓浪屿外，主力很快撤离厦门，北上浙江。英军撤离后，颜伯焘即向道光皇帝奏报收复厦门。

6. 裕谦：一个钦差大臣的罪与罚

1842年4月18日，林则徐抵达镇海，因裕谦回江宁接任两江总督，浙江巡抚刘韵珂、浙江提督余步云等一应官员乘舟来迎，场面让人为之动容。林则徐以四品卿衔来到浙江，最高兴的莫过于裕谦。他太了解自己的老上司，无论是境界和才具都远在自己之上。他兴奋地向道光帝上奏："该员向我兵民所悦服、逆夷所畏惮，其一切设施亦能体用兼备，奴才素所深知。"

林则徐当晚入住城内蛟川书院，这是预先为他安排好的居所。林则徐此次来浙江，颇有人猜测将会接任两江总督，而他自己则以为会被安排到定海。他甚至做好了为国捐躯的准备，将妻儿家小安顿于杭州，只身赴任。在抵达镇海的第二天，林则徐就在浙江官员的陪同下登上招宝山，"观山海形势，察看新旧炮位"。自此之后，他几乎每天都与巡抚、提督、总兵、道府等磋商军情，尤其关注大炮的筑造和射击训练。

招宝山是镇海之要塞，山上有观音庵和天后宫，不少文武大员会时常来此瞻拜，乞求神灵的庇护。一日清晨，林则徐往庵中观音大士前行香，抽了一签，云："天开地辟结良缘，日吉时良万事全。若得此签非小可，人行忠正帝王宣。"困厄中的林则徐似乎很在意这首卦辞，将之录入日记，若有希冀。

虽然道光帝在谕令里已经谈到对林则徐的使用问题，让他"暂行协同筹办"。这样的结果，显然是他和关心他的人不愿意看到的。但是他并没有表现出惊讶，脸上也少有忧患之色。每天仍忙于整顿军备，尤其是关心炮局的进展。就在他全身心地投入浙江军政事务中时，一份决定他命运前途的谕旨，再次从圆明园的"九州清晏"发出。其中有言："邓廷桢业经革职，林则徐着革去四品卿衔，均从重发往伊犁效力赎罪。即由各该处起解，以为废弛营务者戒。"

虽然极不情愿，但也别无选择。林则徐只好重新踏上遣戍之途，不久前的钦差大臣、两江总督，如今已成为大清国的一名流人，真是让人感叹光阴弄人。就在林则徐一路访朋会友，吟诗题词，慢慢悠悠地离开浙江境内时，道光帝又传谕旨，曰："林则徐着免其遣戍，即发往东河效力赎罪。"林则徐是在扬州接到这份谕旨的，他虽然是一个冷静睿智之人，也难免会在这份圣意已回的谕旨面前燃起几分希望。他请人代奏一份呈文，说自己"伏地碰头，感激涕零，莫名悚惕"，他表示会立即赶往东河效力。

　　林则徐匆匆而去，最为不舍的是裕谦，他是蒙古镶黄旗人，贵胄出身。其曾祖父班弟，为雍、乾两朝的名臣，曾任定北将军出征准格尔，孤军困守伊犁，兵败自杀。其祖父、父亲，也曾经是清朝一、二品大员。

　　与其他八旗子弟的欢游闲放不同，他在家庭中受到几乎完全汉化的性理名教的教育。24岁中进士，入翰林院。历任湖北荆州知府、南昌知府、江苏按察使、江苏布政使、江苏巡抚。1840年，两江总督伊里布授钦差大臣，前往浙江，裕谦署理总督，成为江苏的最高军政长官。

　　于是，他不得不与这个呼啸而来的时代正面相撞。

　　于是，他不得不在接任钦差大臣、继任两江总督时，内心有着难以言说的悲壮。如果没有这场战争，依照此人性格，即使身在一个太平年月里也是颇具争议的官场人物。而这场战争在陷他于万劫不复之前，先是成就他刚正不阿、疾恶如仇的名望。或许是他身上所表现出来的恼人而又迷人的风度，使他仅用了两年时间就实现了官场上的三级跳，从正三品的按察使，到从一品的总督。他一道弹劾琦善的奏章使多少人击节称快。已获罪的林则徐很是欣赏，亲笔誊录一遍，在上面做了密密麻麻的点评。在裕谦的笔下，琦善成了"天朝"的头号奸臣，犯有不可饶恕的三宗罪："张皇欺饰""弛备损威""违例擅权"。

　　裕谦身上所表现出来的战斗气质，不仅使主"剿"的官员大呼过瘾，也使一些对"逆夷"抱有妥协想法的官员心生忌惮。奕山在与义律达成停战协议的第一时间里，随着奏折一起发出去的，就是给裕谦的一封套近乎的书信。有史家云："他生怕裕谦会发出不利于他的议论，信中的文句不无讨好叫饶

234

的意味。"

1841 年 2 月，道光帝授其钦差大臣，替代伊里布主持浙江大局，攻剿"夷匪"。裕谦到浙江任上时，其战斗性格越发鲜明，事事以极端手段处置。

裕谦到任后先是处死了四个所谓的"汉奸"，也就是曾在英军占据定海期间帮助过英军的当地人，他下令枭首示众。为了报复英军在定海掘坟的暴行，他把英军埋在定海的几百具尸体挖出来剁碎扔进大海。用他的话说"挫戮投诸海中，以免污我土地"。道光帝对此大加赞赏，在裕谦奏折上朱批"亦可稍称一快"。

在回望伊里布与英方交涉交还定海的过程中，一直将战俘视为与其交换的筹码。为此，伊里布对被俘的英人给予优厚待遇，不仅不加诛戮，反而待以酒肉，并派人服侍。对女俘另派两名女佣侍候。

伊里布对待英方俘虏的态度，让浙江各界人士无不愤恨。而时任江苏巡抚的裕谦对上级伊里布的态度大为不满，在他看来"今既擒获逆夷，自应即行正法"，使"该逆夷闻风惊惧，不敢往来无忌，如入无人之境"，"以作士气而快人心"。

现代战争对战俘的处置涉及人道的问题，主要体现在优待俘虏。清方则从实用角度考虑，在和谈时过分优待，而在战争不可避免时，又会过分仇恨与蔑视。

一年前，道光帝对释放英军俘虏也颇不放心，指示伊里布等英军交还定海后才可释放。而英方在谈判过程中也要求将英俘先行释放，然后才归还定海。而在准备接受定海过程中，伊里布调集兵力，一方面是形成收复定海的假象，另一方面也确实做好了作战准备。因为"该夷居心叵测"，此次所称交还定海，似乎也确实准备实施，但"犬羊之性，难以理测"，所以要做两手准备，防止中其奸计。他拿出 1 万两银子，叫人秘密前往定海，雇募乡勇，准备火攻器具，在定海县城附近埋伏。并命诸将领到定海后察看地形，如果英方无意交城，立即督率清兵和乡勇尽力攻击。同时将英俘临阵先行正法，以鼓舞士气。

在清方和英方看来，自己是诚信的一方，而对方无信用可言。这次交接成功，对伊里布来说是成功的经验，也与英军建立了外交上的互信，后来伊里布被革职后，英军仍要求伊里布作为和谈对手，以及伊里布复出并主导对英谈判的基础。

9月26日，离开厦门已二十天，一路缓慢前进的英军舰队终于来到舟山附近。而此时舟山的防务状况则是：先前不久从处州和寿春调来两个总兵郑国鸿和王锡朋，加上原先的定海总兵葛云飞，一共有三个总兵，兵力达到五千人之多。

在裕谦的规划之下，定海的防卫工程也进行了史无前例的大规模的建设。他沿着舟山岛南海岸修筑了一道3英里长的厚泥墙，与颜伯焘的花岗岩石壁相比，虽然在坚固程度和火力的密集程度都远不如对方，但在自我的认知世界里，自己才是最好的。裕谦在这条坚固的防线之下，安排了5600名兵勇在此驻守。他在这道防御工事的两个城门上分别题写了"长治"和"久安"，还将其中间部位的一个炮台命名为"威远炮台"。

裕谦所做的这一切，不过是通过外在"器物"寻求精神支撑的美好愿望，至于能不能实现这个愿望，还要通过现实的严峻考验。裕谦在倾力打造"器物"的同时，也在重新振作这支废弛松垮的清军的"人心"。他在奏折中向自己的皇帝保证："从此遏险控制，屹若金汤，形胜已握，人心愈固……该逆倘敢驶近口岸，或冒险登陆，不难大加剿洗，使贼片帆不返。"

裕谦的这番话，难免会让我们想起颜伯焘曾经在道光帝面前夸下的海口："若该夷自投死地，惟有痛加攻击，使其片帆不留，一人不活，以申天讨而快人心。"

真是难为北京城里的道光皇帝，每天盼星星盼月亮盼来了沿海地方大员的奏折，就像是鸦片吸食久了会上瘾，谎言听久了会当成真话。而奏折所呈现出的同一种面貌，同一种自嗨式腔调，让道光帝沉迷其中，却又难见真相。从开战以来，他好像并没有从奏折里读到过多少令他愤怒和悲痛消息。大部分时候，那些爱唱高调的官员将他的情绪撩拨得豪情万丈。每一次都像是最后一次，每一次都像是英军的末日将要到了。

裕谦虽然没有和英军交过手，但是他却坚定地认为，清军必须在陆地上与敌方作战，因为英军"夷刀不能远刺，夷人腰硬腿直，一击即倒"。诚如茅海建所说，他将主要兵力集中于县城及其以南 10 平方公里的区域，而没有兼顾到舟山岛的其他区域。他在向自己的皇帝发出豪言壮语的时候，显然没有认识到英国军舰和大炮的威力。不然他不会毫无根据地说出"我炮皆能及彼，彼炮不能及我"。

这一年的中秋节（9 月 29 日），定海的军民在炮声隆隆中度过了一个不安的节日。在西方人眼里，中国人的节日往往都有一个忧伤的故事做背景。"有时，遇到一位有点学问的，就会告诉你'有一个古老的故事'，或者'很久很久以前，天上的事'……而中秋节作为最古老的节日之一，是为公元前 300 年，一件悲痛的事件而创设。很少有人会想到，它最初是用来化解那些忧伤的鬼魂的……"

英军用了 5 天时间，侦察清军的布防以确定主攻方向。经过数日的激战与部署，英军成功地在定海正对面的五奎山构筑了大炮阵地，并向东港埔和晓峰岭发起进攻。由于连日大雨，定海守军在雨水中连续"应敌"5 天，已经疲惫不堪。

真正的战斗出现在 10 月 1 日早晨，在双方炮战的同时，英军的登陆部队从清军炮台的侧翼发起进攻。套路还是一样的套路，对于不长记性的对手，英军连进攻的套路都懒得做出变化。从早晨发起进攻，到下午 2 时，随着英国人的欢呼声，米字旗又一次飘扬在这座被他们攻占过的城市的城头。

这是一场毫无悬念的战斗，也是一段被冠以"悲壮"和"惨烈"等词汇的抗英故事，定海三总兵（定海镇总兵葛云飞、浙江处州镇总兵郑国鸿、安徽寿春镇总兵王锡朋）率五千清军，奋力抗击万余名英军，双方激战六天六夜，终因寡不敌众而血染沙场。三总兵就这样倒在了自己的战位上，并没有因贪生怕死而后退一步。

寿春总兵王锡朋被英军的炮弹击中，一只脚当场炸得稀烂，不久便气绝身亡。

湖南出身的处州总兵郑国鸿虽已是六十五岁的老迈之躯，身陷重围还挥舞着军刀，砍杀敌军数人之后才不甘心地倒下去。

定海总兵葛云飞在战死沙场的那一刻，双手还紧紧握着两把刀。这个平日酷爱研究兵器的军人，在自己精心铸制的两把宝刀上面，分别刻上了"昭勇"与"成忠"两个字。他还写过一本武器制造的书——《制械制药要言》。如果不是死在这里，他或许将会以另一番面目留在清朝军事史上。

这场战役结束后，英方对三位总兵也加以褒扬，用以鼓舞己方士气。英方说："当双方肉搏战时，这位总兵（葛云飞）依旧挥舞着司令旗。"而真实情况是，葛云飞早就在炮战时被炮火击倒，挥舞旗帜的应该是他的部属。

在历史的叙述文本里，死亡的意义大于最后的结果，至于以何种姿态保持死亡前的尊严并不是我们应该去深究的。三位总兵都战死了，已无法还原当时的情景。而对于一水之隔的裕谦来说，他并不愿意相信眼前的事实：固若金汤的防线，就这样被他认为不擅长陆战的英军一次次地突破，并次第杀死了王锡朋、郑国鸿、葛云飞。

英军并没有遇到坚强而有效的抵抗，所谓的惨烈和悲壮只属于其中一方。英军在战斗中所付出的代价是：战死 2 人，受伤 27 人。

定海炮台上的血迹在海风的吹拂下刚刚凝固，一个英军上尉非常开心地发现："（定海）居民很快就认出了他们的老朋友，看到他们回来，显得非常高兴。不到三天，一个很好的市场就建起来了，就像我们从未离开过这个地方。"

1841 年 10 月 8 日，这一天是定海失守后的第八天，道光帝收到浙江军报：定海清军初战获胜，裕谦率地方文武官员举行战前宣誓大会。不知有多少日子了，这位中国最高统治者都是在这座美轮美奂的圆明园里打发时间。他手里攥着裕谦的邀功奏折还没舍得放下，两天后，裕谦又用"六百里加急"给他送来定海失陷的消息。变幻莫测的战局，真相与谎言交织的现实，让道光帝身心俱疲。他不知道，下一刻再接到喜讯的时候，他是应该毫无保留地高兴，还是该咬牙切齿地痛恨。道光帝就像是一个爱情守望者，把自己的爱毫无保留地交给一个又一个经过的人。所有的甜言蜜语都是空头支票，站在他的角度考虑，他实在不知道该信任谁，或者是不信任谁。

大清国难道真的要在他的手里变天？他不敢往下想。巨大的情感落差很容易让人失去理智，幸好他是一个资质平庸，而又不太敏感的人，这样的人不容易让自己陷入疯狂。

数十年的军旅生涯，尤其每逢大战前夕，裕谦总是会不由自主地想起他的曾祖父班第——大清国一等诚勇公。从他记事起，祖父和父亲就不断地向他说起曾祖父班第的英勇事迹。乾隆二十年（1775），曾祖父班第以定北将军的身份，在新疆伊犁平乱，被叛军包围，壮烈地自杀了。虽然没有见过曾祖父，但是曾祖父英勇殉节的场景一直留在裕谦脑海中，影响并激励着他。曾祖父班第是他最敬重、最想学习的对象，甚至也包括了班第以身殉国的行为。

当裕谦成年后进入军旅时，他会经常告诫自己：若有一天在战场上像曾祖父班第那样身陷绝境，他也会像曾祖父一样选择自裁，绝对不可以让家族名誉有半点污损。随着大战的临近，追慕先人的感情变得愈发强烈。尤其是在听到英军集结起来进攻镇海的消息后，裕谦召集文武官员举行战前宣誓仪式，献祭奠酒，誓于神前："今日治事，有死靡贰。幕府四世上公（班第），勋烈不沫。受命专讨，义在必克。文武将佐，敢有受夷一纸书去镇海一带者，明正典刑，幽遭神殛！"

裕谦充满激情的演说虽然起到了情绪上的煽动效果，但是并不是每个人都像他那样抱着必死的决心来到这里。比如说浙江提督余步云，他主张与英国人继续谈判，不要轻易开战。在各省的武职官员排名中，67岁的余步云仅次于杨芳。历任湖南、广东、四川、云南等省提督。1840年英军占领定海，道光帝亲自点名将其调入浙江。

这个戎马一生的老将军并不赞成与英军硬桥硬马地开战，他的理由让人无法理解。他说："以伊一人身死，分所宜然，但家中妻子儿女三十余口，实属可怜。"这样的话在大战之际由军事指挥官说出口，实在让裕谦无法满意。虽然不满意，一时之间又找不到更加合适的替代人选。他在给道光帝的奏折里也提到过："余步云于水务虽未能谙习，而一年以来亦已渐知大概，且究竟久历戎行，薄有声望，亦足震慑匪徒……"

当裕谦听到余步云大战前为自己的退缩找出这么一个蹩脚的理由，不由高声喝道："汝如退守宁波，欲救百姓，即自行具奏。倘镇海被占，我即殉节。"裕谦说这番固然有意气成分，但同样也有对"夷匪"的蔑视。正因为他有足够的信心击退来犯之敌，所以才会说出如此豪言壮语。余步云更倾向于伊里布的以和为贵，避免与英军发生正面冲突。

镇海位于杭州湾之南，大峡江（甬江）的出海口，它是宁波的门户，自古以来皆是海防要塞。镇海县城紧靠海口，其东北面为招宝山，东南和西南为大峡江，北面濒临大海，此时有宽达二三里的淤泥地带。或许是镇海的天然地理位置给了裕谦战而胜之的信心，这位尚未与英军有过正面交锋的钦差大臣认为，英军的军舰"不畏风涛而畏礁险"，如果英军不是乘坐小船而来，他们的巨舰一定会陷入淤泥浅滩而动弹不得。

1841 年 10 月 9 日，英国舰队开往镇海。

当太阳从东方的海平面缓缓升起，几艘英轻型舰船上面的炮管迎着第一缕阳光吐出了炽烈的火花。凭借着射程之远，军舰准确无比地将一颗颗炮弹送到了驻守于招宝山的清军阵地。于是，招宝山的清军阵地很快就变成了一片硝烟弥漫的火海。而在不远处的金鸡山，一千多名英登陆部队在海上军舰的掩护下，直扑清军的金鸡山阵地。让裕谦和他的军队感到不可思议的是，那些"腰硬腿直"的"夷匪"竟然会像猴子似的攀上峻峭的岩石，绕过炮台向镇海城内冲击。清军此时已无心恋战，他们在没有得到任何指令的情况下就撤出了阵地四散而去。

英舰上发出的炮弹不断地在空中交叉飞舞着，从早上一直打到正午时分，根本不给清军一点喘息的机会。看着岸上的炮台一座座被夷为平地，英海军司令巴加的神情自然是十分欣悦。

当英军右纵队像潮水般涌向镇海县城时，裕谦不由得仰天长叹。人生真像是一出戏，打从少年起那种追慕先人，自杀殉难的想法，如今似乎渐渐接近实践的阶段。也许是早有心理准备，裕谦表现得从容不迫，许多身边的事情早就料理清楚，手边的文书也逐一检视、烧毁。至于钦差大臣的关防及其他官印，则已托副将护送到杭州。

从裕谦家丁余升后来的叙述中，裕谦此时已陷入茫然无所从的境地，他从东城墙上退了下来。走到学宫池时，他突然不走了。站在城楼上远望，只见招宝山上浓烟滚滚，城内民房也四处着火。或许是意识到自己已经无路可退，他面向遥远的北京城叩头，然后纵身一跃，跳入学宫池中。身旁的家丁亲兵立即将其救起，抢护出城。虽然还有呼吸，但一直处于昏迷状态，被人抬到宁波，醒转后又服毒，必求一死。小船刚走到余姚县城，他终于咽下最后一口气。

千古艰难唯一死，裕谦的死更像是一个传统儒将的理想化选择，可是对于一场还没有完全结束的战斗，指挥官的自杀使他的军队和他所守卫的城市陷入彻底的溃败和崩塌。参与这场战争的英国海军军官宾汉在《英军对华作战记》中描述说："清军对突然出现的英军"陷入慌乱而无措的状态，"他们傻乎乎地四处张望，一动不动"，之后踩踏着已死和将死的同伴的尸体和身体试图逃跑。很多人想沿江往高处跑，但是密集的步枪子弹射向他们，江水很快被染红了。有一个家庭的4个孩子被一梭子弹打倒，他们伤心欲绝的父亲抱着尸体想投江而死。

浙江提督余步云也回忆说："全郡百姓惊惶逃避，拥挤道途，自相践踏，哭声遍野，而无聊匪徒又乘机纠伙劫夺。"

到下午2时，随着最高指挥官裕谦的自杀，清军退出了镇海的战斗。四日后，一支七艘战船的英国小型舰队运动士兵到达镇海西南 10 英里的宁波。宁波没有进行丝毫抵抗，城门大开迎接侵略者的到来。

英军进城后，发现了裕谦关押英军俘虏的监狱和笼子。他们在盛怒之下，烧毁了监狱，但是留下一只笼子，当作耻辱的纪念，并运往印度公开展出，作为他们发动这场战争的正当理由和合理证明。

裕谦虐待与杀害俘虏的做法引发了英方的报复情绪。虽然出于战略考虑，绝对禁止征服者个人的报复行为，但是英方的报复情绪从高层开始弥漫开来。璞鼎查在给外交大臣巴麦尊写信的时候，丝毫没有掩饰自己的计划：他十分满足地期待夺取宁波，以报复那里人们对英国囚犯的虐待。

在西方史料的记载里，英国人占领宁波，掠夺宁波官府的库银，共计白银 16 万两。英军在城里度过了一个漫长的冬天，清国军队早就跑得不见踪影，留下无处躲藏的市民。地方劫匪抢劫了英国人没有掠夺干净的东西，而且毒打那些不愿交出财物的人们。

有人估计，清军有数以百计战死，英军则最多不超过 16 人战死，数人受伤。最可怜的是在金鸡山阵亡的狼山总兵谢朝恩，他在这场战争之后彻底消失了。有人说他阵亡后被英军剥了皮，有人说他做了逃兵，逃得无影无踪。结果，朝廷后来并没有给予谢朝恩入祀昭忠祠或在地方建祠的礼遇，他的后人也未获得任何抚恤。

战争并未因裕谦的自杀，谢朝恩的失踪而落下帷幕。裕谦死后不久，其家丁余升赶到杭州，向浙江巡抚刘韵珂递上禀帖。其中有言，镇海开战之处，浙江提督余步云两次登城面见裕谦，"并暂事羁縻"，并言"可怜"其一家三口，又有女儿出阁等语。又有言：镇海之败，是因余步云驻守的招宝山先陷，余步云逃亡宁波，致使金鸡山、县城失守。

按照余升的说法，镇海失陷的罪过都应当归咎于余步云。浙江巡抚刘韵珂不敢怠慢，又询问随护裕谦左右的江苏江宁城协副将丰伸泰。刘韵珂获此密奏闻，立即向道光帝奏报了此事。道光帝收到此奏，想到裕谦为国殉节，朱批："览之不觉泪落"，并下令扬威将军奕经、浙江巡抚刘韵珂要查清此事。

随后一年多的时间里，军机大臣会同三法司（刑部、大理院、督察院）奉旨审讯余步云。在审理的过程中，虽然余升、丰伸泰推翻了最初的供词，但是随着浙江战局的一泻千里。急火攻心的道光帝实在难以做到心如止水般的冷静和理性，或许是为挽救一败涂地的战争颓势，振作士气，他下令逮问老将军余步云。虽然供词还不足以要了余步云的命，但是审议的大员们还是给出"请旨即行正法，以肃法纪而昭炯戒"。道光帝当日明发圣旨，宣谕中外，将余步云"即行处斩"！

道光二十二年（1842）12 月 29 日，中国人的小年夜。在这喜庆的日子里，有一个人却走到了人生的尽头，此人便是浙江提督余步云。在镇海之战中活下来的余步云，终究没有逃脱自家刀斧带来的厄运。有人说，如果他能够像关天培和陈化成那样，战死在沙场；又或者像裕谦那样，自我了断。凭着他太子太保的头衔、绘像紫光阁的殊荣，再加上戎马一生的功绩，他死后得到的殊荣应该是贵不可言的。

第七章

血色的条约时代

——《南京条约》的台前幕后

1. 小人物的账本问题

宁波失守的日子是 10 月 13 日。之后，英军锐利的攻势突然在这里放缓了下来，他们在宁波休息了将近两个月的时间。虽然英军暂时停下了前进的脚步，但是他们的军队先后攻陷定海、镇海以及宁波，这种近乎疯狂的军事行动使大清国的权力高层陷入末日来临前的惶恐之中。道光帝震怒不已，一张瘦削如骨的脸始终挂着无奈而忧伤的神情。

不久，一道语气强烈的上谕传下：务必讨伐丑夷，收复浙东！

道光帝任命另一个皇侄、吏部尚书、协办大学士奕经为扬威将军。奕经也是皇室成员，他是雍正帝的四世孙，与皇帝的血缘关系更近一层。这个对书法和绘画方面有着浓烈兴趣的王爷，并没有领兵征战的经历。他将人生的大部分时光都用在了练他那一手方正有型的书法，画他那一笔并不写意的写意水墨画。

一个为璞鼎查工作的密探，这样评价奕经："此人是一个浪荡子，喜欢安逸的生活，喜欢接受礼物、贿赂和真正拍他马屁的人。他还没有确定他的人生追求目标。"像奕经这样的皇室成员并没有更高的职业要求，相对于那些老迈年高的官员来说，他才只有五十岁。

他的经历与大多近支皇室成员差不多，主要在京官上打转转，出任一些低风险、高级别的官职。历任奉宸苑卿、内阁学士、副都统、侍郎、护军统领等职。曾随前任扬威将军出征，后又短期外放黑龙江将军、盛京将军。他是道光帝所信赖的皇室成员，在"奕"字辈中也是上升速度最快的。

接到上谕后，奕经未做耽搁就离京南下。与此同时，道光皇帝一纸圣谕让羁押在案的琦善又重获自由。道光帝圣谕：即赴浙江，力效军营，以赎其罪！

琦善能够重获自由，虽然得益于军机大臣穆彰阿的精心运作，但是扬威将军奕经却拒绝带琦善一起上路。他在道光帝面前说："琦善可以与议抚，不可与议战。"琦善后来并没有赴浙江，而是改发张家口军台，充当苦差。

即使如此，穆彰阿已经达到了自己的目的，琦善既然已经从监狱里出来，就不会再关进去了。

奕经用了二十多天的时间到达江苏，然后就停下脚步，在苏州一带磨蹭了两个月时间。扬威将军显然还没有想好以何种形式扬威，是"抚"还是"战"并不是一个新鲜的课题。匆忙上路的奕经并不熟悉军务，更没有想好破敌之策。江南的深秋有着美不胜收的景致，虽然军务在身，可他的画笔却没有一天是闲着的。

据说，奕经在营门外摆放了一个木柜，凡是愿意投效报国的才学之士都可以将自己的名字写在纸上投进木柜里。三日后传见，熟悉"夷"务者可以当面陈述得失。在江苏的两个月里，献策者达400人，投效者144人，组建了一个较为庞大的"智囊团"。

奕经在此停留不前，给出的理由是，等待各省兵员到齐。苏州，自古有人间天堂的美誉。置身于精美雅致的江南风物中，奕经忘了今夕何夕。这里分明是安乐之国，哪里会有战争与硝烟？他带来的6名随从人员都是五品、六品乃至七品京官，此时均自诩为"小钦差"，提镇以下官员，进见必长跪，相称必曰："大人。"而他所招募的投效人士则称为"小星使"。

此时的奕经置身于人美景美的人间天堂，他不愿意浪费这大好时光。日夜沉醉于笙歌燕舞，极尽狂欢作乐之能事。每日吴县（苏州府首县）供应800余席，用费数百元，稍有怠慢，便辱骂当地知县。

更令人啼笑皆非的是，有人问奕经，与英军开战为何心情如此放松时，"扬威将军"给出的答案居然是——养浩然之气。虽然道光皇帝发来的圣谕还放在手边，言辞也越来越激烈："此次出师，务必惩创该夷，寒其贼胆，杜绝后患！"但是言者谆谆而听者藐藐。人在快乐的时候，就算是皇帝的训令也会抛之脑后。

或许是在一场大酒过后，奕经与参赞大臣文蔚做了同样一个梦：梦见英军从定海、镇海和宁波三城全部撤离，弃陆登舟，连帆自海上遁去。醒来后，他派人去查，巧合的是果然有英军运械归船之事。不久之后，他在杭州西湖关帝庙占签，签里有"不遇虎头人一唤，全家谁保汝平安"这样一句话。巧合的是三天后，四川援军大金川士兵开到，兵弁头上都戴着一顶虎皮帽。于是，奕经坚定地认为"收功当在此"。

1841年11月，璞鼎查在给国内的信中写道：中国的整个决策体系表明，不管皇帝对他的臣民感情如何，王公大臣和所有政府军军官都对他们负责的事务漠不关心，得过且过，他们更关心的是追求他们自己的利益。

或许是各种巧合事件给了奕经某种神秘的力量，他上了一道4000余字的奏折。在奏折里，那个低调而茫然无所从的奕经不见了，取而代之的是一个自信而又成竹在胸的军事指挥官。随奏折奉上的还有一份作战地图和军队分布清单。据奕经身边的幕僚贝青乔透露，奕经在战前举行了一场撰写"露布"的比赛，共得30余篇，他根据自己的喜好亲自确定名次。这么做的目的，是为了向皇帝报捷邀功。

奕经的奏折洋洋洒洒，文字典雅明丽，尤其是那些有声有色的作战计划，深深感染了道光帝，朱批："嘉卿等布置妥密，仰仗天祖默佑，必能成此大功。朕引颈东南，敬待捷音，立领懋赏。"

此时，浙江可机动作战的清军不到3万人。一部分是在镇海开战后开抵的外省援军1.2万人，另一部分则是由奕经等人雇用的河南、山东、江苏及本省壮勇，据称有2万人。在这里需要特别指出的是，为弥补兵力之不足，奕经大量使用雇勇。

御使吕贤基、浙江巡抚刘韵珂在事后通过两份奏折，向道光帝讲述了一位官场小人物鄂云雇募乡勇，中饱私囊的故事：鄂云，原名联璧，候选直隶州知州。1841年初，他前往镇海，投靠裕谦。裕谦知其不谨，便薄给所予，饬令他往。当时在镇海的浙江巡抚刘韵珂，念其昔日曾为刑部同事，且景况穷苦，便给了他30两盘费银。

1841年年底，扬威将军奕经南下，在苏州待了两个月时间。鄂云通过他的堂弟，也就是奕经的随员、步军统领署七品笔帖式联芳的引见取得了奕经的信任，称自己可以勾引汉奸作为内应。奕经派其办事，多次往来于江浙之间。虽然很多地方官员知其本性，只因其为奕经所派官员，不得不照例应付。

据鄂云称：他奉奕经的命令，在慈谿县后山泊地方招雇乡勇500名，头目5名。从1842年1月9日至4月19日，共支给口粮、器械、船价等共计12000余两，钱18054.8千文。

据各粮台查账，鄂云分别在曹江粮台和绍兴粮台共支出银两9124两，钱2860千文。从收入和支出的两账相对照，鄂云手头似乎没有结余，还支出银2876两，钱15194.8千文。这一笔银钱，鄂云自称除劝捐外，自捐钱12000千文，"禀请奖励"！

一个生活贫穷的候补官员，捐出如此之多的银两，其中有无蹊跷？根据刘韵珂的调查：自宁波失守后，慈谿县后山泊地方乡绅招雇乡勇，保卫村庄。鄂云前往，宣称调赴曹江，随营听用，并付给每个人1500文，而出发时仅给每个乡勇500文，第二天又给300文口粮钱，这些乡勇在3月10日的浙东反攻失败后，就四散而逃，至4月1日，奉命全部撤散。

如果鄂云没有克扣乡勇的口粮钱，如果乡勇在浙东反攻后无一逃亡，鄂云实际应该支出的定钱、口粮钱总计为7450千文。以此数对照他在曹江、绍兴两粮台支领的银钱数，以当时1600文兑银1两，鄂云通过多报日期，谎报乡勇人数，报军费银5631两。而作为候补官员的鄂云通过雇勇宣称捐钱12000千文，若是他向朝廷讨要官职，完全符合升官和得到实缺的条件。

诚如茅海建所说，我们虽不能由鄂云一事例来推断清王朝官员中人人如此，但在当时，利用雇勇做手脚发国难财又似乎不是秘密。按照清朝当时的办事规则，制造军器、修筑工事、调防兵弁等，凡是涉及银钱之项，无不可从中侵蚀。

从鄂云招募500名乡勇这一案例，可以看到，这些花钱雇来的乡勇既没有经过严格的训练，也不具备近代战争的编制。他们为了定钱和口粮钱来到这里，他们只是阵地上的一面背景墙，只要枪炮声响起，他们脑子里想的只有一件事，那便是逃命。

由于清军兵力不足，需要雇用大量的乡勇。仅浙江省就有"随征水陆壮勇" 3.7 万余名，开支相当惊人。道光帝虽然抠门，但是对于这场关系到国家安危的战争，他表现得还算大方。厦门失守后，福建请款 300 万两，户部已经在拆东墙补西墙。户部和吏部甚至联手为这场战争买单，他们根据道光帝的谕令下发"海疆捐例"，将清朝平日卖官售爵的捐例，"酌减十分之五"，以示鼓励。1841 年年底，户部发出警示，朝廷存银不多，无法维持庞大的军费开支。

1842 年 3 月 10 日，清军经过 4 个多月的战前准备，终于在这一天凌晨，吹响了反攻英军的号角。按照计划，清军同时向宁波、镇海、定海发起总攻。然而，这一历经 4 个多月精心准备的反攻，不到 4 个小时便偃旗息鼓。清军在进攻宁波、镇海两城时都没有使用火炮。英军仅阵亡 1 人，受伤数人，而镇海之战没有任何伤亡。

此时正在舟山的英海、陆军司令闻讯赶至宁波，英军由防御转入进攻。当英海军司令巴加、陆军司令郭富得悉慈谿是清军发动进攻的前进基地，便率领海、陆军 1203 人向慈谿进军。英军到达后便立即发动攻击，炮火则集中在大宝山的清军基地。这又是一场惨烈的遭遇战，镇守慈谿大宝山阵地的四百名官兵，也都是来自甘肃、陕西省的精锐部队。

这场大宝山上的战役，总计清军的损失，除了朱贵父子之外，还有两百五十多名官兵。这不由让人想起沙角炮台之役的陈连升父子。相对于清军的伤亡，英军仅付出了阵亡 3 人，受伤 15 人的微小代价。

2. 大人物考虑的"十可虑"

1842 年的阳春三月，京城的天气就像是坐了"过山车"。昨日还是脱了冬衣放风筝的艳阳天，今日就冷飕飕地飘起了雪花。待到放晴，暖湿气流接踵而至，天气又突然变得温煦起来。大自然如同这眼前的时局，让人难以把握。圆明园里的花一朵朵都绽放了，红的桃花，白的玉兰，在雕梁画栋的映衬下，像是一场典雅艳丽的盛会。

迷幻的花香令此处的主人显得有些倦怠和慵懒，爱新觉罗·旻宁打了一个响亮的喷嚏，然后，他定了定神，又认认真真地看了一遍摆在御案上的奏折。身为大清国的君王有着与生俱来的天朝上国的荣耀，他实在是想不通，一个有着五千年文明史和四万万人口的庞大的帝国，为什么会在自己的家门口被几艘远道而来的三桅战舰打得落花流水。

如果是几个月前看到这份奏折，道光帝也许会愤怒地跳起来，然后狠狠地骂上一通。然而，此时的他却觉得这奏折里的字字句句都说到了点子上，都是已经发生的事实或现实存在的隐患。这封奏折出自浙江巡抚刘韵珂的手笔，是一道有名的"十可虑"奏折。这篇奏折的开篇之言道："臣刘韵珂愤恨之极，哭不成声。战局发展至今，迄无良策，臣等皆束手，惟相向涕泣。事至于此，臣何敢踏粉饰欺蒙之陋习，致误国家之大事哉？……"

刘韵珂，一个曾经无比坚定的主战派。在各省的督抚大员中，他是一个让人摸不清路数的异类。他不是翰林，不是进士，甚至连举人都不是，他只是国子监的拔贡生。

在讲究门第，讲究出身的时代里，刘韵珂以七品小京官分发刑部见习，至1826年正式补缺。从主事、员外郎、郎中、按察使，一直到布政使。1840年8月，从乌尔恭额手里接过浙江巡抚的权柄。进入职场不到14年时间，而这其中还包括丁父忧在家守制3年。对于一个非正常路径出身的官员来说，他的仕途走得可谓顺风顺水。

茅海建先生认为，这是因为他"办事结实"又"为人乖巧"。办事结实，皇帝欣赏；为人乖巧，同僚喜欢，这自然是不错的，但是刘韵珂的一路青云直上还应该有一个原因，那就是他是一个极为用心的人。人在体制内沉浮，能力固然重要，但是能够用心又用力的人会获得双倍的保障。

刘韵珂曾经是一个主"剿"官员，他最看不惯那些一门心思要和"逆夷"

和谈的软骨头官员。他从四川赶赴浙江新任时，已经坚定了要将"夷匪"剿灭在自己的领地的想法。他虽是浙江省的最高军政长官，但是在他之上，先后有三位钦差大臣（伊里布、裕谦、耆英）和一位扬威将军（奕经）。他虽然有"剿"与"抚"的想法，但是体制内的位置排序限制了他的执行力，也注定了他无法成为这场战争的主要角色。

一直以来，我们习惯于用"主战派"和"主和派"来划分体制内的阵营，大清国的中级以上官员都要在这两面旗帜下站队，非此即彼。但是现实显然要复杂得多，"战"与"和"并不是一道难以逾越的鸿沟，也没有将帝国的官员分作互不兼容的两大派。诚如茅海建先生说："在粤、闽、浙、苏战区四省中，负有实际责任的官员都变成了主'抚'者，再也找不到主'剿'者了，就像在非交战省区也同样找不到主'抚'者一样。"其原因，他认为是战区的地方官员具有无法推卸的责任，现实由不得他们像非战区的官员那样可以不负责任地大唱高调。还有一点也很重要，战区的地方大吏与英国人有过交手的切身体会，比谁都清楚"夷务不可为"，大清国在这场战争中根本就没有取胜的希望。

琦善、伊里布等主"抚"官员，也有过短暂的主"剿"时光。杨芳、奕山与英军妥协前，也是大张旗鼓且身体力行地投入主"剿"的伟大事业中。不同的是琦、伊在未开战前便看出"剿"是没有出路的；而杨、奕、刘是一败再败后才掉转方向的。杨、奕在实行妥协后用一个谎言圆一个谎言，而现在的刘韵珂还没打一仗，就抛出这仗没法打的"十可虑"来摇晃帝王的心智。

在琦善、伊里布主持"抚夷"事务时期，刘韵珂自知凭着自己的地位，不可能劝说伊里布和琦善。于是，他便借助道光帝的皇权，以实现抑制琦善和伊里布的目的。他曾经与颜伯焘联名上奏，称伊里布"纵能振发有方，而襄赞商等，究形寡助"，要求林则徐、邓廷桢来浙，"会同伊里布筹办一应攻剿事宜"，并授之专折上奏权，以不受伊里布的控制。

在他的坚持不懈下，林则徐终于以四品卿衔奉旨到达浙江襄赞军务。刘韵珂将其奉为上宾，以礼相待，几乎和他朝夕相处。林则徐在浙江待了35天，两人仅有 5 天时间没有相见。林则徐后来发配伊犁，也是刘韵珂在寓所执手相送。

与他联名上奏的颜伯焘也曾是一个意志坚定的主"剿"者，厦门失败后，他便与其曾弹劾过的奕山之辈同流合污，在谎言的怀抱里消磨时光。很多场合里，每每与人说起那场让他一生难以消解的耻辱记忆，他都会大谈特谈英夷的船坚炮利，军纪严明，大清国的军队无法抵御，只能一败再败。这样的话在听闻者看来，更像是一场笑话，内心也不由会发问"其中情已馁，何前后如出两人？"

战争已经持续了一年多，随着定海、镇海、宁波、奉化、慈谿相继失陷，刘韵珂开始逐渐剥离"天朝迷梦"的固有的优越。他在奏疏中言道："浙事有十可虑，皆必然之患，无可解之忧，若不早为筹划，国家大事岂容屡误？"

对于一个"天朝"大吏，能够让他在现实面前低下高贵的头颅，内心必然经历了一番痛苦的挣扎，而这种挣扎又何尝不是一种自我觉醒。刘韵珂从天朝迷梦中苏醒过来，转而求诸支离破碎的现实。而现实就是他抛出的"十可虑"。

一虑：因反攻失败，各省兵勇锐意全消，势难复振。

浙东反攻失败后，朝中主"和"的官员异常活跃。军机大臣穆彰阿每闻战败消息"辄相顾曰：如何！盖谓不出所料也"。耆英等人更是大谈"仁圣与民休息，耀德而不观兵，并无伤国体"。随着沿海重镇要塞的相继陷落，主战势力急剧消沉。廷议中几乎很难再听到言辞铿锵的言论。"时事中变，识时务者不复言兵。"而那些主战的大吏，或兵败身死，如裕谦；或丧师失地，如颜伯焘。

二虑：继续由西北各省调派精兵，然路途遥远，远水救不了近火。

清军总兵力约八十万人，至浙东战役前，除发生战事的沿海七省的额定兵丁外，从外地调入的军队约三万五千人，这个数字在总兵力中所占比例并不大，但是清军的建制与设备是以防内为重点的，驻防分散，又兼有地方治安之责，可供调动的机动部队并不多。因此，这个数字已接近能调动的兵力的极限，致使一些督抚不断地哭穷"实无一兵可调"。由于装备落后，清军机动性很差，从邻省调入也需要一个月时间，较远省份需两三个月之久。这就使清军完全丧失了战场的主动权。英军依靠海上优势，集结迅速，转运及时，打完即走，而清军则一处闻警，处处严防，兵力分散，疲于奔命。尽管调兵不少，但在一城一池的交锋中，兵力并不占优势，有时甚至是劣势。

三虑：夷军火器之精不止于大炮，举凡火箭及各类火弹皆异常猛烈，实非我官兵血肉之躯所能抵挡。

随着形势的急剧恶化，在帝国高层中，重视武器装备的声音不再是窃窃私语，而是汇聚成一个时代的呐喊。在此氛围下，道光皇帝也似有醒悟，他在给奕山的谕令中说："著该将军等极力讲求，雇觅工匠，迅将各样大小战船，赶紧制造，……如有可购买之处，著即先行设法购买。""（以后制造）总以精良适用为宜，万不可拘定旧制，徒劳无益。"林则徐在鸦片战争前就认为"火器最利行阵"，强调"今若接仗，非先筹火炮不可"，"窃谓剿夷而无船炮，是自取败也……若不于此求所以制敌之方，即远调万军，亦只仅临阵之一哄"。

四虑：英军并非不善陆战，观察近两年侵略之城镇，实多由陆路攻得。尤其夷军善利用战地附近之汉奸，则于地形险要之地，每较我军尤为熟悉，其阴谋诡计实难防也。

当英军不善陆战的虚构情节被无情的现实否定后，先前占优势地位的主"剿"思想也就失去了根基，而主"剿"官员的思想也随之发生剧烈的摇晃。

五虑：英军尤其擅长水战，而清军则一无精锐之水师部队，二无足以抗衡其火力之巨舰，只能望洋兴叹。

在鸦片战争之前，西方海军还处于由早期军舰向蒸汽舰过渡的阶段，蒸汽机尚未普遍运用到军舰上，经过改进的帆舰即三桅夹板船成为英国海军的主要作战舰只。当英国人把蒸汽舰和三桅夹板船驶近中国的大门时，清国的旧式船为之黯然失色。由于没有海军对敌，所以，英军舰在海上有充分的活动自由，可以选择沿海任何一个地方作为攻击目标，使清军防不胜防，疲于应付。对此，林则徐有清醒的认识，他说："剿夷而不谋船炮水军，是自取败也。"而魏源也强调说："必使中国水师可以驶楼船于海外，可以战洋夷于海中。"

六虑：英军以小惠结人心，致使战区附近百姓同仇敌忾之心尽失。

清国的官员和民众对于战争的认识和出发点不同，官出于利害关系，而民则出于侵略者的暴行引起的仇恨，至于夷人给他们的利益带来何种危害是不甚明了的。1841年10月，英军占领定海、镇海、宁波后，英军先后在各处发布"安民告示"，要求当地民众"仍旧安居乐业"，并宣布对侵害民众利益的"盗贼"进行惩治。在余姚、慈豁和奉化，英军还打开官府粮仓，发放粮食给民众，笼络了人心。相反，在很多时候，民众与帝国的官吏则处于一种对立状态。各省援军到处勒索，敲诈地方。绍兴发生了清军"抢粮"事件，使当地"罢市绝粮"；而在上虞，兵勇居然抢劫自己的粮台。林则徐称：清军"沿途骚扰之状，更不忍闻，大抵民无不畏兵"。

七虑：大兵屡败，敌骄我馁，不唯攻剿綦难，放手亦极为不易。

八虑：浙江省因战事所及，数月以来举凡收税、收粮之正常工作皆被迫停顿，"且有收不及半之处"。

英军为什么不直接从大沽口进攻北京？两年前，他们的舰队就曾北上大沽口，也深知大沽炮台形同虚设。答案很简单，他们是冲着大运河的漕运来的。战争最基本的法则是用自己最小的痛苦换取对手更大的痛苦，对于道光帝和他的大清国来说，没有什么比切断运河漕运更让他们痛苦的事。巨大的军费开支给清政府造成沉重的压力，使本来就千疮百孔的帝国财政更为拮据。1841年年底，户部奏称："一年有余，请拨银已至二千一百万两之多。"由于财政匮乏，清政府在浙东之战后只能靠抽裁内地额兵的办法来向前线增兵，而无法多行征召。这种挖肉补疮的方法当然解决不了问题。清国北方缺粮，北京每年需漕米400万石。漕运是京师的生命线，而浙江漕粮约占京漕总数的一半。

九虑：去岁冬天，杭州、湖州、绍兴诸府下各县多有匪徒聚集掠夺情事，不啻更加煽惑，扰乱民心。加上去年雪灾时受害者众，只怕饥民转变成为暴民，则乱局将一发不可收拾。

对于一个统治者来说，最让他们耿耿于怀的就是"稳定"。为了稳定，什么样的代价都是可以付出的，只要自己还坐在这座旧宫殿的宝座上，其他什么都好说。"英夷"虽然可恶，但毕竟求通商、赔款、割地，并无灭清亡国之意，也动摇不了国本。然而一旦民众造反，则很可能就是皇冠落地。这可是大意不得的。

十虑：东南沿海七省近两年戒警不断，夷军犹时时传出将北上攻打上海、天津之消息。由浙江之战类推，臣实不敢断言无此可能；而即使敌不再攻略他省，亦不可稍弛我军之战备。而七省一月之防卫费用颇巨若经年劳师糜饷，则难保不变成天朝财政之极大负担。

刘韵珂的"十可虑"是整个战争期间少有的能面对现实的理性分析，他虽然用自己的勇气抛出了十道无解之题，但是并没有足够的智慧去解决这十道无解之题。于是"十可虑"也就成了十句大实话，别人都在说谎，他说出真相是值得肯定和赞赏的。刘韵珂的这份密折虽然没有出现"抚""羁縻"等字眼，但是收到这样的奏折，道光帝制裁英军的决心也不得不为之动摇，不得不去重新考量"剿"与"抚"的策略。

正当道光帝的态度还处于摇摆不定时，忧心不已的浙江巡抚刘韵珂又急送了一份奏折进京：

——英夷似乎对前两江总督伊里布有相当好感。

——曾受伊里布之令在定海与英国人谈判的张喜，亦颇受对方的欢迎。

——不妨派他来浙江交涉停战事宜。

伊里布在浙江任上表现得有所顾虑而徘徊不前，尤其是在事态陷入僵局之后，他还会派自己的仆人张喜与英军谈和。道光帝派他用武力收复英军占领的舟山，他的回应却是请他的军队俘虏的英国人赴宴，推迟他发动攻击的时间。伊里布被褫夺了两江总督之职，已经被召回北京接受审讯。

经过一番思考，道光帝还是接受了刘韵珂的进言。于是，他做出了令人困惑的两项指示：

"耆英着驰驿前往浙江，署理杭州将军。"

"伊里布着改发浙江军营效力。"

一是派伊里布及其仆人张喜前往浙江，二是派曾经与道光帝饮酒纵马的少年玩伴，满洲贵族耆英（被任命为钦差大臣）前往浙江。这两项人事调动，预示着朝政的重大变动。不过，关于伊里布的再度任命，道光帝一直是秘而不宣。因为一旦向外界完全公开起用以软弱外交获罪的伊里布，则无异于承认对英夷的屈服。结果伊里布出京一事，据说连直隶总督纳尔经额也毫不知情。

耆英，他是满洲正蓝旗人，虽然血缘上与道光帝并不是很近，但他毕竟是皇亲国戚。而更重要的是他与道光帝曾经结下过亲密无间的少年关系，也正因为如此，他是道光帝最为信任的大臣之一。

在这非常时期，道光帝想到了耆英，并将其奉派为广州将军。

可就在同一天发出的谕旨中，道光帝在给扬威将军奕经、浙江巡抚刘韵珂等人的廷寄中却有弦外之音，其中有道："该逆（英军）凶焰甚炽，必四路纷窜劫掠。尤当设法羁縻，毋令蹂躏地方。"

道光帝终于在这里讲出"羁縻"二字，他将这份谕令另备一份发往天津的穆彰阿。

他想听听这位亲信大臣的意见。还是担心这一决定，会影响前方将士的军心。在受封为钦差大臣到离开北京这段时间，道光帝连着数日在圆明园的慎德堂召见耆英，并颁给"钦差大臣"关防。君臣二人的交流并没有留下正式的文本记录，只是在江苏布政使李星沅的日记里有过一段记录：京中来信告知，耆英曾向道光帝说明，对英军"与银与地均非办法"，皇帝给予明确指示："先剿后抚"！

道光帝一面指示耆英摸清英国人谈判的底牌，一面告诫耆英"如复书内有分外要求，万难应许事件，即与牛鉴一意防守，可剿则剿，当堵则堵，慎勿稍存游疑之见"，又谕令奕经要"激发天良""如有可乘之隙，务当明攻暗袭"，不可因有耆英的委任而相顾瞻徇，"朕唯责卿以剿贼复地，……至耆英原因另有委用之处，果否施行，候朕随时裁夺，无非备其一端而已，如能勿用，朕所深愿"。道光帝这种战无信心和不甘心的矛盾心理使这一段的战争指挥陷入茫然无所从的境地。

六十岁的爱新觉罗·旻宁突然间觉得自己老了，他的大清国也老了，他对于狭路相逢的夷人知之甚少，甚至于一无所知。他强烈地感觉到，他的对手很年轻，连同他们年轻的舰船和火炮。一想到这些，他的心里就充满着不安。到了这个节骨眼上，他还想着通过打一杖来捞取谈判的资本，问题是"剿"别人，还是被别人"剿"。偷鸡不成蚀把米，如此闹心的事已经不是第一次上演。

3. 关于王鼎的一桩公案

道光二十二年（1842）4 月 30 日黄昏时分，北方的大地已进入仲夏时节，京师西北郊的圆明园在湖光塔影、夕晖映照之下更显得清幽宏阔。大清国皇帝旻宁与一班枢机大员正在勤政殿议事，窗外的景色固然动人，但是却没有看风景的人。

英国军舰由浙东渐向吴淞口外洋面，长江告急，旻宁忧心忡忡，连日与臣僚关上门商讨对策，这天更是一拨拨召见臣工，再与枢机忠臣问对定议。勤政殿，又名勤政亲贤殿，后檐额曰"为君难"，出自雍正帝手笔；东西两壁悬挂《创业守城难易说》和《为君难跋》两篇文章，为乾隆帝御制。只是随着形势的骤然趋紧，道光帝越来越能感受到那些文字背后蕴含的深意，再看看跪在面前的几位朝廷重臣，也是一个个面色凝重。不知不觉中，圆明园已是华灯初上，像是一个个绽放在暗夜里的奇幻梦境。

而此时，在暗夜的光影里坐着一位年过七旬的老者，他就是身兼东阁大学士和军机大臣的王鼎，因为皇帝恩赐病休，他这时候本应该在家中静养，可现在却穿着朝服来到这里。他一言不发地坐在不远处的昨斋庭，像是在等待首席军机大臣穆彰阿，又像是在等候皇帝的召见。他是在下午太阳落山时来到这里的，穆彰阿等军机大臣都不在，小军机告以去了皇帝这里，并引他来到昨斋庭稍作等候。此处被称作军机处别院，与军机处还有一段距离。雅致的庭院自成一方天地，甚是安静，可供枢机大员饮啜小憩。已是左副都御使、"仍

258

留直"的陈孚恩闻讯赶来,他是穆彰阿的亲信之人,精明敏锐,虽然只是寥寥数语的寒暄,但已瞥见王鼎身边案上的大红封套,心里便知对方有紧要奏疏,也不便多问,找了个借口转身离去。等到大学士穆彰阿、潘世恩等人终于退直,闻知连忙到别院与王鼎晤面,赫然见他挂于房梁之上,已是自缢身亡。

早在一年前,即道光二十一年(1841)六月,正为广东局势和浙江战事忧心不已的道光帝,接到紧急奏章,称黄河祥符三十一堡张家湾地方决口,大水激撞而下,直从河南省城开封,肆虐河南、安徽共五府二十三州县,数百万黎民百姓严重受灾。

一边是天灾,另一边是人祸,道光帝经过再三斟酌,决定以王鼎为钦差大臣,率员急赴河工,封堵溃堤,消弭水患。此时的王鼎已经74岁,背部疮疾久治不愈,身体很是虚弱。他并没有治河经验,急切需要帮手,也像是对陷入逆境的林则徐施以援手,提出要林则徐襄办河工。

道光帝刚刚传出谕旨,将林则徐"发往伊犁效力赎罪"。王鼎是以林则徐精通水利和治河为由,呈请道光帝将他从流放途中截下来的。道光帝虽然同意了王鼎的请求,但是心里并不情愿。还有人比道光帝更了解、更欣赏、更信重林则徐吗?祥符大工也是战场,是一场殊死搏斗,也有几个官员死在了工地上。

与王鼎一起治水的八个月时间里,林则徐在给友人的信中,写了每天黎明即赴大坝,常常三四鼓尚不得回馆舍的辛劳;写看到许多私下勾当和不良现象,不便件件都对王鼎说,心中不免焦虑。朔风冻水,使林则徐的身体虚弱不堪,鼻子时常出血,头晕目眩,日夜咳嗽,兼以脾泄之症。他实在快要顶不住时,想要请王鼎代为乞假。王鼎恳切挽留,安排医生早晚诊治照料,林则徐深感王鼎之情,一直坚持下来。

林则徐在这里只是回报王鼎的美意,他未敢想得到太多奖赏。他曾经对友人说:"大工一竣,即乞归里扫墓。"让他没有想到的是,连这小小的心愿都难以达成。由于戴罪之身的特殊身份,让林则徐成了祥符大工的一个特殊人物。谁都知道他的才华能力,知道王鼎对他的信任倚重,也同样知道当

259

今圣上对他的失望恼恨，知道主掌枢垣和内阁的大佬对他颇有疑忌。大家似乎形成了一个默契，王鼎很少在奏折中再提到林则徐，而道光帝也不再询问。

王鼎是一个感情深沉炽烈的人。47 年的官场历练，18 年军机处，8 年内阁的大臣生涯，朝夕历练淘洗，他已减却早期之慷慨激越，但仍没有失去西北汉子的质朴切直，也不善于深深掩饰内心好恶。虽然位极人臣，终究是一个性情中人，一个有原则、讲气节的人。

王鼎一直在等一个合适的机会，等待大坝合龙之日，等待道光帝对林则徐能够重拾信心。林则徐何等洞察明敏，他了然王鼎心中的想法，对他承受的压力也是感同身受。对于王鼎施与的信任和好意，他只有心存感激，勉力承担，至于那些冷脸和非议也并不放在心上。

大坝合龙的前一天，一道谕旨亦由军机处拟呈，经御览后发往河南祥符，曰："现在东河合龙在即，林则徐着仍遵前旨，即行起解，发往伊犁效力赎罪。"收到这份谕旨时，林则徐正在大坝顶端陪同王鼎彻夜督工，指挥兵夫们抢筑合龙。而京师的朝廷，已经迫不及待地要将林则徐重新遣发伊犁了。这份谕旨与几个月前的那一道并无不同。

就在这道谕旨即将到达祥符之前，王鼎专门为林则徐呈上一份奏片，言："林则徐钦奉谕旨发往东河效力……深资得力。惟系革任总督，应恭候圣裁。"

从开封到京师的驿递，快马也需四五天时间，造成一个时间差，也带来一些延后的请示。道光帝以"已有旨"回应了王鼎，仍执意要将林则徐遣发伊犁。

道光二十一年（1842）2 月 26 日，心情怅然的王鼎拖着老迈之躯回到京师。就在这一天，道光帝授命赴广州的耆英为钦差大臣，折往杭州，与奕经等一起办理浙江军务，命伊里布随同前往。

若论资望，王鼎最早进入军机处，穆彰阿后来居上，成为首席军机大臣。在道光帝的心目中，穆彰阿才是表率群僚、赞襄德政的首臣。对于穆彰阿，王鼎自觉习性上相差甚远，不是同一类人，平素走动不多，但也保持着一份客气和尊重，维持友好交往，给自己，也给刚入翰林的儿子留下一方空间。

比如他在河南这段时间里，正好赶上穆彰阿的生日，他还特地嘱咐儿子不要忘了在穆彰阿生日时送上一份寿礼：穆老师正寿需送寿礼，八色如意要好，写我及汝名大帖。

75 岁的王鼎又回到京师，当他与 62 岁的道光帝在圆明园见面时，君臣二人从对方的眼睛里都看到了一种身心俱疲的忧患。纷繁错乱的政务犹如一波又一波的潮水，无休无止地缠绕着他们，令他们摆脱不得。道光帝问过祥符治水各项事宜，赐以内廷的补药，同时赏给 20 天的假期，嘱咐老臣认真将息调养。

道光帝住在圆明园，所有朝中重臣也就随驾侍从，被"赏假"养病的王鼎假期还没满，也随之移居园邸，以备皇上随时召见。从乾嘉之后，内阁大学士和军机大臣一般在京城都会有两处邸舍：一是府邸，在城内，家眷子女住在一起；一处是园邸，在北郊的圆明园附近，以备皇上入园期间入值，通常是官员本人和家人所居。王鼎回京后，在城里的家中调养了一段时间，身心松弛，精神上也觉得好转了许多。虽然有三个孙儿承欢膝下，但让他始终无法释怀的是东南沿海的战事，还有对林则徐命运的挂牵。

王鼎多年任职中枢，又岂能不知以一己之力难以扭转颓局？又岂能不知圣意难违也多变？又岂能不知军机处已为穆彰阿牢牢把控？曾几何时，举国厉行的禁烟风潮也已止息，朝野上下的抗敌呼喊已然消歇，皇帝和军机大臣表面上仍口口声声攻剿，实际上已在筹划议和。

他的儿子王沆在庶常馆读书，那里本来就是一个各种议论满天飞的所在，他一定会将自己听来的话一五一十地告诉父亲，让他安静疗养，不要再来搅这趟浑水。王鼎也认为儿子说得有道理，便又递上一份奏折，以身体有待恢复，请求再展假一个月。皇恩浩荡，道光帝批准了他的请求，穆彰阿也做了顺水人情，没有任何为难之处。又一个月倏忽而过，休假静养中的王鼎却始终无法安抚自己并不平静的内心，也享不了清福。这个国家已到了危亡关头，沿海黎民深受战乱之苦，而京师仍是歌舞升平，一派和平景象。

4 月 25 日，第二次赏假日期将满，王鼎进圆明园销假，叩见皇上，同时又呈上一道延长假期的奏章。道光帝让他和穆彰阿一同觐见，共同商议江浙沿海战事。召见之时，皇上又一次慰劳这位老臣，称赞他劳苦功高，说臣子都应如此尽心办事，王鼎很是感动。接下来谈到沿海策略，谈到对那些在沿海战事中吃了败仗，甚至坏事大臣的处置，穆彰阿以敌我实力悬殊等为由，有意为琦善（包括余步云）等人开脱。王鼎越听越恼怒，长期积累的不满终于喷薄而出，他完全不顾常规，当着道光帝的面，对穆彰阿厉声诘问指责。

朱琦《来鹤山房文钞》记载：语及议和，公垂涕操秦音争之强。既退，抚案不食，断断辨枢府中，愤发大骂，同列不悦，上亦稍稍厌之。

王鼎完全不顾及自己的身份，越说越激动，以至于痛哭流涕。退还直房后，拒绝进餐，继续与人争辩，乃至破口大骂。这里与之争辩的不是别人，正是穆彰阿。穆彰阿在朝中虽然根基深厚，但是他的行事风格并不张扬，向来以温和谦让示人。王鼎的怒火并没有点燃穆彰阿的怒火，而这更让质朴耿介的王鼎大动肝火，在皇上面前情绪失控，显得气急败坏。

而在林则徐辑录的《软尘私议》中记载：文恪犹刺刺不休，上怒拂衣而起，文恪执裾大言曰："皇上不杀琦善，无以对天下；老臣知而不言，无以对先皇帝。"大干批鳞之怒。

王鼎说得酣畅淋漓，道光帝则有些厌烦，又不便当面驳回。说到激动之处，他竟然扯住龙袍，高声嘶喊。这里没有提到穆彰阿，更没有提到王鼎与其辩驳。以穆彰阿的城府和做人的圆融，他不会在道光帝面前与资历深、年事高的王鼎一逞口舌。而在同光年间的官员薛福成的《庸盦笔记》记录：（王鼎）力谏林公之贤，上不听。是时，蒲城与穆同为军机大臣，每相见，则厉声诟骂，穆相笑而避之。或两人同时被召见，复于上前盛气诘责之，斥为秦桧、严嵩，相默然不与辩。

王鼎的做法显然不符合一个成熟政治家的人设形象，他这么做，完全将自己的生死置之度外。面对当庭抗言甚至扯着龙袍嘶喊的王鼎，道光帝虽然心有不满，但是他很快也就消了气。就在当天晚间，在王鼎等人退出之后，道光帝翻开王鼎的请假折，朱笔批复："卿务须安心调摄，着再赏一月。"

不知是否受了王鼎谏诤的刺激和影响，4月27日，道光帝发布了一道长长的上谕，回顾了禁烟和对英作战以来，帝国上下种种现象，以及他这个大清皇帝对英国的认识过程和自己的心路历程。他在开篇最先提到的是林则徐，说他奉旨禁烟，不在于收缴鸦片，而在于给英人以口实，开启事端。而接下来的琦善，就不只是办理问题，而是软弱混沌，丧权辱国。对于琦善并没有过多谴责，时过境迁，比起回来的各位大员，他还算有些本事的。虽然他将沿海军事不利、丧城失地的责任揽在自己身上，为之辗转反侧，但转而即严词指责他人，指责那些文武大臣和前线将士。

道光帝的这道谕旨像是一份告全体人民书，又像是一份罪己诏，词义沉郁痛切，可透露出来的想法仍是游移散乱的。可是这道谕旨也透露出一个信号，其中有言"从前办理不善诸臣，除分别惩儆外，余令戴罪图功，原冀其知感知奋，勉赎前愆"。也就是说，朝中能当大事之人已然不多，他希望那些治罪和废弃之臣可以戴罪立功。而这其中应该包含王鼎前两日举荐力保的林则徐和邓廷桢。可是有人却不这么想，那就是帝国的首席军机大臣穆彰阿，也正是在他的推动下，伊里布以七品衔赴者英行辕，对琦善和奕山、奕经的起用也多次提上日程，却始终不见林则徐和邓廷桢二人。

几日来，王鼎已从焦灼愤激中渐渐平静下来，或沉思冥会，或奋笔疾书，他要将心中要说的话汇成他仕宦生涯中的最后一道奏疏，再以一种特殊的形式呈现给他所效忠的皇帝。而在道光帝看来，军机处也真的不再需要他这样一位老迈之臣了，他已经下旨免去王鼎的军机大臣，保留东阁大学士。

4月30日下午，王鼎来到圆明园的军机处直庐，在那里等了很久。一位大学士和军机大臣的暴亡，且自缢于军机处别院，"尸谏"带来的最初震惊是可以想象的。对于逝者而言，王鼎应该能预想到这种震惊，他要的也正是这种震撼的效果。

王鼎所能做的就是结束自己的生命，但是他却无法猜中事态最后的走向：经过一个不眠之夜，第二天才向道光帝奏报王鼎病重故去，呈上"王鼎遗疏"，一切都显得顺理成章。那个装着奏疏的大红封套虽然还在，但是由王鼎亲笔书写的奏疏却早已乾坤大挪移。呈给道光帝的"王鼎遗疏"是由王鼎的儿子王沆所写，而这一切都在严密封锁消息的状况下运作，军机处之外，包括不在现场的军机处人员，皆被瞒过。

道光帝看见的这封奏疏只有三千余言，而魏源诗中称王鼎亲笔写的遗疏有万言。即使有万言也已化为灰烬，飘向浩渺无垠的夜空。

闻听王鼎死讯，道光帝也觉得突兀和惊愕。几天前，这位老臣还在御前激切言事，争持嘶喊，怎会一下子人就没了呢？难道自己的态度和言辞伤害了这位朴质忠直的老臣？

在值的军机大臣都已赶到，静静跪拜如仪。而面色最为凝重之人是穆彰阿，他呈上署名王鼎的一份奏折，道光帝慢慢展开，内容也并无特别之处。先是回顾自己一生的经历，感谢先皇知遇之恩以及皇上的信任和重用，诉说自己久治不愈的病况，大有君恩难舍之义。

王鼎不惜以死为这个国家和时代献祭，让那些像他一样安享高官厚禄者羞愧不已，不过也只是短短几天时间，便风云散去，抛诸脑后。也难怪时任布政使李星沅会在日记里写下"其死也哀，然轻如鸿毛"这样一句刺耳之言。死后哀荣自然是少不了的，谕令加赠太子太保，赏给陀罗经被，都是非常之恩。

4. 众心涣散，孤城谁与保守

1842 年 5 月 9 日，耆英抵达杭州城，和奕经、文蔚等人会合。就在耆英抵达杭州城的前几日，发生了一件令人感到奇怪的事情：驻守于宁波的英军突然全部撤离，并在一夜之间退到镇海。

耆英的到来，使奕经陷入更加焦躁不安的状态。或许是意气使然，奕经自作聪明地接连向道光帝奏报：定海烧英船获胜、英军为形势所迫而放弃宁波、清军即将进攻镇海……这些经过虚构的战事情报，对于道光帝来说是再熟悉不过。此时的道光帝虽然有了妥协倾向，但还没有下定彻底妥协的决心。

躺在九州清晏的御榻上，他已经好几天没有睡过一场好觉，做过一场好梦。奕经的谎言又一次让至圣至明的大皇帝看到了胜利的曙光，即使算不上胜利，他也不必行"抚"计。

而此时抵达浙江的耆英却陷入一种难以自拔的悲观情绪之中，这让处于摇晃姿态中的道光帝很不满意。英军稍有风吹草动，耆英就决计立刻实行"羁縻"。在他离京前，道光帝交代他的"先剿后抚"的方案已被他抛诸脑后。与此同时，奕经频频传来的"捷报"让道光帝又心生"败而后胜"的侥幸。他居然中止了耆英、伊里布的使命，浙江的一切大权仍归于奕经。

就在道光帝像墙头草一样在风中摇摆的时候，英军开始发动新一轮的攻势。凡事总是会有一个结局，英军放弃了宁波和镇海，仅在镇海城外的招宝山派驻了 200 人的小股部队。这一撤兵计划给了奕经变相邀功的机会，他将英军撤离宁波称为"计穷智竭"。

英军的汽船停泊在甬江两岸，等待运载撤离的士兵。船上放下跳板，搭在岸边，以供士兵们登船。在乐队演奏的国歌声中，英军的士兵步伐整齐地开到江边，列队登上各自的兵船。他们将沿着扬子江逆流而上，继续进行他们的远征。

他们开往北上的第一个攻击点，也就是乍浦，日本在华的商业中心。乍浦城地处杭州湾北面，钱塘江的滔滔江水就流入这个海湾之中。该城在镇海西北约五六十英里的地方，城市面积只有中等大小。乍浦城的四周绵延流淌着一条深深的护城河，而一道高高的城墙更是把它围得水泄不通。

在战争还没有来临前，这里的房屋坚固、漂亮、排列整齐，外形很有大建筑的气势。乍浦能够成为一座重要的沿海城市，完全得益于繁华的对日贸易。这里与日本通商的皇家商船达到了 6 艘。它们每三年在中国和日本诸岛之间往返 5 次。乍浦四周的乡村景象，是最为典型的江南风光，别有一番情趣与雅致。随着英国战舰的步步紧逼，平静的海面和宁静的村庄也笼罩上一层战争的阴云，乍浦是清军的海防重点，在定海、镇海和宁波失陷后，这里成为驻扎军队最多的地区。除了长期驻防本地的八旗兵，还有各地派来的援兵以及雇勇，大约有 7000 人。相对于厦门、定海和镇海的防御体系，乍浦的城墙不够坚固，火炮数量不够多，尽管如此，英军攻占乍浦所付出的代价却远远超过了前面三处。

英军分三路先后登陆，所到之处，都遭到驻守在乍浦的官兵和乡勇的抗击。他们所采用的依然是海军正面炮击，陆军从侧翼包抄进攻。右路，当英军舰驶近天妃宫洋面，乍浦同知韦逢甲率乡勇在此处拼死抵御。据英舰长宾汉在日记中写道："我军一艘战舰，被天妃宫炮台击中，上尉军官康培尔的颈部被弹射穿而送命。此役我军共伤亡 40 多人。"在这场惨烈的攻防战中，韦逢甲不幸中弹，身边的士兵迅速将其抬到城内六度庵抢救。在抢救过程中，他几次挣扎起身询问战况，终因伤势过重而亡。英海军上尉军官宾汉也在他的战场日记中承认："我们这次损失超乎寻常，伤亡不少，虽然后来攻下了天妃宫炮台，但付出的代价是巨大的。"

其时，副都统长喜在观山保安城（又名葫芦城）督战。发现敌情后立即指挥回击。经过一场激战，协领英登布力战群寇，死于阵上。佐领多仁图、骁骑校布勒忠武、惠徵、祥瑞等均在这场激战中壮烈殉国。副都统长喜不幸中弹负伤，后撤至城中，投水遇救，半个月后还是死于嘉兴三塔湾。

中路，由蒙哥马利中校率皇家炮兵、来复枪手以及工兵等约 400 人，沿山脚进犯。遭到水师右营把总韩大荣率领 300 名士兵的猛烈阻击。韩大荣身中数弹，不支倒地而身亡。

左路，由叔得上校率苏格兰来复枪联队登陆。陕甘兵千总李廷贵、张淮泗率绿营兵在唐家湾阻击英军，激战一个多小时，歼敌数十人。英军后援部队赶到，山东兵不战而退，陕甘兵遭到前后夹击，孤立无援，火器用尽，李、张两千总和 370 多名战士与敌人展开肉搏战，毙伤敌人多名，无一投降，全部壮烈殉国。

英舰长利洛在他的日记里中写道："在乍浦，曾有一位老军官带着他的士兵，两次勇敢地和我军肉搏，每次被击退后，他都纠合士兵再度前来，最后他被击中腰部倒下。当他被俘抬到后方时，我军翻译官看到他在淌眼泪，就劝他不要惧怕，并对他说：'你将受到怜悯和善待。''怜悯！我不要你

266

们怜悯，愿流尽最后一滴血！'"

　　而在《壬寅乍浦殉难录》这部书里，不论是僧侣、酒保、木工、茶商或洗染店主人，乃至各种苦力，都在这座陷落的城池里，用他们宝贵的生命谱写了这个民族不屈的尊严。农民葛长庆等冒着敌人炮火，用船抢救老人、幼儿出城。佣工陆士贵拒绝给英军抬炮，被一枪戳死。书生刘懋松被虏，英军逼他写告示，宁死不从，被杀。木匠徐元业，被英军抓住，令他带路去搜妇女，他自刎以保忠贞。僧人达真、壬林挺身阻拦英军纵火、掳掠。当乍浦失陷时，不愿落入敌手受辱的驻防营佐领果仁布的妻子恭人带着两个女儿投井自杀。

　　英国侵略军军官柏纳德在《"复仇神"号轮舰航行作战记》中说："凡亲眼看到中国的士兵，以那种顽强的斗志和决心来保卫他们阵地的人，没有一个能对中国的勇敢拒绝给予充分尊重的……在乍浦城内，我们无法辨认旗兵、汉兵、百姓。随时遭到袭击，吃亏不少……迄乍浦战役为止，中国派来抵抗我们的军队，以这次最为精锐。"

　　英军在这场战役中的伤亡人数各有说法：有人说共击毙英军60多名，击伤近200名。也有人说共有9人毙命，55人受伤。学者茅海建给出的结论是，英军在攻占乍浦时付出的代价远远超出了厦门、定海和镇海，为鸦片战争历次战争的第三位。

　　英军受到的唯一比较大的抵抗，则来自天尊庙的攻防战。死守这座庙宇的不过是三百名旗兵，面对英军的猛烈攻击，这些了无退路的清军只好关上庙门，凭借房墙以轻兵器做困兽之斗。

　　一次接一次发动攻击，在混乱无序的攻防战中，守军用旧式鸟枪击毙英陆军中校汤林森等人，这也是鸦片战争以来，英方损失的最高级别军官。当英军进入庙内时。地上已经横着二百三十名战死清兵的尸体，而另外被俘的四十三人，也几乎都是全身伤痕累累。随着这座不设防小城的陷落，那些驻防的士兵除了战斗别无选择，而战斗一旦陷入绝境，他们所能做的就是结束自己的生命。"复仇神"号舰长看到"他们不能再战的时候，他们选

267

择了死……你很难阻止他们刎颈自杀，他们表现得视死如归"。英国一名海军将领格兰威尔·洛赫记录了他所看见的一幕：一个受了伤的上了岁数的军官被抬下战场，他告诉我们："我不要你们怜悯，我来这里是为了皇上打仗的……如果你们让我感谢，就大方点儿，上书给我的圣上，告诉他我死在前线，战斗到了最后一刻。"

在乍浦之战中，妇女的表现完全配得上"壮烈"二字。以驻防营佐领果仁布的妻子恭人为例，当乍浦失陷时，不愿落入敌手受辱的她带着两个女儿投井自杀。而市民中有关妇女殉难的情形更是比比皆是，一出出全家自杀的悲壮行动，显示出这个民族的不屈性格。而在一部《壬寅乍浦殉难录》的书中，不论是僧侣、酒保、木工、茶商或洗染店主人，乃至各种苦力、人夫，全都留下了不少义勇感人的事迹。

诚如"复仇神"号舰长在完成了一天的战斗任务后，怀着别样的心情欣赏乍浦的田园风光。他在文字里感慨道："这真是世界上一个最富庶最美丽的乡村"，如果说还有什么让他觉得大煞风景，那便是"运河里漂着的死尸"。

钦差大臣耆英已经快到杭州了，而大清国皇帝的心还在和与战之间摇摇晃晃，不肯落地。尽管如此，他在发往各地的谕旨里，仍然是一贯的强硬语气。在他发出的几道上谕里，其中逮捕浙江提督余步云的命令引起了不小的震动。经过连番调查，一向幸运有加的余步云终于大难临头，被判"秋后处决"。

英军在撤离乍浦之前，已经在计划着北上进军的事宜，并且把攻击的目标指向长江口附近的大运河。因为他们知道，包括北京在内的华北地区，不论是财政或粮食，很大程度上依赖于长江流域的供给，而其运输的管道便是贯通南北的大运河。漕运对中国社会的渗透是全方位的，不仅仅是经济方式和政治形态，它几乎深入社会肌体的每根神经末梢。

英军的战略规划也是顺着这根神经脉络往下走的，他们想的是：

——只要攻进长江，封锁运河，即可断了北方诸省之粮，如此一来，清国的中央政府势必得屈服。

——大运河和长江在镇江交汇，因此必须拿下镇江。

——进入镇江之前得经过扼长江咽喉的上海，而上海有吴淞要塞，可能是第一个必须面对的难题。英军战略的最终目标还是京畿重地的北京，而一旦把运输命脉的大运河从镇江切断，则北京想不屈服也不行了。

英军将领奥特隆尼在他的《在华作战记》中描述："在中国，每年都有大批漕船，装运大量的货物开往京都，这些漕船不但供给帝都居民的食粮，还为帝王的财库缴上贡税，我们打算赶上这个时机，把这批漕船拦击下来。"而这一招果然收获惊人，在英军封锁运河不到几天的时间内，就扣留了700条漕船。

这位将军不无得意地说："这个举动对于中国远近各地所引起的恐慌，要比我方在军事上取得的成功所给予的影响大得多了。"

英军舰队从乍浦退去，然后在长江口出现的时间是5月5日。因为江口雾浓，船行缓慢，三天之后，他们才到达离吴淞约十五公里的江面。这里既可控扼英国侵略舰队进入黄浦江威胁上海，又可阻挡英舰进入长江，是长江口第一道军事屏障。宝山县城距吴淞口西岸只有一公里，面临长江。

自1840年7月伊里布在吴淞带兵设防，这里一直是江苏的海防要塞。江苏的最高军政长官亲自坐镇于此，直接指挥。江南水陆提督陈化成更是长年住在炮台旁的帐篷里，随时处于战时状态。一个年过花甲的老人"自备薪水，肩舆出入，不用仪从"，他曾勉励部将说："武臣卫国，死于疆场幸也。"

吴淞的防御体系与厦门、定海属于同一级别，西岸土塘一带共设火炮134位；东岸土塘及炮台设有火炮20位，驻扎防守兵力1000多人；宝山县城设有火炮50位，驻扎防守兵力2000人；距离宝山县城西北约3里许长江岸边的小沙背，驻扎防守兵力800人。

江南提督陈化成对自己亲自指挥下的防务也很感自信，认为"刻下布置紧密，可打胜仗"，让两江总督牛鉴大可放宽心。陈化成就任江南总督后，对向来战斗力不强的江南水师指派亲军教练，"始皆奋力"。平日训练所表现出的奋力向前能不能转化为实战时的勇力，还需要吴淞战役的炮声来检验士兵们的成色。

而两江总督牛鉴也不无得意地向他的皇帝奏报：吴淞口"层层设炮，节节埋伏"。除大炮之外，还有火箭喷筒毒火之类，"均已预备齐全，堪资得力"。道光帝览奏之下，很是满意，批曰："卿能如此备豫，必奏殊勋，朕忧怀稍宽矣。"

牛鉴和那些事前唱高调的官员一样，他们的自信更多来自对于这场战争的无知，对于"英吉利"这个对手的无知。这位甘肃武威人是嘉庆十九年（1814）中贡士，与颜伯焘同榜，两人做事的气度也很是相近，能够与当时的绝大多数官员相处融洽，他曾拜陕西籍同考官王鼎为座师。又拜皇族、同考官穆璋阿为座师。此后数年，两位座师同时为相，牛鉴屡被荐拔。他入庶吉士院，又刚好遇上林则徐留馆为翰林编修（林则徐是留馆19个编修之一），牛鉴得林则徐照顾，由是两人友好。

道光十九年（1839）八月，牛鉴转调为河南巡抚。在赴河南任职前，道光帝先后六次召见了他，并语重心长地告诉他："朝廷大臣没有人推荐你，朕知道你是可用之人，所以用了你。你把官当好，则朕就算知人。否则就是朕不知人，过失在朕。"道光二十一年（1841）河南开封府祥符三十一堡黄河决口，大水虎狼一般直扑河南省城开封，"登城一望，月光照耀，势如滚雪，一喷数丈"。身为巡抚的牛鉴在决口处指挥堵御。河道总督倡言将省城迁往他处，牛鉴处变不惊道："省城可守不可迁"。他上奏："若一闻迁徙，众心涣散，孤城谁与保守？"或许正是这种临危不乱的气度给道光帝留下了深刻的印象。当裕谦兵败身死后，他将牛鉴放在两江总督这个位置上。

牛鉴在他的奏报中乐观地表示："该逆炮力虽能及我，而我兵但贴伏塘内，断不致有伤于我，而我用连环大炮轰打，彼则断无躲闪之处。……彼不能携带大炮犯我内地，虽有火枪火箭，亦断不能敌我之大炮抬炮，与夫百余尊虎蹲炮位。"

清军将官这时候都犯下了轻敌的毛病，开战前两天，当英军船舰出现在吴淞炮台的炮口下探测航道、安设浮标时，炮台上的守军不仅没有开炮，连

270

做做样子的架势都没有摆出来，反而朝着英军舰船上的人大声地呼喊和嘲笑，像孩子过家家似的。这种近乎愚蠢的举动使英军"感到快乐和鼓舞"。

1842年6月16日，英军的主力舰队和轻型舰队同时向吴淞口西岸的清军阵地发起进攻。让英军感到不可思议的是，前两日还在过家家的清军突然像是被人打了兴奋剂。他们表现出令人吃惊的勇敢和顽强，连英军军官柏纳德也发出感叹："凡是亲眼看到中国的士兵以那种顽强的斗志和决心来保卫他们阵地的人，没有哪一个能够对中国士兵的英勇，拒绝给予充分尊重的……他们在进行防卫战时，一点也不畏缩，他们使用了腰刀来对付我们的军刀，并以铳剑对付我方的长枪……有一座炮台，其中所有炮眼都被击毁，大炮也都几乎全部打坏，但我们还看到一个中国兵站在城垒上，在"布郎底"号的密集炮火下，不断挥动着旗帜。"

让人遗憾的是，对手眼里看到的这悲壮的一幕仅仅是守军中的极少数，只占千余名守军的10%。而大部分守军在炮声响起时，就已经溃不成军。那个在决堤的黄河之水面前泰然自若的两江总督牛鉴也慌忙躲避敌人的炮火，他率兵出南门增援陈化成时，突遭英舰炮击，"随兵被击毙者十余人"，他立即逃亡宝山县城，随后又逃亡嘉定。主将的临阵脱逃，引起士兵也跟着逃跑，"斩之弗能止"。东炮台守军也"弃炮走"，使英军专攻西炮台。

入侵吴淞的战舰有7艘、轮船6艘，每艘战舰上配置的大炮多至72门，少则10门，共198门，比吴淞西炮台的大炮数量还多，轮船用作拖带战舰、装载物质和陆战队，没有配置大炮。战舰上除了大炮外，还有小型武器。这些炮都是后膛炮，可以连续施放。而清军所使用的是300年前（明朝）铸造的铁炮。这些炮射程近、威力差。发出一炮后，须费时装火药后再发一炮。英舰上炮能打到炮台上，而炮台上的炮火却打不到英舰上。炮台上打出一排炮后，装火药需要间隔时间，英舰利用这一空隙发排炮，给炮台以毁灭性的轰击。所以炮台上的还击始终"断断续续"，"有气无力，毫无效用"。又因为炮位不能升降自如，无法把大炮降低到一定水平，所以，未能对靠近炮台的敌舰施行有效的射击。炮的威力本来就小，因此未能给敌舰以致命打击。

一位英国海军军官记载：英军"旗舰被击中多次，后樯被击中三炮：'布朗底'被击中十四次……'西索斯梯斯'号被击中十一次，其他舰只也都被击中多次"。而这样猛烈的炮火和击中率却没有给英舰以致命性毁损，使英军感到"很异常"。这是炮的威力问题，也是炮的质量问题。据载：清军"炮子多砖心，比至贼船而灰，炮门且裂，全塘震动"。两江总督牛鉴在他的奏报中也有类似记述："该游击（张蕙）与提臣陈化成督战时，连用大炮击中火轮船三只后艄，提臣以为可以沉没，阅时竟安然无恙，后又击断大船高桅一段，亦竟无恙。我军用炮击中大船正身，翻将炮子碰回，毙我守炮子兵。提臣见此光景，顿足长叹，自言事不可为。"

在这危急时刻，陈化成颇为信任的西炮台参将周世荣也发生了动摇，他劝陈化成"速行"，遭到对方的叱责，周世荣放弃阵地径直而去。最后坚守阵地的只剩陈化成及其亲兵数十人。

驻守宝山县西北小沙背的 500 名徐州兵本来就是浙江招宝山的余步云所部的溃兵，战斗打响后，总兵王志元曾率 30 名亲军前往应援，于中午返回。他对部下说，西岸土塘已失守，宝山县城也被英军攻陷，小沙背不是久留之地，于是率徐州兵"望风西走"。

牛鉴在奏报中说："此次挫失，臣目击身轻，方知凶焰非可猝制，委非将士不肯用命。"这个临危不惧的西北汉子将战败的责任一股脑儿地推到英军的船坚炮利上，他说的虽是实话，但也不排除为自己开脱罪责的嫌疑。

宝山城的守军在吴淞失守后早已逃离一空，英军进入宝山城时，并没有遇到什么抵抗。进犯上海时，上海同样是"城中已空无人"，英军进城时没有遇到抵抗。这时候的上海还是一个毫不起眼的地方，还看不见满大街的柱子、圆屋顶和豪华建筑物。河面上一派死寂沉沉，满载货物的帆船、渡船、拖轮、小汽艇还在南方的沿海口岸进进出出，没有驶入这个南北口岸的交汇点。虽然陆续有一些贸易使团的船只抵达这个城市的港口，但就像他们在中国沿海的其他城市厦门、福州、宁波等处遭受的经历一样，无一例外都是被拒绝登岸。

对于那些从水路来到东方的最初的西方冒险家而言，上海就像是一个肥美多汁却又没有剥去果皮的菠萝，想要咬上一口却无从下嘴。

甚至有来过这里的英国人认为"它那平庸的外貌有着一种令人感到可怕的单调乏味的气氛"。他们目之所及，看不到几棵绿色植物，到处是埋死人的坟堆，散发着刺鼻气味的污水沟和小河汊纵横交错。

这时候的上海隶属江苏省松江府，只是一个县城。但客观上，这个县城的位置非常重要。因为它是中国南北口岸中间点、南北海运的转运点。而此时的大清国显然还没有意识到上海的重要性，当吴淞、宝山失守后，上海也随之成为一座空城。用两江总督牛鉴的话说："此处无险可守"，既然无险可守，那索性就弃之不守。

英国军官柏纳德在他的战地日记里写道："当我军进抵上海北门口时，那边显然没有准备进行什么抵抗。我们看到城门口仅有的两门大炮，对于我们似乎也不足为害。实际上，城门口已经找不到一个中国兵，我军派出两三名士兵，设法爬过城墙，把城门打开，其余的士兵也就由此进了城。我们这时才知道，中国地方当局于前一天晚上，已经离开了这个地方。"

关于英军入城时上海的状况，清、英两边有着各自不同的记载。清方的说法是：夷船进城时，城内已空无一人。

而英方的说法是：残留的市民，较之其他占领区的居民，并无惊惧之情，与我方人员应对态度尤显从容，多有主动供应我军食物饮水者。当然，英军士兵的劫掠还是在所难免，只是集中搜刮一些空屋，因而并未引起市民的惊慌或反弹。英军将领还一度打开原先地方官府的粮仓，施放米粮给百姓，以争取民众的认同。

5. 一个无法挽回恶名的殉国者

1842 年的夏夜并没有特别之处，人的心情如同水中的暗礁，让时间变得磕磕绊绊。无心睡眠的爱新觉罗·旻宁索性披上衣服，临窗而立。圆明园浩瀚的湖光山色，一连串彼此勾连的亭台楼阁，让他仿佛置身于万里江山某个不为人知的角落，使一个帝王的身影显得更加深不可测。

身为大清国的皇帝，权力并没有保证他有足够的自由。烦躁的时候，他会不打招呼地突然避开官员和宫女太监的视线，将自己藏身于一个秘而不宣的地方。他不想听他们说什么，也不想看他们那副虚实难辨的嘴脸。属于他一个人的时光总是显得那么短暂，捉迷藏的游戏也不能永远这么玩下去。在所有人惊诧不已的目光里，他自己会悠悠然地回到一个皇帝该回到的地方。

他取过纸笔，在一份明日就要发出的上谕里，又补充了这样一段话："下民何辜，罹此惨酷？朕抚躬循省，五内焦劳。痛心自责，恨才德之未逮，夙夜难安。"

作为一个资质平庸的皇帝，年已六旬的道光的心性与他的实际年龄并不相符，他依然葆有男人的激情，以及善变而摇晃的姿态。即便是老于世故的穆彰阿，在面对他的时候也常常会感到无计可施。自幼接受儒家教诲的道光帝，在面对供奉于太庙的列祖列宗牌位时，他的内心或许只有一种声音，江山不能易主，土地不能割让，作为爱新觉罗的子孙不能屈服于夷人的武力。而所谓的"姑息"、"羁縻"和"求和"就是对帝国和皇室放弃了道德上的责任。中国历史也反复证明，与反叛者讲和无异于与虎谋皮：不是被征服，就是使民间对统治家族掌握王位的权力失去信任。如果他这个当皇帝的失职，他的王朝就会灭亡。

100多年前，旻宁的曾祖父雍正帝专门刻制一枚小玺，镌刻"为君难"三字，雍正皇帝是一个杀伐决断、诛戮任情的强悍君主，仍不免有此人生慨叹。爱新觉罗氏也难以逃脱一代不如一代的魔咒，到了道光帝旻宁，虽然在尽心尽力尽责方面不输给他的先辈，精神气质和治国才能要弱了一大截。对于爱新觉罗·旻宁来说，他这个皇帝当得太难，尤其是近两年更是难上加难。

英舰的入侵已由浙江转向江苏，从杭州湾转向吴淞口，突破吴淞口直逼镇江，几乎无时不牵扯着道光帝的心。如果说奕经、耆英等人还能勉强编造一些捷报，抚慰一下他那颗受伤的心。但是两江总督牛鉴的奏折越来越使他心烦意乱。几个月间，牛鉴已连上几道奏折，不是奏报"炮身炸裂，伤毙兵丁"，就是奏报上海火药局被焚，再就是一个接一个官员"因病"请假，称病不归，文职武职都有。颇受道光帝信任的江苏巡抚梁章钜突然中风不语，只要解任归乡。大敌当前，一些朝廷命官不是想着如何拒敌破阵，而是想着如何自保，溜之乎也。

镇江，古称京口，镇江位于离长江岸边一公里左右的平原上，东、北两侧有山丘环绕，而西边和南边则面临大运河。英军撤离上海再度集结于吴淞口时，清朝上下对英军下一个攻击目标判断失误，以为将北攻天津。牛鉴自作聪明地认为江苏战事即将结束，居然奏请不必由浙江派大臣、军队支援江苏。当英军的舰队驶入长江时，他像是从梦里猛然惊醒过来，连忙火速调兵增援镇江。

英军进入镇江江面时，清军的援军也从四面八方汇聚于镇江。其中有参赞大臣四川提督齐慎率军 700 名到达镇江。江南提督刘允孝率湖北兵 1000 名，浙江派来的江西援军 1000 名。海龄率镇江旗兵、青州旗兵 1600 名防守城内，齐慎率援军 2700 人驻守城外。

英军投入此次行动的陆军部队，共 4 个旅 6905 人，此外还有数百名海军人员。就兵力而言，英军处于绝对的优势。

两江总督于 7 月 13 日匆匆赶到镇江，只待了一天便匆匆离开，前往南京。而在这一天时间里，他备办火攻船、木排 150 只。在他离开后，清方立即实施火攻，但是并没有取得效果。英军先是突破了镇江城外的清军，顺利封锁大运河，这条贯穿南北的大动脉终于被英军拦腰截为两段。

英军已经做好了攻城的准备，而城内的海龄却像是在配合英军做一出里应外合的游戏。英军还没有进城，清军已经向镇江城内的民众举起了屠刀。特别是英国军舰刚出现时，他竟下令紧闭城门。为了防止民众出逃，他采用了最极端的方式——杀人。费正清在《剑桥晚清史》中评价海龄，"最糟糕的是镇江的一位将军，他确信，在英国人从前面进攻时，该城的汉奸一定会从后面袭击满洲人。于是他命令一看见行迹可疑的人就抓起来，此后他的居民一看到满洲士兵走近时就惊恐地逃走。显然有些士兵一见有逃跑者就把他们杀死，用他们的尸体去领赏。这样的恐怖笼罩各地。如在上海，英国人的炮声就被一些居民误认为是中国当局在下令屠城。"

镇江是鸦片战争中清军设防最为薄弱的，而镇江之战却是最为胶着和激烈的。这帮旗兵既要面对攻城的英军，又因为得罪了城里的民众，不得不提防来自身后的怒火。如果不是因为英军过于轻敌，清军不会坚持那么长时间的抵抗。

进攻西门的英军第一旅遭遇到清军的顽强抵抗，双方在此处激战数个回合，英军小船在这里遭到清军火炮、抬炮的重创。最后还是靠 300 名水手组成的船队强行突入，用炸药轰破了西门的一处城墙，才杀出一条血路到城内。而英军第二旅团在短枪队的掩护下，用云梯攻城时，也同样遭到了清军的强力阻击。直至城北的城墙被炸开一道口子，才陆续攀越上了城墙。进了城的英军仍然遭遇到逐步后退旗兵的节节抵抗。这一天的战斗下来，攻城的英军阵亡者 39 人，负伤者 130 人。这一数字放在正面战场上并不惊人，但是却相当于清军防守最坚固的虎门、厦门、定海、镇海、吴淞诸战役的英军伤亡的总和。相对地，守军的驻防旗兵伤亡人数占总数的 30%，而来自湖北、四川、河南、江西等地的绿营兵伤亡仅为 1.6%。

此处与乍浦一样，驻防的 1200 名旗兵在这里驻扎了 200 年，这里是他们的家园，他们的父母妻儿也生活在这里，甚至连他们的祖坟也在这里。他们流尽最后一滴血捍卫的并不是某个帝王的皇位，或者某个家族的王朝，而是自己的家园。

当城门被打开时，他们并没有退缩，而是利用各种地形与英军展开巷战。可是他们面对的不光是英军，还有那些被他们冠以"汉奸"名号而遭到大肆搜捕的民众和他们的家族成员。

自杀殉国的一幕再次上演，士兵们在结束自己生命之前，先是用最快的手法结束家人的生命，他们希望用最短暂的痛苦消解留在这个世界的长久苦难。然后一把火点燃自己苦心经营的家园，也杀死了自己。道光帝在听说后，也是大为感慨："不愧朕之满洲官兵，深堪悯恻！"

"清军副都统海龄给自己谱写了一个殉葬般的结局，他把所有朝廷文件放在一起，然后坐在上面，点燃火把。"英国驻华总监璞鼎查在日记中也提到了海龄，他说："这位将军配得上更高贵、更美好的命运。"作为大清国的高级军官，海龄也算是战斗到了最后一刻，战败后又举家自尽。然而城里的民众并不认同这样一位还没有与敌人交手，就先向自己人举刀的将军。保卫一座城市的终极目的是保卫该城民众的生命财产安全不受侵犯，战前疏散平民是守将的责任。

海龄在战前激化了满汉矛盾，让满人和汉人都认为彼此是互不信任的种族。他让城里的民众感到，比起旗兵的屠杀，从城外杀进城内的英军倒不那么让人难以承受。或许正因为如此，殉国也未能挽回海龄恶劣的名声，甚至还比不上那些临阵的叛逃者。民间一度盛传，他并不是殉国，而是被愤怒的民众杀死的。

相对于海龄的暴行，英军却在拉拢城里的民众。1842年7月24日这一天，侵略者中一名强奸犯和一名抢劫犯脖子上挂着牌子，用以警告他人，但是这件事情带有明显的种族色彩，因为被定罪的是印度人。

而在一本《出围城记》的书里则记录了人间地狱般的一幕：夷鬼一来，道上立刻满是妇女之尸体。观其状，则发乱身裸。而未死者多被掠走，生死离散，不忍目睹。

关于妇女的死因，这本书的作者书庵道人为了安慰亡灵，查访事实后落笔：

某某投井而死；

某某自缢；

某某溺死；

某某吞针而死，刺心而亡；

某某坠楼而死……

姓名后面所列的各种死因，令人不忍卒读。他列出名字自尽的妇女就有七十五人，其他还有不知道具体数目的失踪人员。

6. 小人物与《南京条约》

戊午年的夏天，北京城的日头明晃晃地炙烤着大地，好像每个人都在这种燃烧的空气中经受着煎熬。虽然前方的战事日益吃紧，但是整个朝廷仍然按照它既有的规则运行如常，如同摆放于圆明园九州清晏的那块精美的西洋钟表，走得严谨而准确。每每前方战败的奏折以六百里加急送进圆明园，道光的心情就会变得迫切而焦虑。

身为大清国的皇帝，他有着强烈的自尊感，无论是战是和，都是极其艰难的选择。他的睡眠变得越来越差，有好几次，他梦见大清国真的国将不国，成了一块流油的肥肉，被抛到深山野谷，好多虎狼嗅着气味慢慢地向这里靠拢。日有所思夜有所梦，此时的道光帝内心该是如何地挣扎，一闭上眼，他脑中浮现都是英夷挥军攻入京城的残酷情景。而这种事并非不可能，因为中国历史上就有太多的王朝被蛮族攻破都城。由此及彼，道光脑海中各种图像激烈地交战着，城楼被围、皇宫内院被屠、皇子哀号、皇帝自杀身亡……

白天，道光帝收到耆英、牛鉴等人的奏折，报告镇江沦陷。尤其是那个临大事而不乱的牛鉴，居然在奏折中大放厥词"危迫实不可言，伏求皇上速决大计，以拯民命！"

也就在昨日，道光帝才得知英军围攻镇江的消息，他传出谕令："着耆英、伊里布遵照前奉谕旨，开诚晓谕，设法羁縻，有应便宜从事之处，即著从权办理。此事但期有成，朕亦不为遥制。"可以自行处理任何事情，答应任何条件，只要能够阻挡英国军队迈向北京的步伐。

昨日的谕旨还在"六百里加急"的路上马不停蹄，今日又收到牛鉴的奏折。道光帝再度谕令："着耆英、伊里布仍遵昨旨，便宜昨旨，务须妥速办理，不可稍涉游移。"从战争起始就一直处于摇摆状态的道光帝，却时时提醒他派出的涉外官员"不可游移"。二十天前，他还在谕旨里敲打耆英"专意剿办，无稍游移"！其实他这个做皇帝的"游移"，不过是形势逼人紧。前方奏本一件件飞向京城，几乎每天都有一摞，件件都是伤心事。形势变化得太快，道光帝也不得不跟着形势快速地"游移"。

此时的南京，议和早已不是秘密之事，而是大大小小官员们的心中所盼。至于军心，早已分崩离析。江苏前线的三大要员已经松了口气，他们所要做的就是要让"游移"的皇帝不再游移，坚定议和的决心：耆英奏称夷人要"直达京师讲话"，牛鉴奏报夷人要将马车马炮运往天津登陆作战；耆英又说："英夷每日阅看京报"，牛鉴又称有些通敌的汉奸化装成客商或路人到处打探消息……所有这些，件件令道光头痛不已，尤其英军北上的消息，使他日夜焦虑，求和之念与日俱增。

就在道光帝陷入高度紧张的生活状态时，伊里布上路了。随他一起赶往南京城的还有他的家仆张喜，一个擅长与英国人讨价还价的小人物。中国历史每每到了关键时刻，除去一些官员以外，一些名不见经传的小人物也在发挥着作用。而伊里布的家仆——张喜，便是中英交涉中一个频频出现的人物。

小人物登场自然有小人物的好处，屡败屡战之下，再也不能于夷人面前摆什么天朝上国的傲慢。可是又无法与夷人平起平坐，甚至言语间有所嬉笑也是有伤国格，有失人格的大事。让位卑职低的小人物临时戴个顶戴前往交涉，就算是丢人也丢不到哪儿去。耆英在见到张喜时就向其保证："我必奏明，断不至如前次白戴虚顶。"而一年前，伊里布给张喜的是六品顶戴。

伊里布很是赏识自己的这位家臣，当朝廷准备重新起用他时，他第一个想到的就是带张喜一起上路。他在给张喜的信里情真意切地写道："如今终要你来，方能达我意于夷人，以期大局速结。"甚至提笔写下："且喜帷筹来管乐，非为掉舌有苏张。"

伊里布将张喜视为自己身边的苏秦和张仪，可见其分量之重。作为伊里布所豢养的一名门客，张喜自然也懂得"士为知己者死"的道理。他说："私心自忖，数载以来，受恩深重，无可报效。值此海疆不靖，何敢稍存推诿之心，即于大海波涛之中，死于夷人刀剑之下，亦分所当然。"

张喜虽然是小人物，但是他的每一次出场，都像是历史为他刻意留下的某些闪光的片段。定海第一次失陷时，英国人执行琦善的谈判条款，准备撤出。张喜带人前往交涉。当时双方的约定是一方交俘虏，一方交城。英方要求中方释放他们从广东带来的汉奸卜定邦，张喜不愿意释放。双方争执不下，张喜即拔出随身佩刀拉过英方翻译，英雄似的凛然道："我以礼相待，汝反不讲理，休怪我鲁莽之间，不知谁生谁死。"

随着伊里布的离职，本以为张喜会像一颗流星消失于历史的夜空，再无闪烁的机会。想不到的是，在双方进行第一轮谈判的前一天，张喜风尘仆仆地赶到南京。在没有完全摸清楚双方底牌的情况下，他就被动地参与到这场纠纷中来。于是，戴着五品顶戴的家仆就这样又一次充当了大清国在重大事件中的进行外交谈判的正式代表，又一次走进了这段屈辱的历史。英国人开出的价码显然超出了张喜的认知底线，赎城费、鸦片烟价、战争赔款和开放通商口岸等。

张喜在这场谈判中的表现也同样超出了英国人对小人物的理解范畴，戏剧性的场面频频出现。如果不是事先知道这场战争的结果，旁观者一定会认为，张喜所代表的是战胜国一方。而在英国史专家弗兰克·萨奈罗看来："张喜虚张声势，掩盖自身的软弱无力，他夸口说英国人最近取得的军事成功无非是皇上的仁慈和谦让。如果英国人逼得太狠，每一名中国人都将武装起来，包括儿童。"

张喜在大声斥责中，夹杂着许多污言秽语。一个家仆用自己的方式向侵略者发泄着不满，无视外交礼节。当英方翻译汤姆表示抗议时，张喜居然拍案而起，冲他吼道："你们四处杀人越货，行事卑鄙，令人不齿，你敢说……你们不是造反吗？"汤姆回忆道，张喜的表现越来越过分，他担心亨利爵士就要对他拳脚相加了。

英方开出的条件共有八项，内容涉及赔款、割地、五口通商、废除行商、平行外交等。这些都是张喜从来没有听说过的或是不能完全理解的政府公务。

而在他的日记里，也仅仅只记载了赔款 3000 万元这一条，或许在他看来，此项最为紧要。

8 月 13 日，耆英等再派张喜去谈判，但是对于英方的要求并没给出正式的答复。空手套白狼的谈判方式让英国人无法接受，他们打破了任由张喜唱独角戏的温和局面。于是，在英方的紧逼之下，张喜露出了原形："我们往来传话，有话只管说明，我们亦好回禀钦差大臣……"

英方在谈判结束时，下达了最后通牒："候至天明为度，天明若无回信，即便开炮。"本来就不是复杂的事情，一晚上的时间就全结束了。两江总督府衙内一阵紧张的忙碌过后，又恢复了平静。张喜带着商议的最终结果，匆匆出城，终于在天明之前登上英舰。茅海建说，（当天晚上）英方收到了耆英、伊里布和牛鉴出具的同意英方要求的照会，收到了道光帝授权耆英、伊里布"便宜行事"的圣旨，收到了牛鉴说明寿春镇兵调动是在议和之前的照会，收到了牛签撤回寿春镇兵的命令，收到了道光帝命牛鉴与英为"妥办"的圣旨。

与谈判桌上的平静相反，谈判场外也虚虚实实。比如英方代表送来璞鼎查致牛鉴的照会，开头便称："至云开仗等语，恐系口传不明，以致听有错误。"也就是按照璞鼎查的说法，英国人下的最后通牒是张喜的虚妄之言。璞鼎查究竟是不明实情还是故意撒谎？张喜撒谎的可能性几乎为零。张喜不懂英语，同行的还有其他 6 人，根本不具备做手脚的条件。参加谈判的英海军军官利洛在当天的日记中也有同样记录："麻恭少校对本日的会见极为不满……遂愤而退出，临行时说，如果钦差大臣不能于明日前将全权委任状交予总司令，英方明早就开炮轰击……"

除了张喜为自己叫屈，没有人会追究事情的真伪。伊里布通知张喜退出谈判，事后给出的解释是，耆英因其"面色甚厉，惟恐偾事"。张喜当即反驳，称耆英这么说是妒忌心使然："怕喜成功，即是怕中堂（伊里布）成功；中堂成功，岂不盖了耆将军的面子？"

张喜的反应是自然本真的。因时运和机缘而登上这方历史舞台的小人物，他习惯于将眼前的一切与名利扯上关系，他认的主子是伊里布。他所思所虑，也是站在自己主子的角度去考虑问题。从谈判桌上的核心人物回归到伊里布身边垂手而立的家仆，角色的变换，也足见其可畏之处。

南京方面谈判接近尾声，英国人需要一个盛大的仪式来庆祝自己的胜利，而耆英等人也长长地松了一口气。8 月 26 日，是璞鼎查等人进入南京城交付文本的日子。虽然这份由英国人单方草拟的合约草案，正在六百里加急送往京城的路上，但是耆英已经能够确定，北京方面不会再生出其他枝节，因为没有其他枝节可以再生了。

8 月 31 日，北京城里的爱新觉罗·旻宁收到了耆英的奏折，他一遍遍地读，生怕漏掉了一个字。每一条款都像是一把刀在刺目剜心，"览奏忿恨之至"，却也别无选择。一个时期以来，道光帝常以"忿恨""愤懑""愤甚"等字眼袒露心迹。每每此时，穆彰阿总会及时站出来用自己的方式宽慰君心。

就在十天前，道光帝收到耆英的另一份奏折时，朱批曰："何至受此逼迫，忿恨难言！"这个难熬的夏天，真是要了他的半条命，奏折成群结队地飞到他的面前，考验着他的忍耐底线。

今日的奏折与往日不同，像是人生最后一场赌博前的验资。穆彰阿认认真真地给道光帝算了一笔账，"谓兵兴三载，糜饷劳师，曾无尺寸之效，剿之与抚，功费正等，而劳逸已殊，靖难息民，于计为便"，穆彰阿并没有直接劝阻，而是敲了一下边鼓。与英国人的和谈已经进行多日，是战是和，局势已经明朗化。在《南京条约》的奏本上，道光帝批谕：朕因亿万生灵所系，实关天下大局，故虽愤闷莫释，不得不勉允所请。借作一劳永逸之计，非仅为保全江浙两省而然也。

这样的话是道光帝一贯的语言套路，先是表达自己的愤恨与不满，然后再摆出一副迫不得已的姿态。那些军机大臣，在他身边与远在前线的官员，早就吃透了自家皇帝的程序化套路。

不要再问"主和"之人是谁？帝制时代一切以皇帝为中心。

　　那一夜，旻宁辗转反侧，"侍者但闻太息声"。他最担心的事情终于发生了。在此之前，他能想到的最坏局面，无非是赔款和开放通商口岸。至于割地，不是他想不到，而是他不敢去想，他不愿成为大清国的罪人。想到这里，他不禁顿足长叹，"旋入殿以朱笔草草书一纸，封缄甚固"。此时宫门还没有开启，道光帝命内侍将这封签批的合约条款送往军机处，待穆彰阿入宫值班时，交到他的手上。促使他下决心的，正是首席军机大臣穆彰阿。虽然这一刻他还在痛苦犹疑，但是他不得不做出抉择，"自是上遂忽忽不乐，以致弃天下"。

　　真不知是他这个皇帝放弃了天下，还是天下抛弃了他这个孤家寡人。用他的话说"于万无可奈之处，一切不能不允所请者"。

　　8月29日，南京江面的英舰"皋华丽"号上，耆英、伊里布在《南京条约》上盖用关防并亲笔画押了。在场一名英国军官记录："在欧洲，外交家们极为重视条约中的字句和语法，中国的代表们并不细加审查，一览即了。很容易看出来，他们焦虑的只是一个问题，我们赶紧离开。"

　　待到9月3日，南京江面上的英舰也全部驶离。惨遭残破的江南各府县缓缓走向复苏，而朝廷的政治清算也跟着全面展开。道光帝憋了一肚子的气，当然最恨的是英人，可又无可奈何，只能撒在自家的官员身上，那些不成器的文武大臣，那些胆小怕死的武将，清谈误国的文臣。

　　吴淞口和镇江作战失利的详细经过，清军哪一支军队先行溃逃，统兵将领的实际表现，都在问责之列；那些阵前溃逃的地方官也在劫难逃，上海道员、宝山和上海知县、镇江官员，一个个遭到清查和惩处。

第八章

是谁在睁眼看世界

——当魏源遇上徐继畲

1.《海国图志》背后的玄机

从道光十九年踏上广州天字码头，到道光二十一年六月离开战云密布的镇海，在这两年多的时间里，林则徐经历的忧患和痛苦比以往五十年加起来还要多。在祥符治水期间，很多个不眠长夜里，林则徐很多次与王鼎探讨禁烟方略、分析海疆战守，讲论将帅措置之弊，总结丧城失地的教训。

再度奉旨戍边，浇灭了林则徐复出报国的热望，也给他带来一丝丝莫名的解脱感。那些暗地里骂他苛刻催逼的人，那些讥讽他为争取起复而卖力讨好的人，终于可以闭上嘴巴了。达则兼济天下，穷则独善其身，是无数读书人的人生信条。于豁达中潜藏着对无常世事的隐忧。

造化无常，此时的林则徐固然能做到坦然面对，却还是做不到心如止水。他在写给友人的诗里，如此道"往日虻蚊强负山，偶从合浦见珠还。谬期手挽波澜住，不惯身缠壔见"，这样的诗文像是自我嘲讽，又像是在讽世，或许兼而有之。对于西行伊犁，林则徐应该有过委屈，有过畏怯，有过各种思虑和预测，却从没有天崩地陷的感觉。虽然中途因王鼎的举荐，折向祥符工次，但当他再次踏上西行之路，心中竟似有一份释然和轻松。

光阴催人老，当年的青年才俊，如今已鬓发萧疏。35 年宦海沉浮，18 年地方大员，林则徐对军国要密和高层运作早就了然于胸，也磨洗出官场中人所特有的通脱圆融。当北京方面一再发出将其遣发伊犁的谕旨，林则徐彻底明白道光帝的心思，这个谨小慎微的君王早已无心与英人决战。想一想，这才两年多的时间，那个严旨禁烟，严旨抗敌的爱新觉罗·旻宁反复变换口风，他实在难以理解，也难以接受，但也只能无可奈何地接受命运带来的不公。

王鼎执意要将林则徐留在他的身边，协助他建设祥符治水的工程。这个始终处于忧患状态中的帝国老臣坚定地认为，林则徐是国家栋梁，是能够支撑危局、应对和消解灾难的干城之才，而今还是沦落为编发伊犁的废员，内心的悲苦可想而知。他知道道光帝对自己误会极深，知道是谁在皇上面前添油加醋，把启衅招祸的罪名加在林则徐头上。

王鼎与林则徐在河南祥符分别之前，两人肯定有过一次促膝长谈或是一种承诺，不是承诺林则徐官复原职，而是承诺复命时向道光帝据理而奏，奏得透彻明白，为林则徐，也是为大清国的国祚。林则徐也在诗里慨叹"人事如棋浑不定，君恩每饭总难忘。公身幸保千钧重，宝剑还期赐上方"。

道光二十一年（1841）六月，林则徐孤独地上路了，踏上了万里谪戍的征程。这一次他走的是水路，小船先沿浙东运河迤逦西行。身后，太平洋的浪涛声渐行渐远，只有运河里的船橹摇波，绵延无尽的忧思化作老人的几行清泪。诚如他在诗里写道的：不信玉门成畏途，欲倾珠海洗边愁。

此时的林则徐突然觉得，自己所效忠的大清国就像是广州人在各种节日庆典上舞的龙和狮子，千奇百怪，猛然看上去个个龇牙咧嘴，一副要吃人的样子。可那不过是假把式，是空架子。林则徐并不为自己的命运感到惋惜，他甚至觉得这一切是他应该领受的下场。当了大半辈子的封疆大吏，也自视勤于王事，所谓日理万机无非是河务、赈灾、钱粮、刑狱，何曾想到外面的世界已经飞快地旋转起来。他已经五十七岁，昏昏然已感受到老之将至。对于他个人来说，这种发自心底的觉醒意识来得未免有些晚，但是对于一个民族，对于大清国，一切还不算太晚。

对于男人来说，权力无疑是一剂最猛烈的春药。虽然在体制内颠簸辗转这么多年，虽然已年近花甲，但是林则徐从未像今天这样，一夜之间觉得自己老了，他所效忠的大清国也老了。而那些从太平洋上呼啸而来的夷人却正当年轻，连同他们的舰船和火炮也是年轻的，甚至他们拿来献给大清国皇帝的小玩意——如来复枪、龙尾车、量天尺、千里镜等，也都是新鲜而年轻的。

在这个年轻的世界里，他和他的国陷入了巨大的仓皇与不安。这个世界已经变了，不睁开眼看外面的世界不行了，尽管这个过程要付出痛苦的代价。但既然选择了成为捍卫这个腐朽体制的官员，也就意味着选择了责任，你就不能成为一个袖手旁观的看客。

六月的江南如同一阕婉约清丽的诗词，一马平川的大地上疯长着各种叫得出名字，叫不出名字的植物。在林则徐无比忧伤的眼神里，江南的美好不过是转瞬即逝的风景，风景越美，越能激起强盗的欲望和野心。苏州过去，无锡过去了，常州也过去了，可是太平洋的风没有过去，风里弥漫着硝烟味没有散去。他要在西去之前完成一次牵手和托付，不然他所经历的痛苦，以及由痛苦所换来的思考又有什么意义呢？

　　到了镇江，林则徐泊船上岸，他要在这里盘桓几日，无论对自己，还是对危机中的大清国，现在都处于一个大动荡和大抉择的紧要时刻。让林则徐没有想到的是，时局的发展比他想象中的还要不堪收拾。浙江清军已经全线崩溃，奕经丧胆奔命，逃至杭州，从此不敢言战。原先主战的刘韵珂上了"十可虑"奏折，首议妥协，奏请起用伊里布赴浙江军营效力。

　　大清国犹如一个拖着老迈躯体之人，各种困境与矛盾已成绷弦之势，而各方的忍耐与拉锯也已达到了极限，历史走到这个时间路口，不造出天大的事是说不过去的。各种修修补补的改革也在进行之中，无论是试行海运、整饬盐政、裁撤梨园、宽弛文风等。与太平洋上卷起的狂暴之风相比，所有这些都是隔靴搔痒的小打小闹，一碰到暗礁就赶紧往回折返。紧锣密鼓忙活了一阵子的海运早已不知所往，而京师的漕供还是依托运河，不问现实成本，只为现实安稳。

　　道光皇帝本就是一个有着强烈小农意识的苟俭之君，他只求能够风调雨顺地守着祖上传下来的这份基业过自己的小日子，至于能不能中兴家道，好像并不在他的考虑范围内。正是源于这份苟且过活的保守，他非但没有得到自己想要的四平八稳，反而落得一个四处漏风的仓皇局面。

　　道光皇帝曾经在给臣子的谕旨中打过一个比喻，十分形象和生动。他说，当下的大清国就像是一座破败不堪的房屋，顶梁的柱子已经大坏，只能修修补补维持现状，断然不可做彻底的修复。

　　这不是一个混沌未明的帝王说出的话，这个资质平庸的帝王是清醒的。作为王朝的当家人，道光帝所能做的，不是竭尽所能地摆脱自己的平庸，而是甘于平庸。他宁愿眼睁睁地看着房子一天天地破败下去，破而又补，补而又破，越补越破，以致在暴风雨还没到来之前，已经开始有了摇晃的迹象。

当林则徐走上岸时，魏源和龚自珍两位挚友已在京口迎候他了。三位老友紧紧拥抱在一起，像是刚刚经历过一场劫后余生。

有人说，龚自珍与魏源代表着嘉道时期以社会变革为主旨的经世致用思想，而林则徐与魏源则是鸦片战争后由经世致用思潮向了解世界、学习西方的启蒙思潮跨越的先驱者。当然这只是后世之人根据他们各自所取得的成就所做出的结论。

两年前，身为钦差大臣的林则徐离开京师赶赴广东三个月后，他的朋友龚自珍离京南下，离京的原因比不上老朋友的体面。他是"因故罚俸"，性情孤傲的文人不见容于那个时代。龚自珍不过是礼部的正六品司官，每年俸银六十两。在冠盖如云的京城厮混了整整二十年，这个时代最伟大的思想家和诗人才从七品升为正六品，其风光程度甚至比不上一个王府官家的"包衣大"。

几个月前林则徐出京时，龚自珍写过一篇《送钦差大臣侯官林公序》，情辞恳切地提出了自己对禁止鸦片贸易和杜绝白银漏洞的十项意见。或许是意识到自己位卑言轻，他对身居要位的好友托之以重望，甚至表达了自己愿意随之南下共商禁烟大计的想法。

林则徐在南下的车轿中读完这封信，感奋不已，在回信中激赏道"责难陈义之高，非谋略深远者不能言"。虽然对老友的深谋远虑给予肯定，但是林则徐还是婉言谢绝了龚自珍欲随他前往广东的要求："弟非敢阻止旌旗之南，而事势有难言者。"

前路凶险，自己尚不足以自保，更何况像龚自珍这样的狂放书生，带在身边顾问左右容易给政敌以口实。尤其是在自己身处险境之时，弄不好还会连累故人，这是林则徐不愿看到的一幕。在官场摸爬滚打这么多年，他考虑问题早就已经脱离了意气用事的阶段。

龚自珍有些失望，也明白林则徐的难处，他只能怀着满心的遗憾，挥别老友。他曾经不止一次地在诗文里跃跃欲试，为自己无法实现的政治抱负感到惋惜：

故人横海拜将军，

侧立东南未蒇勋。

我有《阴符》三百字，

蜡丸难寄惜雄文。

19世纪的大清国人口递增一倍，所带来的资源紧张感随处可见。对于龚自珍和魏源这样的读书人而言，获取功名的难度愈发明显。应试者的数量不断增加，而录取名额却没有增长。更主要的是，考试的题目与录取方式，与这个不断变化的时代毫无关系。

龚自珍虽然千辛万苦地挤进体制内，但是上升通道却迟迟无法打开。他的好友魏源更是官场上落拓者，直到生命的最后十年才算有了功名。林则徐与魏源的相识，大约始于1814年魏源进京求学之时。林则徐任江苏巡抚时，魏源在陶澍幕府，且买宅小卷阿，定居南京。陶澍与林则徐是上下级关系，又同是宣南诗社的成员，二人"志同道合，相得无间"。陶澍对林则徐非常赏识，多次向道光帝举荐林则徐。

魏源的父亲魏邦鲁当时曾在林则徐手下做幕僚，也深受林则徐的器重。那时的魏源，只是一个年仅20岁的年轻人，而林则徐已身居江苏巡抚的高位。如果按辈分算，林则徐是魏源的前辈尊长，但林则徐却从不以长者自居，相反他非常敬重魏源这位"忘年之交"的才学本领，欣赏他经世救国的抱负志向。从林则徐的日记看，在他任江苏巡抚期间，不时邀请魏源帮忙办理公务。如道光十四年（1834）正月日记中有几处魏源到其府中阅卷的记载。

魏源后跟随父亲前往京师求学，并逗留数载。靠着过人的才学，魏源很快获得京师主流文化圈的认同，并引起龚自珍的注意。龚自珍邀请魏源参加京师文化圈主办的花之寺聚会，名为赏花，实则是一帮志同道合的朋友一起研讨学问、议论时政的聚会。龚自珍并不适合京城的官场生活，身上有着传统文人豪放狂傲的一面，如春雷，似狂潮，情到所至，歌哭长啸；而魏源却恰恰相反，他是一个沉默好思之人，如秋树，似闲云，少言寡语，理性胜于感性。

他们就像是两块处于不同磁极的磁铁，性格有着截然不同的反差。当他们相遇时，不同性格的两个人，便会自然而然地产生相互吸引的磁极效应。

魏源绝不是一个只知闭门造车的书生，而是一位坐而能言、起而能行的思想家、实践家。早在鸦片战争爆发以前，朝廷实施的两项惠国利民的善政——海运代漕和整治盐政，是由江苏巡抚陶澍、布政使贺长龄主持完成，而在背后实际操作的则是魏源。

就在三个月前，魏源在林则徐的推荐下，入署理两江总督、钦差大臣裕谦幕下。魏源曾向裕谦建议，定海孤悬海中，难以固守，不如将主要兵力集中到浙江海岸上的城市，加强镇海、宁波等地的防务，诱敌深入内河加以围歼。魏源虽然多次据理力争，但并没有被裕谦采纳。定海沦陷，魏源这才意识到，他在这场战争中毫无用武之地。

朝廷和战不定，高层官员们又都各揣心事在朝堂上左右摇摆，君王的平庸随着战事的扩张而日益放大。去留彷徨之际，魏源深感凭借一己之力难以回天，不如躲进小楼成一统，发奋著述，去开辟人生的另外一个战场。

道光二十一年（1841）六月的一个夜晚，暗如泼墨的天空不时炸响惊雷，掠过一道道闪电，暴雨如注，肆虐横行在这脆弱的世道里。在京口（今江苏镇江）一家并不起眼的小客栈里，一盏昏灯之下，三位青衣长袍满面沧桑的男子抵足而坐，倾心长谈。此时已是子夜时分，整个平原大地陷入沉沉的酣睡之中。唯有这盏随风摇曳的烛光，如同天地间依然醒着的一颗星辰，坚定地闪烁在这苍茫无边的暗夜里。

这一刻，林则徐、龚自珍和魏源三位中国近代史上具有承前启后意义的风云人物，同时又是挚友，他们相聚于此。很多年后，人们才意识到这个极其平凡的夜晚，对于风雨飘摇中的中国，以及他的邻国日本意味着什么。

三位相知多年的老友唏嘘不已，心情与这窗外惊心动魄的夜晚无缝契合。他们有太多的话需要一吐衷肠，却又不知从何说起。或许正如魏源在诗里所写："聚散凭今夕，欢愁并一身，万感苍茫日，相逢一语无。"所有的相聚都是一场离别，山河玉碎，家国蒙难，怎不令人百感交集，愁绪暗结。

　　林则徐此行并不轻松，长途跋涉带来的身心困扰让他疲累不堪，"非顺风平水，不可乘船"。他写信于长子林汝舟，叮嘱他为自己雇个轿子和十五辆圈车在前面等着。待行至水路穷尽处，改行陆路时派上用场。之所以会有如此排场，是因为除了乘坐和装载行李之外，他还装运了大量的图书资料。他将那些图书资料看得比自己的命还重要，其中大多是广州时期组织编译的译稿、各类图书约有数千卷之多，其中一卷便是《四洲志》。

　　一位美国传教士曾说："林钦差对地球仪、航海图、地图集、地理书、百科全书和字典之类的书籍，都加以征用。"在广州禁烟期间，林则徐亲自主持翻译了英国人慕瑞于1836年在伦敦出版的新书《世界地理大全》，并将其译本定名为"四洲志"，这部世界最新政治、地理与国情著作是美国传教士布朗牧师赠送给林则徐的。《四洲志》是一部世界地理著作，书中记述了世界五大洲30多个国家的地理和历史，是近代中国第一部相对完整、比较系统的世界地理志书。

　　经过林则徐用心修饰，译文典雅顺畅，还附加了切合实际的个人见解。例如，他在批评土耳其的愚昧心态时说："世所学皆章句辩论，不知格物穷理，反嗤他国所造千里镜、显微镜、量天尺、自鸣钟，谓是小技淫巧。"这样的话意有所指，针对的又何尝不是大清国的现状。这套资料除了重点叙述那些封建大国，也对一些落后小国进行了说明。如其中介绍非洲的部落式国家即达数十个之多。

　　林则徐在这次聚会做出一项重要决策：由魏源执笔，编写一本介绍世界各国的百科全书。林则徐倾吐了"患无已时，且他国效尤"的远虑，或许是预感到自己已没有机会再继续编写《四洲志》，于是，他将在广州时搜集、翻译、出版的一部分外国资料及《四洲志》的手稿全部交到了魏源的手上，嘱托他进一步搜集研究外国的情况和资料，迅速编撰一部合乎中国人需求的世界概览。

面对老友的这份厚重之托，魏源的心中也是五味杂陈，感触良多。当他从林则徐的手中接过《四洲志》时，他看到了这位经世巨才眼中所饱含的那份悲凉与无奈。林则徐从抗英的经验教训中，也只是得到了"器良、技熟、胆壮、心齐"八字要言。而这不过是器物层面的建设，至于时局和未来中国的走向，林则徐并没有提出新的建言和行动。

接下来的一年多时间，是魏源投入精力的创作期，鸦片战争的失败刺激了他的创作欲望。在林则徐所提供的那本不足 9 万字的《四洲志》的基础上，魏源埋头搜集资料，初成《海国图志》50 卷，后又扩充至百卷。百卷本遂成为《海国图志》定本，于咸丰二年刊行于世。

魏源在《海国图志》这本书的序言中开宗明义地说："是书何以作？曰：为以夷攻夷而作，为以夷款夷而作，为师夷长技以制夷而作。""师夷长技以制夷"，这句振聋发聩的口号，从此成为这个伤痕累累的民族为之奋斗的精神号角，成为一道照亮世道人心的启明星，升起在暗夜沉沉的神州上空。

当沉浸于天朝上国迷梦的大清国遭遇英国人的军舰和火炮，被打得茫然不知所措之际，作为站在时代最前沿的思想精英，魏源挺身而出，冲破根深蒂固的华夷观念，提出"师夷长技"的明智对策，犹如一道闪电划过天际。

与此同时，林则徐花了一年又近四个月的时光，终于走完了漫长而悲凉的赴戍途程，抵达了新疆伊犁的惠远城。据茅海建先生的考证，林则徐到了那里后，情绪异常低落。"肺热脾寒交相为祟，温凉药剂两不相宜"，"终日萧闲，一无所事"，他在写给远方的亲人和朋友的书信里充满了类似的牢骚之语。

西北干燥的气候和弥天沙尘对林则徐这样一个南方人来说实在是苦不堪言。他似乎一直都在生病，最关心的事也就是京城的人事变动和复出再邀圣恩的可能。当奕山和奕经作为替罪羊被判斩监候的消息传到新疆，在一封家书中他还在为自己"雪窖冰堂"而庆幸。

无论是林则徐，还是龚自珍、魏源，他们已经从一间密封的铁屋子里伸出头来，睁开眼看外面的世界。做前人不敢做的，说前人不敢说的，已足以令世人惊叹，若是能再勇敢地前行几步，自有另一番风光。

咸丰六年（1856）深秋的黎明时分，秋风已生寒意，万物凋零。在杭州西湖附近南屏山的青石小道上，走来一位步履蹒跚的老人。他就是半世飘零、忧患余生的魏源。

两年前，朝廷有人保奏魏源继续复职做官，但是他对这个混沌的世道已不再抱有坚定的热情，更别谈什么复兴的希望。他自称"世乱多故，无心仕宦"，决心弃官归隐，潜心研究佛学，整理生平著述。

魏源的人生轨迹如同他所著的那套《海国图志》，在历史的旋涡里苦苦挣扎，却始终无法为自己找到一条突围之路。他的命运，充满不可思议的强烈反差和奇妙悖论：他出生于丘陵，却能放眼天下；他少年得志，却终老于科场；他满腹经纶，却不容于当世……魏源一生的经历，似乎全部成为他为之奋斗的社会图景的反面教材。

这不是魏源个人的悲哀，而是这个时代的悲剧。1845 年，魏源终于在候补殿试中成为三甲 93 名进士中的一员，并成为扬州的一名地方官员。可人生临了，魏源还是从红火热闹的外部世界退守于佛门净土。

咸丰八年（1858），也就在魏源去世的第二年，兵部左侍郎王茂荫曾奏请将《海国图志》刊刻重印，以便使世人"知夷难御而非竟无法之可御"，沉湎酒色的咸丰帝对这一奏折不予理睬。相反，主张将这本"大逆不道"的书籍付之一炬的呼声甚嚣尘上。在当年，《海国图志》一书仅勉强刊刻千余册，随即销声匿迹。在中国的大多数知识分子看来，《海国图志》这种书显然是多余的，中国的落后，无非是在"船坚炮利"等物质文明方面，而政治制度实在是太优越了，"政教礼仪超乎万国之上"，自己并不需要"变脸"。

魏源无论如何也想不到，这本旨在唤醒国人海洋意识的著作唤醒的却是日本人，也因此给未来中国造成了无尽的灾难与痛楚。

2.《瀛寰志略》的叙事与启示

1998 年 6 月 29 日，美国总统克林顿在北京大学发表演讲。在此次演讲中，克林顿提到了一个中国人，徐继畲。他说："在美国首任总统乔治·华盛顿的纪念碑上，有一个小石碑，上面刻着赞颂美利坚的话语：美利坚'不设王侯之号，不循世袭之规，公器付之公论，创古今未有之局，一何奇也'。这句话是由中国福建巡抚徐继畲所写。1853 年中国政府将它作为礼物赠送给我国，我十分感谢这份来自中国的礼物。"

徐继畲何许人也，他与当时的美利坚有着怎样的联系？

道光二十一年（1841），闽浙总督颜伯焘苦心经营的厦门防线失陷，四百多门火炮和七千名精兵也没能挡住三十艘英国军舰的轮番攻击。而此时，身为汀漳龙道的徐继畲，正驻守于漳州。

在目睹英国军队以摧枯拉朽之势攻陷厦门时，这个博学的清国官员内心受到强烈的震撼，发出了"逆夷叵测"的喟叹。他痛苦地发现：英国军队"其船坚固庞大，其炮猛烈，其海军相当强大"。两年后，徐继畲升任福建布政使，奉命办理开放厦门、福州两口通商通行事宜。他睁开眼看世界也是从这一时期开始，从时代的斜刺里杀出的西方人让他摸不清状况，而他们在战场上所表现出来的武力更是让他感到惊奇。

他所处的位置给了他与外部世界接触和了解的机会，他越过语言和文化的障碍，开始与西方人打交道。与他打交道的西方人群也是来自各个层面，其中有传教士、医生、领事、商人和海员等。

徐继畲多次会晤懂闽南语的美国传教士雅裨理，从这个被他称为"西土淹博之士"的口中，他掌握了大量的西方历史和地理文献，并据此绘制了 10 余幅世界地图册。

每与来华的形形色色的西方人交流和对话，他总要打开地图册——考证，对各国之地形时势稍有所得，便依图立说，延展为篇。

在西方人中，除了雅裨理，与徐继畬保持着良好关系的西方人还有李太郭、高民、阿礼国。而其中担任过英国驻厦门和福州领事的阿礼国及其夫人与他也过从甚密，曾经向他提供过世界地理和历史资料。阿礼国的夫人还专门为徐继畬绘制了一张世界地图，将地图中英国、法国和俄国所控制的地区用不同颜色区别开。在收到这张地图以后不久，徐继畬就去信询问该图把阿富汗省略掉的原因，"到底它是与波斯合并了呢，或者已经不是一个独立王国？"为了能够解答心中的这份疑惑，徐继畬利用一切资源从西方人的口中，从他们所提供的资料中去寻求答案。

比如他问雅裨理，美国人的地图上为什么将印度分为二十多个国时，雅裨理告诉他，这些所谓的国是印度的旧时部落，"自英吉利占据印度后，有分离，有改革"，现实已与该图不同。徐继畬又想办法找到英国人所绘制的印度地图，的确与美国人所绘有很大差别。同时也解决了阿富汗的问题，为了清楚历史沿革，他会在《瀛寰志略》中同时列出两张图，以示印度地理的变化。更难能可贵的是，他绝不盲从于自己不能理解的说法，而是认真记下他所认为的疑点。在一本他所收藏的美国出的地图册上，他贴满了中文名称。

徐继畬探索世界的精神给美国人雅裨理留下了极为深刻的印象，雅裨理在日记里写道："他（徐继畬）既不拘束，又很友好，表现得恰如其分。显而易见，他已经获得了相当多的知识。他对了解世界各国状况，要远远比倾听天国的真理急切得多。"由此，雅裨理称，这个布政使阁下，是他迄今见过的高级官员中最爱寻根究底的中国人。

徐继畬出生于山西省五台县一个有着浓郁书香的缙绅之家，自幼接受的是传统儒家文化教育。他的仕途生涯比魏源走得顺风顺水，十九岁中举，三十出头会试及第，并在后来朝考中名列第一，是名副其实的科场宠儿。他是一个传统文人，如他手书的训嗣子树屏幅条所示："志气不可不立，悠悠忽忽，颓堕自安，弹指半生，一事无成矣。科名之得失在乎命，而读书明理则其事在我。四书五经，学之根底；诸子史鉴，学之条贯；古文古诗，学之学趣。"他没有出洋的经历，对外部世界自然少有直接感性认识。

在翰林院待了十年后，这位年轻的官员踏上了帝国官场的晋升阶梯。此后辗转于多个职位并获得快速的升迁。他从翰林院出来不到十年，级别由从五品至从二品，连升六级，成为帝国一颗极为耀眼的政治明星。学者赵柏田说："当他跻身于高级官场这一变化叵测的环境中时，他的升迁速度有时连他的家人也难以置信，因为有时才隔几个月甚至几天他就得到提拔。"

或是时代需要，或是命运使然，当徐继畬从广西调任延津绍道，管辖闽江上游地区，后又奉命兼署汀漳龙道，驻守漳州时，一支英国远征军也与他同时进入这片闽南海域，并抵达中国东海岸。这就是由英国人乔治·懿律率领，以"鳄鱼"号为旗舰的舰队。也正是这支舰队，它们封锁厦门，炮击定海，并迫使道光帝认清了现实。

徐继畬广泛接触了西方来华人士，在与他们的交涉中表现出来的才华，深深吸引并打动了与之交往的西方人，也无形中抬高了他在清朝官场中的身价。比如他在晋京陛见之时，道光帝询问海外形势与各国风土人情，他具所知答对，道光帝遂责成他纂书进呈。他甚至在与英国领事交往时，也如数家珍地提到欧洲近代史上许多著名事件，由此可见，他对于欧洲政界事务的熟悉程度。

对于一个生于内陆，又长年辗转于内陆的帝国官员，由于职务变动的缘故，开始面向大海。迎接他的不是春暖花开，时间的钟落在了战争的节点上。从苍茫的海面上吹来的不光有新鲜的风，还有战争裹挟而来的硝烟味，徐继畬的内心深处起了某种不为人知的变化。他与西方人的交流，并不是仅仅限于对新知的渴望，更是一个知识分子的良知在驱使着他去完成这一切。

经过多次与雅裨理的接触晤谈，在搜集整理大量的外部世界的资料后，至道光二十四年（1844）7月，这个好学且精明的清国官员写出了三万字的《瀛寰考略》。后经数十次修改、增补与易稿，四年后（1848）始有《瀛寰志略》

之付印出版。这本书率先突破根深蒂固的天朝意识和华夷观念，将中国定位于世界的一隅。

他在该书序文中，叙述了这本书的成书的经过："道光癸卯冬，余以通商事久驻厦门。米利坚人雅裨理者，西土淹博之士，挟有海图册子，镂板极工，注小字细如毛发，惜不能辨其文也。暇日引与晤谈，四海地形，得其大致。就其图摹取二十余幅，缀之以说。说多得之雅裨理……"

后世之人称说，清朝以后国人的思想，较之明朝徐光启、李之藻的世界眼光是呈后退之势的，甚至退回到了《中国论》和《华夷图》时代，从顾炎武的《天下郡国利病书》到魏源的《海国图志》，都没有走出天下观和《华夷图》的视野，只是到了徐继畬，才开始走向世界，从天下观走到了地缘政治，从朝贡国家体系走进了民族国家体系。

徐继畬在《瀛寰志略》这本书里毫不掩饰对西方文明的欣赏，而他的这种欣赏完全建立在以古代中国文明的理想状态为参照的基础上。在书中，他明确无误地告诉国人，在地球的另一端，有一个与中国完全不同的世界。他以飞扬而优美的笔触写道："乾隆四十七年，华盛顿立国，谢兵柄，欲归田，众不肯舍，坚推立国主；但华盛顿却认为'得国而传子孙是私也'，'当择有德者为之'。""其总统以四年为任满，再任则八年耳。"

徐继畬告诉国人，美国国家政治的民主共和制虽属原创，却与中国"三代"政治中的"禅让""天下为公"等古道不谋而合，西方民主制度之内涵"符合孔子遗意"。只需有"德"，美国的任何一位平民都有机会被推选为"国主"。而中国世代"得国而传子孙，是私也"。他甚至预言，美国所实行的民主共和制，"必传于世无疑"，因其所代表的是世界发展的必然大趋势。

在皇权至上的大清国，作为朝廷的一员封疆大吏，居然大张旗鼓地推崇和美化别国制度，其胆量不可谓不惊人。《瀛寰志略》甫一问世，率先在清国体制内掀起轩然大波。这无疑摇撼着中国文化至高无上的传统观念，徐继畬和他的《瀛寰志略》因此成为守旧的士大夫攻击的目标。

《瀛寰志略》这本书除参照了中国历朝正史和兵家地理等中国文献记录、

晚明以来西方传教士的著作，还直接以西方人的访谈和口述为资料。徐继畬在这本书里的解读可谓旁征博引，他对世界地理和形势的了解，不要说一般中国人，就连西方人也感到惊讶。

置身于当时福州地区的美国人史密斯如此记述道：在对世界各种各样情况的了解上，在思想的解放上，这位督抚（徐继畬）都远远超过当地政府其他任何官员。而另一位与他同时代的美国人德雷克则称，徐继畬足可与西方的马可·波罗、哥伦布和库克等旅行家和探险家比美，开启了中国人对世界的视野，可称之为"东方的伽利略"。

《瀛寰志略》这本书问世后，虽然一度成为大清国的禁书，却在日本被一再翻刻，普及至一般读书人之中，于其明治维新，大有助焉。二十年后，随着洋务运动的兴起，《瀛寰志略》在国内的地位才开始大幅提升，总理衙门重印《瀛寰志略》，"中外（指京师与地方）奉为指南"。康有为、梁启超、丁日昌、薛福成等主要维新人物，都从《瀛寰志略》中接受了新的世界观。可以说，我国19世纪后期的思想家们都从中受益。作为变革维新的微妙宣言，它为洋务运动、维新运动奠定了根本的思想基础。

曾国藩后来深受徐继畬的影响，在南京专门修建了三间大房子，摆设地球的巨大模型，他通过《瀛寰志略》了解美国。梁启超1890年乡试落第，途经上海，从坊间购得此书读之，始知天下有五大洲各国。他不无感触道："中国士大夫稍有世界地理知识，实自此始。"很长一段时间，《瀛寰志略》和《海国图志》成为中国知识界最受欢迎的西学读物。沪上知名人物，也是晚清著名思想家王韬在读到这两本书后，赞曰"纲举目张，条分缕析，综古今之沿革，详形势之变迁，凡列国之强弱盛衰、治乱理忽，俾于尺幅中，无不朗然如烛照而眉晰"，慨叹徐继畬"内感于时变，外切于边防，隐愤抑郁，而有是书"，"殆有深思远虑也乎"。此书问世二十年后的《纽约时报》甚至如此评价："中国历史悠久的整个地理学体系，被这位东方的伽利略改革了。"

魏源的《海国图志》由六十卷补至一百卷时，曾从这本书中辑录了四万余字。

3. 一本书引发的蝴蝶效应

1851 年的那个深夜，日本长崎港的深夜。时间本身并无意义，所谓意义也只是历史的牵强附会。那个深夜究竟是哪一天的深夜？各种史料说法不一。不管怎样，那一天所发生的事情，以及后来所延伸的事件都让人瞠目结舌。

事件的起因是，一艘来自中国的商船，在长崎港被日本海关工作人员查出夹带有违禁货物。虽经一番口舌交涉，货物还是被全部没收。在那批被查禁的货物中，出现了三本魏源所著的《海国图志》。

日本海关工作人员将书捧在手里翻了翻，这是一本记录世界各国地理风物的书。文字并不考究，记录也并不完整，作者魏源更是毫无名气。漂洋过海带过来这样一本毫无亮点的书，日本人暗自纳闷，然后照规矩充公了事。

谁也没料到，那个夜晚像是被人施了魔法，而魔法师的道具是一本叫作《海国图志》的书。时日不可考的一桩小事，就这样升级为改写日本历史的大事件。从那个夜晚开始，《海国图志》这本现在看上去毫无亮点的书，开始在异国他乡散发出炽热难挡的能量。从政府工作人员，到上流社会的贵族，乃至民间的武士和学者，但凡识字的日本人好像都在追捧这本书。

在明治维新前，日本的政治体制是幕府制。德川将军执掌幕府大权，是日本国的执政者。天皇只担了一个虚名。幕府以下是封建的藩，比如后来反对德川幕府的主力，长州藩和萨摩藩，它们拥有各自独立的财政和军事权。

日本国的对外政策和大清国差不多，采取的是"闭关锁国"的不开放政策。只有少数沿海港口的长州藩、长崎藩等，主张开展国际贸易的"开国"政策。中（清）英两国刚刚开始交战，日本幕府就有意识地搜集两国交战的情报，要求清国来的商人必须提供清国的信息，这些信息被称为"风说书"。幕府政权根据这些来路不同、说法各异的"风说书"，将鸦片战争的详细过程一点点地拼合成形。

　　此外，流传到日本的清国书籍也成为幕府了解鸦片战争的重要信息源。在这些信息的基础上，日本人还自己撰写、出版了一些介绍鸦片战争的著作，其中有一本名叫"海外新话"，书中详细描述了林则徐在广东禁烟的过程，以及双方在广东、定海、镇海、乍浦、吴淞、镇江等地交战的场面。

　　清国战败的消息不断传来，好似一声声惊雷震撼了日本军政界人士。以中国之力量，在西方的军舰和火炮面前都走不了几个回合，换作日本，怕是连交手的资格都没有。日本史学家加藤周一说："鸦片战争给日本带来了很大的冲击，甚至可以说带来的冲击要远远大于中国。……对于日本来说，几千年以来都是学习中国的，中国如同是日本的老师。中国意味着世界的中心，按照日本人的思维就是头部。学习了一千多年的国家，这样的国家都被打败了，那么对手应该是十分强大的。"

　　《海国图志》先是在日本的贵族圈里悄悄流传，并以燎原之势迅速蔓延开来，人人都要先睹为快。很快就出现手抄本，在民间静悄悄地流传。更有人冒着生命危险，劈波斩浪偷渡中国，只为求得一本正品原版。三年后，又一艘中国商船造访长崎港，海关人员查出了二十多本《海国图志》。与上次不同，日本海关的态度发生了，却是格外恭敬温暖："开个价吧，政府收购了。"

　　一直将此书视为洪水猛兽的幕府突然开悟，民间沸腾如斯，禁是禁不住的。索性引进翻译，政府也借此大赚一笔。于是，日本官方翻译的日语版《海国图志》出版发行。日文版《海国图志》刚一面市就引发抢购热潮，不断再版。其后五十年里，先后再版的十次，价格连年飙升，却依然热度不减，成为日本当时的天价畅销书。

　　对于当时的日本精英而言，《海国图志》这本书意味着他们精神世界的成长记忆。一直以来，他们与日本国之外的世界的接触和了解，仅止于中国。而《海国图志》的出现，改变了历史悠久的整个地理学体系，为他们打开了看世界的一扇窗户。梁启超先生说，日本明治维新的前辈们，"皆为此书所刺激，间接以演尊攘维新之活剧"。而这场新活剧的主角之一，是日本著名维新思想家佐久间象山，自从幸运买到一本，就终生捧读不辍，几年里陆续写了二十万字的读书笔记，成为整个明治维新时代奉为至宝的珍贵资料。而且一边学习，还不忘了深情表白，时常隔空对着千里之外的魏源发个感慨，"呜呼！予与魏，各生异域，不相识姓名，感时著言，同在是岁，而其所见亦有暗合者，一何奇也，真可谓海外同志矣！"

他的弟子吉田松阴则利用《海国图志》提供的世界知识，结合日本实际，抛出维新改革主张。他说："万国环绕，其势如此，若我茫然拱手立于其中，不能察之，实在危险得很。"他与老师商议，实地考察魏源《海国图志》中"万国情态形势，乃为规划经纬"，试图冲破锁国铁幕，偷渡海外求学。老师大力支持，弟子却偷渡失败，师生双双锒铛入狱。

1859年，吉田松阴被日本政府处死，时年30岁。而他的老师佐久间象山虽然获释，出狱后却被激进派所刺杀。另一位维新志士横井小楠，也是在读了《海国图志》后得到了启发，与佐久间象山共同提出了日本的"开国论"思想。

至于日本的风云人物坂本龙马，知道这本书时，还是个十来岁学剑道的孩子，为了能看一眼此书，竟然勇敢地要和师兄相约决斗。而日俄战争中将俄国舰队打得灰飞烟灭的"海之东乡"东乡平八郎，年轻时就因为排队抢购这本书，回家路上遇到大雨，被淋成落汤鸡。

1863年5月10日傍晚，马关海峡，海浪不知疲倦地冲刷着岸边裸露的礁石，溅起无数的碎玉飞沫。天色渐暗，两艘日本军舰悄然抵近抛锚于此的美国轮船"彭布罗克"号。在双方距离不足500米时，日本军舰突然开火。这是得到指令的长州藩的军舰庚申丸、癸亥丸，向所谓的"夷船"发起了攻击，也由此打响了日本"攘夷"的第一炮。

这场由日本军舰发起的突然袭击，距离日本在美国武力下被迫开国已过去十年时间。早在十年前（1853年），美国东印度舰队司令马修·卡尔伯莱斯·佩里率领 4 艘军舰，也就是日本人所说的"黑船"，直指日本江户湾的浦贺港。这支舰队是在鸦片战争之后已经被迫开放的门户——上海完成编队的。

美国舰队此行有两个目的：一是打通往中国的太平洋航路，在日本设中继补给站，这样就能胜过绕行非洲好望角的英国；二是保护太平洋上的捕鲸船，以获得大量的照明鲸油。

与英国人简单粗暴的做法不同，美国舰队没有开炮，因为这个弹丸小国实在禁不起战争的摇撼。佩里在给日本幕府的国书中傲慢地宣称："你们可以选择战争，但胜利无疑属于美国。"他甚至送给幕府一面白旗，告诫他们，一旦爆发战争，他们要学会投降。

对于强者而言，语言的威慑力足以达到军舰与火炮的效力。美国人的警告，让日本国的孝明天皇张皇失措，陷入一筹莫展的境地，江户城乱成一团，"城外大小寺院内钟声齐鸣，妇孺凄厉地哭喊，有钱人准备逃往乡间，更多的人拥进神社，击掌祷告神灵，乞求'神风'再起，摧毁'黑船'"。这是一个强者不需要任何筹码就可以通吃的时代，在西方列强的逼迫下，日本签订了一系列丧权辱国的不平等条约。

十年来，日本发动的这场"改革开放"，造成国内政治经济的极大混乱，以批判幕府开国政策为主的"攘夷派"，结合以孝明天皇为首的朝廷，向幕府发起挑战，"尊王攘夷"运动随之风起云涌。攘夷派"挟天子以令诸侯"，逐渐掌控了局势，迫使幕府宣布攘夷，攘夷派占主流的长州藩成为这场运动的急先锋。

马关海峡的炮声刚刚结束， 5 月 12 日的深夜，高举"尊王攘夷"大旗的长州藩，为了"师夷长技以制夷"，秘密选派了五名年轻人前往欧洲留学并考察。他们在横滨躲过了幕府官吏的检查，悄悄登上了怡和洋行的商船"基鲁雪基"号，转道上海前往欧洲秘密留学并考察。

在这五人中，就有后来著名的伊藤博文和井上馨。他们先是脱离了藩属关系，否则无法走出国门。他们东拼西凑，备足了 4500 两银子便踏上了前往英国的路途。

19世纪的上海，十里洋场的繁华让这帮第一次出国的日本青年开了眼界，甚至动摇了他们的攘夷观念。

他们在上海时，得到了加定马地森公司（加定马地森公司是与长州藩有密切商贸关系的公司）经理的帮助。这五人后来被称为"长州五杰"。其中，井上馨历任农商务大臣、内务大臣和财政大臣等要职，成为日本政界的顶级人物。山尾庸三后来任日本工部少辅，兼任法制局长官，大约相当于中国的副部级官员。

就在他们徜徉于繁华的伦敦，醉心学习英语和西方技术的同时，他们的家乡正在遭受着剧烈的变化。日本长期的锁国政策，最终激怒了在日本有着巨大经济利益的英国。1864年，英国驻日公使阿尔托克提议，与法国、荷兰及美国联合采取军事行动。"四国联军"很快组织了十七艘军舰，准备大举进攻长州。

在此看来，"长州五杰"根本算不上留学生，充其量只是些游学生。他们在英国逗留的时间很短，估计没有学到什么知识性的东西。不过，这段经历却开阔了这些有志青年的视野，更加坚定了他们学习西方的决心。

伊藤和井上馨的游说最终失败，"四国联军"发起强攻，长州藩大败，被迫签订城下之约，拆除下关的炮台及赔偿三百万元。

但在这场战斗中遭受惨败的长州藩，与败在英军手下的萨摩藩一样，痛定思痛，转而亲近英国，实行全面改革开放，随后成为倒幕运动的主力。在伊藤和井上留学英国之前，作为坚定的尊王攘夷派，他们甚至还多次策划了针对外国公使的刺杀计划，包括纵火焚烧法国使馆。

从不惜暗杀的"义和团"，到阻止攘夷而被人看作"卖国贼"，再到明治维新的大功臣，伊藤和井上的跌宕心路，正是那个时代日本知识分子的写照。在这个心路历程中，可以清晰地看到日本知识分子在时代的剧烈变化面前，顺应潮流，放下身段，改变了自身。

日本文化的综合性和杂交性，令日本知识分子没有中国士大夫那种优越感，所以在承认差距、改变自身方面，他们相当的痛快和彻底。几乎在西方文明传入的同时，他们就认为日本不但在有形的技术工艺方面，而且在国家制度、人民的独立自主精神方面都有着巨大的差距。这种认识，推动了日本引入更彻底的君主立宪制，实现更为根本的改革。

《马关条约》的幻象与困境

——李鸿章时代的黯然落幕

1. 一为刀俎，一为鱼肉

曾国藩曾经问过李鸿章一个问题，他问对方如何与洋人打交道。

李鸿章给出的答案是，与洋人打交道，首先要懂得用"痞子腔"。

曾国藩不解道："'痞子腔'是个如何打法，你倒打给我瞧瞧？"

李鸿章觉得老师不太满意自己的答案，只好言道："门生信口胡说，望老师指教。"

曾国藩考虑良久，才一脸严肃地回答："我认为与洋人打交道，关键在于'诚'。洋人也是人，只要以诚相待，一定会令其感化。"

李鸿章未置可否，他在老师曾国藩面前保留了自己的意见。由此可见，曾、李二人在外交策略上存在着很大不同。曾国藩的外交思想来自中国儒家以和为贵的传统智慧，不过他沿用汉唐以来礼遇外邦的手法去面对工业化的欧美列强，显然是不合时宜的。在弱国无外交的年代，痞之有道，也是特殊条件下的一种生存智慧。

历史学家唐德刚说，近百年中国只出了两个半外交家，周恩来和李鸿章之外，顾维钧算是半个。比较而言，李鸿章又是其中最倒霉的那个，身处于一个外国人不讲理，中国人不明势的困顿年代。他艰难地向前迈出一步，总要付出两步的代价。

野心必须用野心来对抗，这是均势外交的精义所在。而一旦陷入弱国外交，也就失去了回旋的余地。李鸿章难就难在自己的谈判桌，自己做不了主。他要顺应天下民心，他要顾全慈禧太后的面子，他要糊弄列强的贪欲，他还要顾及自己的名节。有人说他，就像是站在四个鸡蛋上的舞者，踩破哪一个都不行。在这种情势下，他最终只能选择牺牲自己的名节，顶着滚滚骂名去维持着一个帝国的完整性。

李鸿章和他的老师曾国藩有所不同，虽然出身翰林，但是李鸿章为人机变圆熟。在他看来，老师的那一套过于"儒缓""迂拙"。他目睹了曾国藩

308

是怎样从舞台的中央一步步退到边缘地带，还要装出一副谨小慎微的姿态。李鸿章明白，他的发迹史完全生搬硬套自己的老师，不可能不引起朝廷的忌惮。

大清国一直有任用汉族官员的传统，用归用，却始终无法让汉族官员产生精神上的归属感。虽身居庙堂，但处境尴尬，他们既希望能通过建功立业实现儒家士子的人生理想，又要时时受到朝廷的猜忌和节制。兵者，不祥之器，对于兵权的掌控，朝廷更是防汉人如防贼。

不用汉官无以治天下，用了汉官又心有不甘；汉官有心报效，却又无法得到重用。与知难而退的曾国藩相比，李鸿章的责任感显然更重。诚如梁启超所说，曾国藩"深守知止知足之戒，常以急流勇退为心"，李鸿章则"血气甚强，无论若何大难，皆挺然以一身当之，未曾有畏难退避之色"。

李鸿章对于今时今日的自己还是相当满意的，如果没有发生这场战争，他完全可以像自己的老师那样，功德圆满地收场。他本是来自江南的一介儒生，道光二十七年的进士，36 岁入曾国藩幕府。若不是因为那场"剿灭"太平天国的战争，他这辈子或许只能混迹于官场低层。他追随老师曾国藩创立湘军的脚步，创立了淮军。上海一役，他领着这帮脚穿草鞋、头裹破布、满嘴合肥土话的"大裤脚蛮子兵"像是一群饿极了的野兽冲向太平军的阵营，7000 敌 10 万而胜，一场经典战役成就了李鸿章的半世功名。42 岁被任命为江苏巡抚，封肃毅侯、一等伯爵，戴双眼花翎。48 岁接替老师曾国藩，任直隶总督，后兼任北洋大臣。朝廷赐他三眼花翎，这是一个汉族官员前所未有的崇高荣誉，72 岁高龄的李鸿章抵达了一生事业的巅峰时刻。

美国驻华外交官何天爵在其所著的《中国人本色》一书中如此描述李鸿章："他的仪态举止和思维方式更像一名战士，而不是政治家。他的身材要比一般的中国人高大，声音粗哑而充满饱满的精神，给人感觉非常平民化，易于接近。"

曾经以《泰晤士报》记者的身份访问过李鸿章的英国人布兰德，在他所著的《李鸿章传》里，则以一个西方人的视角记载了老年李鸿章的形象："当我走出下院时，我忽然迎面遇见了李鸿章，他急匆匆地走进去听一场辩论。他个头极高，一脸和善的表情，作为一个来自另一世界的陌生人，穿着一身蓝色的袍子，显得光彩夺目，步态与风度颇有尊严，嘴角挂着谦和的微笑，表明他对见到的一切都很欣赏。就外表特征而言，很难想象这一代或上一代的任何人能够亲近李鸿章，并不是因为他给了你功勋卓著或大权在握的印象，而是因为他的风采中散发出一种高贵的人品，如同半神半人的自我满足和超然物外，而又老于世故，向劳苦大众屈尊降贵。"

李鸿章一生急于事功，凡事先论利害，再论是非。无论是困守于庙堂，还是放眼于国际，他都要尽可能地做到左右逢源。他总是有意无意地给自己量身定做了一袭华美的锦袍，在大多数时间里，他更像是一个变色龙，披着各式华美的锦袍抛头露面，而他的身体，一直隐藏在这袭华美的衣服里面。

一个优秀的政客，大多时候看上去，更像是善于钻营的投机分子。对于弱国而言，处于列强环伺的危局之中，必然要学会一套实用的外交技巧，以保证本国的基本生存。在这种情形之下，利用各国之间的矛盾来互相牵制，从而保证自身独立和生存，就成为一种必要的方法和手段。

李鸿章利用各国在华"野心"的不同，使各国的相互牵制成为一种现实的可能。当初建立淮军时，李鸿章就强调"利益"二字的重要性。为了壮大淮军力量，他并不拿"保家卫国"之类的大话来说事，而是出人意料地抛出"人以利聚，鸟为食来""非名利，无以鼓舞俊杰"这样赤裸裸的动员口号。与那些所谓的道德家们相比，李鸿章更像是一个不知道珍惜自己名节的浑人。他公然以子女玉帛诱集将弁，用人时广收杂揽，并不严格筛选。或许是种因得果的缘故，淮军的军纪不如湘军，从一开始就陷入"俱在贪图利禄，以骚扰民间为能事"的泥沼。风纪如此，当然会受到社会的抨击。对于指责，李鸿章总是会站出来替他的部下挡箭，说这些"乡井子弟为国家杀贼保疆土"，既然于国有功，一切小过，能宽恕则宽恕。

在李鸿章看来，西方世界除了船坚炮利之外，好像并无多少可取之处。中国落后于西方，归根结底是科技手段的落后。贤者以其昭昭使人昭昭，今以其昏昏使人昭昭。对于像李鸿章这样一个相对务实的政治家，他并不喜欢坐而论道、夸夸其谈。他希望能够通过自己的身体力行，在有生之年为国家和个人踏踏实实地做点实事，以自己的力量推动庞大的中国有所改变。

1860 年以后，李鸿章开始有计划地推行他的洋务运动。

1861 年咸丰皇帝逝世，同治皇帝即位，慈禧太后垂帘听政后，开始了自强运动。

从 1862 到 1875 年，朝廷颁布了一系列诏书，要求各地学习西方科学技术。虽然朝廷发出倡议，但大多数地方也只是观望，并没有立即做出响应。即使他们想要做出呼应，也不知道从何下手。他们没有理解力，更没有行动力，仓促为之，也只是做做样子。

只有李鸿章、张之洞、左宗棠等极少数地方大臣摸到门道，做了一些实实在在的事情。他们想通过洋务运动，切实地学习洋人先进的科学技术，并以此补齐大清军事力量的短板。虽然从表面上看，洋务运动是从技术入手，但从深层次上，却是老大帝国的文化的弊端和制度缺陷。像他们这样通过科举进入体制的官员，有一天痛苦地发现，曾经让他们引以为荣的文化与制度突然变得虚弱不堪，与西方世界相比，早就已经不具有竞争性了。

战争的阴云笼罩在太平洋的上空，李鸿章真的不想打这场仗，他一心想要"避战求和"。他真的不明白，庙堂上那帮像是打了兴奋剂的主战派们，他们膨胀的自信心到底来自哪里？他们似乎瞧不起日本这个对手，开口闭口"蕞尔小国"，大清国必定一战而胜。

李鸿章的内心充满了忧患意识，他太了解自己的家底。那轰隆隆开动的机器、升入云霄的烟囱就像给他服下了一粒春药，虽然能够让他心跳加速，但却无法改变现实的窘迫。此时的大清国虽然对外号称有百万大军，并大体换上了新造的枪械火炮，但可用兵力却并不乐观。他不止一次地算过账，如果刨去 60 万完全不中用的八旗、绿营，湘淮勇营加上部分由绿营改编而来的练军，可用兵力不会超过 40 万人，其中他所掌握的淮军精锐只有区区 5 万人。

如此一来，与日本 25 万的可用兵力相比，清军并不占优势，更何况在营制、训练、指挥、参谋、后勤等诸多方面都落后于日军。

至于当时国人引以为傲的北洋舰队，此时也早已是明日黄花。北洋舰队在 1888 年成军时，确实是樯橹如云、旌旗当空，并被国外军事年鉴排为"世界前八"，但从这一年开始，北洋舰队再未添过一舰一炮，而同时期的日本却以每年增加一艘新军舰的速度扩大规模。至甲午战争爆发前，日本海军实力已经超越了北洋舰队。

这笔账只能烂在李鸿章的肚子里，他无法向那帮不明实情的主战派们一一说明。就连外方评论对中方也大多持消极态度，如上海《德国新报》称日军与德国劲旅无殊，与中国交兵必操胜算；英国海军情报处也认为，"不管从哪个角度而言，中国军队都是前途未卜的"；"日本军队之与中国军队，就像 19 世纪的文明军队之与中世纪军队一样"；"中日如果交战，只能有一种结果"。

这时候的李鸿章也只能寄希望于朝鲜半岛的利益第三方，希望他们能够再次发挥作用，站出来调停这场冲突，以维持朝鲜半岛的和平局势，实现中国的国家利益。早在 1882 年，朝鲜发生"壬午兵变"，日本使馆及人员被毁被杀，驻朝公使乘英舰逃回国内。事后，日方出兵朝鲜。与此同时，清廷一改此前的拖沓而果断下令派军队入朝平乱，结果清军在北洋兵舰的护送下抢先进入韩京，在兵力远少于中方的情况下，日方只得知难而退。

事后，清军六营全部留驻朝鲜并帮助其训练新军，朝鲜的外交事务与海关也掌握在清廷委派官员手中。由此，日本在朝势力被大大压制而朝鲜王室对中国的向心力大为增强。两年后，心有不甘的日本人勾结亲日的朝鲜"开化党人"发动"甲申政变"，大肆杀害亲华的朝鲜重臣并控制了局势。危急关头，清军营务处总理袁世凯挺身而出，一举挫败了日方及"开化党人"。由此，袁世凯崭露头角，继而成为"朝鲜监国"。

李鸿章自觉地继承和发展林则徐、魏源师夷长技的思想，以"外须和戎，内须变法"为洋务自强运动的根本指导思想。"和戎"是为了创造一个有利于改良和建设的国际环境，以外部环境的平静来自强不息。

德不孤，必有邻；道不孤，也同样有结伴而行者。或许是在中国历史上，改革会遇到种种阻力和困难，需要付出代价甚至流血牺牲，所以那些砥砺前行的改革者总是习惯于将自己的行动，想象成一场个人英雄主义的大梦。李鸿章想要从古代来找寻相应的历史经验："自秦政变法而败亡，后世人君遂以守法为心传。自商鞅、王安石变法而诛绝，后世人臣遂以守法取容悦。今各国一变再变而蒸蒸日上，独中土以守法为兢，即败亡灭绝而不悔！天耶？人耶？恶得知其故耶？"

李鸿章将自己所推行的洋务运动，等同于历史上的商鞅、王安石变法。变法者没有这样的想法也让他意识到自己随时可能遭受到的惩罚；同时，他也想以自己的智慧，尽量地避免失败，以追求这种史无前例的成功。

李鸿章的洋务运动造的声势很大，大有风卷残云之势。现在看起来，他的那些行动大都是大包大揽，也似东一榔头西一棒槌，缺乏系统性的梳理。他当时所想的，就是力所能及地多做一点事，至于效果如何，能不能做好，已经顾不了太多。

一切改革的初期，都是摸着石头过河。即使有着周密的计划，也无法保证这趟列车开往既定的方向。或许是不相信别人的缘故，李鸿章凡事亲力亲为。在他看来，自己真正的敌人并不是冲到家门口的西方列强，而是大清国的这个烂摊子，它附着于一个执行力非常羸弱的制度，一个越来越让他感觉到束手绊脚的制度。在当时的那种状况下，以一般人的理解力，是肯定无法完成一些事情的。也正因为如此，大量烦琐的事务压在了李鸿章的身上，在层层叠叠烟锁雾绕的关系与事务当中，李鸿章变得沉默寡言，也变得焦虑不堪。虽然从表面看，他一直举重若轻，但是他内心深处所承受的巨大压力又有谁能理解？

对于晚清最为显赫的汉臣，李鸿章的最大悲剧是：不在于时局的多舛，也不在于个人命运的坎坷，而在于他作为一个个体，没有办法、也没有意识去表达自己真正的内心。他无法使自己成为独立的个体，也无法做到真正去面对自己。

李鸿章曾经与日本驻北京公使森有礼有过一次对话，那是 1875 年 12 月的一天，森有礼到河北保定直隶总督府拜会直隶总督李鸿章，双方就朝鲜局势交换意见。席间二人谈起日本明治维新，谈及了各自国家对西方文化的态度。

森有礼说："西国所学十分有用，中国学问只有三分可取，其余七分仍系旧样，已无用。"

李鸿章道："日本西学有七分否？"

森有礼回答道："五分尚没有。"

李鸿章又问："日本衣冠都变了，怎说没有五分？"

郑有宁（日本使馆代办）代为回答："这是外貌，其实本领尚未会。"

李鸿章笑着摇摇头，然后道："对于近来贵国所举，很为赞赏。独有对贵国改变旧有服装，模仿欧风一事感到不解。"

森有礼道："其实原因很简单，只需稍加解释。我国旧有的服制，诚如阁下所见，宽阔爽快，极适于无事安逸之人，但对于多事勤劳之人则不完全合适，所以它能适应过去的情况，而于今日时势之下，甚感不便。今改旧制为新式，对我国裨益不少。"

李鸿章说："衣服旧制体现对祖宗遗志的追怀之一，其子孙应该珍重，万世保存才是。"

森有礼说："如果我们的祖先至今尚在的话，无疑也会做与我们同样的事情。距今一千年前，我们的祖先看到贵国的服装优点就加以采用。不论何事，善于学习别国的长处是我国的好传统。"

李鸿章继续道："贵国祖先采用我们服装是最贤明的。我们的服装织造方便，用贵国原料即能制作。现今模仿欧服，要付出莫大的冗费。"

森有礼说："虽然如此，依我等观之，要比贵国的衣服精美而便利，像贵国头发长垂，鞋大且粗，不太适合我们人民，其他还有很多事不能适应。

关于欧服，从不了解经济常识的人看来，虽费一点，但勤劳是富裕之基，怠慢是贫枯之原。正如阁下所知，我国旧服宽大但不方便，适应怠慢而不适应勤劳。然而我国不愿意怠慢致贫，而想要勤劳致富，所以舍旧就新。现在所费，将来可期得到无限报偿。"

李鸿章又问："阁下对贵国舍旧服仿欧俗，抛弃独立精神而受欧洲支配，难道一点也不感到羞耻吗？"

森有礼道："毫无可耻之处，我们还以这些变革感到骄傲。这些变革绝不是受外力强迫的，完全是我国自己决定的。正如我们自古以来，对亚洲、美国和其他任何国家，只要发现其长处就要取之用于我国。"

李鸿章说："我们决不会进行这样的变革，只是军器、铁路、电信及其他器械是必要之物和西方最长之处，才不得不采之外国。"

森有礼说："凡是将来之事，谁也不能确定其好坏，正如贵国四百年前（指清军入关前）也没有人喜欢这种服制。"

李鸿章道："这是我国国内的变革，绝不是用欧俗。"

这是一场互有攻守的精彩对话，他们从服装入手，谈到了古今之变的根本。李鸿章的思想在这场对话中表露无遗，也代表了中国大部分旧知识分子的心声。他们所承认的西方世界的进步，也仅限于军器、铁路、电信以及其他器械。至于西方其他的东西，就连服装，他们也认为自己的织造成本低，不浪费原材料。思想容易改变，习惯却很难根除，而在很多时候，习惯与思想是联系在一起的。

李鸿章等人在借洋枪队镇压太平天国运动中领略了铁甲洋炮的厉害，也同时看到了世界在变。"欧洲诸国，百十年来，由印度而南洋，由南洋而中国，闯入边界腹地，凡前史所未载，亘古所未通，无不款关而求互市……此三千余年的大变局也。"

早在鸦片战争时期，马克思、恩格斯就曾预言，中国"竭力以天朝尽善尽美的幻想来欺骗自己，这样一个帝国，终于要在这样一场殊死的决斗中死去"。

315

甲午战争开战初期，恩格斯又适时地做出判断："在中国进行的战争给古老的中国以致命的打击。闭关自守已经不可能了，即使是为了军事防御的目的，也必须敷设铁路，使用蒸汽机和电力以及创办大工业……整个陈旧的社会制度也都在逐渐瓦解。"

在李鸿章的思想深处，依然盘踞着东方大国的尊者意识。这种意识更像是一面哈哈镜，让它难以还原世界的真实面目。在他看来，西洋的文化与制度，和他们造出来的枪炮并没有必然的联系。他说："西人专恃其枪炮轮船之精利，故能横行于中土，中国向用之器械，不敌彼等，是以受制于西人。"

大清国没有其他更好的选择，唯有变，才能通。如何变，变到什么程度？这才是问题的关键所在。大清国毕竟不同于日本，像日本明治维新那样"全盘西化"，显然是不现实的。彼时的大清，倘能循序渐进，摸石头过河，已难能可贵，否则，再宏伟的改革蓝图，都会半途夭折。这一点，已经在后来的戊戌变法中得到充分的证明。戊戌变法的激进，带来的不只是改革的停滞，更是大幅度的倒退。

一个改革家生在彼时的中国，与生在彼时的日本，是不可同日而语的。与前者相比，后者的命运显然要幸运得多。日本著名思想家福泽谕吉提出要学习西方的文明精神，他认为"从国民的一般智德，可以看出一个国家的文明状况"，这让我们尝出几分"改造国民性"的味道，

口号喊得震天响，最后还是要落在"中学为体，西学为用"的理念上。另一位洋务大臣张之洞在他的专著《劝学篇》里论述了"中学为体，西学为用"的观点，但是"中体西用"的观点并不是他直接提出来的，而是江苏的一个候补道吴之榛在苏州办学时提出的办学宗旨。

"中学为体，西学为用"这句话有着烧不熟烤不透的夹生饭意味，也有着投机的因素。

洋务派们不承认自己的"体"出现了问题，更不想在政体上动大手术。在他们眼里，腐朽落后的政体与近代化所创造的"器用"并不矛盾。殊不知，在一个腐朽、专制、低效的政治制度下，怎么会有健康发展的近代化呢？一

切都是空中楼阁，烟雨浮尘。

在李鸿章看来，这个步履蹒跚的老大帝国肯定是患上了一种难以根治的重病。他虽然不是什么医术高超的老中医，通过望闻问切就可以诊断病因所在，但是患者表面的脓肿，他还是看得真真切切。孙郁说他："他知道大清帝国衰微的结局，但一面又在修补着那个世界，竭力挣扎在东西方文化之间。他在受辱和自尊间的平衡点里，重复了古中国庙台文化与市井文化的精巧的东西"，"内心的体味一定复杂是无疑的了"。

任何一次的失败，都不是因为敌人的强大，而是因为自身的虚弱。在李鸿章复杂的内心体味里，大清国就像是一个已病入膏肓的巨人，不能随便下猛药，更不能改弦易辙，只能进行局部调理，或者用点补药使他尽快变得强壮起来。他很快就找到了一条对症下药的路径，从模仿开始，寻求改变，只有先得其表，才能得其根本。以这种初衷所倡导的洋务运动，完全可以看作是这个东方帝国的一次内部修炼，是一场高举招幡的借尸还魂。

在乱云飞渡的非常时期，谁也摸不清政治的风向。有人说，李鸿章让这个安静祥和的帝国一夜之间陷落于机器的轰鸣声中，陷落于改天换地的变化之中。朝廷上下许多焦灼的目光，都投向那个来自安徽合肥的白发老人身上。

从北京到上海，从天津到广州，从机械制造和采煤，到铁路、电报和轮船运输……无一不与李鸿章的推动、支持有关。帝国已经不知不觉分作南北两个阵营，南方开放活跃而北方保守沉闷。当洋人决计在大清的国土上开设电报业务，朝野上下陷入一片惶恐不安，他们担心"电报之设，深入地下，横冲直撞，四通八达，地脉既绝"，而此时的李鸿章，则毫不犹豫地抛弃了传统的风水观，支持在大沽口至天津之间开通了第一条电报电缆线。

面对朝野上下的一片沸腾之声，李鸿章也只能用惨淡的笑容回报这个热闹的世界。问得急了，问得烦了，他会强硬地顶你一句"今昔情势不同，岂可狃于祖宗之法！"

一万年来谁著史，三千里外欲封侯。道光二十七年进士，四十二岁任江苏巡抚，封肃毅侯、一等伯爵，戴双眼花翎，可谓雄心勃勃，如今早已两鬓斑白，垂垂老矣，做什么事只要对得起天地良心，亦复何言？

每个人的成功自有他的道理，"运气"二字不足以概括。多事之秋，或许只有在这样的时候，慈禧太后和他辅佐的年轻皇帝才会发现，满朝文武，居然没有一个能为自己办事的人。这岌岌可危的政治局面，就好像是为一个超级玩家量身定制的游戏模块，所有的一切都在等着他出面收拾。

维新派的代表人物谭嗣同曾经引用袁世凯的话来评价李鸿章，他说："香帅尝叹曰：无怪乎合肥之得志也！遍观中外（指朝廷内外），大小臣工，学问非不好，品行非不好，即心术亦未必都不好，然问以大小数百种，后膛精枪亦数百种，形式若何，运用若何，某宜水，某宜陆，某利攻，某利守，某利山林，某利平地，其左右前后之炮界何在，昂度低度若何……以及水雷旱雷炮台地营一切攻守之具，无一人能知，且并其名亦不能辨，又况西人政事法度之美备，有十倍精于此者。某国当与，某国当拒，某国善良，某国凶狡，吾之联之而备之者，其道何在，宜更无一人知之矣。稍知之者，惟一合肥。国家不用之而谁用乎？"

对于这一点，后来的梁启超也有着类似的看法："现在整个朝廷二品以上的大员，五十岁以上的大官，没有一个人能比得上李鸿章。"在当时，李鸿章就像是一个勇敢的骑士向前冲锋，他用尽所有的气力撬动着庞大笨重的老大帝国在向前滑行。他所面对的世界，是千疮百孔支离破碎的格局。

放下官场权谋不说，李鸿章是一个彻头彻尾的实干家。他几乎是以一种拼命的姿态投入到大清国的洋务运动中，一个"拼"字道出了他的行事作风，也道出了他的为官之术。他说："人生如朝露，倘及时得手，作成一二件济世安民顶天立地事业，不更愈于空言耶？"

很多人说李鸿章会做官，还说他能把官位来坐穿。实际上他的成功之道很简单，就是拼命地干，拼命地提建议，拼命地笼络人才，拼命地与同僚沟通，拼命地巴结对他工作前途有用的人物。

正是在这样的情形下，大多数时候，李鸿章呈现于世人面前的，并不是一个活生生的人。他更像是一个特殊时代的符号，一个表现体。每一个身居高位的人的思想都是极其隐秘的，在大多时间里，他们并不能按自己真实的想法做人行事，而是以各种力量的权衡来实施计划，做出自己的判断，实施自己的行动。

1840 年的鸦片战争，让大清国领教了西方坚船利炮的厉害。李鸿章在评论一次战役时说，"洋兵数千枪炮并发，所当辄靡。其落地开花炸弹真神技也！"在与太平军作战中，通过与洋人的合作，他对西洋的坚船利炮深深地沉迷，那只写惯了奏折、曾经凭借区区六百字的《参翁同书片》就要了翁同龢的长兄翁同书的命的著名刀笔，居然也写起了科学论文——他所写的《蒸汽动力运转奏折》，文中的许多词汇，都是当时的新词，在古文中未见，让人重见徐光启当年经营西洋实用之学的风采。

如果说农耕文明开启了一个悠长而缓慢的过往时代，那么科学技术则催生了一个日新月异的新时代。创新与淘汰，成为这个大时代的主旋律。那些曾经敲开中国大门的船与炮，静静地躺在兵工厂的角落里，已经蒙上历史的灰尘。

科技文明催生的器物，最显著的特点是更新换代。而这一次，吸取经验教训的李鸿章们起了个大早，不仅没有掉队，而且走在亚洲各国的最前沿。1864 年，李鸿章在一封奏折中，道出了当时许多官员想说而不敢说的心里话："鸿章窃以为天下事穷则变，变则通。中国士夫沉浸于章句小楷之积习，武夫悍卒双多粗蠢而不加细心，以致所用非所外国之利器为变怪神奇，以为不能学；不知洋人视火器为身心性命之学者已数百年。……鸿章以为，中国欲自强，则莫如学习外国利器；欲学习外国利器，则莫如觅制器之器；……欲觅制器之器与制器之人，则或专设一科取士。士终身悬以富贵功名之鹄，则业可成、学，所学非所用。无事则嗤外国之利器为奇技淫巧，以为不必学；有事则惊艺可精，而才亦可集。"

鸦片战争之后，虽然一些开明的官僚士大夫开始认真审视世界，然而他们注视的重点是西方列强，并不是日本。历史上一直以来的文明高位，滋养了中国人的中华文化优越感，这种傲慢的态度造成了对日本的了解不够。

法国驻华公使施阿兰对此评论道："当时这个国家对自己的前途似乎毫不关心，它同列强和平共处，丝毫没有觉察到正在强大起来的日本。"1874年5月6日，日本明治天皇统治时期的第一位海军元帅、海军大将，也是明治维新的九元老之一的西乡从道带着他的8艘战船，载着3500名日军士兵，在毫无防范的台湾琅桥顺利登陆，未遇到任何抵抗。

西乡从道还有一个身份，他是在倒幕运动与明治维新中发挥了巨大作用的西乡隆盛的弟弟。中日甲午战争时期，西乡从道担任陆军大臣和海军大臣，可以说是侵华战争中的主要决策者。

清政府方面虽然明确宣布台湾乃中国固有领土，要求日本尽快撤军，甚至有官员建议布告列国，对日宣战，但终难下定决心，做出果断决策。在李鸿章的强烈建议下，清政府以沈葆桢为钦差大臣总理台湾等处事务兼总理衙门大臣兵发台湾。

沈葆桢的军队很快就控制了日本侵台部队的行动，台湾岛的酷热和瘟疫代替了中国军队的刀枪，西洋人的算计像是一双无形的巨手拨弄着中日两座王宫的政治风向。

从春天到秋天，这场浅尝辄止的碰撞是日本人试图伸展战争触角的一次试探。双方经过谈判桌上无数次的讨价还价，台湾事件终于有了结局。这时候的日本并不是大清对手，但大清国正沉浸于"同光中兴"的盛世中。致力于"和平崛起"，加之俄国人在新疆的牵制，于是，在占尽优势的前提下，采取了息事宁人的态度，签订《北京专条》，向日本服软，赔偿50万两白银。这让日本人第一次尝到了战争的甜头，也看到了大清国的外强中干，从此消除了对这个巨人帝国的恐惧。

英国人李欧尔卡克做了这样的结论，他说：《中日台事专条》的缔结，是"向世界登出广告，宣布这里有个愿意付款，而不愿意战争的富有的帝国"。

对于在重重禁宫中决策的东方政治，对于在李鸿章辈神秘的大脑中翻滚的东方政治，李欧尔卡克之流的智慧仅限于此。严格地说，这只能算是一场"准战争"，而在这场中日交锋中，究竟谁是最大的赢家？

军事上得不到好处的日本，开始做外交努力——强盗总是这样：当他不可能把你的家洗劫一空的时候，他就会力图捞一把就走，除非主人有决心把他彻底打跑。然而作为主人的清政府，偏偏既没有这个决心，也没有这份实力。

日本，这个蕞尔小国的背信弃义，似乎比英国的鸦片法国的大炮更能刺激大清国本就脆弱不堪的神经，言"东洋之害甚于西洋"者有之，言"无海防无以立国"者亦有之。朝中官员里，无论是经李鸿章举荐带兵赴台的沈葆桢，还是直着脖子坐在军机处等他李鸿章拿主意的王公大人，都从不同的层面忧虑海防问题，一个整饬"轮船水师"的机会已水到渠成。

日本从台湾草草收兵后，无一刻放弃对清政府用兵的准备。他们先后在朝鲜、琉球有所动作，试探清廷的反应。特别是在琉球，日本人更加明目张胆，他们先是于1877年6月阻止琉球继续向清廷纳贡，后于1879年公然兴兵入侵琉球，宣布废琉球国体，将一个邻国改为日本的冲绳县。对此，清廷的态度暧昧，缺乏决断，甚至主张索性放弃番属国琉球这"海外弹丸之利"，以免与日本发生正面冲突。

李鸿章即使不是当时唯一能够清醒分析判断局势的人，也是局中最为明智者之一。他不但了解日本人的心思，更懂得中国的政治。李鸿章再次重复了一个事实——没有海军，没有铁甲战舰，你能让大清国的骑兵踏过台湾海峡去打日本人吗？

沈葆桢此次赴台所带之兵，不是别人的兵，正是李鸿章的淮系十三营"武毅"军精锐。雄心和野心，如何能够界别分明？李鸿章要把他的政治、军事实力注入这场角逐之中。他既要漂亮的播种，也要完满的收获。

2. 此血可以报国也

机器轰鸣，巨轮试水，此时的大清帝国就如同一辆即将熄火的破车，突然之间就开动了马力，发动机与空气摩擦产生的火花照亮了黑沉沉的城市与乡村。19 世纪 60 年代至 90 年代，即第二次鸦片战争之后到甲午战争爆发前，也就是同治、光绪统治时期，拖着病体的老大帝国还没有走到无可救药的地步。

朝廷在政治、经济、文化、实业等领域颁布的一系列改革弊政、图强创新的施政措施，让奄奄一息的老大帝国迎来了一个短暂的"回光返照"时期。江南制造局、福州船政局和天津机器局等一系列大型军工企业相继创办投产，天津机器局甚至于 1880 年试制潜水艇。

经历了第一、第二次鸦片战争的大清帝国，这时候拿出了壮士断腕的决心。一个古老的庞大帝国，好久没有显示它的存在和作为了，它的举动立即引起了世界的注意。

上海郊区，本来只是用来生长庄稼的农田被朝廷无端地征用。随之而来的是巨大的厂房和轰鸣的机器声，那些朝向天空骄傲地吞吐着黑烟的烟囱，让那些祖祖辈辈土里刨食的农民感到无比的震撼。

每天迎着清晨的第一缕阳光，江南制造局的上空便会拉响悠长的汽笛声，与曼彻斯特、匹兹堡、多特蒙德和埃森这些西方大工业城市里的汽笛声完全一致，工人们开始了一天的忙碌。这轰然而起的嘈杂，让平静的农耕文明与西方世界的工业文明进行着一场直接对话。

这充满生命律动的画面，像是给这个老迈的帝国服下了一颗还魂丹，让他突然变得年轻许多。眼前的一幕，让李鸿章这样的改革派升起巨大的成就感。他不禁揽镜自忖，镜中人的辫发胡须，已经挂上了岁月的霜雪，连脸腮也明显凹陷下来。人生苦短，数十年艰辛过去，不觉老之将至，而他所推行洋务运动才刚刚拉开序幕。

对于李鸿章所带来的变化，西洋人高斯特在回忆中写道：60 多年前在英国，当人们建议筑造第一条铁路时，全国吵闹反对。如果那些喜欢嘲笑中国人害怕蒸汽机工厂和铁路运营的人们，能回忆一下这件事情，不是没有好处的。那时英国各阶级的知识人士所提出的反对，比今天中国人所表示的厌恶，可笑得多了。中国人不喜欢他们的墓地受到侵害，或是他们风水的规条受到

322

破坏。但是在英国，一个著名的律师说，在有狂风的时候是不可能使蒸汽机运转的，就是"搅拨火炉，或是增加蒸汽的压力到汽锅要爆炸的程度"，也是没用处的；医学家们说，隧道的暗淡与潮湿，汽笛的尖叫、机器的飞转，火车头悽怆地睨视着人们，都将给公共卫生带来很大的损害，他们将这种损害描绘成一幅可怖的图画。人们说，机本通过时的火花将引起房屋的火灾，或是使房屋被倒塌的防堤打碎。乡下的士绅们对他们的猎场的前途感到忧惧，因为火车头将穿过他们的地产，放出毒烟，破坏了他们的猎场；他们坚信他们的牛将受惊慌而永远不再想吃饲料，他们的母鸡在新情况之下将不再下蛋；有许多人甚至表示他们怕那些可怖的怪物——工厂所吐出的烟雾将使青天变得完全暗淡无光。……当我们想一想，欧洲人和中国人在生活上，在文化上，在思想的方式上是有巨大的差别的时候，我们对中国从 1860 年的战争到 1895 年间猛迅的进步，实在不能不感到惊异。

洋务派们看到了老大帝国涅槃重生的希望，举国上下也陷入"同光中兴"的迷梦之中。连西方媒体也感叹道，19 世纪中后期的中国不是一个封闭体系，它已经通过贸易融入了世界经济体系，加入了全球化的浪潮。

或许是梦境过于美好，让大清帝国的臣民对现实世界失去了应有的判断。虽然掌握了造枪、造炮、造船的技术，但无一不是仿制，无一不落后于西方二三十年甚至更长时间。江南制造总局造了近 30 年枪，居然还无法设计出一支具有本国知识产权的步枪，更不要说大批量生产；天津机器局为北洋舰队专供炮弹，却造不出作战急需的爆破弹。至于其他非军工类的官办企业，同样是一片死气沉沉，民间资本被长期压制，毫无竞争力。

向西方学习不是开铁匠铺，工人们在里面零敲碎打就可以造出一个新世界，它是一项系统工程。一个只会仿造枪炮而没有自我创新与自我造血功能的国家，除了向列强买军舰、送订单，别无其他选择。1866 年 6 月 27 日，中国第一个外交使团访问德国。在此期间，代表团参观了德国历史上最著名的军火及钢铁制造商——克虏伯集团，受到了主人热情的款待。回国后，代表团成员张泰向李鸿章报告了他对阿尔费雷德·克虏伯的深刻印象——"他热情、好客，不像英国人、法国人那样藐视我们的长衫、马褂和长辫，他彬彬有礼地用盛宴款待我们这些中国人！"

对于为普鲁士赢得普法战争立下大功的"加农炮之王"阿尔费雷德，李鸿章早已钦佩不已。他让手下准备了一份世界各国炮厂的大炮质量一览表。经过认真的审阅、选择和比较后，他认为，克虏伯家族的大炮优于美国、法国、西班牙、葡萄牙等国的大炮，将来一有战事，"稍有优，则利钝悬殊"。

1871年，李鸿章在科隆商人费雷德里茨·佩尔的鼓动下，一口气向克虏伯家族买下328门各种口径的克鲁伯大炮，布防在大沽口、北塘、山海关等炮台，首先稳固北京城的防务安全。

1884年成立的南洋水师和1888年成立的北洋水师，是当时世界上最先进的铁甲舰队，它们的建立，得到欧洲军火商的大力协助——李鸿章在他"以夷制夷"的梦想里纵横驰骋，直到庚子国变，八国联军进北京，"以夷制夷"理论的信仰者才蓦然发现，要想制夷，只能依靠中国人自己。中欧关系的"蜜月期"，1877年，李鸿章向克虏伯公司的老板阿尔弗雷德·克虏伯提出要求，对中国留学生进行免费培训，阿尔弗雷德·克虏伯答应了，他不能回绝眼前这个大主顾。

谁知那些长期处于封闭状态的学生离开自己的祖国，就像出笼的鸟儿飞到了高远辽阔的天地。他们尝到了自由滋味，很多人发生了改变：有的开始信仰基督教；很多人以长长的辫子为羞，把辫子绾起压在帽子里，有的甚至把辫子剪了；有的再也不愿意学习孔孟之道了，只愿意读西方书……

消息传回国内，那些本就意见不统一、观点摇晃的官员自然是抓住不放，很多人要求立即召回在外留学生。时隔不久，由于中国留学生要求进美国西点军校等事宜受阻，旧势力的压力更大了，朝廷也失去了主张，只好同意撤回留学生。

李鸿章主持下的第一次外派留学生一事，在无奈的现实面前也只能惨淡收场。尽管留学计划不幸夭折，但这次时间不长的留学生涯，还是为大清政府培养了不少人才。在那些归国的留学生当中，从事矿山、电报、铁路等行业的有 30 多人，包括 6 名工程师、3 名铁路局长；从事外交、行政行业的也有 20 多人。在他们当中，后来比较有名的有开平煤矿采矿工程师邝荣光、中国铁路第一人詹天佑、北洋政府内阁总理唐绍仪以及外交总长梁敦彦等。

1881 年 8 月 3 日，清朝政府投资 65 万两白银的"超勇"和"扬威"号铁甲舰，终于在英国纽卡斯尔港下水。中国军舰第一次穿越北大西洋—地中海—苏伊士运河—印度洋—西太平洋航线，沿途各国也无不鸣放礼炮，表达敬意。

两个月后，当这两艘巡洋舰在中国海岸出现的时候，李鸿章已经按捺不住兴奋的心情。在这片文治已久的优雅国度里，他试图再造一支狼的军队，具有草原狼的野性、锐利和力量，只有这样，才能在这个强盗丛生的世界上，有一片立足之地。李鸿章感到一阵心跳，那心跳与大海的节拍相对应。他朝向大海的方向伫望良久，说："旅顺口居北洋要隘、京畿门户，为奉直两省海防之关键啊。"

1884 年，继"超勇""扬威"两艘巡洋舰之后，大清帝国又有了"定远""镇远"两艘铁甲舰，这两艘姊妹船也是中国海军历史上仅有的两艘铁甲舰，成了李鸿章手里的王牌。李鸿章的心情从未如此好过，他仿佛一下子年轻了十岁、二十岁，像是那波澜壮阔的大海在他的身体内部注入了无尽的能量。海洋，是他的铁甲舰将要驰骋的疆场，翻滚的海浪蕴含着无限的杀机，李鸿章就像他的老师曾国藩一样不习水战，海上的一切都是神秘的和不确定的。

西方列强的强大，不过是科技的强大，器物的强大。而那些来自遥远世界、武装到牙齿的军舰，将使大清的海军变得无比强悍，其实力，也将远远超于日本之上。想到这些，李鸿章没有理由不感到兴奋。然而李鸿章万万没有想到的是，日本人并没有被大清国的船坚炮利吓住，也没有像郑和时代的西南诸国一样向天朝进贡，相反，"定远""镇远"来到家门口耀武扬威，大大地刺激了日本人的民族自尊心。

曾有过海军经历的作家张承志说："日本正处在侵略大潮的最上风头，如一个肆虐四乡未遇敌手的恶棍。他们正狗咬刺猬无处下嘴、发愁找不出下一个寻衅的借口，李鸿章却从海参崴跑来长崎修船……"

直至甲午炮声响起，甚至到了今天，日本朝野仍然喜欢把长崎清国水兵事件解释为一次"国辱"。作为这一事件的反弹，还发生了一场长崎"清国水兵事件"。当时《长崎快报》对事件做了如下报道："有一群带有醉意的水兵前往长崎一家妓馆寻乐，因为发生纠纷，馆主前往警察局报告。一日警至，已顺利将纠纷平静，但由于中国水兵不服，不久乃有 6 人前往派出所论理。非常激动，大吵大闹，引起冲突。日警 1 人旋被刺伤，而肇事的水兵也被拘捕，其他水兵则皆逃逸。"

这一事件很快扩大化了，舰队放假，数百水兵上街观光，丁汝昌鉴于前日的冲突严饬水兵不许带械滋事，但在广马场外租界和华侨居住区一带水兵遭到日本警察有预谋的袭击又发生大规模冲突，结果双方死伤 80 余人，其中中方水兵死亡人数多于日本。当时数百名日本警察将各街道两头堵塞，围住手无寸铁的中国水兵挥刀砍杀。当地居民在歹徒煽动下从楼上往下浇沸水、掷石块，甚至有人手拿刀棍参与混战。

大清的军舰，就这样灰溜溜地离开了日本的海港。几十年后，当伊藤博文的遗著《机密日清战争》出版时，人们才知道，这一事件对历史的深刻影响，不仅在于它丢了一个大国的颜面，更增强了日本人的自信心。更重要的是，大清国还弄丢了一样非常重要的东西——用汉字译电的密码本。一个名叫吴大五郎的日本人捡到了这个密码本，凭着这个密码本，日本人很快找到了译电本中数字组合的方法。

整个甲午战争期间，日本对中国的密码通信、至少是外交系统的密码通信，一览无余，这在整个战争期间乃至后来的马关谈判期间，对中国造成了巨大的影响，而中国方面毫无知觉。

1892 年，壬辰年的夏日将尽的时候，北京城的天空总是阴晴不定，雨水时下时停，颐和园里的红花绿树、白桥黄瓦，被雨水冲洗得格外鲜亮，每当雨水骤停，都会发出漂亮的光。

太监们正在万寿山下的画廊里专注地斗蛐蛐，两个小太监手里捻着细如发丝的牛筋草拨弄着青花瓷罐子里的两只蟋蟀。那虫子仿佛通了灵性，忘情地为彼此的主子奋力搏杀。太监们比往日来得更早，因为老佛爷一会儿要过来，他们务必要撩起蟋蟀的性子，用一场你死我活的表演博慈禧太后一笑。

昆虫世界的战争，与人类世界有很多相似之处。一场战争的输赢并不取决于战争本身，有些时候，战争还未开始，输赢早就已经注定。失败固然有外力使然，但内部的耗损也不容忽视。不知有多少日子了，身为中国最高统治者的慈禧太后，越来越沉迷于园子里的娱乐活动。战争的阴云已经笼罩在大清国的上空，这位昆虫爱好者对于东北亚国际关系毫无兴趣。光绪亲政之后，她醉心于自己丰富多彩的退休生活，整个朝廷，也为她支付了一笔昂贵的退休金。

为了迎接这个盛大的节日，大清政府编订了远比编练海军更加详细的财政计划。其实筹备工作早在光绪十八年（1892）就已经开始启动，光绪帝颁下上谕，提前近两年为慈禧的六旬生日做准备："甲午年，欣逢（慈禧太后）花甲昌期，寿宇宏开，朕当率天下臣民胪欢祝嘏。所有应备仪文典礼，必应专派大臣敬谨办理，以昭慎重。"

有人算过一笔账，在庆典期间，紫禁城、西苑（今中南海）、颐和园、万寿寺等处的殿宇、门座均用彩绸装饰，这项"形象工程"的预算是14万两白银，在巡游回宫的路上，还耗资46万两白银，搭建20多座彩殿、彩棚，此外，还耗资240万两白银装修庙宇、搭建彩棚、安装宫灯、点景楼、音乐楼、灯游廊、牌楼等工程无数，不算为太后修建颐和园的费用，仅这些"形象工程"的费用，就能购买3艘"吉野"号，足以把日本海军打个稀烂，待日本人割地赔款之后，再办庆典不迟。

1892年，中国政府公开宣布，因老佛爷寿庆需款，海军正式停购军舰。这一决定给日本人吃了一颗安心丸，既然大清帝国乐于把海军战舰化成金辇银桥和湖光山色，甲午一战，也就不敢做更多的奢望。

老佛爷的六十大寿非比寻常，也由此成为清政府压倒一切的政治任务。当有人建议停止颐和园工程、停办点景，移作军费的时候，慈禧太后大为震怒，甚至说出"今日令吾不欢者，吾亦将令彼终身不欢"的狠话。举国兴办如此规模宏大、豪华铺张的"六旬庆典"，巨大的开支犹如压在光绪帝身上的一座大山。就在筹备庆典的同时，为了应付军费开支，户部刚刚向国外银行借贷。

据《近代史资料》1962 年第 3 期记载：由于战局恶化，为了军事需要，清政府向英国、德国订购了几艘快艇，又向阿根廷订购了十三艘快艇，共计需款四百余万两；为了应付战局，军队的开拔、招募和编练、沿海的防御，总计需款三百九十余万两。

如此巨大的军事开支，短期内集结在一起，令国库空虚、靠借贷度日的清政府难以为继。百般筹措，依然不见效果，不得已户部只得再举外债。光绪二十年六月（1894 年 7 月），也就是慈禧寿典的筹备接近尾声之际，户部通过海关总税务司赫德，向英国银行借贷一千万两，年息七厘半，十年以后还本，十年中利息银四百二十万两。

前线战事愈演愈烈，军费的筹措尚且需要举借外债，那么庆典的费用又将如何筹措？从已经寅吃卯粮的清政府的财政状况来看，用于慈禧庆典的费用，只能是挪用、拼凑与搜刮，此外绝无他途。

黑云压城，甲光向日，中日两国之间所缺少的，只是一个战争的借口而已。对于一心想要发动战争的日本而言，借口不过是一个幌子。有条件要上，没有条件也要上。这一年，朝鲜的东学党起义，应朝鲜政府的请求，李鸿章派总兵聂士成率 900 名清兵进入朝鲜，帮助朝鲜平定叛乱。日本人终于看到了机会，迅速派兵入侵朝鲜。浩瀚的大海中，朝鲜半岛仿佛是为日本进入中国大陆而准备的一个天然的跳板。

狭路相逢勇者胜，中日军队就这样在朝鲜半岛上展开一场正面对决。日本人做好了战争的一切准备，而李鸿章还幻想着利用外交手段平息这场战争。朝堂上，帝师翁同龢则以主战派的姿态出现。如同以李鸿藻等为首的"清流派"官员一样，翁同龢不懂军事，没有像当年的李鸿章，在战场上摸爬滚打，从死人堆里爬出来，他们只知讲大道理，纸上谈兵。养兵千日，用兵一时，这个道理谁都懂，在翁同龢嘴里，更是显得义正词严。

李鸿章对战争的前景并不乐观，他认为，天底下，历史上主战派是最好当的，他们只需要动动嘴皮子，就可以博得满堂彩，轻而易举地占领道德至高点，反正炮灰往往是留给别人家孩子的。打了胜仗，证明他们正确，而打了败仗，自然还要替别人来背这个黑锅。

《蜷庐随笔》中记载了翁同龢的一句名言："正好借此机会让他（李鸿章）到战场上试试，看他到底怎么样，将来就会有整顿他的余地了。"这句话让人听了不仅毛骨悚然，显然，当年李鸿章以一纸奏折杀死翁同书，这份杀兄之仇，并未在翁同龢的心头泯灭，但他绑架了国家的命运，却有违他所标榜的儒家道德标准。

如果没有日本人掺和进来，庙堂上下"清"、"浊"两派的争斗不过是家里的内务事，与前朝上演过的党争游戏并无本质上的区别。

生逢"三千年未有之变局"，党争也就被赋予了新的时代意义。既然对手是日本，那就拿日本做自己的一面镜子。观照之下，帝国官僚政治的弊端也就变得一目了然——"在日本的明治维新时期，现代化的推进者们不忙于意识形态上的唇枪舌剑，而埋头于扎实的制度建设"，只谈问题，不争主义，扎扎实实搞建设，一心一意谋发展，不论黑猫白猫，能打败大清就是好猫。而与大清帝国日益衰退的政府权威比起来，日本的天皇，既超脱于实际事务，又恰到好处地起到了动员、整合和凝聚社会力量的功能。正因为如此，日本的宪政，才会带来安定团结的大好局面；而大清精英阶层的分裂与争斗，则成了帝国内部的致命伤。

这刚好应验了美国学者汉斯·库恩的名言："没有人民主权观念作为先导，民族主义是不可想象的。"清代党争几乎将洋务运动、大清王朝和李鸿章本人都推向了绝路。1894年7月9日，甲午年八月初九，中日两军在朝鲜剑拔弩张，双方都闻到了战争的气味。对于日本人来说，这是一个决定性的年份。他们的"大陆政策"执行得太早不行，强大的北洋舰队是他们无法逾越的障碍；执行得太晚也不行，中国的政治处于巨大的变局中，清朝政府正式推行因光绪被废黜而一度中断的新政。这一年，可以说是命运送到日本人手里的唯一一次良机。这一年，刚好是《整顿海陆军》诏书提出的"十年准备期"的最后一年。

经过大清帝国自己的大肆宣传，"定远"和"镇远"这两艘船的名号早已成为日本家喻户晓的超级明星，就连市井酒肆之间，无论老妇小儿，满嘴念叨的都是"定远"和"镇远"，这已经成为日本对华一战的最佳动员。

后来在甲午海战中担任"浪速"号舰长的东乡平八郎，当时还只是个海军大佐，他跑到港口观察"定远"舰，当他看见定远主炮上晾满刚洗的湿衣服，说："这么松懈！说不定可以打败它！……"

日本虽然没有"定远"和"镇远"，但是它有击败大清帝国的野心和决心。维新仅仅一年后，日本就从美国购进铁甲舰"东"号，海军建设开始起步。1870年，兵部大辅前原一诚提出扩建强大海军的计划，建议用20年时间，建造200艘大小军舰，其中铁甲舰50艘，以七年为一期，分三期实施。

为了能够超过"定远"、"镇远"，明治天皇节省宫内开销，捐钱购买军舰。皇太后也把自己珍藏的全部首饰捐献给海军。其实早在三年前，李鸿章就已经敏锐地意识到，在明治维新中脱胎换骨的日本"日后必为中国肘腋之患"，但没有人相信这个不起眼的东洋小国，会对大清帝国构成什么威胁和挑战。

从九月二十五日，王公大臣以及外省各大臣呈进万寿贡物，拉开了慈禧六旬庆典的序幕。从十月初一起，内外臣工"穿蟒袍补褂一月"，隆重的祝寿活动正式开始了。

光绪二十年（1894）十月初十，慈禧太后的金辇出现在皇极门外，当她从金辇上下来时，上午的阳光刚好洒在她的身上，在她华丽的朝服上面，镀上了一层金铂的颜色。她由西门而入，从东边的石阶步入皇极殿，在御座上坐定，巨大的宫殿变得一片肃静，只听得大臣们撩动长袍的声音。

在光绪皇帝的率领之下，帝国的王公大臣们三跪九叩，山呼万岁，数千人像潮水一样起伏跪拜，像是排练了无数次的舞蹈，有着令人难以置信的和谐。那曲《海宇升平日之章》也悠然响起，在宫殿庭院上空久久回荡。

在繁忙的政务之余，在宫闱内永无休止的争斗间隙，朝廷上下都需要暂时的麻痹与休憩。如此宏阔的场面，每个人都会对这个王朝具有的强大的组织能力惊叹不已。也难怪翁同龢会在他的日记里留下一句感叹："济济焉，盛典哉！"（《翁同龢日记》）

而就在这一天，日军攻占了辽南重镇大连，并在旅顺掀起了一场大屠杀。为此，那个弹丸之国也举行了一场生死浩大的庆典，那场庆典的规模，丝毫不逊于紫禁城内的这场万寿庆典。彼处的庆典是民众自发参加，来自前线的捷报让整个国家陷入翻江倒海的狂喜之中，而此处的庆典却是大臣们被强行召唤来给自己的主子贺寿。两个对阵之国像是商量好了似的，携手上演了这场历史荒诞剧。

熬过冗长的庆祝程序之后，翁同龢等官员迫不及待地站起身来，满脸的忧虑之色。就在他们魂不守舍，准备离席之时，慈禧下达的懿旨让他们彻底安顿了下来：赏赐皇帝和诸位王公大臣听戏三日，一切军国大事一概放下停办。

那几日，隔着窗子，慈禧太后应该能看到大臣们的身影明明灭灭。她也应该能够猜得到发生了什么，前线告急的军情电报像雪片一样飞进紫禁城。她看到翁同龢双手哆嗦着将一份电文呈到皇帝面前，她从这对君臣和师生的神色里就能猜出八九不离十，无非是前线吃紧，前线又吃紧。

3. 就这样成为愤怒社会的标靶

夏天是太平洋季风来临的时候，中日甲午战争，同样以不可逆转的风雨之势扑面而来。1894 年 7 月 25 日，日本军舰在丰岛海面不宣而战，突然袭击击沉中国运兵船"高升"号。炮弹击中"高升"的锅炉，一场惊天动地的巨响之后，锅炉爆炸了，刺眼的火光之后，船的一部分变成无数的铁片、黑烟飞上了天，遮天蔽日。整个船体剧烈地震动着，迅速开始下沉。

消息传来之时，李鸿章知道命运躲不过了，战争不可避免地爆发了。据史料记载，"高升"号运兵船在被日舰击沉前，被要求跟随"浪速"驶向日本，也就是说，全船官兵都要成为日本人的俘虏。船长高惠悌的答复是："如果你命令，我没有别的选择余地。但是我抗议。"然而，船长的这一决定遭到全船官兵的一致反对，这样的情绪令高善继十分激动，说："我辈自请杀敌而来，岂可贪生畏死? 吾家身受国恩，今日之事，有死而已。"

8月1日，中日两国政府同时宣战，甲午战争正式爆发。李鸿章被任命为清军的最高统帅。第二天，圣旨又下，李鸿章被暂停穿黄马褂和戴三眼翎的资格，最高统帅的位置不变。朝廷这一举措，可以看作是对李鸿章前一段工作的不满，也是对李鸿章的警示和激励，希望李鸿章振作起来，在战争进程中有一个良好表现，以重新取得穿黄马褂的殊荣。

那些会水的人接二连三地跳向大海，不会水的人，便自动集结在尚未沉没的高处，用步枪射击日舰。一艘日本小艇驶来。它只搭救落水的欧洲人，并向水中游泳的中国士兵开枪射击。乌黑的枪管一个一个地对准了海水里的脑袋，就像执行枪决一样，从容不迫地射击。子弹像海风一样流畅地滑进他们的大脑里，冲过脑浆的阻力，又从头颅的另一端欢畅地飞出来。那些愤怒的面孔变得扭歪、狰狞起来，然后就消失在海水里了。

丰岛战役爆发前一天，翁同龢晨起无事，兴致勃勃地出东便门，登上小船，沿通惠河到二闸看水。他在日记中写道："倘徉野店看闸，水声如雷鼓。"

在李鸿章的幻想、翁同龢的闲适中，战争，就这样"猝不及防"地到来了。

8月1日，光绪皇帝在斋戒三天之后，前往太庙行礼，随后驾还养心殿。这天晚上，慈禧太后在纯一斋看戏，就在宫殿的祥和气氛中，中日两国同时宣战。仗是不能不打了，但打了两个星期，李鸿章深知不能硬拼，硬件方面自不是对手，软件方面，李鸿章亦深感"陆军无帅，海军诸将无才，殊可虑"，于是心里仍然想着通过外交途径和平解决这一争端。

黄海之战，我军官兵作战英勇，"镇远"在作战中，主炮中弹，一个炮手的头骨当场炸碎，在他倒下的地方，另一炮手及时了填补上来；"来远"水手王福清在搬炮弹时，脚跟被炮弹削去，却依然奔跑如飞，直到他看见甲板上拖出的长长的血迹，才发现自己受伤。

一百多年后，国人从日本大阪的玉造车站附近的一座神社旁，发现了6名大清水兵的墓地。这里本来是1945年以前在战争中死亡的日军官兵的墓地，从密集的草木中仔细辨认，居然发现6块石碑上，镌刻着大清帝国水兵的名字，他们分别是：

清国刘得起、清国吕文凤、清国刘汉中、故清国杨永宽、故清国西方诊、清国李金福

这些草木掩映的名字，令人怦然心动，那些被太阳晒得黧黑的面孔，似乎在一瞬间真实地浮现出来，清晰生动。他们是随"镇远"号被捕到日本，又在交换战俘前死在大阪陆军临时医院的。可爱而又可怜的大清水兵，用他们的死，为这个腐烂透顶的帝国赢回了最后一点尊严。刘汉中在临死前留下的最后一句话是："把我的官职刻在墓碑上。"这个朴素的愿望里，包含着帝国军人的荣誉感。

只有"济远""广甲"临阵逃脱，"济远"管带方伯谦称，"济远"漏水，火炮皆毁，不能出战，所以退出战场。它返回旅顺港时，才把海战的消息，带给岸上的人们。

李鸿章就在这时获得了关于海战的电文，但关于战果，他一无所知。没有人比他更加焦急，他就像是一只热锅上的蚂蚁，等待着最后的结局。他知道，自己的身家性命，都维系在这场战斗中。海战结束了，大海恢复了它的平静，李鸿章的手里，攥着丁汝昌在伤痛中给李鸿章写下的一纸避重就轻的战况汇报。他心绪难平，除了为死难的邓世昌、林永升、陈金揆、黄建勋、林履中请恤，他决然奏请方伯谦即行正法。24日晨，方伯谦还在睡梦中，就被从床上拖下来，穿着一身茄青色纺绸睡衣，押到黄金山下大船坞西面的刑场上，还没完全明白怎么回事，他那颗呈现混沌状态的脑袋，就被刽子手一刀剁了下来。

近十年没有改造装备的北洋海军，在突飞猛进的日本海军面前不堪一击，黄海一战，大清舰的命中率为百分之二，而日本舰的命中率只有百分之零点五，可见北洋水师的军事训练水平远远高于日本海军，之所以失败，是败在装备。十年没有更新装备的北洋水师使用的是老式炮弹，里面装的是普通火药，虽

击中敌舰，但杀伤力极小，而日军的炮弹内装的则是新式炸药，不仅爆炸威力大，而且炸后的火焰，像汽油一样流淌蔓延，直到燃烧全舰，甚至在水里也能燃烧。

有人说，甲午之败责任不在李鸿章，而在醇亲王奕𫍽。为太后一人的雅兴挪用军费，以创建京师水操学堂为名，借洋款八十万两。如此做法，对于这个危患中的国度无异于自杀。也难怪李鸿章在面对朝廷上下的责备与谩骂，心有不甘地说"假若海军经费按年如数拨给，不过十年，北洋海军船炮甲地球矣，何至大败？此次之败，我不任咎也！"

1880 年，李鸿章的老部下刘铭传就任台湾第一任巡抚。在任上，刘铭传上了一道《请筹造铁路折》，要求在台湾以及国内大兴铁路。在这样的情况下，李鸿章来到了京城，面见慈禧时，李鸿章送了慈禧一件"小玩意"——在慈禧所住的北、中、南海，建一条小小的铁路，由法国商人全额赞助。李鸿章真是用心良苦，这样的行为，实际上是对于朝廷决策者的一次铁路交通的启蒙教育。不久，一条长 1500 米的微型铁路落成了，慈禧太后和大臣坐上了 6 节车厢的小火车，火车晃晃悠悠地在园内绕了一个大圈，比乘马车坐轿子更稳健快捷，慈禧直接地感受到现代化的车轮滚滚。经过这一次切身体验，慈禧的态度来了个 180 度大转弯，她再也不反对修建铁路了。5 个月之后，清廷终于发布第一个关于兴办铁路的正式文件。年届半百的李鸿章就像一匹驽马一样颤颤巍巍地拉起了整个朝廷。

李鸿章修铁路的事情，同样可以说明洋务运动的艰难，也可以说明李鸿章的苦心孤诣以及坚韧不拔。从洋务运动的内容来看，李鸿章的着眼点一是在军事上，如购船、购械、造船、筑炮台等；二是在商务实行上，如铁路、招商局、电报局、织布局、开平煤矿、漠河金矿等；三是在文化上，比如说派留学生、设医学堂等。可以说李鸿章考虑得非常周到了，而且意识到在诸多方面的落后，想奋起直追。

对于这个暮气十足的帝国来说，丝毫的改变都有可能如蚍蜉撼树，何况像李鸿章这样大踏步地学习西方运动？器物从来不是孤立存在的，它们无一不是观念的载体，中国人重器物，也不仅限于器物本身，比如商周的青铜器，就是国家权力和礼仪的象征。犹如电报电缆瓦解了传统的风水观，和洋务运动中的西洋器物一起进来的，当然是西方的科技、西方的思想。正是由于他倡导的物质革命，导致了科举的终结、新式教育的兴起，进而促使了传统社会的彻底解体。

对于李鸿章的处境，知之者，莫过于日本内阁总理伊藤博文。伊藤博文曾在谈到中日战争前中国海军的弱点时指出："李忠于朝廷，但是他还负责处理许多紧迫的事务，他此时已成为全国督抚的领袖，集内政、外交、洋务、海防于一身。在19世纪90年代初，他忙于应付每日遇到的政治问题，以致不能对北洋海军诸多问题给予充分的注意。"

伊藤博文最后得出结论说："李鸿章的任务比起今天人们所能想象到的要艰巨得多，因为他面临向北京政府寻求资金，说服各省官员争取他们的合作，同时又要抵挡来自各方的不断的批评这多重的任务。北京中央政府的弱点众所周知。清政府从整体上看给李鸿章增加了许多障碍。它充满官僚主义陋习、地方主义观念和派系的明争暗斗。北洋海军本身也因组织不健全、装备陈旧过时而深受其患。在这样的环境下，对李鸿章创建海军的努力，不应从不可能实现的理想，而应当从当时情况的整个背景做出评判。"

洋务运动为什么会失败？梁启超在比较李鸿章与当时的日本首相伊藤博文时讲述了这样一段话，应该说，"伊（伊藤博文）有优于李者一事焉，则曾游学欧洲，知政治之本原是也。此伊之所以能制定宪法为日本长治久安之计。李鸿章则惟弥缝补苴，画虎效颦，而终无成就也。但日本之学如伊藤者，其同辈中不下百数，中国之才如鸿章者，其同辈中不得一人，则又不能专为李咎者也"。

1895年3月20日午后，李鸿章一行登上春帆楼。春帆楼位于一座小山丘上，面朝大海，木制小楼看上去并不大，却显得错落有致。日方为什么会将这里设为和谈场所，可能还是别有一番深意。

伊藤博文是马关所属的山口县人，春帆楼曾经是他经常光顾的地方。或许日本国改革的最初构想，也正是他站在窗前面朝大海时忽然生出的灵感。下关盛行吃河豚。而春帆楼，是开下关吃河豚风气的名店。海边矗立着一座日本军港，冒着黑烟的军舰往来穿梭。李鸿章看出了主人的意图，除了显示私人的胜利，更是在炫耀日本海军的军威。

谈判的会议室摆放着一张长方形的会议桌，10多把椅子相对而设，左为宾，右为主。日方还特别在李鸿章的座位边安置了一只痰盂，似乎在提醒着人们，这位清国全权大臣已值暮年，垂垂老矣。

置身于弥漫的花香中，严峻的政治和撩人的风月形成了强烈的反差和对比。戎马关山、九死一生，帝国几十年的风雨已经浓缩在李鸿章枯瘦的身体里。我曾经在历史的老相册里，长久地凝视着这个貌似平常的老者。这是一个拥有不凡气势的老者，就是将其放置于人群中，也能感受到他强大的气场。他的表情，在忧患与凡俗之间划出了一条永远无法逾越的鸿沟，让他看上去更显得悲情与落寞。

流水光阴，十年一梦，虽然已经是各自国家的权力代言人，可人毕竟是感性动物。那一天，伊藤博文见李鸿章进来，走过来握手致礼，然后按照事先摆放好的名签各自落座。

谈判桌前，故人相见，免不了一番唏嘘与感慨。除了例行常规的讨价还价，还有一些打哈哈的"闲谈"，其中最让人感兴趣的，是他们换位思考所做出的对比。李鸿章坐在谈判长桌一侧最大的红色靠背椅上，地上摆放他的名签：大清帝国钦差头等全权大臣、太子太傅、文华殿大学士、北洋大臣李鸿章。

他身边依次是：大清帝国钦差全权大臣、二品顶戴、前出使大臣李经芳、头等参赞官马建忠。

清方的对面，坐着日方谈判代表和书记官，分别为：大日本帝国全权弁理大臣、内阁总理大臣、从二位勋一等伯爵伊藤博文，大日本帝国全权弁理大臣、外务大臣、从二位勋一等子爵陆奥宗光，内阁书记官长伊东已代治。

长桌顶端座位的名签上坐着头等参赞官伍廷芳、外务书记官井上胜之助。

对面的一端坐着：（大日本帝国）外务大臣秘书官中田敬义、外务省翻译官陆奥广吉。

双方翻译罗庚龄和楢原陈政分别坐在各自谈判代表身后靠墙的位置。

李鸿章说："我若居贵大臣之位，恐不能如贵大臣办事之卓有成效！"

伊藤博文说："若使贵大臣易地而处，则政绩当更有可观。"

李鸿章说："贵大臣之所为，皆系本大臣所愿为；然使易地而处，即知我国之难为有不可胜言者。"

伊藤博文说："要使本大臣在贵国，恐不能服官也。凡在高位者都有难办之事，忌者甚多；敝国亦何独不然！"

伊藤博文十分清醒地认识到，李鸿章要在中国那种更为险恶的政治环境中生存下来，需要多大的成本和勇气，也无怪乎伊藤安慰李鸿章，甲午之败，绝非李鸿章的问题，而是中国的问题。

谈判的过程对于李鸿章来说是一场精神的煎熬，对于伊藤博文来说更像是在享受一场美味的河豚宴，又像是在玩一种猫与困鼠的游戏。他恣意地耍弄，凶恶地逼迫，尖刻地讽刺，敲骨吸髓，迫使李鸿章半句半句地应允，一条一块地割让。

在与李鸿章的首次谈判中，伊藤博文向李鸿章提出的停战条件是：日军占领大沽、天津、山海关一线所有城池和堡垒，驻扎在上述地区的清朝军队要将一切军需用品交与日本军队；天津至山海关的铁路由日本军官管理；停战期间日本军队一切驻扎费用开支由清政府负担，等等。伊藤博文明白，山海关、天津一线如果被日军占领，将直接危及北京安全。这个停战条件是清政府万万不会答应的。如果这一停战条件被清政府驳回，日本正好就此再战。尤其狡猾的是，伊藤博文此时隐藏了日军正向台湾开进的事实，企图在日军占领台湾既成事实后，再逼李鸿章就范。

春帆楼上，中日两国代表唇枪舌剑，谈判僵持不下。恰在此时，一桩突发事件改变了谈判的进程。3月24日下午4时，中日第三轮谈判结束后，满腹心事的李鸿章步出春帆楼，乘轿车返回驿馆。谁知，就在李鸿章乘坐的汽车快到驿馆时，人群中突然蹿出一名日本男子，在卫兵未及反应之时，朝李鸿章脸上就是一枪。一时间，现场大乱，行人四处逃窜，行刺者趁乱潜入人群溜之大吉，躲入路旁的一个店铺里。

李鸿章左颊中弹，血染官服，倒在血泊之中。随员们赶快将其抬回驿馆，由随行的医生马上进行急救。幸好子弹没有击中要害。过了一会儿，李鸿章苏醒过来。一个人潜在的力量只有在遭遇危险时才能激发出来，而他的潜能也因而得以呈现。李鸿章毕竟经历过大风大浪，面对此突发事件，异常镇静，除了安慰随行外，不忘叮嘱随员将换下来的血衣保存下来，不要洗掉血迹。面对斑斑血迹的官服，这个73岁的老人算是为自己找到了一点安慰，他一声长叹："此血可以报国矣！"

李鸿章的伤口在左眼下一寸的位置，子弹刚好卡在骨头缝里。子弹虽然留在了体内，但并没有伤到眼睛。德国驻日公使馆的医生赶来为他看病。各国医生会诊之时，日本医生建议开刀，但德国和法国医生坚决反对。理由是既然这颗子弹对李鸿章眼睛的正常工作无害，不如暂时留在体内，如果贸然开刀，将会危及李鸿章的性命。

李鸿章在日本遇刺引起了国际社会的强烈关注，各国纷纷谴责日本这种不顾外交人员安危的行为，日本一时显得非常被动。行刺事件发生后，马关警方很快抓到了凶手。经审讯，此人名叫小山丰太郎（又名小山六之介），26岁，是日本右翼团体"神刀馆"的成员。他之所以向李鸿章行刺，是因为他觉得中日两国发生如此大的冲突，致动干戈，都是因为李鸿章鼓动所致。

在小山丰太郎看来，日本国之所以不能遂愿吞并朝鲜，踏上大陆，也是因为有了李鸿章。现在，李鸿章又来到日本进行议和，更是凭其三寸不烂之舌挽救清国，阻止日本对中国的进攻，对北京的占领。为了日本的前途，更为了激励日本军人向中国发动全面进攻，小山丰太郎坚决反对中日议和，决心向李鸿章行刺，就是要鼓动日本人扩大战争，割让更多的中国土地。

小山丰太郎的想法与日本政府此时的意图大相径庭。日本政府本来拟就的谈判方略是借战争逼迫清政府签订不平等条约，然后见好就收。伊藤博文最担心的是虎视眈眈的西洋各国借机挑起对日本的战争，坐收渔翁之利，趁火打劫，毕竟，日本也在甲午战争中耗尽了力量，而小山丰太郎的行为恰恰无异于授人以柄。难怪伊藤博文闻讯后气急败坏地发怒道，这一事件的发生比战场上一两个师团的溃败还要严重。

日本政府没有办法，也只好答应"无条件停战"。脸上缠着绷带的李鸿章在床榻上读到了日本拟定的和约草案，这无异于在他的伤口上撒了一把盐，令他身心俱痛。李鸿章比谁心里都清楚，这场战争的输赢其实早就已经注定了。军事的失败只是一个表象，而政治的失败才是真正的失败。尽管李鸿章有着灵活自如的外交手段，"痞子腔"也打得字正腔圆。许多人也都只看到李鸿章中年之后的窝窝囊囊，而不知道他年少时的血性偾张。

李鸿章就像是一个日薄西山的帝国的谨小慎微的看门人，他的风度，丝毫改变不了谈判桌上的弱势地位。这是一次异常艰难的航程，留下了太多的悲情。结果不用等待，早就已经摆放在那里，就像被人贴上了一张无法撕去的宿命标签。

这是一张条件完全不对等的协议，草案内容主要有：

朝鲜自主；

将奉天以南领土、台湾及澎湖列岛割让给日本；

赔偿兵费3亿两白银；

修订通商条约，使日本在华的通商地位与欧美列强相同；

增加北京、重庆等七个通商口岸、允许各国输入机器直接在华生产；等等。

4月10日，当李鸿章面缠绷带，坚持带伤回到谈判桌前，伊藤博文也为之深深地折服。眼前的这个老人，双颊深陷，眼袋垂挂着，里面像是装着两个桃核，白胡须像是临时粘上去的，显得不是那么服帖；青缎的朝服在风中抖动着，发出清脆的声响。伊藤博文神态庄严地向着这个颤巍巍的老者行注目礼，他知道，这是一个不平凡的老人，不要说是中了枪伤，就是将他换上一身农民的装束，他也不会是市井里的那种老头，在春日里坐在田间地头昏昏欲睡，一个帝国几十年的历史浓缩在他枯瘦的身体里，使这个貌似平常的老者拥有了一种不凡的气质，即使在人群中也能一眼看出他的不同。

这是一场异常艰难的谈判，双方唇枪舌剑，有攻有守。或许是看到李鸿章受了枪伤，伊藤博文最后做了一亿两白银的让步——李鸿章苦笑，这一枪挨得值。一个没要了他性命的枪伤，价值一亿两，他觉得自己所受的皮肉之苦都值了。

李鸿章不甘心于此。关于赔款，他说："赔款二万万，为数甚巨，不能担当。"

伊藤博文说："减到如此，不能再减。再战则款更巨矣……中国财源广大，未必如此减色。"

李鸿章说："财源虽广，无法可开。"

伊藤博文说："中国之地，十倍于日本。中国之民四百兆，财源甚广，开源尚易。国有急难，人才易出，即可用以开源。"

李鸿章说："中国请你来做首相怎样？"

伊藤博文说："当奏皇上，甚愿前往。"

李鸿章说："奏如不允，尔不能去；尔当设身处地，将我为难光景细为体谅。果照此数写明约内，外国必知将借洋债方能赔偿，势必以重息要我。债不能借，款不能还，失信贵国，又将复战。何苦相逼太甚。"

作家张承志在《甲午祭》中忧愤道："大约那时全日本的国民都翻着一幅小学生地图。随手指画之处，尽是割让之地，而李鸿章拼死顽抗着。台湾不能让，辽东不能割，他衰弱地呻吟，哀求着，争辩着。他只剩下一张老脸，几句推辞，除此之外，再无任何交涉的本钱了。"

这次会谈后，日本觉得需要给清廷施加点压力了，于是又做出了派兵舰出兵大连湾的态势。同时，李鸿章收到来自总理衙门的电报，要求他与日本订约。4月15日，双方举行最后一轮会谈。李鸿章仍要求日方减让赔款总款。经一番讨价还价后，日方同意每年贴兵费为50万两。17日，即光绪二十一年三月二十三日，日清双方全权代表在日本马关春帆楼举行签约仪式，李鸿章的枯手，在犹疑许久之后，终于在条约上签下了自己的名字。

《马关条约》中有关辽东半岛的条款如下：

下开划界以内之奉天省南边地方以鸭绿江溯该江以抵安平河口，又以该河口划至凤凰城、海城及营口而止，划成折线以南地方。所有前开各城市，皆包括在划界线内。该线抵营口之辽河后，又顺流至海口止，彼此以河中心为界。辽东湾南岸及黄海北岸，在奉天省所属诸岛亦一并在所让界内。

有关赔款的条款是：

中国约将库平银二万万两交与日本，作为赔偿军费。

翁同龢在日记中写：

惟李相频来电，皆议和要挟之款，不欲记，不忍记也。

这笔白银对日本意味着什么呢？两亿两白银，加上后来由于"三国干涉还辽"追加的3000万两白银，约合3.472亿日元，而日本政府的年度财政收入只有8000万日元，也就是说，这笔赔款，相当于日本4年多的财政收入总和。前外务大臣井上馨说："一想到现在有三亿五千万日元滚滚而来，无论政府或私人都觉得无比的富裕。"

日本人从此怀着暴发户的豪迈，陷入战争的赌博中不能自拔。

风帆战舰时代持续了200年，铁甲舰时代只持续了50年——1905年出现的用统一口径主炮武装的无畏舰，在设计上实现了革命性的进展，从而中止了铁甲舰的时代。在这短暂的50年时间里，由铁甲舰编队进行的决战极少，但这些为数不多的海上决战，无一例外地起到了决定性的作用。中日甲午海战，就是其中之一。黄海之战，是亚洲历史上第一次现代化的海战，使中日在东亚政治格局中的地位彻底逆转。这一胜利，挟带着"文明国"战胜"不文明国"的自豪。1900年庚子事变时，日本已成西方列强之一，带着他们的枪炮和"文明"，率先冲到天安门前。

有学者认为，"甲午战争对世界局势的影响远远不仅限于第一次世界大战和后来的第二次世界大战。在100多年后的今天，其影响仍然深刻存在，甚至可能再次空前激烈地爆发出来。"

李鸿章神情黯然地踏上了归国的船只，发誓从此不再踏上日本国土。两年后，李鸿章从欧美归来，当他路过日本需要换船，他让随从在两船之间搭上板桥，从上面直接走过，兑现了自己的誓言。

李鸿章感觉太累了，他将整个身体陷落于前甲板的藤椅里，长久地凝望着远方的海面，没有人知道这一刻他在想什么。在海的辽阔背景下，他看上去那么单薄和瘦小，仿佛一阵海浪就能将他击打得粉碎。没有人想到，他所效命的帝国也跟随着他来到了一个岔路口，帝国复杂、迷离的政治局势，关乎未来的所有线索，在这一刻也汇聚到他一个人身上。即使他是那个叫作李鸿章的不平凡的人，也一定会感到一种不可承受之重。

1895 年 4 月 18 日，当面缠绷带的李鸿章带着中日《马关条约》回到国内的时候，他感觉到前所未有的陌生。这种陌生感让他发自心底的寒冷，就是置身于生死未卜的异国，也不曾有过这种感觉。

虽然是春天，他的心情就像冬日里铁青色的天空，压得人透不过气。他被自己所忠于的王朝抛弃了，他成了众矢之的，成了一个愤怒社会的标靶。他在此之前的所有努力，都被毫不留情地否定了。

梦境里，他看见一片血光，无数的大清子民，他们每个人手里都拿着一把漂亮的勃朗宁洋枪，一次次冲着他的脑门射来子弹。他大叫一声，醒来，受伤的面颊还在隐隐作痛。回到天津以后，他称病不出，只是派人星夜进京，给总署呈送了中日《马关条约》的正本。在此后，李鸿章一直留在天津与俄、法、德三国交涉，让他们对日本施压，要求将辽东半岛归还清国。

8 月 28 日，当他进京上朝向光绪汇报所有情况后，皇帝阴沉着脸例行公事先慰问一番李鸿章的伤势情况后，话锋一转，声音立即变得严厉起来："身为重臣，两万万之款从何筹措；台湾一省送予外人，失民心，伤国体。"光绪说得义正词严，李鸿章一下不知怎样回答才好，只得"引咎唯唯"满脸尴尬。

他就这样一下子成了全国公敌，大大小小的报纸上都刊登着他的各种嘴脸，"李鸿章"三个字成了卖国贼的代名词。每个人开口说话前先要骂李鸿章两句，不骂就是不爱国，更有漫画家用夸张的笔法将他画成一只没有脊梁的癞皮狗。市声轰然，没人愿意听他的解释，都传说他在谈判中收了日本人的好处费。绅士和知识阶层也义愤填膺，要求惩办李鸿章的奏折从四面八方雪片般地飞进紫禁城，落在光绪和慈禧的案头。更有所谓的爱国人士在各种场合宣称，要不惜一切暗杀李鸿章，以雪辱国之耻。

李鸿章深知宫廷政治的翻云覆雨，随时会将一个人陷入万劫不复的深渊。尽管他早就做好了准备，可是当暴风雨来临的时候，他还是被吓了一跳。光绪皇帝的圣旨适时地下达了，李鸿章被留在北京，奉旨"留京入阁办事"，所谓"入阁办事"，实际上是留其"文华殿大学士"，算是给李鸿章留了一点面子，让他赋闲在京。这位昔日大权在握的直隶总督、北洋大臣一下子变得两手空空。

就像是李鸿章自己所说的那样，终其一生，他也只不过是一个裱糊匠，面对一个破屋只知修葺却不能改造。既不能，也不愿，更不敢。李鸿章这艘航船曾迎着朝阳，豪情万丈地张开风帆；但在处处受制、时时碰壁后，只好满怀惆怅地驶向夕阳，留下了孤独而凄凉的背影……